21世纪公共管理系列教材

社区管理

第三版

汪大海　魏　娜　郇建立◎主编

中国人民大学出版社
·北京·

“21世纪公共管理系列教材”专家指导小组成员

（以姓氏笔画为序）

出版说明

现代意义上的公共行政与公共管理的研究和教育开始于20世纪初的西方。时至今日，随着公共管理职业化的发展，公共行政和公共管理的研究和教育事业在西方发达国家方兴未艾。从20世纪80年代开始，适应公共管理改革与发展和培养公共管理人才的需要，我国的公共行政与公共管理研究和教育，在经历了发展的挫折之后，开始了恢复和重建的工作。经过20多年的发展，特别是公共管理一级学科的设置和我国公共管理硕士（MPA）专业学位研究生教育的启动，以及高校公共管理本科专业的大量开设，公共管理已成为当代中国社会科学和管理科学领域教学与研究的一个充满生机活力和具有远大发展前景的学科。

为了适应新形势发展的需要，更好地研究、指导、管理高等学校公共管理的教学科研工作，2001年4月，教育部公共管理类学科教学指导委员会成立，并于2001年12月在广州召开了第一届全委会。参会委员就学科发展方向、课程设置问题进行了充分的讨论，很多委员认为应根据新形势下学科发展的需要，对目前公共管理类的课程设置进行调整，按计划年内拿出调整方案。目前，公共管理本科教育发展很快，编写反映本学科最新研究成果、与时俱进的、具有创新性的、高质量的本科教材迫在眉睫。

在教育部公共管理类学科教学指导委员会的指导、支持下，在对很多院校的公共管理类本科专业课程设置进行调研和对一些院校的课程设置情况、设置方向进行座谈的基础上，结合现有的教育部关于公共管理类本科四个方向（行政管理、公共事业管理、劳动与社会保障、土地资源管理）的课程设置情况，中国人民大学出版社组织全国著名专家，计划从2003年上半年开始，在2年内，陆续出版21世纪公共管理系列本科教材和教育部“十五”规划教材。

本套教材涉及公共基础课、专业基础课和选修课三部分的20多门课程。本套教材立足本科教学的需要，从本科教育的特点出发，从公共管理和公共行政教育的特点出发，在教材编写和内容安排上，强调基础知识、基本理论、基本技能；同时，也尽可能地体现创新性、前沿性的特点。

参加本套教材编写的有中国人民大学、北京大学、清华大学、复旦大学、中山大学、厦门大学、武汉大学、吉林大学、东北大学、西北大学等国内十几所著名大学的具有丰富教学和科研经验的教授专家，我们期望通过这种强强联合、优势互补、资源共享的方式，出版高质量的、权威性的精品教材。此外，为了保证教材的质量，更好地反映公共管理本科教学的特点，中国人民大学出版社邀请有关专家成立了21世纪公共管理系列教材专家指导小组。

公共管理的实践是不断变化和发展的，变革与发展是当代世界范围内公共管理的主题。随着公共管理实践的不断发展，公共管理学科研究的范围、主题和内容也在不断地发展和变化。这就要求公共管理教育以及相关的教材在方方面面都应该不断地更新。我们还会根据变化了的环境和要求，对教材的编写工作以及教材本身作适当调整。望广大读者不断反馈信息，对这套教材提出批评、建议，以便于我们不断修订、完善。

中国人民大学出版社

第三版前言

本书第一版和第二版分别印行于2005年和2009年。作为“21世纪公共管理系列教材”中的一本，本书既可供行政管理、社区管理、物业管理、社会工作等专业的本、专科生学习与参考，同时也可为基层政府部门、社区、街道办事处等机构的工作人员提供参考。本书内容涵盖了社区管理的定义、分类及国内外的社区管理体制和治理经验，既是了解我国当代社区状况的一本好书，也是开拓管理视野的良好工具。

为满足时代发展与知识更新的需要，写作组在第二版的基础上进行了认真的讨论与修订，试图从不同的、更新的角度回答社区管理由谁管理、管理什么、如何管理等问题，形成了本书第三版。在编写过程中，我们注重系统性、理论性与实践性相结合。理论部分力求阐释得准确、清楚、简练、实用，并将最近几年来国内外学者关于社区管理的最新研究成果、最前沿的理论吸收进来，让理论作为指导实践的基础。

在第二版的基础上，我们仍然致力于两大目标的实现：第一个目标是实现更全面合理的体系，包括概念、体制环境、主体、内容等方面，使读者通过学习本书，能对社区管理的知识体系形成全面清晰的认知，这分别体现于第1篇“绪论”、第2篇“社区管理的主体”、第3篇“社区管理的内容”之中。第二个目标是在第一个目标的基础上，更进一步，从“外”和“内”两个层面进行扩展。从“外”的层面，力求把握国外社区管理的实践与发展趋势；从“内”的层面，力求抓住国内社区管理的实践动态与新进展，力图为中国当代社区管理体制改革提供一些有价值的建议，从而实现教材知识的“与时俱进”，并能为政府部门提供改革思路。这主要体现于第4篇“国外社区管理的实践与发展趋势”与第5篇“当代中国社区管理的创新与发展”之中。

与第二版相比，我们对部分内容进行了调整，去掉了一些知识陈旧、资料过时的内容，增加了一些新的研究成果，并在每一章增加了背景知识介绍、相关案例分析等内容，以增强教材的可读性。在此基础上，本教材着力凸显以下特点：（1）独创性。深刻把握社区管理趋势，做到重点突出，特色鲜明。(2) 本土化。突出中国社区管理的本土化特色，切实帮助读者在最短的时间掌握教材的基本内容，并进行本土化思考，以对中国社区管理实践有所启迪。(3) 全面性。既涵盖社区管理学科的基本知识，又介绍最新学术研究进展，内容系统、全面、前沿。(4) 互动性。在编写过程中强调与读者的互动性，在每一章中增加了背景知识介绍、相关案例分析等内容。(5) 可读性。力求文笔生动，表达活泼，内容简洁，可读性强。

本书是集体合作的结果，汪大海、魏娜、郇建立、汪波、卢向东、刘金发、玛尔哈巴·肖开提、周畅、徐颖、张建伟、孙牧、南锐、首一苇同志参加了本书撰写。周昕皓、杨永娇、陈一统、曹永启、李蔚然也为本书的写作付出了辛勤劳动。中国人民大学出版社政治与公共管理出版分社的朱海燕女士耐心催促，严格把关，为本书的修订出版做了大量的工作。同时，在本书的编写过程中，参考了国内外有关管理学的诸多文献，在此，对本书所引用文献的作者们表示感谢！当然，本书由于编写时间较为仓促，其中难免有不足及偏颇之处，敬请读者和专家予以指正。

编　者

2012 年 5 月

第二版前言

伴随着世界各国的社区发展和我国社区管理转型，社区发展的理论与实践呈现出新的变化。本书第一版印行于2005年，为满足时代发展与知识更新的需要，写作组进行了严谨认真的讨论与修改，试图从不同的、更新的角度回答社区管理由谁管理、管理什么、如何管理等问题，形成了本书第二版。在结构安排方面，写作组通过反复讨论，达成共识，这一共识主要在于以下两大目标。

第一个目标是构建更全面合理的体系，包括概念、体制环境、主体、内容等方面，使读者通过阅读，能对社区管理的知识体系形成全面清晰的认知，这分别体现于第1篇“绪论”、第2篇“社区管理的主体”、第3篇“社区管理的内容”之中。

第二个目标是在第一个目标的基础上，更进一步，从“外”和“内”两个层面进行扩展。从“外”的层面，力求把握国外社区管理的实践与发展趋势；从“内”的层面，力求抓住国内社区管理的实践动态与新进展，力图为中国当代社区管理体制改革提供一些有价值的建议，从而实现教材知识的“与时俱进”，并能为政府部门提供改革思路。这主要体现于第4篇“国外社区管理的实践与发展趋势”与第5篇“当代中国社区管理的创新与发展”之中。

与结构调整相适应，我们对教材第一版的具体内容进行了增删：增加了第12章和第13章，以更好地体现当代中国社区管理的创新实践与中国特色社区管理体制的构建；删除了第一版中陈旧的资料、重复的资料、与时代发展不相符合的内容。

本书是集体合作的结果，汪大海和郇建立共同拟订了编写大纲和编写体例；第1章由汪大海、郇建立共同撰写；第2章至第8章由郇建立撰写；第9章至第11章由汪大海撰写；第12章至第13章由汪波撰写；第14章至第16章由魏娜撰写。周畅、徐颖也为本书的写作付出了辛勤劳动，汪波博士在本书的修订中以极大的热情作出了突出的贡献。中国人民大学出版社公共管理出版分社刘晶女士和编辑朱海燕为本书的修订出版做了大量的工作，在此一并深表谢意。

编　者

2008 年 12 月

第一版前言

国外社区公共事务的管理，起源于15世纪，主要经历了社区救助、社区组织和社区发展运动三个阶段。综观世界各国的社区发展实践，可以看出，各国社区管理在逐步走向公众化、社会化、制度化、规范化的同时，形成了各具特色的社区管理模式。

20世纪80年代以来，世界各国都面临着全球重建的挑战，全球化、高技术化和工业化、城市化的双重压力，以及新的社会结构和社会运动，已经影响了社区发展的理论与实践，并正在改变着社区发展实践者的作用和角色。当然，社区发展也受到特定国家和地区现行文化、社会、政治和经济现实的限定。本书正是力图反映这一全球性的转型和变化着的国际、国内背景，展现不断变化着的社区发展理论与实践的本质。

伴随着世界各国的社区发展和我国社区建设的兴起，社区管理也逐渐成为我国社区发展理论与实践关注的热点问题。顾名思义，社区管理就是"管理社区"，然而，由谁管理？管理什么？如何管理？管理的性质是怎样的？学者对于这些问题的认识并不一致。本书试图从不同的角度对上述问题给予回答。

本书共有五篇，其主要内容如下：

第1篇是"绪论"。本篇首先阐述了社区的含义与构成要素，然后介绍了社区管理的含义、特征与功能，在此基础上又探讨了社区管理的体制，以及社区管理与街道管理、物业管理和社区建设等相关范畴的区别。

第2篇是"社区管理的主体"。本篇结合我国社区管理的实践，详细介绍社区管理的四大主体——街道办事处、居民委员会、业主委员会和物业管理公司。尽管街道办事处在如今的社区管理中发挥着至关重要的作用，但是，伴随着社区自治水平的提高，它的作用将日益让位于居民委员会、业主委员会和物业管理公司。

第3篇是"社区管理的内容"。本篇着重考察了社区服务、社区卫生、社区文化、社区教育、社区环境和社区治安，而没有涉及社区经济。这并不是说社区经济不重要，相反，社区经济是社区建设与管理的物质基础。鉴于社区建设与管理的工作重点在于营造一个经济与社会和谐发展的条件，绝大多数城市社区并没有把社区经济纳入社区建设与管理的基本内容。

第 4 篇是“社区管理的实施与发展”。本篇着重探讨了社区管理的基础。社区管理既不同于政府组织的行政管理，也区别于企业组织的商业管理和社会组织的事业管理，它是以社区自治为核心，建立在政府与社区、社区与社区民众合作基础上的一种全新的管理模式。因此，社区的自治、社区非营利组织的发展、社区居民的广泛参与是社区管理的基础。

第 5 篇是“国外社区管理的实践与发展趋势”。本篇首先介绍了国外社区管理的实践，并在此基础上探讨了国外社区管理的发展趋势。国外的社区理论经过百余年的发展后日趋完善，因此，比较和借鉴国外城市社区管理的理论和实践经验，对我国方兴未艾的城市社区建设有着积极的意义。

本书是集体合作的结果，大纲与体例由汪大海和郇建立共同拟订；第 1 章由汪大海、郇建立共同撰写；第 2 章至第 8 章由郇建立撰写；第 9 章由汪大海撰写；第 10 章至第 12 章由魏娜撰写；第 13 章至第 14 章由汪大海撰写。周畅、徐颖同志也为本书的写作付出了辛勤的劳动。本书的出版得到了中国人民大学出版社的大力支持，特别是公共管理事业部主任刘晶女士和责任编辑李剑坤为本书的出版做了大量的工作。在此一并深表谢意。

在本书的编写过程中，我们参考了国内外有关社区管理的诸多文献，在此，对本书所引用文献的作者们表示感谢！

“社区管理”是一门新兴学科，鉴于研究资料和作者学识所限，本书定有不足、偏颇之处，敬请读者和专家予以指正。

编　者

2005 年 5 月

目 录

第1篇 绪 论

第2篇 社区管理的主体

第3篇 社区管理的内容

第 4 篇　国外社区管理的实践与发展趋势

第 5 篇　当代中国社区管理的创新与发展

第1篇

绪　论

社区管理在中国大陆是一门新兴学科。本篇不仅介绍了社区管理的含义、特征与功能，还在此基础上探讨了社区管理的体制以及社区管理与相关范畴的区别。

第1章

社区与社区管理

要了解什么是社区管理，就应该了解什么是社区，因为社区管理说到底就是管理社区。基于此，本章首先阐述了社区的含义与构成要素，然后介绍了社区管理的含义、特征与功能，在此基础上探讨社区管理的体制，以及社区管理同街道管理、物业管理和社区建设等相关概念的关系。

◆ 预习案例 ◆

沈阳市的社区自治探索

沈阳市是我国著名的重工业基地，但是，在计划经济体制向市场经济体制转型时期，各种社会矛盾和社会问题给整个城市的社会管理体制带来了巨大的挑战。正是在这种背景下，沈阳市作出了社区管理体制改革的决定，改革的目的就是使城市管理从行政管理逐渐过渡到社区自治管理，使社区真正成为居民进行自治管理的载体。经过一系列的充分准备，1999年4月29日，沈阳市春河社区筹备小组组长鲁丽当场宣布居民代表投票结果：郭文阁以多数票当选春河社区居委会（当时叫做“社区管理委员会”）主任。这是新中国历史上第一位完全由居民自主投票选举产生的社区居委会主任，标志着一种全新的社区居民自治组织形式的诞生。继郭文阁之后，沈阳市有6 000余名经过居民代表选举的社区居委会主任走上了社区管理的工作岗位。

1.1 社区的含义与构成要素

1.1.1 社区的含义

1. 社区的由来

“社区”是社会学的一个基本概念，也是一个越来越普及的名词。一般认为，“社区”这个概念是由德国社会学家滕尼斯（Ferdinand Tonnies，1855—1936）最早提出来的。他在1887年出版了一本著作《社区与社会》（又译作《共同体与社会》，德文书名为*Gemeinschaft und Gesellschaft*，英译本的书名为*Community and Society*）。其中，“community”就是我们现在所说的“社区”，其含义是共同体和亲密的伙伴关系。20世纪30年代初，以费孝通为首的燕京大学社会学系的学生根据滕尼斯的原意首先使用中文“社区”一词。费孝通在其《二十年来之中国社区研究》一文中说：“当初community这个词介绍到中国来的时候，那时的译法是‘地方社会’，而不是‘社区’。当我们翻译滕尼斯的community和society这两个不同的概念时，感到community不是society……因此，我们感到‘地方社会’一词不恰当，那时，我还在燕京大学读书，大家谈到如何找一个确切概念。偶然间，我想到了‘社区’这两个字，最后经大家援用，（并）慢慢流行开来。这就是‘社区’一词的由来。”①

2. 社区的含义

不管是过去还是现在，人们对社区概念的界定并不一致。据有关学者的粗略统计，关于社区的定义有一百多种。在这些定义中，有一点是相同的：社区是由人组成的。为什么会出现这种现象？我们又该怎样认识社区？

社会科学的一个基本事实是，越是重要的概念，越是富有争议性，越是难以解释清楚。因为概念越重要，就会有越多的学者在他们的研究中使用这些概念。然而，学者们由于个人的学术兴趣、研究视角、所要解决的问题和理论背景的不同，必然会对这些概念作出不同的解释。就社区而言，有的社会学家将着眼点放在社区中人们的归属感上，有的比较注重社区的地缘因素，有的则较注重社区的边界问题。

参照西方社会学家对社区所下的定义，我们认可这种定义：“所谓社区，就是区域性的社会，换言之，就是人们凭感官能感觉到的具体化了的社会。”② 当然，我们应该明确，学者眼中的社区同我国社区建设中提到的“社区”有所区别，后者具有更强的操作性。《民政部关于在全国推进城市社区建设的意见》中指出：“社区是指聚居在一定地域范围内的人们所组成的社会生活共同体。”同时，该文件还明确指出了城市社区的范围，“目前城市社区的范围，一般是指经过社区改革后作了规模调整的居民委员会辖区”。

---

① 参见《社会研究》，第77期，1948-10-16。

② 何肇发主编：《社区概论》，3页，广州，中山大学出版社，1991。

3. 社区与社会的联系[①]

社区是地域性的社会，社区是与社会联系在一起的。(1) 从范围上看，社区是社会的组成部分。社区是由居住在某一地方的人们所构成的社会生活共同体，其表现形态或者是一个村庄、一个乡镇，或者是一座城市的街区，乃至整座城市。社区的人口是社会总人口的一部分，它们的地域和各种设施是社会生活条件的一部分，它们的管理机构属于整个社会管理系统的一部分。总之，整个社会由若干个不同类型的社区构成。从这个角度出发，我们不赞同那种把一个国家乃至全球视为一个社区的说法，这种说法混淆了社区与社会的关系，其结果将使社区这一概念丧失自身特有的含义。(2) 从内容上看，社区是社会的缩影。同社会的某一部门、某一行业不同，社区所反映的并不是社会的一个侧面，而是一个相对完整的社会结构体系。因为社区是由一定的人口、地域、生态、文化所组成的，具备社会的主要因素；同时，社区还包含着多种社会关系、多种社会群体和社会组织、多种社会活动，俨然是一个"小社会"。所以，社会普遍存在的一些现象都可以在社区中反映出来，人们能透过社区观察到千变万化的社会现象。当然，社区作为社会的组成部分和社会的缩影，并不能完全反映社会的全部内涵。因为社会并不是众多社区的简单拼凑，而是由各种社会单位、社会现象和社会关系有机结合而成的整体，所以它具有超越各个具体社区的性质和特征，有着同具体社区不尽相同的发展规律和运行机制。

1.1.2 社区的构成要素

探讨社区的构成要素，对于我们理解社区的含义，把握社区与社区管理的内容具有重要意义。尽管学者们对社区的构成要素有不同的认识，但一般而言，社区的要素包括五个方面：地域、人口、生态、结构和社会心理。[②]

1. 地域要素

社区是地域性的社会，也就是说，社区具有一定的边界，比如说它的范围有多大、在什么位置以及是什么形状。正是由于考虑到了地域空间因素，社区研究才与社会学的其他研究区分开来。因此，地域是社区概念中头等重要的因素，然而，确定社区的边界却是一个比较困难的问题。社区既然是一个地域性的社会，那么，大到一个城市，小到一个村庄都可以被称作社区。然而，自帕克以来，社区研究主要是一种实证性的经验研究，其范围往往比较小，比如村庄、中小城镇、城市中的某个区域（如贫民区）。

2. 人口要素

社区人口是社区的重要因素，因为任何一个社区都是由一定数量的人口所构成的。社区人口通常涉及人口数量、人口构成和人口分布三个要素。人口数量涉及的是社区人口的多少。人口构成涉及社区人口的不同类型及其数量比例关系。人口分布是指社区人口在社区范围内的空间分布。通过社区普查，我们就能清楚地了解某一社区的人口要素状况。

---

① 参见唐忠新：《中国城市社区建设概论》，7～8页，天津，天津人民出版社，2000。

② 参见何肇发主编：《社区概论》，5～9页。

3. 生态要素

生态要素主要涉及社区的地理条件和资源条件。地理条件是指社区的位置、地貌、水文、气候和动植物等；资源条件是指社区的土地、水和矿产等。在一个社区中，人口及其活动的空间分布往往不是随意的，而是有着某种规律性；某些活动往往集中于社区的某一特定部分。人类生态学（human ecology）研究的就是人类与生态的关系，以及人类活动对生态所产生的影响。

4. 结构要素

社区结构是指社区内的各种社会群体和组织之间的相互关系。如果将社区视为一个社会单位，我们可以看到，它是由许多不同的社会群体和组织构成的，这些群体和组织主要包括家庭、邻里、学校、医院、工厂、公司、党政机关等，有的社区还包括群众团体。研究社区结构就是研究社区的这些组成部分之间的相互关系。

5. 社会心理要素

在谈到社区结构时，我们把社区看成是由社会群体和组织构成的社会单位。但是，从另一个角度看，社区也是由个体的人组成的。在社区研究中，相当多的学者把注意力放在社区中个体心理要素上。这里有两个主要问题：一是社区对社区成员心理和行为的影响；二是社区成员对社区的认同问题（归属感）。

中国第一个居民委员会

民政部28日在杭州宣布：成立于1949年10月23日的浙江省杭州市上城区上羊市街居民委员会是新中国第一个居民委员会。

据介绍，新中国第一个居民委员会是指自1949年10月1日中华人民共和国成立之日起我国建立的第一个城市居民委员会。它必须具备以下5个条件：时间为1949年10月1日新中国成立以后，名称为居民委员会，地域为城市，组织性质为基层群众自治，组织结构为民主管理的委员会制。

28日在杭州举行的新中国第一个居民委员会寻访成果发布会上，民政部专家组组长、北京大学社会学教授夏学銮宣布：杭州上城区提供的举证材料充分、可靠，专家组确认该居民委员会为新中国第一个居民委员会。

上羊市街居民委员会成立于1949年10月23日，当时辖2 250户。因不符合杭州市政府关于居民委员会管辖户数的要求，其在同年12月20日被拆分为13个居民委员会。上羊市街居民委员会的名称从1949年一直使用到2000年建立新的社区居民委员会。目前属杭州市上街区紫阳街道的管辖范围。

民政部基层政权和社区建设司司长詹成付说，"新中国第一个居民委员会"的诞生，不仅标志着封建保甲制度的终结，也标志着基层民主自治正式走上历史舞台，是我国基层社会管理制度的重要转折点，其发祥、发展史折射出中国社区建设的发展史。

据了解，"新中国第一个居民委员会"的寻访工作前后经历了近5年时间。

资料来源：《新京报》，2008-06-28。

1.2 社区管理的基本概念

1.2.1 社区管理的界定

社区管理是一个内涵相当丰富、外延相当复杂的范畴。由于人们所处的历史条件、文化传统不同，也由于社区的结构、功能和发展水平不尽相同，因此，社区管理的内涵与外延并不是一成不变的。换言之，社区管理是一个历史范畴，是一个随着时代变化而不断变化的范畴。这里仅限于讨论当代中国的社区管理。

1. 关于社区管理的不同认识

社区管理是近年来才引起人们注意的一个概念。顾名思义，社区管理就是“管理社区”，然而，由谁来管理？管理什么？管理的性质是怎样的？学者对于这类问题的认识并不一致。

有人说，社区管理就是对人们所赖以居住和生活的地域共同体的管理行为。然而，这只是一种现象性表述，尚不足以揭示社区管理的内在属性，也不足以说明社区管理的构成要素。①

有人说，社区管理就是在政府及其职能部门的指导和帮助下，动员和依靠社区各方面的力量，对社区的各项公共事务和公益事业进行规划、组织、指挥、控制和协调的过程。②这是从管理学的角度对社区管理所下的一个定义。这个定义表明：社区管理是一个过程，这一过程由规划、组织、指挥、控制和协调等环节所构成；社区管理的主体是政府、各职能部门和各种社会力量；社区管理的对象是社区的各项公共事务和公益事业。但是，这个定义并没有表明社区管理的独特性。

有人说，社区管理是指以促进社区经济的发展，满足社区居民的物质和精神文化生活需要，全面提高生活质量和人的素质为宗旨，围绕社区规划和社区发展目标对社区内的社会公共事务所展开的各项管理工作。③ 从这个定义中我们可以看出，社区管理的目的是促进社区经济的发展，满足居民的物质和精神文化需要，全面提高生活质量和人的素质；社区管理的对象是社区内的社会公共事务。但是，它并没有表明社区管理是由谁来实施的，以及它具有什么样的独特性。

有人说，社区管理是指在街道范围内，由街道党工委、街道办事处主导的，社区职能部门、社区单位和社区居民积极参与的区域性、全方位的自我服务和自我管理。④ 这一定义表明，社区管理的主体是多方面的，包括政府部门、社区职能部门、社区单位和社区居民；社区管理的性质是区域性的、全方位的自我服务和自我管理。但这个定义并没有表明社区管理的对象是什么；同时，该定义把社区理解为“街道”，与相关国家政策有一定的

① 参见徐永祥：《社区发展论》，134页，上海，华东理工大学出版社，2000。
② 参见唐晓阳：《城市社区管理导论》，10～11页，广州，广东经济出版社，2000。
③ 参见孟临、韩狄明主编：《中国城市社区建设和管理概论》，44页，上海，上海教育出版社，1998。
④ 参见张堃、何云峰编著：《社区管理概论》，上海，上海三联书店，2000。

出入，《民政部关于在全国推进城市社区建设的意见》明确指出："目前城市社区的范围，一般是指经过社区改革后作了规模调整的居民委员会辖区。"

2. 本书的界定

综合上述几种定义，本书认为，社区管理是指在政府的指导下，社区职能部门、社区单位、社区居民对社区的各项公共事务和公益事业进行的自我管理。

对于这个定义，可以从以下几方面进行理解：

(1) 社区管理的范围主要是指经过社区改革后作了规模调整的居民委员会辖区。这样的界定比较符合社区建设和管理的实际。为了论述的方便，社区管理的范围有时也指街道辖区。

(2) 社区管理的主体是多元的，包括：作为主导的街道党工委和街道办事处；政府各职能部门在社区的派出机构，如派出所、工商所、税务所、环卫所、粮管所、物业管理公司、医院等；社区范围内的企事业单位，如学校、机关、商店、企业等；广大的居民。

(3) 社区管理的内容是社区的各项公共事务和公益事业，包括社区服务、社区卫生、社区文化、社区教育、社区环境、社区治安、社区经济等具体内容。

(4) 社区管理的性质应是群众性的自我管理。在社区中，群众（社区居民）既是社区管理的主体，又是社区管理的客体。社区成员既有权对社区建设与管理提出要求，又要为社区的建设与管理尽自己的义务。

(5) 社区管理的目的是促进社区经济的发展，满足社区居民的物质和精神文化生活需要，全面提高生活质量和社区居民的素质。实现这一目的需要依赖所有管理主体的积极参与，因此，要搞好社区管理，一定要协调各方的力量，充分调动各个管理主体的参与意识、工作热情、工作主动性和创造性。

3. 走向自治：社区管理的最终目的

从社区管理的定义中，我们可以看出，社区管理应该是群众性的自我管理。社区作为居民自己的家园，无论是从其本质还是从其发展实践来看，走向自治应该成为社区管理体制建设的基本方向。然而，我国目前的社区管理采取半行政性与半自治性相结合的模式，实际上是以政府管理为主，居民自我管理为辅的模式。显然，这有悖于社区管理的本质。因此，政府应当采取如下措施引导居民逐步走向自治①：

(1) 培育社区居民的民主意识和自治意识。一个城市现代化水平的高低，固然与其拥有的经济实力密切相关，但在一定程度上也取决于这个城市居民的文化素质、民主意识和自治意识。社区是人们从事社会生活的首要场所，人们参与社会生活无疑首先从社区开始，而参与区域性公共事务正是参与国家事务的基础。社区参与是一种公众的参与，意味着社区居民对社区责任的分担和成果的共享，它使每一个居民都有机会为谋取社区共同利益而施展和贡献自己的才华。要使社区工作从政府的直接管理模式逐渐演化为广大社区居民的自我管理和社区自治，政府必须积极培育居民的民主参与意识和自治意识，使人们逐渐认识到，社区是一个大家庭，文明社区的形成依赖于大家的共同努力和共同管理。

(2) 提高社区居民自我管理、自我服务的能力。随着社区建设的发展，居民正在增强

---

① 参见桑玉成等：《从五里桥经验看城市社区管理的体制建设》，载《政治学研究》，1999 (2)。

自身的自我管理、自我服务能力，他们在社区管理中的作用也日益明显。在许多社区，居民经常通过各种渠道向有关部门提出自己对社区建设的要求和建议，诸如要求政府安排新区公交线路、设置新区商业网点，要求修路建桥、整治社区治安状况等。这些做法在很大程度上增强了社区居民的自我管理和自我服务的能力。同时，政府也应积极引导和扶持“居民委员会”“业主委员会”等社区自治组织，推动它们积极、健康地发展，因为这些组织的发展是提高居民自我管理和自我服务能力的重要途径。

宁波社区直选：迈向“小政府、大社会”

陶短房

截至 2007 年年底，宁波市所有的城市社区居委会完成了直选，成为全国首个城市社区全部实现直选的城市。有专家认为，此举不但促进了城市基层民主的扩大，而且创新了社区管理模式，规范了城市社区选举程序，对全国有良好的借鉴作用。

事实上，在社区层面推行社区居民自治，实行选聘分离、义工为主的管理模式，是社会发展的必然。

就在 1 月 26 日晚，笔者所居住的大温哥华郊区的一个社区召开社区全体代表大会，议题包括是否更换物业公司、停车场赢利的用途、是否允许公寓阳台封闭以及社区委员会改选办法等。这些议题都是一周前书面分发到每家每户，以一户一票的方式表决的，而负责日常管理的社区委员会、负责款项出入和用度监督的社区董事会，以及负责给社区委员会提供建议的社区特别顾问，则是这些议题的拟订者。他们都系居民选举产生的义工，不但负责组织这类表决、讨论，还实际担负大量烦琐的日常社区管理事务。

在这种体制下，各城市自行拟订符合本地实际的社区自治办法，而各社区的日常管理工作，则完全交给这些由社区自行推举产生、不脱产、不占编制的组织及其义务人员管理，所有这些为社区服务的组织，都是非政府、非营利性质。在这种体制下，政府行政主要承担制度和法规制定者、仲裁者和协调者的角色。

这种模式的好处，首先是提高了社区服务的效率。由于所有社区服务人员都是由社区居民推选、乐意为本社区服务的义工，他们一方面有强烈的社区归属感和服务意识，另一方面也对社区的特点、需要和不足知根知底，工作、服务也能做到有的放矢。由于行政部门不直接参与社区内部管理，而只是间接参与指导和服务，避免了不必要的内耗。

其次是降低了政府行政成本。由于社区自治，政府可以仅在社区一级配置最低标准的专职社工，并将社区行政拨款大大降低，而不必担心社区功能弱化。这样就可确保宝贵的行政人力、财力投入到更急需的领域。坦桑尼亚原本实行由政府对社区基层组织和服务大包大揽的办法，导致行政开支浩大，社区服务效率欠佳。近年来他们推行了社区自治改革，让大量社区义工和非政府组织替代专职社工，结果非但费用大减，社区的功能也更趋完善。

宁波市的社区直选、选聘分离等尝试，所遵循的同样是以大多数义工代替专职社工、以居民自治为主代替行政管理为主、以“小政府、大社会”模式代替“大政府、小社会”模式的社区自治道路，甚至在某种程度上改变了单纯看户籍的传统习惯，而把在本社区务工和居住半年以上的外来人员也列入候选人行列。这些努力同样起到了提高社区服务效率、减少政府行政支出的预期作用。

资料来源：《新京报》，2008-01-28。

1.2.2 社区管理的特征

从社区管理的含义中我们可以看出，社区管理具有区域性、互助性和复杂性等特征。[①]

1. 区域性

社区具有区域性，社区管理的具体内容基本上都局限于社区范围，管理的方式也是发动社区内的各类管理主体，进行自我组织、自我服务和自我管理。这种管理主体和管理对象的同一性，使得社区管理的区域性特征更加明显。如果社区外的管理机构延伸至社区内来实行管理，那么社区的自我管理机制将无法正常运行；如果本社区管理机构的管理对象超出了社区的范围，那么社区管理主体和管理对象的一致性将不复存在。因此，以街道党工委和街道办事处为主导的社区管理，一定要将工作重心指向本社区，协调各方面的力量，积极开展环境卫生、绿化养护、市容整治、治安联防、教育卫生、文娱体育、社区服务等各项工作，切实解决居民日常碰到的各种困难和不便，提高居民对社区的认同感和满意度，同时还要抓好本社区的精神文明建设，加强思想道德品质以及文化艺术、科学知识的教育，以提高社区居民的综合素质和生活质量。

2. 互助性

首先，生活在社区中的居民之间以及他们与社区单位、群众团体之间有着十分复杂、密不可分的关系，居民委员会和社区居民之间的关系就是一个很好的说明。居委会干部是通过社区居民直接选举的方式产生的，他们是社区居民的代表，要为居民说话，维护居民的利益。但作为“两级政府，三级管理，四级落实”这种城市管理体制中的重要一环，居委会承担着部分街道机构交办的任务。居委会的这种双重身份，使它成为连接居民和街道机构的“桥梁”，三者之间有了紧密的联系。其次，这种复杂、紧密关系建立的基础是各社区成员之间的平等关系。每个社区成员既是管理主体，同时又是管理对象；既有管理别人的权利，又有接受别人管理的义务。再次，在这种关系基础上建立起来的社区管理只能是社区成员共同参与的平等、互利、互助式的自我组织、自我服务、自我管理的模式，解决社区的矛盾和困难所采取的方法也只能是社区成员的互助行动。可见，社区管理具有明显的互助性。

3. 复杂性

社区管理的复杂性是由社区的人口要素、结构要素和社会心理要素所决定的：（1）

---

① 参见张堃、何云峰编著：《社区管理概论》，30～32页。

社区人口的特征是密度高、流动性较大、外来人口的数量在不断增加。(2) 社区结构的特征是异质性程度高，这不仅表现在各社区单位的性质、行政级别、规模、从事的工作等各不相同，也表现在社区居民的异质化程度的逐步提高，他们在年龄、职业、受教育程度等方面都有很大的差异。(3) 社区的社会心理特征是交往意识淡薄。造成这种情况的主要原因一是竞争压力大，许多人在下班后还要继续工作，以至于影响了与社区其他人的交流；二是生活条件改善，特别是居住条件的改善，使居民大多住上了独立成套的住房，淡化了人们的交往意识；三是由于社会上存在不安定的因素，治安状况不尽如人意，居民注意自我保护，邻里之间，特别是不熟悉的邻里之间交流极少；四是通信工具的发展，如电话、传真、电子邮件、网络的出现，使居民能跨越时空进行远距离的交流，甚至可以在虚拟空间中和虚拟的人物进行交流，而这一切都减少了居民之间面对面交流的机会。

社区管理要协调和发动这些数量众多、异质性强、交往意识淡薄的社区成员来参与社区管理，当然不是一件轻松的事。

1.2.3 社区管理的功能

对于社区管理的功能，学者们的看法并不一致，有的学者指出，社区管理具有决策、计划、组织、协调和控制的功能。[①] 显然，这是从管理学的角度出发对社区管理的功能进行探讨。这里我们从社区建设的角度来探讨社区管理的功能。社区管理在社区建设中发挥着不可忽视的作用，它对于发展社区经济、繁荣社区文化、美化社区环境有重要的作用。

1. 社区管理有助于社区经济的发展

社区建设并不强调社区经济的发展，这是因为，社区建设的目标是促进社区的全面发展。若过度强调社区经济的发展，可能会影响社区建设总体目标的实现。社区所需经费的主要来源是政府的拨款，但由于政府财力有限，注入社区的经费往往不足开支，超支的部分要依靠社区经济的发展和社区单位的支持来解决。社区经济的发展可以创造就业机会、拓展就业渠道、减少不安定因素，而要发展社区经济，离不开社区管理机构的领导、支持、协调和服务，离不开社区资源的充分利用，否则社区经济的发展将寸步难行。

2. 社区管理有助于社区文化的繁荣

社区居民不仅有物质需求，也有精神需求和文化需求。社区管理机构可以动员群众利用各种娱乐设施和场地，开展形式多样、内容丰富的文化活动。其中，既有管理机构组织的大型文化活动，如社区文化节、社区艺术节、社区科普节；又有群众自发组织的各种娱乐性的文化活动，如老年读书会、戏剧爱好者协会、书画协会、舞蹈队等。可见，社区管理在繁荣社区文化方面发挥着重要作用。

3. 社区管理有助于社区环境的美化

社区环境的好坏直接制约着国民经济的发展和社区居民生活的改善，因此，治理环境

---

① 参见奚从清:《社区研究——社区建设与社区发展》，北京，华夏出版社，1996。

污染，改善环境卫生状况，是社区建设的一项重要任务。快速发展的工业化和城市化带来了严重的空气污染、水体污染、噪声污染和垃圾污染等问题，这类问题的解决在某种程度上依赖于社区管理。例如，社区管理机构可以建立、健全由区政府相关部门和街道办事处以及居民委员会共同组成的社区环境保护管理委员会，管理和控制社区环境问题。当然，社区管理机构也可以通过建立一套完备的规章制度来改善社区卫生状况，治理环境污染。

1.3 社区管理的体制

社区管理体制主要是指社区管理的组织体系和运行机制，这是进行社区建设工作的基础和保障。构建社区管理体制必须结合中国国情，坚持理论联系实际，同时要展开法制建设，只有这样，社区管理才能符合现实的要求，才能保证社区管理在法制的框架下有效运行。

1.3.1 社区管理体制的构建原则

建立同市场经济和现代社会相适应的社区管理体制必须遵循一系列原则，如“重心下移，立足基层”的原则、“条块结合，以块为主”的原则、“党政主导，各方参与”的原则、“管理与服务相结合”的原则等。

1. “重心下移，立足基层”

这里的“重心下移，立足基层”是指把社区管理的重心下移至街道办事处、居委会层次，立足街道办事处和居委会开展社区建设与管理工作。这是因为：第一，社区建设要贴近居民，要对居民的多元化需求作出直接、灵敏的反应，而街道办事处和居委会恰恰具备直接面对居民、直接为他们提供服务和实施管理的明显优势。第二，社区建设内容丰富，任务繁重，大大超出了市、区两级政府所能承受的限度，因此，只有依托街道办事处和居民委员会，充分调动它们的积极性和创造性，才能有效推进社区建设与管理。第三，计划经济体制下的社区管理是“倒金字塔”形的：管理层次越高，机构设置越全，人员配备越强，管理资源越多；而管理层次越低，机构设置越残缺不全，人员配备越弱，管理资源越少。显然，这种管理体制无法适应社区建设的需要。

2. “条块结合，以块为主”

所谓“条块结合，以块为主”是指，在社区建设的管理体制中，职能部门的专业管理与街道办事处的综合管理相结合，以街道办事处的综合管理为主。这一原则是由社区建设工作的多样性、复杂性和专业性决定的。社区建设不同于行业或部门工作，它是在一定社区范围内展开的一项内容复杂、涉及面广、专业性强的系统工程，单靠几个职能部门在各自的“条”上展开专业管理工作往往不能形成合力，难以整合社区建设与管理的各种资源；同时，社区建设也离不开各职能部门的专业管理，专业化管理是社区建设的客观要求。因此，在街道办事处的辖区内，既要将各职能部门的专业管理与街道办事处的综合管理结合起来，以街道办事处的综合管理为主；又要统一协调，加强社区内各职能部门的专业化管理，充分发挥职能部门的作用。

"条"与"块"的含义

"条"是指进行专业管理的各职能部门；

"块"是指进行综合管理的地域性机构——街道党工委和街道办事处。

专业管理与综合管理的含义

社区中的专业管理是指公安、工商、市政、园林、环卫等专业职能部门按照法律、法规，按一定的程序，对专业领域内的事务进行行政管理。

综合管理是以组织领导、综合协调和监督检查的方式对社区进行管理。

3. "党政主导，各方参与"

这个原则要求我们在构筑社区建设管理体制时，一方面要维护社区党组织的领导核心地位和区政府、街道办事处的主导地位；另一方面又要充分调动各方面的积极性，广泛吸收社区内各单位和居民代表参与决策和管理过程。社区管理不是单纯的政府行为，也不是单纯的民间活动，而是在党委和政府的领导下整合社区内企事业单位、居民群众和社会中介组织各种力量共同建设社区的过程。

4. "管理与服务相结合"

对于社区建设来说，服务是宗旨，管理是保证，建设是基础。社区管理和社区服务紧密相关，是一项完整的系统工程。随着人民生活水平的提高，社区管理的水平、社区服务的质量同居民的生活、工作与学习的关系日益密切。因此，必须建立有效的管理机制，将相应的管理和服务责任落实到市、区、街道、居委会，形成责任清晰、管理有序、服务完善的社区管理体系，真正寓管理于服务之中。社区建设实践表明，社区建设的管理体制必须充分体现管理与服务相结合的原则。

1.3.2　社区管理体制的基本框架

在社区建设实践中，上海、青岛、石家庄等城市提出了"两级政府，三级管理，四级落实"的管理体制。"两级政府"是指市、区政府；"三级管理"是指市、区和街道的管理，强调街道层面的管理；"四级落实"是指市、区、街道、居委会四级的组织落实。"二三四"管理体制的重点在于加强街道和居委会的建设，关键在于市、区两级政府要逐步放权给街道，建立责权利统一、条块结合、以块为主的社区管理体制。"二三四"管理体制是一种经民政部倡导切实可行的管理体制。在我们看来，社区管理体制的基本框架是在市一级设立社区管理的领导机构，在区一级建立社区管理的指导机构，在街道一级健全社区协调组织机构，在居委会层次上成立社区委员会。

1. 市一级设立社区建设领导机构

由市委、市政府领导牵头，有关部门和单位参与，主要负责制定、审核全市范围的社区建设、规划和工作计划；研究制定社区建设的方针、政策和重大措施；督促、检查全市范围内社区建设；协助市委、市政府推进基层行政管理体制改革，理顺基层"条""块"关系；努力解决社区建设中的政策保证和财力保障等问题；协调有关部门和单位之间的关系，为全市开展社区建设创造条件。

2. 市辖区一级建立社区建设指导机构或协调组织

由区委、区政府主要领导牵头，有关部门负责人和驻区大单位代表参加，负责制定全区性社区建设的措施；协调有关部门和辖区内的各种社会力量积极参与社区建设活动；理顺街道“条”“块”关系，充分调动街道办事处开展社区建设工作的积极性；主持开展社区建设的“示范工程”。

3. 街道一级建立健全社区协调组织

由街道办事处党政主要负责人牵头，辖区内有关部门、企事业单位、社会中介组织和居民代表参加，主要职责是贯彻落实上级党委、政府有关社区建设的决定、决议和工作部署；研究、制定街道范围社区建设规划和工作计划，并付诸实施；发动、组织辖区各种社会力量积极参与社区建设工作，探索实现社区共建的新机制；指导居民委员会和社会中介组织开展灵活多样的社区建设活动。

4. 居委会积极探索社区居民自治与社区内单位有机结合的新途径

可成立由居委会成员和社区内单位代表共同组成的社区委员会，组织开展符合本社区特点的、多样化的社区建设活动。

此外，还应加强社区的党建工作，切实改善和增强党对社区建设的领导。市、区两级社区建设领导机构或协调组织一般应依托民政部门负责日常事务。各级社区建设管理机构都应建立健全工作制度和工作程序，实行规范化管理，提高管理效率。

1.3.3 社区管理体制的运行机制

民政部结合各地社区建设经验明确提出：现阶段推进社区建设与管理的运行机制是“党委和政府领导、民政部门牵头、有关部门配合、社区居委会主办、社会力量支持、群众广泛参与”。从以上表述中我们可以看出，广泛参与是社区管理体制的内核。[①]

1. 广泛参与是社区管理的本质特征和必要条件

在此，广泛参与主要包括两层含义：一是社区管理参与主体的广泛性；二是参与活动的广泛性。社区管理的参与主体不仅包括社区全体居民，还包括社区内的企事业单位、机关、团体和社会中介组织。另外，各类社区管理主体不仅参与社区服务活动，还参与社区治安、社区环境、社区卫生、社区文化、社区教育等活动。

2. 社区居民的参与

社区居民是社区参与的主体。在我们这样一个人力资源相当丰富的国家，依靠民众的广泛参与来推动社区建设与管理工作已经成为现实选择。近年来，居民群众对社区服务与社区建设的参与程度不断提高。但是，我国城市居民的社区参与状况总体上无法适应社区建设的客观需要。首先，就参与意识而言，相当一部分居民的社区参与意识还比较淡薄。他们虽然生活在社区，但却没有意识到自己是社区建设与管理的主体，没有意识到自己也应该对本社区的建设与管理尽一份责任和义务，甚至有人误以为社区建设与管理完全是政府的事。其次，就参与人数和参与人员结构而言，相当多的社区居民，尤其是中青年居民

---

① 参见唐忠新：《中国城市社区建设概论》，252～264 页。

和专业技术人员，还不能频繁地参与社区活动。在许多社区，参与社区活动的居民主要是老年妇女。最后，就参与内容而言，居民的参与活动还不够深入、广泛，主要局限于出席居民会议、清扫楼院弄堂、文体健身等一般性的社区活动。

那么，如何才能改变这种状况呢？在我们看来，应该着重加强以下几个方面的工作：

（1）强化宣传教育，培育社区意识。社区居民的社区意识，是促使他们广泛参与社区建设与管理活动的思想基础。从各地实践来看，增强居民社区意识的主要途径是强化宣传教育，形成“社区是我家，联系你我他”“社区是我家，建设靠大家”的良好氛围。

（2）坚持社区需求本位的原则。所谓社区需求本位原则，就是从本社区的客观实际情况出发，把解决各类社区成员，尤其是大多数居民群众的实际需要放在首位，把解决群众普遍关心的热点、难点问题作为社区建设与管理的重点。这些问题的解决有助于满足绝大多数居民群众的需要和利益，并使其得到实惠，从而有助于调动居民群众广泛参与的积极性。

（3）建立和完善参与机制。从长远来看，要提高居民的参与热情，就必须将其推向规范化、制度化，必须依据有关的法规政策，通过民主程序和法定程序制定相应的规章制度，形成一套包括激励机制和责任机制在内的参与机制。例如，有些社区制定了社区志愿者章程和相关制度，规定志愿者协会会员和社区活动积极分子享有优先接受社区服务的权利。这在某种程度上激发了居民群众参与社区活动的积极性。又如，某些小区、楼院通过民主协商划分了各楼门、各住户的公共卫生责任区，或者实行各户轮流清扫楼道责任制，收到了很好的效果。

如何强化宣传教育？

一是要注意针对性：针对群众普遍关心的问题进行宣传教育。

二是要注意广泛性：使广大居民群众都能受到宣传教育。

三是要注意多样性：采取多样化的宣传教育方式。

例如，通过设计社区标志、宣传表扬社区内的好人好事、发动居民参与讨论社区问题等形式来强化他们的社区意识。

3. 社区单位的参与

这里的社区单位是指社区地域内的一切单位，既包括社区地域内的企业单位，又包括机关事业单位；既包括隶属于本社区的单位，又包括不隶属于本社区的单位；既包括公有制单位，也包括非公有制单位。社区单位广泛参与社区建设与管理，不仅有利于所在社区发展，也有利于自身的发展。不管是何种性质、类型的单位，其所在地区都是它们正常运行的微观环境。从这个意义上说，共同参与社区建设与管理，共创生活便利、治安良好、环境优美、人际关系和谐的文明社区，不仅是社区单位应尽的义务，也符合它们的自身利益。正是因为这样，越来越多的社区单位都表达了参与社区建设的愿望，“共驻社区，共建社区”的口号逐渐被社区单位所接受。

福建省三明市的社区共建口号

思想工作联做，共育“四有”新人；
社会治安联防，共创安定环境；
公益事业联办，共建服务设施；
科教文化联教，共同提高素质；
环境建设联搞，共创园林片区；
经济建设联抓，共图繁荣昌盛。

4. 社会中介组织的参与

社会中介组织主要是指西方的非政府组织（NGO）或非营利组织（NPO）和我国的“社会团体”，它主要致力于社会服务和管理，其基本宗旨是满足社区居民的需求。社会中介组织通常具有正规性、独立性、非营利性、志愿性和公益性等特征。正规性是指它是一个正式组织，具有法人地位，具有正式的章程和组织机构，具有必要的组织设备和资金来源；独立性是指它依据法律法规和本组织的章程独立自主地开展工作，在内部管理和对外工作中自治自主；非营利性是指它不以营利为目的；志愿性是指它的成员是根据自身的志愿来参与组织活动；公益性是指它的宗旨是满足公众的利益，为公众服务，满足他们的需求。

NGO、NPO和社会团体

NGO是英文“non-government organization”的缩写，直译为“非政府组织”。从全世界范围内看，非政府组织主要是在20世纪80年代以后得到迅速发展和普及的。

NPO是英文“non-profit organization”的缩写，直译为“非营利组织”。在美国人看来，这个词最容易划清公益组织与企业组织的界限，不管各类非营利机构之间有着多么大的不同，但是“非营利”是它们的共性。

社会团体（社团）是中国自己的称谓。按照《社会团体登记管理条例》第2条规定，社团是指由公民或者单位自愿组成的按照其章程开展活动的非营利性社会组织。

NGO和NPO是从两个不同的角度来说明社会团体的性质的概念，这两个概念都是中国近年从西方引进的，对它们的内涵和外延的理解以及概念的解释，目前还没有形成共识性的看法。许多美国人喜欢用NPO一词，而在其他许多国家的官方文件里（包括联合国的各种文件）使用最多的仍然是NGO一词。中国传统文化往往把这两类组织称为公益组织或慈善组织，按照《社会团体登记管理条例》第2条规定，NPO、NGO和社会团体三者内涵互相交叉，没有本质差别。

在发达国家，社会中介组织已经有了大规模发展，包括基金会、慈善团体、学会、协会、研究会、促进会等，这些组织在社会福利、教育培训、医疗保健、社区服务、生态环境、科学技术、文化艺术、国际合作、宗教事务等领域发挥着十分重要的作用。首先，它们填补了政府资金的不足。例如，美国民间组织每年约有5 000亿美元投入非营利事业，其中个人捐助一项就达1 000亿美元以上。其次，开拓了大量就业机会。目前，美国社会中介组织达100万个左右，受雇员工约有1 000多万人，是解决就业问题不可或缺的领域。再次，增加了资源运用的透明度和合理性。社会中介组织在民众参与和政府监督下运行，能较好地避免贪污浪费，能充分地利用各种社会资源。最后，为弱势群体和落后的社区提供帮助，从而扩大了社会公平，缓解了社会矛盾，促进了社会进步。[①]

在我国，社会中介组织尚处于成长的初期，但在促进社会发展方面已经显示出强大的力量。譬如，中国青少年发展基金会（简称“青基会”）实施了“希望工程”，为救助失学儿童作出了巨大贡献；中国儿童少年基金会（简称“儿基会”）实施了“春蕾计划”，为救助贫困地区的女童重返校园作出了贡献；中华慈善总会实施了“烛光工程”，在很大程度上改善了农村贫困教师的生活条件，提高了农村教师的教学水平；中华扶贫基金会实施了一系列的扶贫项目，从而有助于贫困农村村民提高生活水平。

1.4　社区管理同相关领域的关系

1.4.1　社区管理与街道管理的区别

社区管理并不等同于街道管理，两者在管理主体、管理目标的设定方式、管理对象、管理方式、管理机制和管理内容等方面有很大的差异。[②]

1. 管理主体不同

街道管理体制是行政管理，管理主体主要是街道党工委和街道办事处；而社区管理主体不是唯一的，除了起主导作用的街道党工委和街道办事处之外，还有各职能部门向社区延伸的机构，以及社区内的单位和社区居民，管理主体的范围大大扩展。因此，社区在管理过程中要强调“分而治之”和相互协调，动员各方管理主体的力量来共同参与管理好社区。街道没有必要把所有的事务都承担下来，同时街道也无力全部承担这些事务。

2. 管理目标的设定方式不同

街道办事处是政府的派出机构，必须要对上级政府负责，完成上级指派的任务，街道管理的目标设定方式是“眼睛向上看”，其工作中心和重点随上级政府的工作目标而转移；而社区的工作目标虽然现在基本上由上级行政机关来设定，但社区管理作为一种自我服务和自我管理的组织机构，其主要目标是发现并满足群众的需要，所以，社区管理目标的设定方式是“眼睛向下看”，必须体现社区的需要，不应完全由上级行政机关设定。

3. 管理对象不同

街道管理由于带有很强的行政色彩，必须符合行政性管理规则，以行政隶属关系和行政命令手段来进行管理，故街道管理对象较为单一，仅限于街道下属的企事业单位和依附程度较大的居民委员会，而不具有行政关系的单位，特别是行政级别高于街道的单位及居民，一般不属于管理的对象，因此街道管理的对象面比较狭窄，不能覆盖全部街道范围。

社区管理是一种地域化的管理，是一种包括各种机构、单位和居民在内的所有社区成

---

① 参见朱传一：《第三部门技巧作用》，载《中国社会报》，1999-05-18。

② 参见张堃、何云峰编著：《社区管理概论》，25～27页。

员的自我服务和自我管理。管理对象面广量多，覆盖整个社区，没有空白点存在。另外，从前面对社区管理主体的分析中可知，社区管理主体包括社区内所有成员，管理主体同时又是管理对象，这种情况是由社区管理的性质——自我管理所决定的，每个成员在进行自我管理的同时也有接受别人管理的义务。在这种体制下，由地域联系而不是行政级别来体现管理资格。在社区地域范围内，无论是有上级主管部门的单位还是没有上级主管部门的新经济组织，无论是有工作单位的居民还是没有工作单位的居民，他们都必须接受社区管理，同时也都有权参与社区管理。

4. 管理方式不同

街道管理具有突出的行政性质，其管理方式是行政体制中通用的上下级之间命令与服从的方式，上级部门以指令方式为街道设定工作目标和布置工作任务，街道就确定的工作目标和任务开展工作，进行具体的落实，不管街道理解与否都必须服从、执行。

在社区内，所有成员都是平等的，不需要用命令的方式来管理。另外，有很多社区单位不属于街道管理，二者没有上下级隶属关系，有些单位的行政级别甚至远远高于街道，根本无法用行政命令的方式来管理。因此，社区管理方式是在相互尊重、平等互惠的基础上，让各管理主体明白自己既是管理者又是被管理的对象。在社区管理过程中，街道机关虽然是管理的主要责任人，但它所采取的管理方式也与传统的命令式有本质的区别，街道主要以牵头、协调、全局把握、加强服务的方式来实现自己的管理意图。

5. 管理机制不同

街道管理实行的是单一的行政机制，它是以上下级的行政隶属关系存在为前提，以人员编制、职务权力、经费投入为保障，以行政命令为手段的一种管理机制。而在社区管理中，由于各社区成员的地位和相互之间的关系与街道体制中的地位和关系有很大的不同，除了作为管理主体的街道机构对其属下的企事业单位和向居委会派出的专职干部以及社区工作者利用行政机制进行管理外，还可利用社会心理要素，利用法律机制、社团机制和道德机制来进行管理，以及对提供有偿服务的单位（如物业公司等）适用市场机制进行管理。因此，社区管理机制是包含多种机制在内的综合性的管理机制，它有别于只有单一行政机制的街道管理机制。

6. 管理内容不同

街道管理的内容主要是上级单位指派的任务，其范围非常有限，内容常常随上级部门工作重心的转移而变动。例如，上级要创建卫生城区，街道的管理重心马上就要转移到环境卫生整治上来。上级要创建安全城市，街道则要着力于治安、联防、外来人口管理等。街道管理内容的范围虽小，但变动较大。

1.4.2 社区管理与物业管理的区别

社区管理和物业管理在社会性质、社会地位、社会作用、管理主体和管理内容等方面都是有区别的。[①]

---

① 参见黄序主编：《城市发展中的社区建设》，66～70页，北京，中国城市出版社，2002；范克危等编著：《物业管理公司实务》，133～136页，南京，东南大学出版社，2000。

1. 社会性质不同

从社会学与城市学相结合的角度来看，社区管理和物业管理之间有质的区别。社区管理要解决人际关系问题，解决人们之间互帮和互助的问题。当然，其形式、内容和渠道是多种多样的，可以借助一定的行政手段推行，也可以利用市场手段推进，从大的范畴讲，它属于软件管理的范围。而物业管理属于硬件管理的范畴，主要从事土地的合理利用和开发，房屋及其配套设施的建造和维护，对持有者、承租者、使用者和经营者的行为予以规范并作出法律约定。从我国目前城市社会现状来看，物业管理既可以借助一定的行政手段推行，又可以利用市场机制推进，但主要是要合理解决人们赖以生存发展的物质条件的保障问题。从上述分析看，社区管理与物业管理是处在两个不同领域中的不同性质的问题，不同性质的问题要用不同的方法去解决；同时，它们两者之间是城市社会硬件和软件之间的关系，如果没有硬件建设和硬件管理，社区建设和社区管理便无从谈起。

2. 社会地位不同

社会事物的地位是指某一事物在包括自身在内的多种事物的统一体中所处的位置。社区管理在管理社区的人际关系上，不仅应该而且也完全可能处于主导地位，就是说社区管理通过它自身的机构——居民委员会，有协调社区内各种社会关系的权利和义务，这是社区管理的本质特征（即管理社区内的人际关系）所决定的，也是国家的有关法规明文规定的。因此，社区内的方方面面，凡是涉及社区内的人际关系问题，都要听从和积极参与社区居民委员会的协调。物业管理同样要听从和积极参与居民委员会的有关协调活动，如居住区的物业建造在规划之始，就要听取能代表未来新社区居民委员会的有关街道办事处的建议和意见，对居民委员会办公用房、用地要早规划、早协商，对物业管理过程中的服务价格、服务质量等问题乃至物业管理的全过程，要接受业主委员会和居民委员会的双重监督。

至于整个居住区和配套设施的规划、建造、出售、使用、维护及相关服务，这是物业管理机构的职权，在国家政策和法律许可的范围内，应由管理机构自行处置，换言之，社区的硬件建设（如房屋、土地、配套设施——含绿地、公共场所等）、硬件管理的相应机构在这一方面处于主管的地位，直接向国家、社会和业主负责。物业管理机构的职权是由物业管理的物质技术及其管理的专业性决定的，又是国家有关部门授权的，两者不可分割。当然，由于社会主义市场经济体制的建立和不断完善，部门及行业间的封闭不断被打破，物业管理也随之分布于各部门、各行业之中，但其专业性仍然是别的部门和行业所不能替代的。

3. 社会作用不同

社区管理与物业管理的社会性质、社会地位和社会作用三者是相互联系在一起的，它们的作用主要是指它们各自在城市社会系统和社区社会系统中所起的作用。在此，首先要强调的是，从社会最终目的上讲，它们同经济发展和社区发展各部门一样，都是要为不断满足人民日益增长的物质文化需要服务，都要为提高居民的生活水平、生活质量作贡献。如今，城市居民的住房面积、住房质量、居住环境和相关服务有了明显的提高和改善，这对城市经济社会的稳定发展起了重要的保障作用，是城市社区群众所公认的。至于物业管理在取得重要业绩的同时出现了一系列亟待解决的问题，特别是在改制后的原福利分房老住宅区，遇到了来自观念上的和实际支付能力上的种种困难，这是有关行政主管部门应及时采取有力措施加以解决的。对此，社区工作者和社区管理机构应及时发挥自身的监督协调作用，促使物业管理部门加强规范，改进工作，搞好服务，而不应因此贬损甚至否定物业管理所应发挥的作用。与此同时，物业管理者及其机构，应充分认识社区管理的意义，两者不仅在工作的最终目的上完全一致，而且社区管理为扩展和完善物业管理提供了重要的支持和发展机遇。因此，社区管理具有不可替代的作用，加强社区管理不仅能有效地提高居民的生活质量，而且能为加强城市精神文明建设、加强城市基层民主政治建设、维护城市社会稳定作出独有的贡献。

4. 管理主体不同

社区管理主体是在政府指导下由社区成员参加的社区管理委员会，是由社区范围内的政府组织、企事业单位、社团组织和居民委员会等多方面参与、共同管理的多元互助的新型社区组织。物业管理主体是业主或业主使用人，以及接受业主委托的专业化物业管理公司，管理主体双方共同行使业主自治管理与专业化管理相结合的管理职能。

5. 管理内容不同

社区管理与物业管理在管理内容上均具有综合性，但综合性的内涵不同。社区管理不仅包括“人的住用环境”的有关内容，而且包括“人的社会生活”在内的更为广泛的内容，如计划生育、婚姻家庭、邻里关系、卫生保健、商业网点、科技教育、安置就业、扶贫帮困、老龄工作等。物业管理的内容主要是指围绕着“人的住用环境”的有关内容，是以物业为核心的专业化管理与服务的内容，如各类房屋建筑及其附属设备、设施的维修与养护，物业环境的治安保卫、消防管理、清扫保洁、污染防治、绿化管理、停车管理，以及相关的家居生活服务等。

1.4.3 社区管理与社区建设的联系

社区管理与社区建设是经常联系在一起的，许多学者都喜欢用“社区建设与管理”这样的词语。二者的联系主要表现在以下几个方面：

1. 社区管理伴随着社区建设而兴起

根据《民政部关于在全国推进城市社区建设的意见》，社区建设是在党和政府的领导下，依靠社区力量，利用社区资源，强化社区功能，解决社区问题，促进社区政治、经济、文化、环境协调和健康发展，不断提高社区成员生活水平和生活质量的过程。自20世纪90年代以来，全国性的社区建设逐步兴起，正是在社区建设的过程中社区管理才被提上议事日程。

2. 社区管理是社区建设的重要内容和重要目标

社区建设的内容大致包括社区组织、社区服务、社区卫生、社区文化、社区环境、社区治安等。从各地社区建设的实践来看，社区管理是社区建设的重要内容，如沈阳市社区建设的主要内容包括社区服务、社区教育、社区卫生、社区管理、社区文化和社区治安六方面的内容；青岛市社区建设的主要内容包括社区服务、社区管理、社区文化建设、基层民主政治建设、基层组织建设和干部队伍建设等内容。根据《民政部关于在全国推进城市社区建设的意见》，加强社区管理、建立与市场经济体制相适应的社区管理体系和运行机制是社区建设的一个重要目标。

3. 社区管理是社区建设的重要保证

加强社区管理有助于社区建设工作在制度化的轨道上有序进行，因为社区管理机构不仅可以制定一系列的社区建设的法规与政策，也可以在社区建设的实际过程中发挥计划、监督、控制、协调、指挥和领导作用，所有这一切都有助于社区建设的有序进行。

4. 社区管理和社区建设的主体和内容有许多重叠的地方

（1）社区管理主体在某种程度上也是社区建设主体，如街道办事处、居委会、广大居民，甚至包括社区单位和中介组织，它们既是社区建设的主体，也是社区管理的主体。

（2）社区管理的内容在某种程度上也是社区建设的内容。社区组织、社区服务、社区卫生、社区文化、社区环境、社区教育、社区治安等内容，既是社区管理的内容，也是社区建设的内容。

当然，社区管理有别于社区建设，前者侧重的是“管理”，后者侧重的是“建设”。管理显然不同于建设，社区管理主要是从管理学的角度来研究社区，而社区建设则主要是从社会学的角度来研究社区。

本章小结

1. 宽泛地说，所谓社区，就是区域性的社会，换言之，就是人们凭感官能感觉到的具体化了的社会，它包括地域、生态、人口、结构和社会心理五个要素。就社区建设而言，社区是指聚居在一定地域范围内的人们所组成的社会生活共同体；而目前城市社区的范围一般是指经过社区改革后作了规模调整的居民委员会辖区。

2. 社区管理是指在政府的指导下，社区职能部门、社区单位、社区居民对社区的各项公共事务和公益事业进行的自我管理。社区管理具有区域性、互助性和复杂性等特征。社区管理在社区建设中发挥着不可忽视的作用，它对于发展社区经济、繁荣社区文化、美化社区环境、加强社区治安有重要的作用。

3. 社区管理体制主要是指社区管理的组织体系和运行机制。建立同市场经济和现代社会相适应的社区管理体制必须遵循“重心下移，立足基层”“条块结合，以块为主”“党政主导，各方参与”“管理与服务相结合”等一系列的原则。社区管理体制的基本框架是在市一级设立社区管理的领导机构，在区一级建立社区管理的指导机构，在街道一级建立健全的社区协调组织，在居委会层次成立社区委员会。广泛参与是社区管理体制的内核，这里的广泛参与不仅包括社区居民的参与，还包括社区单位和社会中介组织的参与。

4. 社区管理同街道管理在管理主体、管理目标的设定、管理对象、管理方式和管理机制、管理内容等方面有很大的差异。社区管理同物业管理在社会性质、社会地位和社会作用、管理主体和管理内容等方面有很大的差别。社区管理同社区建设不仅在主体和内容上有许多重叠的地方，而且，它还是社区建设的重要内容和重要目标，是社区建设的重要保证。

关键术语

社区　社区管理　社区管理体制　“两级政府，三级管理，四级落实”
街道管理　物业管理　社区建设

复习思考题

1. 什么是社区？它的构成要素有哪些？
2. 你是怎样理解社区管理的？
3. 构建社区管理体制必须遵循哪些原则？
4. 社区管理体制的运行机制是什么？
5. 社区管理与物业管理有哪些区别？

阅读材料

五里桥经验——构建多元互动的社区管理新体制①

上海市卢湾区五里桥街道是积极探索社区管理新体制的试点单位之一。五里桥街道位于卢湾区南部，面积2.55平方公里，人口8.07万，居民2.8万户，居委会20个，街道辖区内市、区属大小企事业单位200余家，其中有百年老厂江南制造厂及第一缝纫机厂等30家大中型骨干企业。

一、多元的社区组织系统

为了充分发挥社区管理的功能，五里桥街道从社区不同的行政事务和目标出发，建立了三个层面的组织管理系统——行政领导系统、行政执行系统、行政支持系统。这三个系统分别履行制定政策、执行政策、支持和反馈政策等功能，由此形成了社区管理的组织结构新体制。

1. 社区行政领导系统：街道办事处及城区管理委员会

街道办事处及城区管理委员会通过相互协调，共同完成对社区日常行政事务的领导，组织社区服务与社区建设工作。根据权力下放与属地管理的原则，街道办事处作为社区最基本的单元在社区行政管理中处于主导地位，街道办事处依据法律、法规和上级区政府的授权，履行相应的“准政府”管理职能，对辖区内的城区管理、社区服务、社会综合治安管理、精神文明建设和街道经济组织行使领导、协调、监督等行政管理职能，对地区性、群众性、社会性的工作承担全面责任。建立城区管理委员会是理顺条块管理体制的需要。城区管委会作为条与块之间的中介，发挥重要的行政协调功能，它使条的专业管理与块的综合管理形成有机的整体合力。

---

① 参见桑玉成等：《从五里桥经验看城市社区管理的体制建设》，载《政治学研究》，1999（2）。

2. 社区行政执行系统：四个工作委员会的新运转体制

为了适应社区建设和管理的需要，五里桥街道办事处内部按照“两级政府，三级管理”的要求，设立市政管理委员会、社区发展委员会、社会治安综合治理委员会、财政经济委员会四个工作委员会，具体承担社区管理、精神文明建设、社区治安和街道经济等工作，使街道工作得到延伸和拓展。

(1) 市政管理委员会对辖区内市政市容工作实行综合管理，除街道原有的市政科、卫生科、街道办外，各条口上的房管所、工商所、园林所、地段医院等部门也纳入这个委员会，根据不同的分工，分别对辖区内市容卫生、市政建设、卫生防疫等方面进行管理。

(2) 社区发展委员会对辖区内社会发展与建设工作进行管理与协调，除原有的教育科、计生办外，各条口上的劳务所、粮管所以及社区内由行政扶持引导的人民团体如老龄委员会、残疾人联合会和新建的市民会馆也归其管理。社区发展委员会通过对街道内社会保障、社区福利、社区服务、社区教育文化、计划生育、劳动就业等方面的管理，全方位、多层次地满足地区市民的生活需要。

(3) 社会治安综合治理委员会负责对辖区内的社会治安进行综合治理，除原有的司法科外，各条口上的警察、安全、消防等部门归入这个委员会。该委员会的职能主要是协助街道党工委、办事处领导辖区内治安综合治理工作。

(4) 财政经济委员会对辖区内街道财政进行预决算，负责对街道企业进行综合管理。除原有的经济科、财税办等有关科室外，各条口上的工商所、物价所、税收征管小组等部门归靠该委员会。该委员会的主要职责是在街道办事处领导下，依照行政授权，对辖区内的有关企事业单位、个体工商经营者等进行工商、物价、税收等方面的管理，并扶持和引导街道经济的发展，确保辖区内经济发展工作的有效进行。

3. 社区行政支持系统：社区内的中介组织

这个系统主要由社区内企事业单位、人民团体、居民群众及其自治性组织构成。它们通过一定的组织形式如社区管理委员会、社区事务咨询委员会以及各种居委会组织发挥各自的作用。行政支持系统的职能目标是对社区事务进行议事、协调、指导、监督和咨询，从而对社区行政管理提供有效的支持，并促进社区行政管理的社会化。

根据五里桥的经验，社区管理委员会是半行政半自治的组织，它一方面承担着协调行政管理系统的条块分工的职能，另一方面对整个社区的各种资源进行协调。

社区事务咨询协调委员会是社区社会化的议事组织，主要负责议事、协调、监督和咨询，相当于社区内的“议事机构”。在此基础上，五里桥街道还建立了社区事务调解协商制度。街道定期召开社会事务协调会议，对社区内的重大工作进行通报，充分发挥了街道政府机关法人、社团法人、企事业法人等多种角色团体的作用，较好地解决了社区内的重大事项问题。

在各种群众性组织中，居委会是这一网络中最基本的组织单位。卢湾区街道充分发挥居委会基层组织的作用，强化其管理、教育、服务等功能。居委会注重搞好居住区的公共事务和公益事业，组织社区市民开展创建文明小区、文明弄、文明楼和五好家庭的活动，动员社会各方面参加志愿者队伍，使社区中的能工巧匠各尽其能，奉献社会；进一步完善治保、调解、帮困、服务等组织网络，落实各项治安管理措施，维护社区治安稳定，保障市民安居乐业。

二、互动的社区管理体制

按照“两级政府，三级管理”的要求，积极探索加强社区建设和管理的新机制，这是五里桥社区体制建设的一个重要方面。

1. 纵向层层授权的原则

街道作为区政府的派出机构，在新的历史时期承担着更多的社会行政职能。但目前街道本身不是一级政府，因此它不可能像政府机构那样有自己健全的权力机构，也无权制定地方规章和条例，街道所行使的权限主要来自区政府的授权。街道在区政府的授权范围内对区政府负责。

根据上海市委、市政府《关于加强街道居委会建设和社区管理的政策意见》，按照政企分开、政事分开、审批权与执法权分开的原则，卢湾区委、区政府赋予五里桥街道一系列管理权限，使街道具有了一定程度的总体规划参与权、分级管理权、综合协调和属地管理权。这些权限包括个体饮食营业执照的会鉴权、占弄占道审核管理权、户外广告审核管理权、新的违章建设工程处罚权、居民生活小区的规划和住宅建设方案及竣工的会鉴权、建筑工地文明施工管理和处罚权以及社会救济、社会就业、除害灭病管理等。通过这样的授权，街道综合管理的职能从机构和权限设定上得到了落实。

2. “以块为主，以条为辅，条块结合”的管理制度

条块问题是社区行政管理中必须处理好的一个核心问题。在计划经济体制下，城市管理采取垂直型的专业管理，而淡化甚至忽视了分级管理，存在严重的条块分割现象。面对越来越复杂的社会事务，“条”的方面因力量有限而管不到底，处在第一线的街道由于缺乏相应的职权而管不到边。与此同时，在传统体制中街道与街道之间直接沟通联系不多，一般通过上级政府进行协调，而社区内的各类组织机构相互之间也缺少一种横向的协调关系。五里桥街道在社区体制建设中，着手解决了这方面的问题，形成了一套“以块为主，以条为辅，条块结合”的管理制度。

首先是“条”与“条”之间的关系。派出所、工商所作为区政府职能部门的延伸机构，是“条”在“块”上的组织体制。五里桥街道社区努力协调好这些机构之间的关系，并在一定程度上对这些机构履行其领导和协调的职能。

其次是“条”与“块”之间的关系。“条”在“块”上的机构设置，如工商所、税务所、公安派出所等，接受街道和有关职能部门的双重领导，与街道形成一种条块联动的组织管理模式。一方面，政府职能部门的延伸机构受街道和区政府的双重领导；另一方面，由于街道内部也设立了街道派出所、街道工商所等机构，这些组织机构可以和政府职能部门的延伸机构共同对街道内的工商、税收、社会治安等问题进行管理。

再次是“块”与“块”之间的关系。从组织的生态环境看，组织不可能是一个封闭的系统，它必然要受到外部环境的制约和影响。社区作为最基层的城市单位与其他社区发生关系，是其得以正常运行的必要条件。五里桥街道在注重其社区自身发展建设的同时，也注意同其他社区保持良好的协调关系，善于借鉴其他社区良好的管理经验和管理方法，使社区自身的建设呈现出良好的发展态势。

三、动态的社区管理模式

目前，街道社区的管理任务十分繁重，如何构建一种“小政府、大社会”“小机构、大服务”的社会化管理模式，充分发挥政府机构法人、社团组织法人、企事业单位法人等多种角色的作用，以政企分开、政社分开、政事分开为基本原则，把各种社会性事务合理分解，使政府组织、社会团体及企事业单位分工合作，发挥各自的优势，是五里桥街道在探索体制建设中着力思考的一个重要问题。

在社区管理中，政府法人具有特别重要的地位。发挥政府法人的作用，关键在于强化政府行政管理，理顺条块关系，建立起“条块结合，以块为主”的社区管理模式。在纵向层面上，街道位于决策层，即拥有区域内的管理决策权和一定的审批权，而政府各职能部门设在社区的延伸机构位于操作层，在大局上要服从街道的统一指导。同时，对于那些社会性、群众性、服务性的事务，社区逐步尝试让社团或企事业单位来承担，即把这些事务分门别类地逐步分解落实到社团和企事业单位中去，充分利用现有的社团与企事业单位，将相应的社区工作事项尽可能地纳入其职责范围。

五里桥街道在社区管理的过程中，十分注重发挥政府法人、企事业法人和社团法人的多角色作用。例如，对社区内孤老和特困对象实行优抚和优惠服务的“爱心工程”，在多角色组织的共同作用下取得了较好的成效。与此同时，街道主动与社区内各名牌企业联营，寻求街道经济的增长点，以带动街道经济步入规模效应的轨道，并开始形成企业效益上规模、经济管理上水平、产品服务上档次的新型经济管理模式，通过这些方面的努力，增强了整体经济实力，同时扩大了就业渠道。通过发展经济带动劳动力市场的开发，五里桥街道探索了一条解决社区内待业人员和下岗人员再就业问题的新途径，从而在一定程度上缓解了社会矛盾。

第2篇

社区管理的主体

社区管理是一项复杂的社会工程，扮演主体角色的不应仅仅是政府，各种社会力量和广大居民群众也要积极参与进来。从社区管理的长远目标来看，多方参与、共同管理是社区管理的发展趋势。

社区管理主体按其性质大致可分为三类：一类是政府组织，如区政府及其派出机构——街道办事处；一类是企业组织，如物业管理公司；还有一类就是介于政府组织和企业组织之间的中介组织，如居民委员会和业主委员会。应该指出的是，中介组织在我国通常被理解为“非政府组织”（NGO）、“非营利组织”（NPO）或“第三部门”，不管人们对它的称谓怎样，非营利性和非政府性是中介组织的核心特征。

在这部分，我们将结合我国社区管理的实践，详细介绍社区管理的四大主张——街道办事处、居民委员会、业主委员会和物业管理公司。尽管街道办事处在社区管理中发挥着至关重要的作用，但是，伴随着社区自治水平的提高，它将逐渐让位于居民委员会、业主委员会和物业管理公司，我们可以把它们称为社区管理的“三驾马车”。

第2章

街道办事处与居民委员会

街道办事处与居民委员会是社区管理中联系密切的两大主体。本章首先介绍街道办事处的历史沿革、性质、特点、组织机构及自身建设，然后介绍居民委员会的历史沿革、性质与特征、地位与作用、任务、机构设置及自身建设，最后探讨街道办事处和居民委员会的关系。

预习案例

居委会应该做什么？

在社区管理体制上，深圳市实行的是“二三四”管理体制（市、区两级政府，市、区、街三级管理，市、区、街、居四级落实），全市社区管理机构共有701个。“上面千条线，下面一根针”，政府的各项工作最终都要落实到居委会。有的居委会干部反映：“居委会是一个筐，什么东西都能往里装。”按《中华人民共和国城市居民委员会组织法》的规定，居委会本来是一个自我管理、自我教育和自我服务的基层群众性自治组织，但是长期以来，它在现实生活中却承担了许多政府的职能。例如，居委会除负责计划生育等17项主要工作外，还承担了大量来自政府部门的临时性或突击性任务，成了城市管理体系中的一级基层行政组织和“变相的”政府部门，管了许多不该管的事，而许多本应由它管的事务又没有管好。居委会到底应该做哪些事？该怎样做？它同政府部门（尤其是街道办事处）的关系又是怎样的？

2.1 街道办事处

2.1.1 街道办事处的历史沿革

1. 街道办事处的演变

街道办事处是不设区的市和市辖区政府的派出机关。这种派出机关的设立源于解放初期。新中国成立后，为了加强城市政权和城市管理工作，全国许多城市都建立了街道一级的组织，但由于没有统一的法律依据和组织形式，各地街道组织的名称和性质有很大差别。概括地说，当时城市街道组织包括三种类型：一是设街政府，为城市基层政权，如武汉市、大连市；二是设街公所或街道办事处，为市或市辖区的派出机关，如上海市、天津市；三是“警政合一”，在公安派出所内设行政干事或民政工作组，承担有关工作，如北京市、重庆市。

1954 年 12 月 31 日，全国人大常委会通过《城市街道办事处组织条例》，用法律的形式统一规定了城市街道办事处的性质和任务。该组织条例的主要规定如下：(1) 街道办事处是市辖区或不设区的市的人民委员会的派出机关。(2) 10 万人口以上的市辖区和不设区的市，应当设立街道办事处；10 万人口以下 5 万人口以上的市辖区和不设区的市，如果工作确实需要，也可以设立街道办事处；5 万人口以下的市辖区和不设区的市，一般不设立街道办事处。街道办事处的管辖区域，一般同公安派出所的管辖区域相同。(3) 街道办事处的任务有三项：一是办理市、市辖区政府有关居民工作的交办事项；二是指导居民委员会的工作；三是反映居民的意见和要求。(4) 街道办事处共设专职干部 3～7 人，内有做街道妇女工作的干部 1 人。街道办事处主任、副主任、干事都由市辖区、不设区的市的人民委员会委派。(5) 市、市辖区的人民委员会的各工作部门，非经市、市辖区的人民委员会批准，不得直接向街道办事处布置任务。

按照上述规定，全国各城市在 1955 年都普遍建立了街道办事处。但是，在“大跃进”和“人民公社化”运动中，街道办事处纷纷改建为人民公社，实行政社合一的体制，它实际上成了我国城市的基层政权。直到 1962 年，各地的城市人民公社才先后恢复为街道办事处。“文化大革命”时期，各街道办事处改组为街道“革命委员会”，主要任务是抓阶级斗争，严重偏离了为居民服务的方向，未能正常发挥其功能。

“文化大革命”结束后，确切地说是在 1978 年以后，“革命委员会”逐步恢复为街道办事处。在以后的 20 余年中，街道办事处取得了前所未有的发展。截至 2000 年年底，全国 663 个城市和 787 个市辖区共有街道办事处 5 902个。平均每个街道管辖人口约 6 万人，居民人口最多的上海市闸北区北站街道辖区人口 16 万人。每个街道约有工作人员 30 人左右，最多达 200 余人；下属机构从 7 个、8 个到 30 余个不等。全国街道的管理模式、经济条件、居民和干部状况有很大差别。

2. 街道办事处的变化

目前，城市街道办事处同 20 世纪 50 年代创建初期相比，在工作对象、工作任务和机构编制等方面都发生了明显的变化。①

(1) 工作对象的变化。改革开放前，街道办事处的主要工作对象是“单位体制”以外的社会闲散人员和家庭妇女，这些人员仅占街道社区成员的一部分。随着经济体制改革和社会结构转型，街道工作对象扩展到辖区内所有居民和所有单位。辖区居民既有年过花甲的老人，又有天真无邪的儿童，还有大量的青壮年；既有党政干部和国有企事业单位的职工，又有个体劳动者和私营企业主；既有大学生，又有目不识丁者，还有大量的中等文化水平者。辖区内的单位既有企事业单位，又有党政机关和社会团体。

(2) 工作任务的变化。根据《城市街道办事处组织条例》，街道办事处的主要任务是，办理市、市辖区政府有关居民工作的交办事项，指导居民委员会的工作，反映居民的意见和要求三个方面。几十年来，伴随着城市社区的发展，一些街道办事处的工作任务拓展到 30 多个方面 100 多项。有人说，街道办事处“上管天（环保）、下管地（环境卫生），既管老（老龄工作）、又管小（幼托），管生（计划生育）、管死（殡葬改革）、管救济，还管教育和安置”。

(3) 机构设置和人员的变化。《城市街道办事处组织条例》规定，每个街道办事处可按照工作的繁简和辖区的大小，设专职干部 3～7 人。目前，城市各街道办事处的工作人员少则十人，多则上百人。上海市规定，街道办事处按国家机关行政编制，一般定编为 60 人，可视街道地域和人口规模作适当增减。同时，街道办事处机构也实行了“科室制”。近年来，经过城市基层管理体制的“两级政府，三级管理”改革，各城市对街道办事处科室机构设置作了统一规范或缩减，一般下设办公室、民政科、城管科、计划生育办公室、社会治安综合治理办公室、财务科以及经济科。

2.1.2 街道办事处的性质与特点

1. 街道办事处的性质

如前所述，街道办事处是设区的市或市辖区人民政府的派出机关。这表明，街道办事处是政府的派出机构，而不是一级政府。它只是市辖区或不设区的市人民政府根据其行政职能的需要，经市人民政府批准，在某一指定区域内设立的代表机构，并接受市辖区和不设区的市人民政府的领导。为了更深刻地把握街道办事处的性质，我们必须明确以下几点：

(1) 街道办事处作为政府的派出机构，它的主要职能是在街道居住区内贯彻执行政府的有关决定、指示、命令。因此，它的职权是政府授予的，具有明显的强制性和约束性。

(2) 街道办事处在街道区域内直接代表派出人民政府（市辖区政府或不设区的市政府），具体办理派出人民政府所委托的各项行政事务。因此，街道具有明显的派出代表性。但是，市及市辖区政府的各职能部门，非经市、市辖区政府的批准，都不能直接向街道办事处布置任务。

(3) 在街道区域内，街道办事处的职能任务具有明显的综合性。它是各种条条块块的

① 参见唐忠新：《中国城市社区建设概论》，193～194 页；高鉴国编著：《中国社区工作者手册》，175～176 页，北京，民族出版社，2002。

结合点，城市管理的各项任务只有经过街道办事处才能落实。但街道办事处并不是一级政府，它的职能权限在区域内并不具有普遍强制性和全面完整性，它只办理与街道居民有关的行政事务和公共事务。

2. 街道办事处的特点

街道办事处的特点是从其性质中衍生出来的，具体表现在行政权力的局限性、行政事务的繁杂性、管理服务的直接性、管理工作的被动性与综合性。[①]

（1）行使权力的局限性。街道办事处既然是一级人民政府的派出机关，其行政权力的行使不可能是直接的。首先，其行政权力的大小或多少，全由派出人民政府决定，派出人民政府赋予什么责权，街道办事处才能行使什么责权；其次，街道办事处在行使权力的过程中，往往需要其派出人民政府的有关部门配合；再次，街道办事处对重大事务的处理必须向其派出人民政府汇报、请示。

（2）行政事务的繁杂性。街道办事处是城市管理中的基层行政管理机构，而且又是派出机关，因此，它的人员编制和机构设置都不可能很大，但经办的事务却十分庞杂。可以说，政府各职能部门任务范围之内的工作都可以交给街道办事处去做，城市管理的各方面工作最后都要由街道办事处具体贯彻执行。街道办事处所承担的一般都是具体的、细小的事务，诸如小孩入托、邻里纠纷、婆媳不和等。这些小事尽管琐碎，却牵涉社会生活的方方面面。

（3）管理服务的直接性。街道办事处是城市的最低管理层次，街道管理不仅具有服务性，而且是直接为辖区内的单位和居民群众服务。正所谓“串百家门，听百家言，忙百家事”。可见，街道管理者需要用大量的时间和精力同居民群众直接打交道，做他们的勤务员。

（4）管理工作的被动性。街道办事处在辖区内要承担来自上下左右的事务性工作，常常应接不暇，而且很多事情是事先难以预料到的，因此，街道管理工作有时会比较被动。

（5）管理工作的综合性。街道办事处虽然是派出机构，其规模较小，但它却是一个完整的机构，因为不论什么部门、单位、个人都在街道辖区内，街道是他们的生活场所。所以，城市管理工作最终要落实到街道，宣传教育、市容卫生、社会治安、计划生育、绿化美化、民政管理、民事调解等，都在街道管理的范围之内。同时，每一项街道管理工作又都同政府和辖区内的机关、学校、企业发生联系，因此，作为派出机构，每项工作即使没有专门机构或专人负责，也要有人专管，否则便不能完成上级交给的任务。街道管理工作必须取得区域内各单位的支持和配合才能做好，可见，街道办事处的管理工作具有很强的区域综合性。

2.1.3 街道办事处的组织机构

1. 街道办事处的组织机构图

街道办事处是市辖区和不设区的市人民政府的派出机关，要按照“精干、统一、效

---

① 参见胡忠明主编：《现代城市街道管理》，18～21页，广州，广东人民出版社，2001。

能”和政企分开的原则，合理设置机构，根据法律、法规、规章的规定依法行使管理职能。

街道办事处一般设有行政办公室、社会治安综合治理办公室（司法科）、经济管理科、民政科、计划生育办公室、城市管理科、文教科（街道文化站）、财务科。[①] 这里给出上海市街道办事处组织机构图（见图 2—1）。

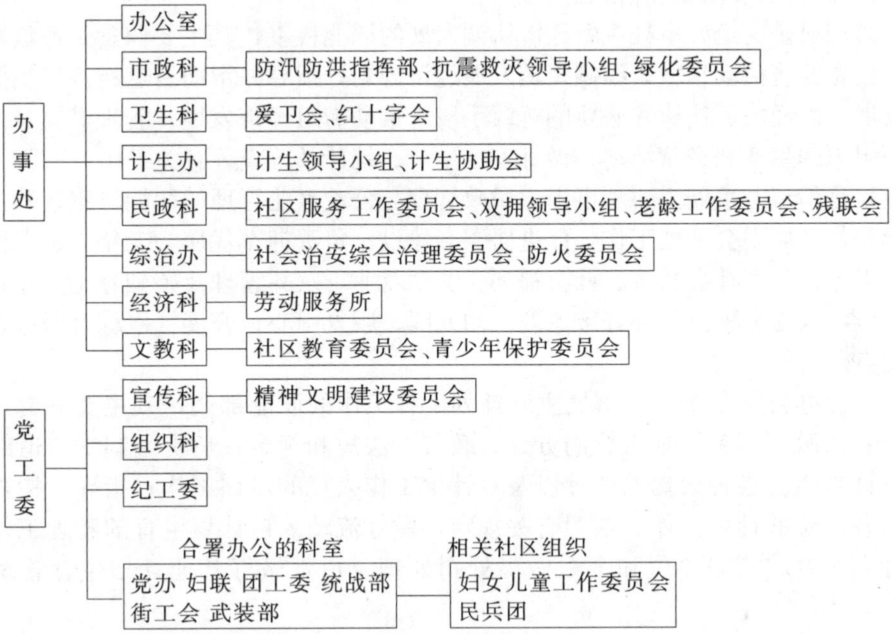

图 2—1　上海市街道办事处组织机构图

当然，街道办事处是在街道党委的领导下展开工作的，街道党委是区委、不设区的市委的派出机关，在社区建设和管理中起核心作用。根据区委的授权，街道党委对本街道的政治、经济、行政和文化教育等各项工作实行政治领导，支持并保证行政组织、经济组织和群众自治组织充分行使职权，保证党和政府的各项方针、政策在社区内得以贯彻执行。街道党委一般设立党委办公室、纪工委（行政监察）、组织人事科、宣传统战科、工会、妇联、团工委、武装部等。

2. 街道办事处主要科室的职责[②]

行政办公室是街道办事处的行政综合办事机构，其主要职责是：检查督促街道办事处的各项决议，使其得以贯彻执行；负责综合街道工作情况，根据区政府及街道办事处的工作部署开展调查研究，为科学决策提供依据；负责街道办事处日常的文件电话处理，草拟和审核以街道办事处名义发出的文稿；负责街道办事处的有关工作会议和重大活动的组织；协助街道办事处领导协调各部门各单位的关系，维护和促进各项工作的顺利开展；负责街道办事处的保密工作，做好机要文件、档案资料的管理，掌管街道办事处和办公室的

① 参见胡忠明主编：《现代城市街道管理》，36～40 页。

② 参见上书，46～47 页。

印鉴；办理区政府交办的日常政务、事务和其他事项。

社会治安综合治理办公室是协助街工委、街道办开展社区综合治理工作的常设机构，其主要职责是：贯彻执行党和国家有关社会治安综合治理工作的法律法规和方针政策；贯彻执行各级政府有关社会治安综合治理工作的决定和部署，制定本地区的社会治安综合治理的工作计划；组织协调本地区的各部门、各单位落实社会治安综合治理各项工作；负责编印本街道社会治安综合治理信息简报。

经济管理科是街道办事处主管经济协调发展的职能科室，其主要职责是：负责发展街道经济，拓宽经济活动领域；编制街道发展经济规划；指导并帮助街道经济组织搞好企业管理和发展；以经济、法律和必要的行政手段来推动街道经济发展；管理、监督、检查本街道经济组织的生产和经营活动；做好安全生产、统计及普查等有关工作。

民政科是街道办事处主要从事街道民政管理与公益事业管理的职能科室，其主要职责是：指导和帮助居委会开展工作，促进居委会建设；负责拥军优属、老年人、军民共建的管理服务工作；负责社会救济、社会福利、劳动就业、殡葬管理及婚姻登记工作；兴办社会福利与残疾人福利事业，办好敬老院、幼儿园、康复中心；开展社区综合服务，兴办便民服务网点。

计划生育办公室是街道办事处主管计划生育工作的职能部门，其主要职责是：负责贯彻实施各级政府有关计划生育的方针、政策、法规和规定；负责编制本街道的人口计划，做好计划生育各种数据的统计以及对计生工作人员的培训工作；指导、检查居委会和辖区内各单位的计生工作；依照有关规定，做好流动人口计划生育的管理工作；依法对违反计划生育政策的单位和个人做出处罚处理；负责做好其他计划生育管理和服务工作。

城市管理科是街道办事处进行城市管理具体运作的职能科室，其主要职责是：负责街道的卫生和初级卫生保健；负责街道的市容环境卫生、绿化、环境保护；搞好街道的市政、房地产的监督、管理和服务工作；负责对汽车、摩托车和自行车保管站的管理及驾驶员的学习管理；加强对街道环卫站、消毒站的管理，并指导其日常工作；配合有关部门做好防汛、防风、防火、防震、抢险和救灾工作。

街道文化站是一个事业编制的内设机构，是主管街道群众文化、体育活动的一个部门，其主要职责是：负责街道内的群众文化、体育活动、精神文明建设的各类宣传活动的开展和辅导工作；负责协调党群部门各项工作，加强与上级部门的联系和沟通；负责社区文化的组织工作和活动的开展；负责社会文化市场的稽查工作；负责文化站有关财产设施的管理工作；完成上级交办的其他工作任务。

2.1.4 街道办事处的建设

1. “责大权小”：街道办事处的现状

街道办事处在社区建设和管理中具有重要的地位和作用，客观上要求它具有较高的权威性，具有协调辖区内不同级别、不同规模、不同隶属关系的机关企事业单位和不同层次的居民群众的能力，但是，“单位体制”的长期存在、对“条条”管理的过分强调以及街道立法的严重滞后等原因，都使街道办事处普遍存在着“责大权小”的问题。[①]

首先，“单位体制”的长期存在大大影响了街道办事处的权威性。“单位体制”的长期存在一方面强化了许多人的单位归属感，只承认自己是本单位的一员，只接受本单位的管理，而没有意识到自己还是所属街道的一员；另一方面，又使相当一部分单位的干部仅仅从行政级别的角度来理解本单位与街道办事处的关系，只要自己单位的级别不低于街道办事处，就不愿意承担街道办事处布置的工作，不愿意接受街道办事处的监督。

其次，对“条条”管理的过分强调大大制约了街道办事处的作用。同“单位体制”相一致，许多城市政府一直沿用“条条”（部门）管理为主，“块块”（社区）管理为辅的社区管理方式。在这种状况下，资源和权力基本上由“条条”垄断着，各主要条口，如公安、房管、工商、税务等，都在街道一级设有专门机构，这些机构从部门的角度出发，接受上级部门下达的任务，街道办事处往往没有足够的协调能力，遇到复杂的问题很容易相互扯皮。

再次，街道立法的严重滞后大大影响了街道办事处职能的发挥。就全国而言，到目前为止，关于街道的基本法规依旧是 1954 年颁布的《城市街道办事处组织条例》。按照该条例的规定，街道办事处对辖区内的单位和部门没有协调权，当然，更谈不上社区建设与管理权了。这意味着计划经济时期形成的街道管理体制已经不能适应新时期社区建设和管理的需要。

2. “两级政府，三级管理”：上海的经验

关于街道办事处的未来，学界有不同的认识，有的主张把街道建成一级政府，实行“三级政府，三级管理”的社区管理体制；有的主张在不改变街道办事处的派出机关性质的前提下，扩大其职权；有的主张取消街道办事处，把市辖区的范围划小，由区政府直接指导居委会，彻底实行“两级政府，两级管理”的社区管理体制。当然，上述几种观点都有自己的立论依据，但从实践的角度看，各城市基本上都是在不改变街道办事处的派出机关性质的前提下，扩大其职权，逐渐使其行使一级政府的职能。其中，上海市的探索具有一定的代表性。

上海市委、市政府明确提出了“两级政府，三级管理”的改革思路，明确要求在“两级政府，两级管理”的基础上，落实和扩大街道的管理权力和财力物力。在目前街道党委、办事处分别作为区委、区政府派出机关性质不变的前提下，街道办事处在街道党委的领导下，依照法律、法规、规章的规定和市辖区政府的授权，行使相应的政府管理职能，对辖区内的社会管理、社会服务、社会治安综合治理、精神文明建设、街道经济发展等行使组织领导、综合协调、监督检查的行政管理职能；对地区性、社会性、群众性的工作负全面责任。

北京、重庆、杭州、石家庄、西安、成都等城市，也在逐步推进街道体制改革。伴随着社区建设与管理的发展，以“两级政府，三级管埋”为基本内容的社区管理体制改革已在全国蓬勃展开，它既是社区建设与管理的应有组成部分，也是社区建设与管理的重要保证。

---

① 参见唐忠新：《中国城市社区建设概论》，197～200 页。

2.2 居民委员会

2.2.1 居民委员会的历史沿革[①]

1. 初步建立阶段（1949—1958年）

"居民委员会"进入我们的视野只有半个多世纪的时间。确切地说，这种群众性自治组织是伴随着新中国的诞生而产生的。新中国成立后，许多城市的人民政府积极探讨如何加强同广大居民的联系，如何动员居民群众参与城市管理，以巩固新生的政权。在这种情况下，一些城市出现了群众自己组织起来的防护队、防盗队或居民组等称谓不一的群众性自治组织。1949年10月，杭州市率先将按照居民状况建立起来的组织命名为"居民委员会"，揭开了我国城市居委会组织的历史序幕。随后，全国七十多个城市都先后建立了居委会。1954年12月31日，第一届全国人大常委会第四次会议通过并颁布了《城市居民委员会组织条例》，第一次用法律的形式明确了居委会的性质、地位和作用。该条例的颁布和实施，大大推动了城市居民委员会建设工作的开展。当时，在"大家的事情大家办"的号召下，各地居委会积极响应党的号召，发动群众开展生产与生活服务、整修道路、植树绿化、修建公厕、改善环境卫生、防火防盗、调解纠纷、协助维护社会治安等工作，充分显示了居委会的作用。到1958年，全国各地普遍建立了居委会这一基层组织。

2. 曲折发展阶段（1958—1976年）

从1958年到1976年，中国先后出现了"大跃进"和"文化大革命"，居委会建设受到了严重的冲击。1958年，随着"左"倾冒进的"大跃进"和"人民公社"运动的兴起，城市基层政权被"党政合一"、"政社合一"和"工农兵学商五位一体"的人民公社所代替，居委会也开始成为人民公社体系的一部分，变成了人民公社的分社，其居民自治组织的性质和功能则逐渐萎缩。从1962年到1965年，伴随着城市人民公社的解体，居民委员会组织又相继恢复。

从1966年到1976年，在"文化大革命"期间，居民委员会的工作受到严重破坏。在极左路线的影响下，有些居委会实行了军事编制，设连、排、班；有些居委会工作人员被当成"当权派"遭受批斗。随着各级"革命委员会"的建立，居民委员会也相继改称为"革命居民委员会"，其主要任务是抓阶级斗争，搞"群众专政"，严重损害了居民利益，从根本上违背了居民自治原则。

3. 调整改进阶段（1976—1986年）

1976年粉碎"四人帮"以后，经过拨乱反正，逐步撤销了革命居民委员会，重新恢复居民委员会，居民委员会工作逐步恢复与发展。1980年1月，全国人大常委会重新颁布和实施了《城市居民委员会组织法》。1982年重新颁布的《中华人民共和国宪法》首次在

---

① 参见胡忠明主编：《现代城市街道管理》，211～214页。

根本大法中明确规定了居委会的性质、任务和作用。此时，全国各地均按照新宪法的精神，在民政部门的指导下，对城市居委会工作进行了全面调整与改进，重新确立了组织机构，建立健全了各项规章制度，使居委会工作逐步走上正轨。

4. 改革发展阶段（1986 年至今）

1986 年 12 月，全国第一次城市街道居委会工作座谈会召开后，我国城市居委会的建设工作逐步得到充实与加强。1989 年《城市居民委员会组织法》重新修订颁行后，各城市相继按照该组织法，对居委会的规模、机构设置、工作任务、任期及工作人员的生活补贴进行了规范和调整，标志着我国城市基层群众自治制度有了一个相对成熟且比较完备的法律基础，标志着我国城镇社区和居民委员会的建设与发展进入了一个新时期。

进入 90 年代后，北京、天津、上海、广州等城市进行了社区管理体制改革，这些城市坚持以“重心下移，立足基层”为改革思路，以建立完善“两级政府，三级管理，四级落实”为改革内容，以“事权下放”为改革重点，不断深化社区管理体制改革，从而使居委会的职责更加明确，地位与作用得到进一步加强。十多年来，居委会在宣传党和国家的方针、政策和法律法规，兴办社区公共事务和公共事业，调解民间纠纷，维护社会治安等方面，发挥了越来越大的作用。

2.2.2　居民委员会的性质与特征

1. 居民委员会的性质

居民委员会是具有中国特色的基层群众性自治组织。我国《宪法》第一百一十一条规定：“城市和农村按居民居住地区设立的居民委员会或者村民委员会是基层群众性自治组织。”《城市居民委员会组织法》第二条规定：“居民委员会是居民自我管理、自我教育、自我服务的基层群众性自治组织。”

2. 居民委员会的特征

居民委员会的性质决定了它具有基层性、群众性、自治性和地域性等特征。

（1）基层性。居委会是设立在城镇基层政权组织之下的社会组织，是直接由广大居民构成的组织。居委会的下面是社会最基本的细胞——家庭，居委会工作服务的对象是社会基本成员——居民。

（2）群众性。居委会既不是一级政权组织，也不是基层政府的派出机构，而是一种群众性组织。居住在某一地区的居民，不分民族、种族、性别、职业、家庭出身、宗教信仰、教育程度、财产状况和居住期限，都有责任和义务参与居民委员会组织；居委会主任、副主任和委员，不能由政府任命，而应由居民选举产生。

（3）自治性。居委会在国家法律规定的范围内，在基层党组织的领导和基层人民政府及其派出机关的指导下，拥有一定的自主权和自决权，实行自我管理、自我教育和自我服务，依法管理和决定本地区的公共事务和公益事业。

（4）地域性。居委会是地域性的社会组织，是根据居民居住状况、人口多少，按照便于群众自治的原则设立的。从实际情况来看，居委会一般以里巷、居民小区为单位，同一居委会的成员之间一般具有邻里、街坊关系。

2.2.3 居民委员会的地位与作用[①]

1. 居民委员会的地位

居委会是我国城市覆盖面最广、最普遍的基层群众性自治组织，在城市社区管理中具有重要地位。

（1）居委会是实现人民民主的重要组织形式。居委会是基层群众性自治组织，在这种组织中，除了个别人依照法律被剥夺政治权利外，广大成年居民都可以享受到选举和被选举的权利，都有参与讨论决定本居住地区的公共事务和公益事业的权利。广大居民群众可以通过居委会参与管理本居住地区的事务，可以实实在在地行使自己的民主权利。

（2）居委会是城市基层政权的重要依靠力量。长期以来，居委会积极宣传、贯彻、执行党和国家的方针、政策、法令与决定，积极协助市、区政府及街道办事处做好与居民利益密切相关的公共卫生、计划生育、优抚救济、青少年教育、社区治安、安全防火等各项社会管理工作。实践证明，如果没有居委会协助地方政府开展工作，那么，城市社会管理就难以顺利进行。

（3）居委会是党和政府联系群众的桥梁和纽带。居委会通过接受当地政府及街道办事处的指导，通过协助人民政府开展工作，在党和政府同广大人民群众之间起着联系沟通的作用。居委会既可以把党和政府的路线、方针、政策及时传达给广大人民群众，又可以通过街道办事处及时向上级党委及人民政府反映社会的各类情况及群众的意见要求。同时，居民群众也可以通过居委会对各级人民政府，特别是基层人民政府的工作人员实行监督，帮助政府人员改进工作作风和工作方法，提高办事效率，促进廉政建设。

2. 居民委员会的作用

居委会在社区管理中发挥着重要作用，它不仅有利于两个文明建设，也有利于社会稳定。

（1）促进社会稳定。居委会通过各种形式，协助党和政府管理各种社会事务，如通过调解及时解决民事纠纷，协助公安部门维护社会治安，加强群防群治工作；协助劳动部门办理发放居民失业证，掌握劳动就业的基本情况；开展优抚救济工作；解决残疾人及特困家庭的需要与困难；协助有关部门教育青少年以及安置劳改释放人员、解除劳教人员；为社会失业人员、残疾人员、特困家庭人员安排工作。所有这一切，都有助于化解社会矛盾，促进社会稳定。

（2）促进物质文明建设。城市是经济活动的中心。居委会想群众所想，从实际出发，开展社区服务工作，开办各种为民、便民、利民的生活生产服务点，协助发展社区经济，这在某种程度上促进了物质文明建设。

（3）促进精神文明建设。居委会以多种形式开展精神文明的创建活动，如广泛开展创建“安全文明小区”“文明大楼”活动，评选“五好家庭”“文明市民”活动，实行“拥军优属”“警民共建”活动等，积极开展各类群众性的健康文体娱乐活动。这些活动有助于培养人民群众的文明意识，树立社会道德观念，建立新型的人际关系，营造良好的社会

① 参见胡忠明主编：《现代城市街道管理》，215～218页。

风气。

2.2.4　居民委员会的任务

居委会的任务经历了一个不断变化的过程。根据 1954 年通过的《城市居民委员会组织条例》，居委会的任务主要有：办理有关居民的公共福利事业，向当地人民政府或其派出机关反映居民的意见和要求，动员居民响应政府号召并遵守法律，开展群众性的治安保卫工作，调解居民间的纠纷。为适应社会环境的变化，1989 年通过的《城市居民委员会组织法》对居委会的任务做了调整。该法第三条规定了居委会的六项任务：

（1）宣传宪法、法律、法规和国家的政策，维护居民的合法权益，教育居民履行依法应尽的义务，爱护公共财产，开展多种形式的社会主义精神文明建设活动。

居委会要维护居民的合法权益，教育居民遵纪守法，履行依法应尽的义务，如服兵役、遵守法律、赡养父母、抚养子女等。开展精神文明活动是居委会一项经常性的重要工作，其主要内容有以下三个方面：一是采取各种方式对居民进行理想和道德教育，教育居民成为有理想、有文化、守纪律的文明市民；二是在居民中开展创建“安全文明小区”“文明大楼”“五好家庭”“文明市民”等评比活动，采用居民公约等方式，使邻里之间和睦相处；三是开展健康文明的文化体育活动。

（2）办理本居住地区的公共事务和公益事业。

公共事务和公益事业主要是指涉及本居住区居民的行政事务和有益于全体居民的公共福利事业。居委会活动的立足点应是：根据本地区的情况，为居民办好事、办实事，如解决失业居民的就业困难，关照残疾人、老人和孤儿等弱势群体，绿化美化社区环境，修建社区文化活动设施，管理大街小巷的公共卫生，协助兴办社区服务事业等。既然居委会是广大居民“自我服务”的群众组织，那么，开展本居住地区的公共事务和公益事业，是居委会义不容辞的责任。

（3）调解民间纠纷。

调解就是当家庭成员之间、邻里之间发生了争吵、争执现象时，劝说双方消除纠纷，重归于好。邻里之间、家庭成员之间的摩擦与矛盾如果得不到及时解决，不仅影响家庭和睦、邻里安定，甚至还会影响社区形象。所以，调解民间纠纷，防止矛盾激化，协调居民关系，增强社区凝聚力，就成了居委会的重要任务。

（4）协助维护社会治安。

维护社会治安是政府的一项重要工作，但要做好这项工作，单纯依靠政府的力量是不够的，必须依靠全社会的力量。因此，创造良好的社会秩序和社区环境是居委会的一项重要任务。居委会可以在社区中宣传法律知识，帮助安置失足青年和解除劳教人员，组织治安巡逻，抓好治安防范与社会治安综合治理，落实群防群治措施，配合司法部门严厉打击各种刑事犯罪活动，维护社会安定。

（5）协助街道办事处做好与居民生活利益有关的公共卫生、计划生育、优抚救济、青少年教育等各项工作。

基层城市人民政府及其派出机关同居委会是一种指导与被指导关系，一般而言，行政机关的工作任务不应转移给居委会，但对行政机关开展的与城市居民利益相关的各项工作，居委会应该予以支持和配合，如公共卫生、计划生育、优抚救济、青少年教育和安全防火等工作。这不仅符合国家的利益，也符合全体居民的利益，是居委会应尽的责任和义务。

（6）向人民政府或者它的派出机关反映居民的意见、要求和提出建议。

居委会作为党和政府联系群众的纽带，不仅有利于促进政府改进工作作风，克服官僚主义，提高办事效率，搞好廉政建设，也有利于提高居民群众的参政议政意识，促进社会整体管理水平的提高。

此外，《城市居民委员会组织法》第四条还规定：“居民委员会应当开展便民利民的社区服务活动，可以兴办有关的服务事业。”这表明，开展社区服务活动，兴办社区服务事业，也是居委会的重要职责。

2.2.5 居民委员会的机构设置

居委会要想成功完成它的任务，就必须有一套强而有力的组织机构。合理设置居委会机构及人员，是居委会发挥作用的必要条件。居委会组织机构与人员的设置，一方面必须遵循《城市居民委员会组织法》规定的原则，另一方面也必须结合本地的实际情况。①

1. 居委会专职工作人员的设置

居委会是城市居民的基层群众性自治组织，数量众多，国家财政力量不可能负担太多的居委会工作人员的补贴。因此，居委会专职工作人员的设置，必须从城市实际出发，本着高效、精简的原则进行配置。《城市居民委员会组织法》规定：居民委员会由主任、副主任和委员共5～9人组成。

对于居委会专职工作人员的工资待遇，《城市居民委员会组织法》规定：居民委员会的工作经费和来源，居民委员会成员的生活补贴费的范围、标准和来源，由不设区的市、市辖区的人民政府或者上级人民政府规定并拨付；经居民会议同意，可以从居民委员会的经济收入中给予适当补助。

2. 居委会各工作委员会的设置

《城市居民委员会组织法》第十三条规定：居民委员会根据需要设人民调解、治安保卫、公共卫生等委员会。居民委员会成员可以兼任下属的委员会的成员。居民较少的居民委员会可以不设下属的委员会，由居民委员会的成员分工负责有关工作。从各地的实际情况来看，居委会内部一般设置六大委员会：治安保卫委员会、社会福利委员会、文教卫生委员会、人民调解委员会、妇女代表委员会和青少年教育委员会。

此外，居委会还能成立其他群众性组织机构，如社区服务志愿者分会、计划生育服务站、社会治安综合治理调解小组、外来人员管理小组、红十字会分会、居委会社区服务站、居委会文化站等。

3. 居委会成员的产生

居委会成员的产生，一般采用选举的形式。对此，《城市居民委员会组织法》第八条规定：“居民委员会主任、副主任和委员，由本居住地区全体有选举权的居民或者由每户

① 参见胡忠明主编：《现代城市街道管理》，223～225页。

派代表选举产生；根据居民意见，也可以由每个居民小组选举代表二至三人选举产生。居民委员会每届任期三年，其成员可以连选连任。”从工作实践来看，居委会成员的选举一般可采用选举与选用相结合的方式，选用包括由街道办事处在本区域范围内居住的居民中推荐坚持四项基本原则，热心从事社区管理，作风正派，办事公道，有较强事业心、责任感和政策水平，服从组织安排，有一定的群众工作经验和基层管理工作经验的人员作为居委会的候选人，并召开居民会议由群众选举产生。

居民会议一般分为三种形式：一是全体居民参加的会议；二是每户派代表参加的会议；三是由居民小组选出 2～3 名代表参加的会议。从目前的情况来看，采用第三种办法召开居民会议，以无记名投票方式当场选举居委会成员的做法比较普遍。选举可采用等额选举的办法，也可采用先选主任，再选副主任，然后再选委员的分层选举办法，当然，居委会成员也可以一次选出。整个选举工作一般由上届居委会主持，也可以成立选举领导小组，领导小组成员一般由上届居委会主任或居委会党支部书记、专区民警、街道办事处干部等组成。街道办事处对选举工作应及时给予指导和帮助，以保证选举工作的顺利进行。

2.2.6　居民委员会的建设

1. 居委会的现状

居委会在社区建设与管理中发挥着重要作用，是社区建设与管理的重要主体，然而，我国城市居委会的现状却无法适应社区建设与管理的客观要求。[①]

（1）居委会工作人员队伍的素质偏低。总体而言，居委会专职工作人员队伍虽然具有热情高、干劲大、奉献精神强等特点，但是，其年龄构成老化、文化程度偏低是一个突出的问题。

（2）居委会工作人员的待遇低，工作条件差。我国城市的居委会工作人员历来就是不拿工资，只领取生活补助费的社区工作人员。由于种种原因，这些人的生活补助费标准很低。

（3）居委会规模的设置滞后于社区建设与管理的现状。1989 年颁布的《城市居民委员会组织法》规定，居委会一般在 100～700 户的范围内设立。这是根据当时城区的建筑状况和通信手段而定的。然而，时至今日，高楼林立的居民小区比比皆是，原来几百户的居住空间已经缩小为一两栋高楼；电话、网络等现代化的信息交流手段已经普及，原来必须由居委会专职工作人员走家串户通知的事情，现在可以通过电话进行。在这种情况下，根据原有规定的范围设定居委会至少存在着两方面的问题：一是规模偏小，不能形成“规模效应”，不利于解决居委会的办公用房和专职人员的待遇问题；二是为了满足居委会规模在 100～700 户的法定要求，可能把一个相对完整的小区人为地分割为若干个居委会。这既有碍于居民认同感和归属感的形成，也有碍于社区管理的加强、社区活动的组织和社区资源的优化配置。

上述情况表明，居委会的现状是制约社区建设与管理的一个重要因素。要进一步加强社区建设与管理，我们必须对居委会进行改革。

---

① 参见唐忠新：《中国城市社区建设概论》，219～221 页。

2. 居委会的改革

长期以来，居委会改革并无定式，各个城市从社区建设与管理的客观要求出发，围绕着调整居委会的组织体系、提高专职人员的待遇与素质进行了一系列创造性的探讨。

（1）调整居委会的组织体系。在20世纪90年代末，许多城市社区借鉴外地经验，再结合自身实际情况，开展了居委会组织体系改革，其中，沈阳市的做法最为典型。1999年以来，沈阳市在重新划分居委会辖区规模的基础上，建立了“社区成员代表大会”、“社区协商议事会”和“社区管理委员会”（后改为“社区委员会”），取代了原来的居委会组织体系。

社区成员代表大会是社区成员表达自己意愿的组织，是社区的最高权力机构。它由广大居民选举出的“居民代表”和辖区内企事业单位选举出的“单位代表”共同组成，除了选举产生社区委员会的组成成员以外，还对社区的公共事务进行民主表决，对政府部门和社区委员会的工作进行民主监督，并且有权罢免、撤换、补选社区委员会的组成成员。它实际上是社区组织体系中的“决策机构”。

社区协商议事会由部分居民代表和社区内单位的负责人以及社区内的知名人士组成，经社区成员代表大会选举或聘请产生。除主任外，其他成员均实行义务工作制。其主要职能是：就社区内的公共事务进行协商议事；代表社区成员动员、协商各方面力量参与社区建设与管理；受社区成员代表大会的委托，监督社区委员会的日常工作，对社区委员会的工作提出咨询、意见和建议。它基本上是社区组织体系中的“议事机构”。

社区委员会是社区成员代表大会的办事机构，它由社区成员代表大会选举产生，每届任期3年，其主要职责是：执行社区成员代表大会的决定；在政府有关部门和街道办事处的指导下组织居民开展自我教育、自我服务、自我管理和自我约束；组织居民开展社区建设。社区委员会成员（主任、副主任、委员）享受政府发给的生活补贴，社区委员会的工作经费由市、区两级人民政府拨付。

（2）提高居委会工作人员的待遇，改善办公条件。近年来，许多省、市、自治区，都采取措施提高居委会工作人员的生活补贴。其中，上海市在《关于加强街道、居委会建设和社区管理的意见》中规定：居委会工作人员的月收入应当大致相当于全市职工人均月收入水平。目前，该市居委会专职工作人员的月平均收入为800元左右。武汉市人民政府规定：自1997年10月1日起，每个居委会配备3名专职工作人员，在职期间享受事业编制待遇，其收入原则上不低于全市职工收入的平均水平。

（3）优化居委会工作人员结构，提高其整体素质。在这个问题上，各地的做法并不一致，有的选派区街干部担任居委会指导员，有的选聘社区工作助理，有的扩大居委会干部选择的来源，有的合理调整居委会的规模。

选派区街干部担任居委会指导员。1996年北京市宣武区首先在广安门内街道办事处开展了选派机关干部到居委会担任指导员的试点工作，收到了很好的效果。第二年，该区选派169名党政机关干部和小学教师到居委会担任为期一年的指导员，帮助居委会开展各项工作。此举在北京市得到逐步推广。1999年4月，石景山区委、区政府从全区党政机关、事业单位选派了50名35岁以下的年轻干部到50个居委会担任指导员。

选聘社区工作助理。1997年，青岛市为了优化居委会工作人员结构和妥善安排下岗职工，从全市范围内选聘了一大批社区工作助理充实居委会工作队伍。社区工作助理的年龄一般在 45 岁以下，高中以上文化，其工资水平与上年全市职工平均工资持平，不属于居委会正式成员，而是街道办事处聘任的工作人员，对街道办事处负责。社区工作助理在街道办事处的领导下，协助居委会主任完成各项工作任务。

扩大居委会干部来源。居委会工作人员的组成，如果说在计划经济时期主要由家庭妇女和离退休人员组成的话，那么，在市场经济高速发展的今天，则从家庭妇女和离退休工作人员拓宽到了机关分流干部、下岗职工、大中专毕业生、街道后备干部、退伍转业军人等范围。但与选派居委会指导员和社区工作助理不同，居委会专职工作人员（主任、副主任、委员）必须由居民（代表）会议选举产生。沈阳市在 1999 年社区体制改革和居委会换届选举过程中，由于扩大了居委会专职工作人员的来源，引入了竞选机制，居委会工作人员的年龄从上届的 52.7 岁下降到了 45.1 岁，高中以上文化者所占比例从上届的 30.8％上升到了 70.4％。

合理调整居委会的规模。前面曾经提到，居委会的规模设置严重滞后于社区建设。为此，全国各地城市，尤其是特大城市，已经或者正在对居委会的辖区规模和布局设置作出适当调整。许多城市都按照“便于居民自治，便于城市管理，便于社区建设”的原则，充分考虑人群、地域、认同感等社区要素，以居民小区为依托，以街巷为界，重新划分居委会的辖区。就特大城市和大城市而言，调整后的居委会规模一般在1 000～1 500户。

2.3　街道办事处与居民委员会的关系

2.3.1　街道办事处与居民委员会的应有关系

1. 街道办事处与居委会应是指导与被指导关系

《城市居民委员会组织法》第二条规定：“不设区的市、市辖区的人民政府或者它的派出机关对居民委员会的工作给予指导、支持和帮助。居民委员会协助不设区的市、市辖区的人民政府或者它的派出机关开展工作。”由此可见，城市基层政权及其派出机关（街道办事处）与居委会是指导、支持和帮助的关系，而不是领导与被领导的关系，也不是上级与下级的关系。所谓指导，就是在工作上给予指点和引导，提出原则性意见，把握其方向；所谓支持，就是给予政策、思想、舆论与人员等方面的支持和帮助。

那么，街道办事处与居委会之间为什么不是领导与被领导的关系呢？简言之，居委会的性质决定了它与街道办事处的关系。我们在前面提到，居委会是群众性自治组织，不是一级政权，也不是基层政府或者街道办事处的分支机构。二者的关系不应当是行政领导关系，而是国家机关对基层群众性自治组织的指导关系。基层政府或街道办事处在指导居委会工作时，应自觉维护居委会的法律地位，不应干预其在法律范围内的自治活动，更不能把居委会当做自己的“腿”，把本来应由政权部门承担的工作任务布置给居委会去办理。

2. 街道办事处与居委会之间关系的体现

街道办事处与居委会的指导、支持和帮助关系，主要体现在以下三个方面[①]：

（1）指导、支持和帮助居委会搞好组织建设。首先，街道办事处要按照《城市居民委员会组织法》的规定，指导和帮助居委会搞好换届选举工作，选配好居委会班子；其次，指导和帮助居委会建立健全下设的人民调解、治安保卫、妇女代表、民政福利、文教卫生等工作委员会，使这些委员会真正发挥应有的作用；再次，指导和帮助居委会按照居住地就近划分的原则分设若干居民小组，并由居民小组选举出小组长。

（2）指导、支持和帮助居委会搞好思想建设。首先，街道办事处应采取多种办法与形式，加强对居委会专职人员及各居委会成员的培训，不断提高他们的政治素质、业务素质和管理水平。其次，街道办事处应针对居委会的专职人员制定出培训计划，明确培训目的，具体由民政科与党委共同组织实施，可由民政、城管、计生、综治、司法、经济及工、青、妇等各线分别讲解必要的专业知识，也可根据形势任务、工作性质有针对性地开设一些专题讲座。再次，可采用讲座、经验交流会、现场会、座谈会等培训形式，有条件的可组织外出参观交流学习，使大家既能开阔视野、增长见识，又能发现自身不足、找出差距。

（3）指导、支持和帮助居委会搞好制度建设。首先，街道办事处要指导、支持和帮助居委会建立健全工作责任制与工作制度，除居委会主任负责全面工作外，副主任和其他委员可分别负责某一方面的工作，或者兼任某一工作委员会的主任。在推动某项工作时，也可采取主任包片、委员包块的分工负责制。其次，街道办事处要指导、支持和帮助居委会制定考勤制度、例会制度和学习制度等。再次，街道办事处要指导、支持和帮助居委会制定居民公约和向居民会议报告工作的制度。

2.3.2 街道办事处与居民委员会的实际关系

1. 理论与现实的错位

综上所述，就理论和法律层面而言，街道办事处和居民委员会是指导与被指导关系。但理论和法律上的规定与实际情况并不吻合，甚至完全相反，指导与被指导的关系变成了领导与被领导的关系。在这种情况下，居委会的工作只能向政府负责，而不是向居民负责。政府的许多职能部门为了使居委会能更多更好地完成自己委派的工作，实现本部门的工作目标，往往习惯于用政府部门的体系对居委会工作进行考核、评比，这样就造成了居委会工作与人民群众实际的脱离，远离了社区自治的本质，使居委会成为代表政府管理社会的力量，成为基层政权的行政化组织。当然，之所以会造成上述状况，制度层面的原因在于，旧的政社不分、以政代社的行政管理体制尚未根除；人力资源方面的原因在于，政府官员尚不能或不习惯对自治组织的工作采用指导方式，尚不能依法处理政府与居委会的关系。

2. 重建街道办事处与居委会的应有关系

要从根本上改变街道办事处与居委会之间事实上的领导与被领导关系，就必须努力搞

① 参见胡忠明主编：《现代城市街道管理》，228～230页。

好现阶段居委会工作的制度创新：一是建立直接选举的、非职业化的居民委员会；二是建立居民委员会与街道办事处之间的新型互动关系；三是构建居委会与专业社区工作机构的互动关系模式。①

（1）建立直接选举的、非职业化的居民委员会。这种委员会的制度特征既表现在民选的直接性上，又表现在居委会成员的非职业性上。

首先，居委会的主任、副主任和委员都应该通过居民会议或居民代表会议无记名投票选举产生。在正式投票选举之前，广大居民有权了解每一位候选人的基本情况及其“施政主张”，而每一位候选人也有权向居民会议或居民代表会议宣传其“施政主张”。只有这样，社区居民直接选举出来的居委会才有可能代表他们的利益。

其次，作为城市基层群众性的“自我管理、自我教育、自我服务”的自治组织，居委会的工作不能也不应该成为其成员谋取劳动报酬的手段。居委会的工作不是一种职业，而只是一种公益事业。居委会的工作人员是一群活跃于社区的民间社会活动家。坚持居委会成员的非职业性，不仅有助于增强成员自身的荣誉感和责任感，而且有助于增强他们的“参政议政”意识。

（2）建立居民委员会与街道办事处之间的新型互动关系。这种双向的新型互动关系或模式应坚持以下原则：

首先，街道办事处同居委会的关系应回归于指导与被指导的关系。为了实现这一目的，必须走出两种认识误区：一是将居委会视为基层政权组织形式；二是认为政府拨给工作经费，居委会就应理所当然地接受政府的领导。需要强调的是，居委会只是社区居民的自治性组织，而不是基层政权组织形式；政府对居委会工作的经费拨款体现的是国家责任，不能成为政府干涉居委会工作的理由。

其次，改变政府包揽居委会工作人员的编制及政府津贴的做法，坚持居委会工作人员的非职业性和义务性，逐步减少直至取消居委会工作人员的事业单位编制及其工作待遇，将有关的财政拨款用于社区建设与管理的其他方面。居委会的工作人员可以是居住在社区的国家机关工作人员、企事业单位的在职职工，也可以是退休干部和职工。当然，居委会的工作人员根据相应的规章制度可以获得一定的补贴。

（3）构建居委会与专业社区工作机构的互动关系模式。20世纪90年代中期以后，随着社区建设与管理的全面推进，随着居委会成员直接选举试点工作的展开，客观上要求剥离压在居委会肩上的不合理的负担与职能，要求政府收回下压给居委会的不合理的行政化职能，要求发展专业化社区工作机构和中介组织来承接居委会剥离下来的一部分专业化社会职能。

“五位一体”管理模式解社区难题

昨天，天桥区召开“五位一体”社区管理服务模式现场会，自现在起至6月底前，在全区推行康桥社区的这种模式。这种模式的核心是分别发挥社区党总支、社区居委会、社区服务站、业主委员会和物业公司的作用，社区党总支负责组织召开社区

① 参见徐永祥：《社区发展论》，254～259页。

“五位一体”联席会议，组织、协调社区各方面的工作，居委会指导、监督物业公司和业委会。

纬北路街道党工委书记温洪军说，物业公司与业主以及周边居民之间的矛盾时有发生，尤其是物业公司与业主委员会之间的矛盾更为普遍。

鲁能康桥小区的物业公司在最初入驻时曾遭到许多居民质疑，当时的物业费收取率不到10%，物业公司每天都能接到很多投诉电话。由于双方就一些问题无法达成一致，居民的问题得不到解决，曾出现汽车堵门的现象，甚至出现业主委员会“罢免”物业公司的事件。

2008年，康桥社区探索实行“五位一体”社区管理服务模式。该社区党总支书记、居委会主任高虹举例说，鲁能康桥小区北大门原先设计为消防通道，但由于离北园大街较近，居民出行方便，人流车流量较大。物业公司考虑到管理费用的增加及安全因素，将北大门暂时关闭，引起业主强烈不满。物业公司将问题提交到社区联席会议上。会后，在做好居民思想工作的同时，派出所、业主委员会、物业公司共同贴出“关闭北大门，开放小门”的通告，规定早7点至晚9点除机动车外居民可以通行。这样，既减轻了物业公司的压力，也方便了居民的出行。

“五位一体”社区管理服务模式让物业公司也尝到了甜头。物业费的收取率由最初的10%提高到现今的99%，基本实现了业主零投诉。

资料来源：http://news.sina.com.cn/o/2010-03-05/045217167640s.shtml。

本章小结

1. 同20世纪50年代创建初期相比，城市街道办事处在工作对象、工作任务和机构编制等方面都发生了明显的变化。街道办事处是不设区的市或市辖区人民政府的派出机关，其特点是行政权力的局限性、行政事务的繁杂性、管理服务的直接性、管理工作的被动性与综合性。街道办事处一般设有行政办公室、社会治安综合治理办公室（司法科）、经济管理科、民政科、计划生育办公室、城市管理科、文教科（街道文化站）、财务科。街道办事处普遍存在着“责大权小”的问题，而街道办事处的建设往往同“两级政府，三级管理”的社区管理体制联系在一起。

2. 居民委员会是居民自我管理、自我教育、自我服务的基层群众性自治组织，它具有基层性、群众性、自治性和地域性等特征。居民委员会在社区管理中占有举足轻重的地位，它对于社会稳定和两个文明建设具有促进作用。

3. 居民委员会的任务是宣传宪法、法律、法规和国家的政策，维护居民的合法权益，教育居民履行依法应尽的义务和爱护公共财产，开展多种形式的社会主义精神文明建设活动；办理本居住地区的公共事务和公益事业；调解民间纠纷；协助维护社会治安；协助街道办事处做好与居民生活利益有关的公共卫生、计划生育、优抚救济、青少年教育、安全防火等各项工作，把政府的行政与社区管理工作落实到居民群众中去；向街道办事处反映居民的意见、要求和建议。

4. 居委会要想成功实现它的任务，就必须有一套强有力的组织机构。合理设置居委会机构及人员，是居委会发挥作用的必要条件。居委会组织机构与人员的设置，一方面必须遵循《城市居民委员会组织法》规定的原则，另一方面也必须结合本地的实际情况。

5. 居委会的现状是制约社区建设与管理的一个重要因素。要进一步加强社区建设与管理，必须对居委会进行改革。为此，各个城市从社区建设与管理的客观要求出发，围绕着调整居委会的组织体系、提高专职人员的待遇与素质等方面进行了一系列创造性的探索。

6. 从理论和法律层面来说，街道办事处和居民委员会是指导与被指导关系。但理论和法律上的规定与实际情况并不吻合，甚至完全相反，指导与被指导关系变成了领导与被领导关系。要想从根本上改变街道办事处与居委会之间事实上的领导与被领导关系，就必须努力搞好现阶段居委会工作的制度创新：一是建立直接选举的、非职业化的居民委员会；二是建立居民委员会与街道办事处之间的新型互动关系；三是构建居委会与专业社区工作机构的互动关系模式。

关键术语

街道办事处　　居民委员会　　“两级政府，三级管理”

复习思考题

1. 街道办事处的性质是什么？它主要包括哪些部门？
2. 街道办事处的现状是怎样的？如何加强街道办事处建设？
3. 居民委员会的性质与任务是什么？
4. 居民委员会面临的问题是什么？如何加强居委会的建设？
5. 街道办事处和居民委员会的关系应该是怎样的？为什么二者的关系会出现错位？

阅读材料

城市基层社区管理新机制

——北京市居委会改革试点经验[1]

面对新形势，城市基层社区应该采取什么样的管理模式，是一个值得探讨的新课题。对此，北京市选择了东城区北新街道、西城区月坛街道和新街口街道等 10 个街道进行了居委会改革试点，实行了调整居委会规模、招聘社区事业干部、提高居委会干部待遇、改

① 参见北京市民政局基层政权建设处：《城市基层社区管理新机制——北京市居委会改革试点经验》，载《中国民政》，2000（4）。笔者在收录入本书时略作改动。

善居委会工作条件、建立社区居民民主参与机制等改革，收到了良好效果。

一、优化结构，提高素质

1. 社区事业干部实行“民选街聘”

采用“民选街聘”方式向社会公开招聘社区事业干部的步骤是：招聘期间先发出招聘通知，提出应聘条件，鼓励各方人员踊跃报名；然后经过笔试、面试、政审、体检等严格程序进行选拔。通过这种方式，从近万名报名者中最终选出212人作为首批社区事业干部。这批人员大都有从事多种职业的经历和较丰富的生活阅历，其中很大一部分在原单位担任过一定的管理职务。他们具有良好的知识结构，大专以上学历的占47.4%；他们思想比较开放，能够较好地运用现代管理手段；他们对居委会工作和社区发展有较好的认识，对民选街聘上岗比较认同；他们一进入居委会就能够立即投入工作，展现自己的才能，从而得到了街道和居民群众的普遍认可。

2. 建立干部队伍人才库

除招聘外，试点街道通过推荐、挖掘人才，建立了居委会干部人才库。例如，试点居委会新一届成员中，第一次参加居委会工作的占34%，平均年龄46岁，初高中以上学历的占81%。与上一届相比，平均年龄降低了10.5岁，大专以上学历人员的比例从8%提高到18%；小学以下文化程度人员的比例从22%降低到1%。年龄在40岁以下人员的比例从3%提高到20%；60岁以上人员的比例从36%减少到4%。居委会干部队伍的整体结构发生了质的变化，形成了老中青相结合的均衡结构，较好地实现了居委会干部的新老交替。

二、合理调整居委会规模

合理调整居委会规模，对于构建便于行政管理、合理配置资源、增强居民认同感的现代社区模式具有重要意义，同时也是形成社区建设机制的基础工程。

1. 科学调整，模式多样

遵循有利于加强居委会建设的方针，按照合理配置社区资源、方便居民群众、加强社区管理、提高工作效率和增强居民归属感、认同感的原则，试点街道对原有居委会规模进行了科学调整，将10个街道的346个居委会调整为226个，并在实践中创造了几种行之有效的调整方式。

一是便于行政管理的调整方式。如新街口、龙潭等街道按照派出所警力划分与办事处外勤干部管理区域相结合的原则，调整居委会规模，克服了以往民警、外勤干部由于管理区域不一致造成的工作沟通难问题，使民警、外勤干部、社区事业干部形成工作合力。

二是优势互补的调整方式。根据居委会班子的情况，强弱搭配，以强带弱，共同发展；根据居委会社区资源及办公用房的实际情况进行合理调整，进一步方便居民生活和居委会管理；根据居民的认同感，就近搭配，培养社区凝聚力。通过科学调整、优势互补，基层社区构成趋于合理。

三是居委会、家委会合并的调整方式。为了形成合理的规模，方便群众，更好地利用社区资源，部分街道实行了居委会、家委会合并，创造了新的管理方式，极大地促进了管理服务水平的提高。

2. 实现从调整到换届选举的平稳过渡

调整、合并居委会规模不是简单的“一加一”，而是一项包括资产合并、人员精减、工作协调、心理融合的综合性工作，是调整居委会规模的关键。在这方面，北京市在试点改革中致力于做好如下工作：

一是做好班子调整工作。居委会、家委会合并后，两三套人马合为一套，对于“富余人员”的消化问题，有的街道采用居民确定“牵头人”、两套班子成员待遇不变的方法；有的街道采取征求年龄较大、身体不好的老主任的意见，让其暂时离岗的做法。但无论采取哪种办法，街道均做了耐心细致的思想工作，把道理讲透，把工作做实。

二是认真做好居委会资产清理、管理工作。居委会资产凝结着居委会干部多年的心血，管理好这些资产，是调整规模中需要处理好的重要一环。许多街道制定了居委会资产管理办法，对居委会资金、财产、房屋进行登记统计，努力摸清情况，对财产的管理、使用做到公正、透明，使居委会的资产不乱、不散、不失，让老主任们踏实、放心。

三、改善办公条件，提高干部待遇

在改善居委会办公条件，提高居委会干部待遇方面，采取了如下措施：

1. 制定工作目标，提出具体要求

如东城区专门召开区长办公扩大会议，研究改善居委会办公用房问题，提出当年年底前所有居委会办公用房全部达到 50 平方米的目标，要求各街道制定出租、购买或新建居委会办公用房的具体方案。通过改革，使办公用房面积在 50 平方米以下的居委会由原来的 271 个减少到 97 个。紧接着，对居委会办公用房普遍进行了装修改造，使居委会以崭新的形象出现在居民区。特别是居委会调整规模后，居委会有了相应的社区服务用房，受到居民的欢迎。

2. 切实提高干部待遇

各区县都按标准为居委会干部发放了生活补贴，离岗居委会干部生活补贴也得到了足额发放。生活条件的改善极大地调动了居委会干部的工作热情和积极性。

四、几点思考

试点改革为推动全市居委会改革树立了样板，同时也积累了一定的经验：

1. 要加强领导

此次试点改革之所以获得成功，就在于北京市委、市人大、市政府有关部门的高度重视。如为试点街道提前进行换届选举，市里专门成立了换届选举领导小组，明确职责，落实分工，对办法、规程作出了详细的规定，从而保证了此项改革顺利开展。

2. 要严密组织，协同配合

市委、市政府主要领导亲自到居委会调查研究，确定改革方案，并提出协同配合的具体要求和责任。例如就换届选举工作，在东城区北新桥街道草园居委会先行试点，规范了选举组织、内容、程序、仪式，初步形成统一规范的模式，然后稳步推开，使提前换届选举的参选率达到 97%。

3. 要及时解决出现的问题

改革中会遇到许多新问题，如在规模调整时，有的居委会老主任由于对岗位的热爱，不愿意退下来。针对诸如此类的问题，各级领导通过耐心细致的说服工作，想方设法保证离岗人员的待遇，并做到政治上信任、生活上关怀、情感上投入。对新上岗的社区事业干部，则实行街道外勤干部一带一、居委会老主任一帮一的方法，使社区事业干部尽快进入角色。

4. 要严格依法办事

这是做好居委会改革特别是换届选举工作的重要原则。在换届选举中，要坚持公开、公平、公正的原则，尊重群众的民主权利，严格依法选举。实践证明，群众选举出来的居委会干部是在本地区有影响力的、较为理想的人选。

加强居委会建设是城市基层社区工作的大事，试点经验则为全面建立城市基层社区管理新体制、促进首都改革开放和现代化建设起到了示范和推动作用。

第 3 章

物业管理公司与业主委员会

物业管理公司和业主委员会是经常联系在一起的两大社区管理主体。本章首先介绍物业管理公司的概念、权利与义务、服务项目、组织机构及自身建设，接着介绍业主委员会的性质与地位、权利与义务、机构设置、章程及自身建设，在此基础上探讨了物业管理公司同业主委员会、居民委员会及政府有关部门的关系。

◆ 预习案例 ◆

业主委员会为什么炒不掉物业公司？

上海浦东新区金桥清水苑小区原来由上海畅苑物业公司管理，2000 年 3 月 22 日，清水苑小区的业主委员会决定通过竞聘的方式选聘物业公司。在 4 家竞争单位中，上海最大的物业公司“上房物业”全票入选。根据所有权决定管理权的原则，选聘物业公司是业主委员会的权利。但竞选结束一个多月后，入选的“上房物业”没见进门，而落选的“畅苑物业”却还在社区忙乎。业主委员会的初衷是通过竞聘的方式把他们认为不合格的“畅苑物业”炒掉。然而，业主委员会为什么炒不掉物业公司呢？简单地说，这是因为业主、业主委员会、居委会、发展商、物业公司之间存在着错综复杂的关系。

3.1 物业管理公司

1981 年 3 月，深圳市物业管理公司成立，这是我国第一家物业管理公司，标志着中国在物业管理上迈出了第一步。1993 年 6 月，深圳市物业管理协会正式成立，标志着中国物业管理进入了一个新阶段。1995 年 8 月，第一次全国物业管理工作会议在青岛召开，对我国的物业管理工作起了很大的推进作用。现在，深圳、广州、上海、北京等城市纷纷推行物业管理。

3.1.1 物业管理公司的概念

1. 物业和物业管理的概念

为了更好地理解物业管理公司这一概念，我们应首先明确物业和物业管理两个概念的内涵。

所谓物业（real property）是指已经建成并投入使用的各类房屋及与之相配套的设备、设施和场地。各类房屋可以是住宅区，也可以是单体的其他建筑，还包括综合商住楼、别墅、高档写字楼、商贸大厦、工业厂房、仓库等；与之相配套的设备、设施和场地是指房屋室内外各类设备、公共市政设施及相邻的场地、庭院、干道等。

所谓物业管理（real property management）是指由专门的机构和人员，依照合同和契约，对已投入使用的各类房屋及与之相配套的设备、设施和场地以经营的方式进行管理，同时对房屋周围区域的环境、清洁卫生、安全保卫、公共绿地、道路养护实施专业化管理，并向业主提供多方面的综合性服务的过程。物业管理的对象是物业，服务对象是物业产权人和物业使用人，是集管理、经营与服务于一体的有偿劳动，物业管理公司实行社会化、专业化、企业化经营之路，其最终目标是实现社会、经济、环境效益的同步增长。

2. 物业管理公司的概念

物业管理公司是指具备相应资质条件并按照法定程序成立的从事物业管理服务的经营性企业法人。

对物业管理公司这一概念，我们可以从如下几个方面理解：

（1）物业管理公司是独立的企业法人。物业管理公司作为一个企业，拥有一定的资金和设备，具有法人地位，能够独立完成管理服务工作，能够独立地承担民事责任。

（2）物业管理公司属于服务性企业。物业管理公司的主要职能是通过优质的服务为业主和租户创造一个舒适、方便、安全、优雅的工作和居住环境。物业管理公司本身并不制造实物产品，它主要通过对物业的维护、维修、养护、清洁卫生以及直接为业主和租户提供服务来实现自己的工作目标。因此，物业管理公司的“产品”本质上只有一个，那就是服务。

（3）物业管理公司是承担某些行政管理职能的特殊服务性行业，是社区建设和管理的重要组成部分。目前，我国社区管理体制正处在改革之中，在政府缺乏足够人力、物力和财力的情况下，物业管理公司在向业主和租户提供服务的同时，也承担了一部分城市管理职能，如协助各级政府、政法、公安、医疗等部门开展市政管理工作。

3. 物业管理公司的基本目标

物业管理的性质决定了物业管理公司必须以提供高质量的物业管理服务为使命，只有这样才能求得自身的生存和发展。围绕着这一使命，物业管理公司的企业目标大致包括如下几个方面：（1）妥善管理和维护业主的物业财产，使其始终保持良好的状态，并得以保值、增值，延长其使用寿命；（2）以较少的投入为业主和租户提供满意的服务，使用户和居民在安全、文明、舒适、快乐与健康的环境中工作和生活；（3）积极开展各种有益的物业经营与有偿服务活动，创造较高的经济效益和社会效益，增强自身的竞争实力。

3.1.2 物业管理公司的权利与义务

1. 物业管理公司的权利

根据建设部《城市新建住宅小区管理办法》及有关政策，物业管理公司的权利是：（1）根据有关法规，结合实际情况，制定小区管理办法；（2）依照物业管理合同和管理办法对住宅小区实施管理；（3）依照物业管理合同和有关规定收取管理费用；（4）有权制止违反规章制度的行为；（5）有权要求管委会（业主委员会，下同）协助管理；（6）有权选聘专营公司（如清洁公司、保安公司等）承担专项管理业务；（7）可以实行多种经营，以其收益补充小区管理经费；（8）根据实际需要，制定物业的大修计划，并经业主委员会审核同意，申请使用物业维修基金。

物业管理公司在行使这些权利时，必须遵守国家的法律和政策，必须遵守物业管理合同。物业管理公司在实施管理时，必须依照法律法规和行政规章制定小区或大厦的管理办法，如哪些是物业管理的禁止行为，对违章行为如何处理；业主要进行装修有哪些注意事项；平时如何保持消防设备的良好状态；如何管理小区内的公共设施和管线；如何开展小区治安管理、如何实施小区车辆停放和小区绿化管理等。

同时，物业管理公司必须遵守同业主委员会签订的合同。合同应该明确物业管理服务的事项、权限、标准、费用、期限和违约责任等，在管理服务权限之内的事项就属于物业管理公司的服务范围。换言之，物业管理公司的管理行为必须受业主委员会的委托，不能超越管理权限；若超越管理权限，事后要得到业主委员会的追认。物业管理公司行使委托之外的职权，业主委员会如不承认，则由物业管理公司承担责任。

2. 物业管理公司的义务

物业管理公司在享有上述权利的同时，也必须履行相应的义务：（1）履行物业管理合同，依法经营；（2）接受管委会和住宅小区居民的监督；（3）重大的管理措施应交管委会审议，并经管委会认可；（4）接受房地产行政主管部门、有关行政主管部门及住宅小区所在地人民政府的监督指导。

物业管理公司既要全面履行合同，又要接受有关部门的指导。

首先，物业管理公司必须全面履行合同。第一，物业管理公司如果不全面履行合同，就要承担相应的违约责任；第二，物业管理公司不得擅自变更或解除合同，也不得单方拒绝履行或者变更已经签订的合同；第三，物业管理公司要依法解决管理服务合同纠纷，不得使用胁迫或暴力手段。

其次，物业管理公司应接受有关部门的工作指导。第一，物业管理公司要接受工商部门的管理。物业管理公司要依法登记，在营业执照规定的范围内从事经营活动，在经营中使用的商标、广告也要服从工商行政部门的管理。第二，物业管理公司要接受行业行政主管部门和政府有关行政主管部门的行政管理。物业公司要接受资质核准登记管理，自觉遵守既定的行业规范。第三，物业公司要接受物业价格管理。物业管理关系到千家万户的安居乐业，其收费标准的设定既要考虑公平合理，又要考虑业主和使用人的经济承受能力。

因此，物业管理公司要在价格政策允许的范围内确定价格标准。

3.1.3 物业管理公司的服务项目

物业管理公司的业务范围主要包括专项业务、特色业务和多种经营等。具体说来，物业管理公司提供的管理与服务主要包括工程维护管理、安全管理、环境卫生管理、园林绿化管理、车辆道路管理及其他管理内容。①

1. 工程维护管理

工程维护管理是物业管理一项至关重要的工作，它主要是对物业及其配套设施，包括房屋建筑、机电设备、供电、供水以及其他公共设施等的维修、养护和管理。对一个社区的物业来说，房屋建筑、机电设备、供水供电系统及其他公用设施，必须处于良好的工作状态，而不能等出了故障后再去进行修理。工程维护管理直接关系业主的日常生活，所以，物业管理公司必须做到防患于未然，做好经常性的维护和保养工作，确保各种设备的正常运行，为业主和租户提供基本的使用保证。只有这样，才能延长物业及其配套设施的使用寿命，才能为广大业主提供优质服务。

2. 安全管理

安全管理是物业管理的一项基础性工作，也是业主最为关注的一项服务。它主要包括治安保卫和消防安全两方面。社区的治安保卫要在当地政府职能部门及社区组织的指导下，通过保安和门卫的巡逻、电视监控等措施来实现防盗、防破坏、防意外灾害事故的管理目标，维护社区正常生活秩序。小区内实行 24 小时保安制度，在那些危及人身安全的地方设置明显的标志和防范措施，并需有一支训练有素、工作规范的保安员队伍。与此同时，要加强小区的消防安全管理。除了要做好消防的日常管理之外，物业管理公司还要搞好消防设备管理、消防演习、消防知识的宣传及火警的应急处理等，防止火灾的发生，为广大业主和租户的生活、工作和学习提供安全保障，确保社区居民的人身财产安全。

3. 环境卫生管理

环境卫生管理是衡量一个社区物业管理质量的最直接的指标之一，包括定时收集和清运垃圾，做到日产日清，经常打扫卫生、清洗外墙，确保社区路面、公共场地的整洁。同时，确保社区内无乱贴、乱挂、乱画现象。物业管理公司只有搞好社区物业及周围环境的卫生，向业主和租户提供一个整洁舒适的居住、工作环境，才能使人们产生视觉上的美感和心理上的舒适感，才能为社区树立一个良好的形象。

4. 园林绿化管理

园林绿化管理主要包括社区内的道路绿化、公共用地的绿化、公共设施的绿化及其养护管理。人和自然的和谐是永远不变的法则。人们希望生活在一个空气清新、幽雅宜人的环境里。环保意识是一种消费需求的表现，当生活水准达到较高层次时，居民对于社区环境的要求越来越高，不但要求空气清新，而且要求环境优美。“绿色家园”已成为住房消费的主旋律，小区环保搞好了，社区和用户都满意，物业管理公司的形象也随之得到提升。而做好社区的绿化、美化工作，努力营造一个优美、舒适的生活环境，既是社区物业

---

① 参见唐晓阳：《城市社区管理导论》，111～114 页。

管理的一项重要内容，又是建设文明社区的一项重要指标。搞好社区园林绿化管理，必须要注意绿地内的清洁，无黄土裸露，无践踏、破坏、占用绿地的现象，绿树、绿篱无缺株、枯萎现象。

5. 车辆道路管理

车辆道路管理要做到社区内车辆统一停放，凡进入社区的车辆都要集中停放到停车场；要保持辖区内道路、过道的畅通，停车场、行车路线有明显标志，车辆限速行驶，以确保用户车辆的安全和不受损坏等。物业管理公司尤其要注意车辆管理的运行有序，防止乱停、乱放车辆，防止车辆丢失、损坏或酿成事故。

6. 其他管理

物业管理公司提供的服务还包括一些特约服务、便民服务和中介服务。其中，特约服务主要是物业管理公司接受用户的委托而提供的各种服务，大致包括室内清洁、家电维修、接送小孩、商品代购、代订报刊、代聘保姆、代交各种公用事业费等。

便民服务主要是物业管理公司与社区联合举办的一些服务项目，包括在社区内建超市、饮食点、邮局、健身房、诊所及其他各种配套设施，为业主和租户提供尽可能全面的服务。

中介服务则一般包括投资咨询、房屋中介代理、装修设计、机电安装以及帮助业主办理物业及附属设备的财产保险，避免由于自然灾害给业主造成巨大的财产损失等。

此外，社区物业管理还要注意建立社区内的物业档案，随时掌握产权变动情况，维护社区物业的完整和实现统一管理。同时，还要协助社区政府组织进行一些社区管理工作，如在所管物业范围内从事人口统计、计划生育、预防犯罪等方面的工作。

总之，社区物业管理的内容十分广泛，只要是业主和租户有某方面的需要，且对社会有益，物业管理公司都应想办法去做，这是物业管理从业人员义不容辞的责任。

3.1.4　物业管理公司的组织机构

物业管理公司的经营、管理与服务主要由职能管理机构实施。物业管理公司的机构设置是组建物业管理公司时要考虑的一项重要工作，也是物业管理的计划、组织、指挥、协调和控制等职能的要求。为了保证物业管理的统一、畅通、健康、高效运转，物业管理公司必须建立必要的组织机构。根据发展和管理的需要，物业管理公司一般可以设置以下机构①：

1. 总经理室

物业管理公司实行总经理负责制，一般设总经理一名，副总经理若干名。总经理室是物业管理公司最高一级的指挥决策机构，对公司一切重大问题作出最后的决策。总经理对公司负全面的责任，副总经理是总经理的助手，在总经理的领导下分管工作，及时报告所分管工作，提出重大问题的处理意见，完成总经理或总经理办公会议安排的其他工作。

2. 公司主要职能部门

(1) 办公室。办公室是总经理领导下的综合管理部门，负责协调和监督检查公司各部门的工作，处理日常行政事务，管理公司的后勤，负责公司的人事劳资以及档案文件管理和各种文字工作。

① 参见贺学良等编著：《中国物业管理》，141～143 页，上海，文汇出版社，2000。

（2）财务部。负责制定公司财务计划和管理费的预算方案，监控资金运用，做到专款专用；负责各项收费及收费业务的管理，做好公司财务报表及费用分析报告，接受工商、税务部门及业主的监督检查。财务部一般设会计、出纳、收款员、票据管理员等岗位。

（3）公共关系部。主要负责建立并管理业主和租户档案，加强同业主和租户的联系；处理业主和组织的投诉与纠纷；加强同社会相关部门、企业的联系，争取社会各界的支持；负责公司的对外宣传和各种对外活动；搞好公司内部的员工关系；协调其他部门的工作。

（4）工程部。工程部门是物业管理公司一个重要的技术部门，主要负责所管物业及其设备的管理、维护、维修，保证物业的正常使用和其他设施设备的良好运行。对业主入住后进行的装修、改造，工程部要按照有关物业管理的规定进行监督检查。

（5）管理部。负责公司管辖区内的环境卫生、园林绿化、治安保卫、消防安全、车辆管理等工作。

（6）服务部。主要是向住户提供全方位的生活、办公服务，它以保本微利，为住户提供方便为目的。其工作方式是，根据住户的实际需要，设置各类综合代办服务。例如，订送牛奶、报纸，接送儿童上下学，代接送客人，代购车、船、飞机票，代送各种礼品，打扫室内卫生，代预约出租车等。总之，凡是住户需要的，物业管理公司都应尽量满足。

当然，物业管理公司还可以根据其规模等实际情况，增设相应的部门。例如，物业管理公司可以设立经营部，经营超市、餐厅、酒吧、娱乐中心和美容中心等；可以设立产业部，负责产权、产籍（反映产权现状和历史情况的资料）和图纸档案管理。

3. 管理处与公司下属企业

管理处是指公司管辖下的某一分区或不同物业对象的管理机构，如某大厦管理处实施对所辖楼宇的管理，为大厦内的业主和租户提供服务。

公司下属企业是指物业管理公司围绕着社区管理或社区服务而积极开办的新企业。下属企业在为业主和租户提供服务的同时，广开财源，增加公司收入。

物业管理公司机构设置如图 3—1 所示。

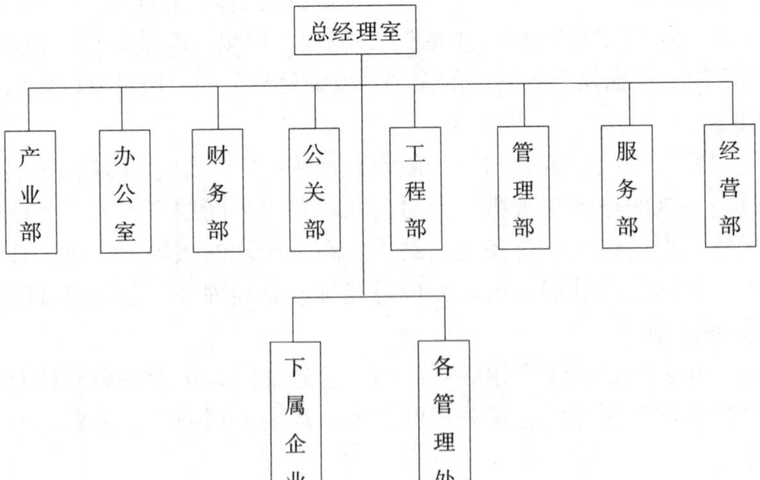

图 3—1　物业管理公司机构设置图

3.1.5　物业管理公司的建设

物业管理公司的建设包括两方面内容：一方面是加强公司内部建设；另一方面是加强外部建设，即要搞好物业公司的公共关系。

1. 加强物业管理公司的内部建设

物业管理走向市场竞争是未来的发展趋势，物业管理公司要想在今后激烈的市场竞争中占有一席之地，就必须加强内部建设。①

(1) 制定长远的发展规划。只有制定长远的发展规划，才能使公司朝着多元化和规模化的方向发展。物业管理公司如果仅仅盯住几幢楼宇或一个小区，不注意开拓创新，必将在未来的市场竞争中遭受失败。物业管理公司应根据自身的优势和特点，遵循“一业为主，多种经营”的原则，使自己的业务朝着多元化和综合性的方向发展。

(2) 教育职工要有竞争意识。住户支付给物业管理公司费用的目的是换取对物业使用效益的满足，他们必然要求物业管理公司提供舒适、安全、方便、优雅的环境。因此，物业管理公司一定要把握住户“花钱买舒心”的心理，尽可能提高自己的服务水平。

(3) 全面提高物业管理人员的素质。物业管理需要多方面的知识，不能把它仅仅看做是收房租、搞卫生。物业管理公司要提供的服务包括物业维修养护、清洁卫生、治安保卫以及各种综合代办服务等多方面的内容。提高物业管理人员的素质不仅有助于向业主提供更好的服务，还有助于同业主形成良好的人际关系。

(4) 加强基础管理工作。物业管理公司在市场交换中提供的交换物是管理性服务。因此，要提高市场的竞争力，就要从日常工作入手，注意每一个细节，为业主和租户提供完善的服务，并要形成一套岗位职责和工作规范，让员工知道自己该做什么以及怎样做是对的；同时，要使这些工作和员工的个人利益挂钩，从根本上解决管理工作中的薄弱环节，全面提高物业管理水平。

2. 搞好物业管理公司的公共关系

物业管理公司同房地产行政主管部门以及市政、绿化、卫生、交通、治安、供水、供气、供热等有关政府部门均有着业务上的指导与被指导关系，同房地产开发公司、居委会和业主委员会有着千丝万缕的联系。上述组织机构是物业管理公司开展工作的外部环境。因此，物业管理公司要同上述组织机构建立和谐的公共关系，这是物业管理公司健康发展的外部保障。

3.2　业主委员会

3.2.1　业主委员会的性质和地位

1. 业主委员会的性质

业主是指物业的所有者。业主委员会是在物业管理区域内代表全体业主实施自治管理

---

① 参见贺学良等编著：《中国物业管理》，144～145页。

的组织。业主委员会是房屋管理体制改革中的新生事物，因此，人们对它的认识莫衷一是。从理论上说，业主委员会不是国家机关，不具备行政职能；同时，业主委员会不是学术性或联谊性的社团，没有社团法人登记注册的注册资金，不具备基本的社团法人登记条件，而只是由业主代表组成的自治组织。

社会团体登记管理有关条文规定，在同一区域内，不得重复成立相同或相似的社会团体。一般说来，一个大中型城市，少则有几百家，多则有几千家业主委员会。因此，如业主委员会作为社团，将使一个城市或地区出现许多类似的社会团体。《中华人民共和国民事诉讼法》第四十九条规定："公民、法人和其他组织可以作为民事诉讼当事人。"业主委员会经业主大会或业主代表选举产生，经政府房管部门核准登记成立，是《民事诉讼法》所称的"其他组织"。它虽然不具有法人资格，但作为合法的组织，它完全可以行使民事权利，承担民事责任。

然而，有些城市规定，业主委员会经民政部门依法核准后，可取得社会团体法人资格。社会团体登记法人登记证签发日期为业主委员会成立日期。业主委员会作为社团独立行使民事权利，承担民事责任。在民事活动中，业主委员会可以作为民事诉讼的当事人。

2. 业主委员会的地位

业主委员会的宗旨是代表业主们的合法权益，实行业主自治与专业化管理相结合的管理体制，保障物业的合理与安全使用，维护本区域的公共秩序，创造整洁、优美、安全、舒适、文明的社区环境。在现实生活中，业主委员会同物业管理公司的矛盾经常出现，因此业主自治和专业管理相结合就意味着要不断协调二者的关系。

业主委员会不仅是业主参与民主管理的组织形式，从根本上说，它也是实现民主管理的组织形式。从社会发展、社会进步的角度看，通过业主委员会而实现业主自治是人民群众自我教育、自我服务、自我管理的实践形式和实践活动，是人民群众参与社区管理和建设的有效途径，是社会民主管理的基础。只有全面深入地认识业主委员会的地位，才能更好地研究和加强业主委员会的建设，促进物业管理的发展和社区管理与建设水平的提高。

3.2.2 业主委员会的机构设置

1. 业主委员会的产生

一般而言，一个物业管理区域只设一个业主委员会。物业管理区域的范围，由区、县房地产管理部门按照住宅与公共设施的具体情况而划定。首届业主委员会由物业管理行政主管部门会同开发建设单位或物业管理公司、业主代表组成筹委会，由筹委会推荐本会候选人名单，提交第一次业主大会或业主代表大会选举产生。凡有下列情形之一的，所在地的区、县房产管理部门应会同住宅出售单位，组织召开首届业主大会或代表大会，选举产生业主委员会：(1) 共有住宅出售面积达到30%以上；(2) 新建商品住宅出售建筑面积达到50%以上；(3) 住宅出售已满2年。

业主委员会应当自选举产生之日起30日内，持下列文件向物业所在地的区、县人民政府房地产行政主管部门备案：(1) 成立业主委员会登记申请书，包括业主委员会的名称、所辖物业管理区域范围、房屋建筑面积、房屋出售面积、时间、所占比例及户数。(2) 第一次业主大会或业主代表大会的会议记录，包括应到人数及名册、实到人数及名册、投票选举结果、业主委员会委员名单、会议所作决定。(3) 业主委员会章程。房地产行政主管部门应在受理登记申请之日起 15 日内，对准予登记的完成登记工作；对不符合登记条件的不予登记。予以登记或不予以登记都要以书面形式通知申请人。

2. 业主委员会的组织

业主委员会的组织机构在设置时，应注意如下问题：(1) 根据物业规模的大小，业主委员会一般设委员 5～15 名，其中，主任 1 名，副主任 2 名，主任、副主任在全体委员中产生。(2) 业主委员会主任通常由主要业主代表中热心公益事业、责任心强、具有一定组织能力者担任。(3) 业主委员会聘任执行秘书（或秘书长）一人，负责处理本会的日常事务。执行秘书可以是也可以不是本会委员。(4) 业主委员会主任、副主任、执行秘书可以是专职，也可以是兼职。主任、副主任或执行秘书和经业主委员会同意的其他人可根据承担的工作情况获得津贴。

3.2.3　业主委员会委员

1. 业主委员会委员的产生

业主委员会委员从业主中选举产生，其名额分配取决于业主在该物业中所拥有的业权份额的多少。具有较大业权的业主在业主委员会中应占较多的委员名额；但分散业主也应占有相应比例的委员名额。如果某物业 30%业权为分散的业主，那么，30%的委员应该由这些分散的业主推选。非业主不得成为业主委员会委员。

如果某一小区共 25 个单元，每个单元共有 18 套公寓。一般每单元 18 个业主，也有一个业主拥有 18 套公寓的。业主代表可以如此产生：(1) 全部拥有 18 套公寓的这一业主按比例可产生 2 名代表；(2) 为管理方便起见，其他分散的业主以每个单元为单位，推选出 2 名代表。按这种方式计算，这一小区就会有 50 名业主代表。该小区的业主委员会委员应从这 50 名业主代表中选举产生，实际上，这 50 位业主代表可以被视为业主委员会委员候选人。

2. 业主委员会委员的任期

业主委员会委员每届任期为 2～3 年，可以连选连任。在任期届满时，应选举新一届业主委员会；其选举工作应由原业主委员会主持，房地产行政主管部门可派人参加；新一届业主委员会名单应报物业所在地的区、县房管部门备案。

业主委员会委员因个人物业产权转让、因病或长期出国等原因不能履行职责的，须书面通知业主委员会。在业主委员会章程中，可以规定业主委员会委员缺额补选办法；章程没有约定的，一般可在半年内召开业主大会或业主代表大会予以补选。业主委员会是依法成立的业主自治组织，业主委员会委员不得宣布解散业主委员会；如出现这种反常情况，房产管理部门应予以阻止。

3. 业主委员会委员的任职资格

业主委员会委员应由品德好、热心公益事业、责任心强、有一定的组织能力和必要工作能力的成年人担任。

有下列情形的人员不得担任业主委员会委员；已担任的须停任，并由下届业主大会(业主代表大会）确认：

（1）已不是业主的；

（2）无故缺席会议连续三次以上的；

（3）以书面形式向本会提出辞呈的；

（4）因身体或精神上的疾病而丧失履行职责能力的；

（5）被司法部门认定有违法犯罪行为并正在接受调查的；

（6）个人已宣告破产或担任企业法定代表人期间企业破产三年内的；

（7）其他原因不适宜担任本会委员的。

4. 业主委员会委员的权利与义务

（1）业主委员会委员的权利。

1）参加业主委员会组织的有关活动；

2）拥有选举权、被选举权和监督权；

3）参与业主委员会有关事项的决策；

4）有权对业主委员会的工作提出建议和批评。

（2）业主委员会委员的义务。

1）遵守业主委员会的章程；

2）执行业主委员会的决议，完成交办的工作；

3）参加业主委员会组织的会议、活动和公益事业；

4）向业主委员会的工作提供有关资料和建议。

3.2.4 业主委员会的权利和义务

业主委员会是业主大会或业主代表大会的常设机构，是业主行使自治管理权利的执行机构。业主委员会应当维护全体业主的合法权益，执行业主大会或业主代表大会的决定。

1. 业主委员会的权利

业主委员会的权利按照各地地方性法规、行政规章制度的规定执行，其主要权利如下：

（1）召集和主持业主大会（业主代表大会）。除首次业主大会外，以后每年召开的年度大会均由业主委员会负责召集和主持。遇有特殊情况，业主委员会有权召集和主持召开“业主大会特别会议”。

（2）提出修订《业主公约》《业主委员会章程》的议案。业主委员会有权根据本物业中的实际情况对这两个文件进行修改。修订后的条款应经业主大会通过，并报物业主管部门备案。

（3）选聘或解聘物业管理企业，与物业管理企业订立、变更或解除物业管理委托合同。

（4）审定物业管理企业提出的物业管理服务年度计划、年度财务预算和决算。一般而言，业主委员会提出物业管理服务内容和标准，物业管理公司据此提出测算依据和收费标准，经双方协商后签订物业管理委托合同，确定物业管理服务费。

（5）监督检查物业管理企业的物业管理工作。业主委员会根据物业管理委托合同和上一年度工作计划听取和反映广大业主及使用人的意见，检查、监督物业管理工作落实情况，审核物业管理公司所作的年度财务决算报告。

（6）监督公共建筑、公共设施、物业管理服务用房的合理使用。

（7）业主大会（业主代表大会）赋予的其他职责和权利。

2. 业主委员会的义务

业主委员会在享有上述权利的同时，还应履行下列义务：

（1）筹备并向业主大会（业主代表大会）报告工作。

（2）执行业主大会（业主代表大会）通过的各项决议、决定，接受广大业主的监督。

（3）贯彻执行并督促业主和物业使用人遵守物业管理的有关法规、规章和规范性文件，协助物业管理企业落实各项工作，对业主和物业使用人开展多种形式的宣传教育。

（4）听取业主和物业使用人的意见和建议，监督物业管理企业的管理服务活动，完成和实现物业管理区域的各项管理目标。

（5）调解业主和物业使用人与物业管理企业发生的纠纷。

（6）建立本会档案制度。

（7）接受市、区、县房地产管理部门的业务指导和检查。

（8）本会的决定不得违反法律法规和国家政策，不得违反业主大会（业主代表大会）的决定，不得损害公共利益。

业主委员会的宗旨是代表业主的利益，维护业主的合法权益，支持、配合、监督物业管理公司的工作，共同创造一个良好的生活和工作环境。

3.2.5 业主委员会的章程和日常工作

1. 业主委员会章程

业主委员会章程是业主委员会作为一个组织的行为准则，是保障业主委员会正常开展工作、维护业主利益、实现管理目标的纲领性文件。从业主委员会筹备组成立之日起，就要制定业主委员会章程，章程必须经过业主大会或业主代表大会审议通过后实施。业主委员会筹备组可以在房地产行政主管部门有关业主委员会章程的示范文本基础上制定章程。制定章程时应结合本辖区的实际情况，征求业主小组的意见，其内容不得违反有关法律、法规、行政规章和规范性文件。

业主委员会章程一般包括如下内容：

（1）本会名称、地址、所辖区域范围、性质、主管部门及宗旨等；

（2）组织及职责；

（3）会议制度及工作制度；

（4）委员的条件、选举办法及权利和义务等；

（5）经费来源、经费账目管理；

（6）办公用房；

（7）章程生效、修改、补充等有关事宜。

2. 业主委员会的日常工作

业主委员会章程决定了业主委员会的日常工作。一般而言，业主委员会的日常工作主要有以下内容：

（1）了解、掌握物业管理区域、业主和使用人的基本情况，包括辖区物业面积、建筑结构、产权性质、基础设施、绿化、周围环境及交通情况。

（2）如果辖区已有物业管理公司进行管理，委员会负责对物业管理工作作出评价，包括取得的成就、存在的问题、收费项目和标准的合理性，然后就续聘或解聘原有物业管理公司提出意见，向业主大会或业主代表大会报告。

（3）如果同物业管理公司签订物业管理服务合同，可参照房地产行政主管部门制定的示范文本对合同草案条款逐条进行拟定，明确双方的权利和义务；辖区物业管理的收费标准在报所在地区房地产行政主管部门备案前，最好先征求业主的意见，然后签订合同并办理备案手续。

（4）管理好物业维修基金，掌握好对物业维修基金的使用权，遵循专款专用的原则，要求物业管理工作在财务上按幢立账、按户核算，到年底时可委托有资质的审计单位对物业管理维修基金的使用情况进行审计，并把结果向业主大会报告。

（5）提出本辖区年度房屋维修计划、设备维修更新计划、公共设施维修养护计划，并提出财务预算，提请业主大会或业主代表审议；必要时，要做好物业维修基金的筹集工作。

（6）督促业主和使用人遵守业主公约、小区管理公约、房屋使用公约等行为准则，协调好业主邻里关系，协助物业管理公司对违章装修情况进行管理，如违章者不听劝阻，要报告有关行政管理部门依法处理。

（7）做好辖区内道路场地、车辆行驶和停放等方面的管理。

（8）做好内部管理工作，起草有关物业管理公约、办法的草案；做好委员的增补选举工作；建立工作制度、会议制度和档案制度；做好办公用房的设置和管理工作；做好换届选举工作。

3.2.6 业主委员会的自身建设

业主委员会能否真正发挥其应有的作用，能否提高管理水平、增强服务意识，能否真正体现应有的地位，这一切都取决于业主委员会自身的建设。业主委员会的建设说到底是作为物业消费者的业主自身素质的培养和提高。许多业主缺乏成熟消费者的素质，他们对物业管理的概念模糊不清，对自己在物业管理中的地位、作用、权利和义务知之甚少，缺乏自治意识和主人翁意识，这些都严重影响了社区建设与管理。因此，加强对业主自身素质的培养，是当前业主委员会建设的重大任务。

那么，如何加强对业主素质的培养呢？首先，要重视对广大居民群众的宣传教育，使其逐渐成为“成熟的消费者”。在物业管理中，“成熟的消费者”明确自身的权利和义务，有较高的参与意识和能力，能积极主动地参与社区管理活动，而“有缺陷的消费者”恰恰相反。其次，聘请顾问，积极寻求咨询，已经成立或即将成立的业主委员会，可聘请有关主管部门、物业管理咨询机构、专家学者作为顾问，保障和提高业主委员会的决策水平。再次，举办培训班，组织业主委员会主任或委员学习。如深圳莲花二村所办的“业主学校”对于提高业主素质就起了很大的作用。

3.3　物业管理公司与业主委员会的关系及其他

3.3.1　物业管理公司和业主委员会的关系

物业管理公司和业主委员会都属于物业管理机构，二者实行专业化管理与业主自治相结合的管理体制，它们共同管理一定范围内的物业。所不同的是，物业管理公司受业主委员会的委托来管理业主的物业，而业主委员会代表业主的利益来管理物业。这在客观上决定了它们之间的特定关系。[①]

1. 法律上的平等关系

业主委员会与物业管理公司是委托与受托的关系，是聘用与受用的关系。在法律上，业主委员会有委托或不委托、聘用或不聘用某个物业管理公司的权利，物业管理公司也有接受或不接受委托、受聘或拒聘的权利。两者无隶属关系，不存在领导与被领导的关系，也不存在管理与被管理的关系，它们在法律地位上是平等的。

2. 经济上的交换关系

物业管理公司提供有偿的物业管理服务，在提供一定的物业管理服务时应获得相应的报酬。同样，业主在享受这些管理服务时也必须支付相应的费用。物业管理公司与业主之间的这种经济关系是通过物业管理委托合同确立的。合同签订后，双方分别承担相应的权利和义务。物业管理公司应按合同规定的要求提供相应的管理服务，向业主委员会及广大业主负责，并在日常工作中接受其监督；业主委员会及广大业主应协助物业管理公司开展工作，并按时缴纳合同规定的各项费用。双方在经济上不仅是平等的，同时也具有交换关系。

3. 工作上的合作关系

物业管理公司在管理物业的过程中经常要和业主委员会发生联系，业主委员会为了业主的利益也要和物业管理公司打交道。一般说来，委托合同规定了物业管理公司和业主委员会的权利与义务，如物业管理公司有权要求业主委员会协助管理，有义务把重大管理措施提交业主委员会审议；业主委员会有权审议物业管理公司制定的年度管理计划和管理服务的重大措施，有义务协助物业管理公司落实各项管理工作。这些都是双方之间合作关系的表现。

需要指出的是，物业管理公司同业主委员会的关系在完全市场条件下和非完全市场条件下有所不同。

在完全市场条件下，物业管理公司和业主委员会之间的关系有以下特点：(1) 决策人是业主委员会，物业管理公司是雇员，业主委员会根据物业的情况和多数业主的意志，有权选择不同的物业管理公司来提供服务性管理。(2) 业主委员会的委托和物业管理公司的受托是一种合同关系，是一种市场选择；业主委员会愿意出多少钱以购买什么服务，物业

① 参见范克危等编著：《物业管理公司实务》，173～174 页。

管理公司按什么样的收费标准提供何种服务，完全是一种市场交易行为，而不受行政权力约束。(3) 物业管理公司和业主委员会独立运作，互不干扰，双方可以因业务需要在协商一致的条件下续签、修改或解除合同，但都无权干涉对方的内部管理活动。

在非完全市场条件下，物业管理公司和业主委员会之间的关系具有以下特点：(1) 物业的委托人是一个企业或一个机构，不是一个由许多业主依法组织起来的自治组织。(2) 物业管理公司作为子公司，是在其母公司的支持下组织并产生出来的，其日常经营活动受到母公司的监督和制约。(3) 物业管理权的取得通过单方授权而不是市场竞争的方式产生。

3.3.2 物业管理公司与居民委员会的关系

1. 物业管理公司与居民委员会的矛盾

在实行物业管理的住宅小区，物业管理公司与居民委员会的关系有的比较融洽，但大多数并没有理顺，存在着许多矛盾。据调查，二者之间的矛盾至少有以下几种[①]：

(1) 少数物业管理公司拒绝在所管理的住宅小区设立居民委员会。这种情况出现在深圳、珠海两市的港商或外商投资开发的住宅小区中。一般说来，这些小区大都具有质量较高、相对完善的公共设施，绝大多数住户的实际收入水平也相对较高，物业管理机构通过有偿服务提供了综合性封闭式管理，并且达到了较高的水平。在这种情况下，有些物业管理人员认为，他们管理的住宅小区没有必要设立居委会；还有一些管理人员认为，既然物业管理是从国外和我国香港借鉴过来的先进经验，而在国外和香港只有物业管理，没有居委会，同样，在我国内地的某些住宅小区也可以不设居委会。

(2) 某些物业管理公司对居委会的正常工作不予配合。尽管它们管理的小区也是居民委员会的辖区范围，但却不愿意让居委会插手小区内的公共事务，对居委会开展计划生育、社会治安综合治理、环境卫生等工作不予配合；对居委会开展的社区服务项目予以排斥；甚至有的物业管理机构不仅不服从居委会监督，而且还给后者制造困难。据深圳某些居委会反映，有的物业管理机构采取对居委会停水、停电的办法，以示对居委会行使监督权的不满。

(3) 居委会和物业管理机构各自为政，缺乏协调。尽管居委会和物业管理机构都对同一住宅小区实施管理，且在诸如小区治安、环境卫生、绿化美化等内容上是交叉和重叠的，但在实际工作中，物业管理机构和居民委员会联系很少，往往是各收各的费，各自为政，不能形成合力，遇到问题就互相推诿、扯皮。例如，某住宅小区系拆迁安置居民小区，社会治安状况欠佳，盗窃案件时有发生。所属居委会和小区物业管理机构都负有协助维护社会治安的责任，但当频遭盗窃的居民前来居委会投诉时，得到的回答却是“找物业公司去”；而物业公司对前来投诉的居民的回答是：“我们人手少，找居委会、派出所去。”

2. 如何解决居委会与物业管理公司的矛盾

如何理顺居委会与物业管理机构之间的关系，目前尚无现成答案。理论和实际工作者都在思考、探索这一问题，并且提出了一些有价值的观点，积累了一些值得借鉴的经验。

---

① 参见唐忠新：《中国城市社区建设概论》，230～238 页。

首先，理顺居委会与物业管理机构之间的关系，需要形成如下几点基本共识：

（1）在所有城市住宅小区都必须建立健全居委会组织。居民委员会作为基层群众性自治组织，是我国城市基层政权建设的重要基础，是党和政府联系广大人民群众的桥梁、纽带，是社会融合和社会管理的基础性组织，具有明确的法律地位，其重要职能是身为企业的物业管理机构无法取代也不应取代的。因此，各住宅小区都必须按照我国《宪法》和《城市居民委员会组织法》的相关规定组建居委会，任何物业管理机构阻碍成立居委会的行为都是违法的。

（2）居民委员会和物业管理机构具有共同的工作目标。居民委员会无疑要维护居民的合法权益，办好本社区的公共事务和公益事业，调解民间纠纷，协助搞好社会治安、环境卫生工作，为居民群众创造良好的生活环境。物业管理机构的职责是根据业主（居民）的委托管理好小区的物业，搞好小区的治安、卫生和环境美化等工作，为广大业主（居民群众）提供良好的生活环境。其实，创造良好的小区环境是二者的共同工作目标，也是理顺二者关系的重要基础。

（3）居民委员会与物业管理机构各有所长，可以“互补”。一般地说，作为现代企业组织的物业管理机构具有管理小区物业的技术专长、设备条件和经济实力。居民委员会具有综合管理本社区的法定地位，具有动员、组织广大居民“自我管理、自我教育、自我服务”的法律依据，具有借助政府权威开展工作的各种便利，这些都是物业管理机构所不具备的，也是物业管理机构有赖于居委会支持的地方。因此，如若二者密切合作，各尽其能，则可相得益彰。

其次，尽快出台有关法律、法规，为理顺居委会与物业管理公司之间的关系提供法律依据。法律、法规滞后是造成目前我国的物业管理公司与居委会矛盾迭生的重要原因。因此，全国人大常委会、国务院应高度重视物业管理的立法问题，尽快出台全国性的物业管理法规，作为理顺物业管理公司和居委会关系的依据；同时，各省、市、自治区或各大中城市也应根据各自的实际情况，积极制定、出台地方性法规或相关文件，理顺物业管理公司与居委会之间的关系。遗憾的是，2003 年 9 月 1 日正式实施的《物业管理条例》，虽然提到了居委会同业主委员会的关系，但并没有涉及物业管理公司与居委会的关系。至于居委会同业主委员会的关系，该《条例》第二十条规定：“在物业管理区域内，业主大会、业主委员会应当积极配合相关居民委员会依法履行自治管理职责，支持居民委员会开展工作，并接受其指导和监督。”“住宅小区的业主大会、业主委员会作出的决定，应当告知相关的居民委员会，并认真听取居民委员会的建议。”

3.3.3　物业管理公司同政府有关部门的关系

物业管理公司同许多政府部门都有着业务关系，这些部门包括房地产行政主管部门，以及市政、绿化、卫生、交通、治安、供水、供气、供热等政府部门。

1. 物业管理公司同房地产行政主管部门的关系

各级政府的房地产行政主管部门是物业管理工作的领导机构。物业管理公司的各项管理和服务工作，应在房地产行政主管部门的监督指导下进行。房地产行政主管部门在物业管理工作方面的职责主要包括：（1）贯彻国家有关住宅小区物业管理的法律、法规和规章；（2）起草本市住宅小区物业管理的法规，制定规范性文件；（3）负责对物业管理单位的资质进行审查和管理，颁发“物业管理资质证书”；（4）负责对物业管理专业人员进行培训，颁发“物业管理岗位资格证书”；（5）对住宅小区物业管理进行指导、监督和检查。

2. 物业管理公司同其他有关政府部门的业务关系

根据《城市新建住宅小区管理办法》的规定，同物业管理公司有关的政府机关，除房地产行政主管部门外，还有市政、绿化、卫生、交通、治安、供水、供气、供热等有关政府部门。物业管理公司除负责小区的房地产管理之外，还负责小区的市政公共设施、公共绿化、环境卫生、车辆交通、保安等项目的管理。另外，小区的供水、供气、供热业务与上述部门均发生业务关系。

此外，物业管理公司作为企业法人，在经济活动中还应接受财政、税务、工商、价格等行政管理部门的监督、指导和管理。例如，物业管理公司法人注册登记要经过工商管理部门批准发照，物业管理的各项管理费用要经过物价管理部门的批准，物业管理公司的纳税活动要受财政税务部门管理，同时，物业管理公司要接受物业所在地人民政府的监督指导。

本章小结

1. 所谓物业管理公司是指按照合法程序成立并具备相应资质条件的经营物业管理业务的企业性经济实体。根据《城市新建住宅小区管理办法》、《物业管理条例》及相关的政策法规，物业管理公司在实施物业管理时既享有一定的权利，又履行一定的义务。

2. 物业管理公司的业务范围主要包括专项业务、特色业务和多种经营等。具体说来，物业管理公司提供的管理与服务主要包括工程维护管理、安全管理、环境卫生管理、园林绿化管理、车辆道路管理等内容。

3. 物业管理公司的组织机构除了总经理室以外，还包括许多职能部门，如办公室、财务部、公共关系部、工程部、管理部和服务部。物业管理公司的建设包括两方面内容：一方面是加强公司内部建设；另一方面是加强外部建设，即搞好公司外部的公共关系。

4. 业主委员会是在物业管理区域内代表全体业主实施自治管理的组织，其宗旨是代表业主们的合法权益，实行业主自治与专业化管理相结合的管理体制，保障物业的合理、安全使用，维护本区域的公共秩序，创造整洁、优美、安全、舒适、文明的社区环境。

5. 业主委员会和业主委员会委员的产生必须经过法定的程序，二者在参与物业管理的活动中既享有一定的权利，又履行一定的义务。

6. 业主委员会自身能否真正发挥应有的作用，能否提高其管理水平和服务意识，能否真正体现其应有的地位，取决于自身的建设。业主委员会的建设说到底是作为物业消费者的业主自身素质的培养和提高。

关键术语

物业　　物业管理　　物业管理公司　　业主　　业主委员会　　业主委员会委员

业主委员会章程

复习思考题

1. 什么是物业管理？什么是物业管理公司？
2. 物业管理公司的服务项目有哪些？
3. 业主委员会是什么性质的组织？
4. 如何加强业主委员会的自身建设？
5. 物业管理公司和业主委员会的关系应该是怎样的？

阅读材料

业主委员会尴尬求生①

一、“业主被打事件”

从中国第一商城、九龙花园、现代城到鹏润家园，近一段时间以来，北京的市民们目睹了一件件“业主被打事件”，近两日，网上又贴出了天通苑业主被打的帖子，声称：在业主们到达天通苑售楼处宣读一封公开信时，受到物业公司与开发商指使的多名保安人员的殴打，保安使用砖头大小的水泥浇铸块殴打业主，造成一位业主头部重创，暂时性晕厥；另一位业主四肢、头、面部、躯干等多处出血。

类似的打人事件俨然已有由“偶然发生”向“批量产出”的演变之势。据有关部门统计，目前全国物业管理企业已超过 2 万家，物业管理的覆盖面已占物业总量的 30%，在一些经济发达的城市甚至超过 50%，像深圳等城市已达 90%以上。在这样的数据背景下，如果“业主被打”真演变为“批量产出”，后果将不堪设想。

目前中国消费者协会已向媒体公开了最新的商品房投诉数据：2002 年有关商品房的投诉量较 2001 年上升了 5%。而投诉内容之一就是物业管理！由此可见，社区物业管理现状的确不容乐观。

于是，一些专家开始分析造成上述局面的原因，达成一致的意见大约有四点：

一是物业管理市场尚未成熟。目前，全国 70%以上的物业管理企业由房地产开发企业派生出来，或是由原房管所转制而来，与体制转变相配套的观念转变还有待时日，市场正处在物业管理发展的初级阶段。

二是物业管理职责模糊。据调查，约有 1/3 的物业管理公司从属于房地产开发企业，这种体制决定了物业管理依附、受制于房地产开发企业，从而容易引发房地产开发公司与业主之间的矛盾。

三是物业管理法律责任不清。如在物业管理区域内发生偷盗等刑事案件，缺乏物业管理企业应承担法律责任的法律依据等。

---

① 参见王海坤：《业主委员会尴尬求生存》，载《中国经济时报》，2002-01-24。

四是物业管理自律有待规范。有些物业管理企业忽视业主的权益，不能严格按合同、制度办事，处理问题和化解矛盾的方式简单、粗暴、生硬，服务质量和服务态度难以令业主感到满意。在商品房住宅区的物业管理中，个别物管企业巧立名目，多收费，少服务，质价不符，财务不公开，以押金、罚款等不正当手段强制业主服从管理，容易使原本存在的矛盾更加激化。

尽管如此，人们还是不能理解在现代社区里一再发生的业主被打事件，因为这让众多业主衍生出另一种感觉：畏惧！

二、业主们畏惧什么

来自《北京晚报》的这样一则消息刺激着记者的神经：鹏润家园业主纷纷安装防盗门，甚至有业主表示，打人事件发生后心里特别害怕，每天不敢出门。该小区的临时业主委员会代表也说，他们再去找业主征求意见时，业主都不敢开门。网上的一则有关天通苑冲突事件的帖子也描述了同样的内容。

然而，这样的举动原因何在？业主们到底畏惧什么？打人事件发生之后，媒体涌现出一片声讨。《经济日报》曾两次发表文章，质疑房地产市场是否已面临“信任危机”，提醒有关方面不可小视物业管理。但声讨的声音似乎无助于消除当事业主们的畏惧。

作为物业管理的行业组织——北京物业管理商会对此事也予以了极大的关注，并发表声明谴责该事件，派人前往了解情况；同时从正面评价了北京市的物业管理工作的业绩，如“在市政府和行业主管部门的领导下，北京市的物业管理工作在法制化、市场化和专业化的道路上日益完善，大量优秀的物业管理企业在行业组织的引领下强化自律行为，维护消费者权益”，“仅 2001 年度就有 200 个社区和大厦被评为国家级和市级优秀称号，名列全国榜首”等。其将打人事件归咎为开发商与消费者权益冲突所致，将冲突解释为“开发商与物业公司同为一家，导致物业管理公司不能站在更加客观公正的立场上化解供需矛盾”所引起的，而且说在北京的诸多物业中，都存在类似问题。

然而，这些并不能够解释业主的畏惧。记者在采访中发现，一些社区业主和物业公司的冲突不断，但业主委员会却迟迟不能成立。位于顺义区的双裕小区就是一个典型的例子，该小区自 2000 年中期开始宣布“逐步实行物业管理”以来，业主们就开始筹备组建业主委员会，然而一年半过去了，业主委员会还像空中楼阁，始终没有落实。熟知内情的人向记者透露，业主委员会的筹备工作之所以不了了之，主要原因是“有决定权的一方（开发商、物业中心）在关键的时候反悔了”，也有人说筹备组商讨的时候表示过要继续磋商，但一来二去磋商就没了下文。

与双裕小区相类似的还有大西洋新城，但是据说在成立业主委员会屡受挫折之后，大西洋新城的业主们决定运用法律武器为业主委员会的诞生开路。

三、留在文件里的权利

当人们诧异于发生在青天白日下的“业主遭打事件”时，一个从 20 世纪 90 年代末就为人们熟知的名词——“业主委员会”便浮出水面。这一次，人们质疑业主委员会究竟在干什么？

所谓业主委员会，法定名称叫“业主管理委员会”，是指在一个物业管理区域内代表全体业主物业管理权益的法定组织，它可以独立行使民事权利，同时必须承担相应的民事责任。通常与业主委员会相伴而生的是业主大会。有关文件规定：业主委员会由业主大会选举产生，可行使的职权包括：选聘和解聘物业管理企业，与物业管理企业订立、变更或解除物业管理服务合同；审议物业管理企业提出的年度工作计划、物业管理服务费的预算和决算；听取业主、物业使用人的意见和建议，监督物业管理企业的管理服务活动；监督业主公约和物业管理制度的执行以及业主大会赋予的其他职权。

然而，京城各社区的现状表明，物业管理公司很少是由业主委员会选聘的，而由业主委员会解聘物业管理企业的事件似乎更是闻所未闻，至于按职权订立服务合同、参与物业管理费的预算等更是现实中诸多业主委员会可望而不可即的事。

在位于海淀区的玉海园小区，记者就有关业主委员会的事宜随机采访了几个业主，得到的答复却如出一辙。一位入住小区近一年半的女士说："业主委员会？没有吧！没听说有。"一位自称住了近两年的男士说："业主委员会？也许有，我不太清楚。从没见什么和业主委员会有关的事！"另一位四十几岁的女业主抱怨道："物业管理太差！尤其是夏天，那绿地哪像绿地呀！也没人管管。"显然这种情形不仅存在于玉海园一家小区，那么隐藏在被剥夺了知情权的业主们和不知道正在干些什么的业主委员会身后的究竟是什么呢？

一位法律界人士为记者揭开了谜底。该人士称，行政色彩浓厚和选举的弊端是造成业主委员会现状的主要原因。

首先，由于业主委员会从成立筹备组到组建的全过程都不同程度地沾染了行政色彩，致使业主的自治性体现不够。有文件规定，各区县小区办应当按照市局《关于开展组建居住小区物业管理委员会试点工作的通知》（京房地物字［1997］第485号文件）的要求"指导"小区的开发建设单位和物业管理企业组建业主委员会。业主委员会筹备组可以邀请所在地"街道办事处、派出所"等有关部门参加。业主委员会成立后，可以聘请上述部门成员为"顾问"；入住率已超过50%的小区，产权人、使用人要求组建管委会的，各区县小区办"应当"向该小区开发建设单位、物业管理企业发出通知，限期一个月内开始组建管委会的工作。逾期不组建的，区县小区办"可以"指定产权人、使用人成立筹备组，并按照京房地物字［1997］第485号文件规定成立管委会等。

显然，"指导""监督"等行政干预手段虽然对早期小区业主委员会的成立会有积极作用，但对"自治管理"的实施无疑带来消极后果。

其次，业主委员会委员的推荐与选举存在弊端。第485号文件第二条第二款规定，"筹备组应与产权人代表、使用人代表以及居委会代表协商，推荐业主委员会委员候选人"。由此不难看出，业主委员会委员候选人的产生办法只规定了推荐方式，而没有自荐这一环节。事实上，有一部分被推荐的人，要么忙于工作无暇顾及，要么虽有能力但不热心或缺乏责任感。而热心此项事务的业主，又由于这样或那样的原因没被推荐，结果是于公于私都不利。

而对于推选多少候选人的问题，第485号文件第二条第二款规定，"业主委员会委员人数一般以5～15人单数为宜，其中使用人不超过业主委员会委员总数的30%"。这里只规定了委员人数，而未规定候选人的人数。实践中，开发建设单位、物业管理企业经常采取等额选举的方式，虽然相关文件并没有规定采用何种方式，但从等额选举的弊病来看，这实际上剥夺了一部分业主的被选举权，更没有体现物业管理的自治性和业主们的民主意识。

委员选举中的问题则更大。根据文件规定，第一届业主委员会可以依照京房地物字［1997］第485号文件第二条第三款的规定，通过产权人大会选举产生，也可以通过公告方式选举产生。在采取通过公告方式选举产生业主委员会时，通常由筹备组在广告栏、公共场所醒目位置公告相应章程和委员候选人、选举办法等，在规定时间内，筹备组未收到占总票数50%以上的反对票，即可向各区县小区办申请成立业主委员会。显然，没有业主参加或参与，筹备组的成立是否反映了业主们的意愿呢？筹备组在公告、起草相关文件及送达材料时，能否站在全体业主的立场上也实未可知。而对于“筹备组是否未收到占总票数50%以上的反对票”这一项，也没有相应的监督。

此外，开发商、物业管理公司与业主在有些领域仍存在着利益方面的矛盾，也许正是这些原因，最终让业主的权利只停留在了文件里。

四、谁来圆业主的维权之“梦”

“3·15”就像等在冬天身后的春天一样隐隐地在向人们招手，在人们的印象中，往年的这个消费者权益保障日热闹非凡，各类“打假”锣鼓喧天，媒体口号嘹亮。消费者们仿佛看到希望之帆迎风扬起，心底里生出一个个系着彩带的梦……

在走访中，一个京西社区的业主委员会负责人就向记者吐露了他们的梦想：“我们就盼着物业法出台，据熟知内幕的人说，这个法规最终会给业主委员会应有的名分。”根据现行的法规，业主委员会既不是独立的法人实体，也不具社团组织的地位，更不能单独设财务，“无名无分”的现状使业主委员会维权时不可避免地要面对重重阻碍，通常只能在想方设法绕开阻碍中尴尬前行。“如果我们有了社团的名分，在向有关部门反映问题时就不会像现在这样总是受到冷遇，解决起问题来也会更及时、更顺畅、更有效率。”该业主委员会的负责人说这话时充满了期待。

诚然，出台物业法是解决问题的一条途径，但这绝不等于仅凭一部物业法就可以解决全部问题。对此，崇文区政协委员、京城房产界资深律师邓泽敏先生尖锐地指出：必须完善业主委员会的选举制度，即必须让能够真正传达民意、代表广大业主意愿的业主经选举进入业主委员会。为此，邓泽敏先生建议：可单独制定一部关于业主委员会的组建、选举的条例。与此同时，对损害业主利益的行为，也要制定相应的制裁措施。

第3篇

社区管理的内容

现阶段我国社区建设的主要内容包括社区服务、社区卫生、社区文化、社区环境、社区治安。《民政部关于在全国城市推进社区建设的意见》明确指出，社区建设工作主要包括以下几方面的内容：拓展社区服务，发展社区卫生，繁荣社区文化，美化社区环境，加强社区治安。当然，该《意见》也明确指出，应因地制宜地确定城市社区建设发展的内容。也就是说，各地区在推进城市社区建设的过程中，应根据本地经济和社会发展的水平与现有工作基础，从实际出发，分类指导，从基础工作做起，标准由低到高，项目由少到多，不断丰富内容，力戒形式主义。

社区管理的内容包括社区建设的方方面面。社区建设的内容也是社区管理的内容，所以，本篇着重介绍了社区服务、社区卫生、社区文化、社区环境、社区治安，而没有涉及社区经济。这并不是说社区经济不重要，相反，社区经济是社区建设与管理的物质基础。在国家财力投入有限的情况下，只有积极发展社区经济，才能有效解决社区建设的资金问题。但是，鉴于社区建设与管理的工作重点在于营造一个经济与社会和谐发展的环境，而不是直接组织或参与经济活动，绝大多数城市社区并没有把社区经济纳入社区建设与管理的基本内容。

第4章

社区服务

社区服务是社区建设的龙头，它对于满足居民生活需求、实现社会福利、扩大就业渠道、完善社区管理、推动社区建设具有重要意义。本章详细介绍了社区服务的兴起与发展、社区服务的含义与内容、社区服务的运行模式与工作方法以及社区服务的成就与不足。

◆ 预习案例 ◆

北京市西城区的社区服务

北京市西城区的社区服务始终把服务百姓、提高群众生活质量作为出发点和落脚点，从为老年人、残疾人、优抚对象、少年儿童服务入手，逐步形成了健全的社区服务网络，每年都为百姓办一批好事，如二龙路街道为安置下岗职工开通了百姓热线、德外街道为下岗职工开办了职业介绍所，有些街道在托儿所的基础上兴办了托老所。目前，全区已经形成了15个服务系列，即敬老服务、中介服务、助残服务、青少年服务、优抚服务、婚姻服务、便民服务、特教服务、计划生育服务、民俗改革、环境卫生、社区文体、社区康复、社区教育、扶贫帮困，每年的受益人数都在100万人次以上。1993年以来，西城区的社区服务逐步走上了以服务养服务、以实业养事业的道路，初步实现了社区服务自我管理、自我服务、自我发展的良性运行。

4.1 社区服务的兴起与发展

4.1.1 国外社区服务的兴起与发展①

1. 社区服务的由来

社区服务源于西方工业化国家，是工业化和现代化的产物。早在19世纪，西方国家工业革命促进了城市的发展，同时也导致失业人口急剧上升，贫困问题日益严重。在这种情况下，社区服务作为西方国家早期社会福利的一种形式，作为解决社会问题的一种方式，首先在英国诞生。

1869年，在索里牧师的倡导下，英国伦敦出现了第一个社区服务组织，即以济贫为主要功能的“慈善组织会社”，它将整个伦敦市划分为若干区，在每个区设立一个分支机构和志愿委员会，主持本地区的救济分配工作。这种社区服务的形式很快影响到了英国的其他城市，进而传播到了美国。1877年，美国水牛城成立了全球第一个慈善组织会社，其后6年间发展到25个，由此形成风行英美的慈善组织会社运动，推动了社区服务的兴起。

2. 国外社区服务的发展

第二次世界大战以后，西方发达国家的社会结构、家庭结构、人口结构和生活方式发生了巨大变化，老年人问题、残疾人问题、精神病人问题、妇女儿童保护问题、失业和贫困问题进一步突出，广大居民的生活需求不断上升，所有这一切都在呼唤高质量的社区服务。同时，这些国家建立了同资本主义市场经济相适应的社会福利制度，促进了公共服务的扩大与发展。其中，英国的社区照顾、德国的“邻里之家”、美国和日本的社区服务都颇具特色。

（1）英国的社区照顾。英国的社区照顾是当代西方发达国家社区服务工作的典范。作为一种社区服务运动，社区照顾兴起于20世纪50年代，主要是针对“院式照顾”而提出的。所谓“院式照顾”，是指政府雇用大批工作人员在大型福利院中对无依无靠的老年人和残疾人实施集中照顾。这种照顾方式虽然较好地解决了被照顾者日常生活需要的问题，但是他们的精神需要却难以得到满足，因为院式照顾使他们脱离了曾经长期生活的社区。因此，院式照顾受到了某些人权主义者的批评。同时，政府的财政负担越来越重。在这种情况下，英国开始逐渐改变院式照顾模式，进而推行社区照顾模式。社区照顾能够使被照顾者像正常人那样在自己熟悉的社区环境里生活，而不再产生被抛弃感，从而受到了民众的普遍欢迎。到了70年代，社区照顾在英国各地已经相当普遍；1987年英国政府发布《公众照顾》白皮书，后又发布《国家健康服务与社区照顾法令》，进一步强调，社区照顾的目标在于实现在“自己的家或‘像家似的’环境中供养人们”。

① 参见唐忠新：《中国城市社区建设概论》，161～165页；李森主编：《城市社区建设概论》，144～147页，济南，山东大学出版社，2001。

社区照顾的具体形式主要有以下几种：一是由地方政府出资兴办社区服务中心。该中心设有老年人服务、残疾人服务和学龄前儿童服务等项目，工作人员大都是政府雇员，活动经费主要来自政府拨款，基本上属于无偿服务。二是开办社区老年公寓。这是政府为社区内有生活自理能力但身边无人照顾的老人提供的一种服务项目，其收费标准大体相当于政府发给每个老人的养老金。三是家庭照顾。这是政府为使老人留在社区、住在家里而采取的一种政策措施，具体表现为由家庭成员进行照顾，但政府发给适当的津贴。四是设立暂托处。这种短期的护理机构主要是为了解决因家人有事外出或离家度假而得不到照顾的老年人、残疾人的短期照顾问题。暂托处的照顾服务可以是几小时，也可以是几天或几个星期。五是上门服务。这是对居住在自己家里，但生活不能完全自理的老人提供的一种服务，服务项目包括上门送餐或做饭、洗衣、洗澡、理发、打扫卫生等。六是开办社区老人院，集中收养生活不能自理又无家人照顾的老年人。英国的社区照顾对许多国家和地区的社区服务产生了很大的影响。我国香港的社区服务在很大程度上就受到了英国的影响。

（2）德国的“邻里之家”。“邻里之家”是德国社区服务的一种表现形式，它分散于德国的各大城市。“邻里之家”实际上是一种自我经营、自我管理、自负盈亏的社区服务机构，但其服务活动得到了政府的资助与监督。邻里之家为社区中的儿童、青少年和老年人提供各种各样的服务，如病员护理、家庭服务、临时照顾小孩、烹调、家用电器修理、上街购物等。此外，它还经常举办各种讲座，开展志愿服务活动，并且要求所有未服兵役的学生必须参加一定学时的社区服务实践。

（3）美国的社区服务。当代美国的社区服务颇具规模，主要由两部分构成：一是政府提供的服务；二是社区志愿者提供的服务。政府提供的社区服务局限于居民的基本需要，如水、电、煤气、通信设施、绿化、保洁和照明，主要由政府出资，委托或承包给专业公司。明确的法律责任和由政府专业职能部门指派代表组成的社区顾问团是居民能够及时得到社区服务的保障。在美国这样一个市场经济发达、法制比较健全的国家，如果居民反映的水、电、交通等市政问题得不到及时解决，居民就有权对专业公司提起诉讼。所以，这些专业公司会及时解决出现的问题。

美国社区服务的另一部分是由志愿者提供的。参加志愿者队伍的有专业技术人员、退休人员、政府官员、普通市民、大学生和中学生。资料表明，全国50%以上的成年人和70%以上的大学生参加了各种类型的社区志愿服务活动，服务领域包括对老人、儿童、残疾人等弱势群体的照顾，服务项目包括免费送餐、咨询服务和安慰电话等。美国社区志愿服务活动的标准是，每个志愿者每周参加无偿社区服务工作4小时。

美国的社区服务设施很多，仅以社区老年服务设施来说，有提供综合性长期服务的养老院，有提供饮食服务的食品供应所、上门服务所，有为贫困老人服务的收容所、暂住处，有为体弱多病的老年人设立的服务性公寓、一般护理公寓、护士护理公寓。

4.1.2 我国社区服务的兴起与发展

我国的社区服务是在民政部积极倡导下发展起来的，已有20多年的发展历史，先后经历了酝酿产生、普及推广和巩固提高等阶段，取得了显著的效果。①

1. 酝酿产生阶段（1983—1987年）

早在20世纪50年代，我国从建立居民委员会时起，就已开展社区服务活动，不过当时还没有把它作为社会福利和服务事业的重要组成部分。社区服务的兴起是改革开放以后的事情。1978年以后，改革开放大潮有力地推动着城市生活结构的变革，给计划经济体制下的社会福利带来了一系列的冲击。

在1983年召开第八次全国民政会议前后，民政部门开始酝酿城市社会福利工作的改革，提出了国家和社会力量相结合，以多种形式办社会福利事业的新思路。在1984年的漳州会议上，民政部明确了“社会福利社会办”的指导思想，提出要使社会福利事业从单一的、封闭的国家包办的体制转变为国家、集体、个人协办的体制；要面向社会多渠道、多层次、多形式地发展社会福利事业。1985年，民政部推广了上海市民政部门创造的“四个层次一条龙”的福利服务网络的经验：“四个层次”是指市、区、街道、居委会；“一条龙”是指四个层次的纵向关系，形成了每个街道有一厂（福利工厂）、两站（孤老服务站、精神病医疗站）、两所（托老所、伤残儿童寄托所）、两组（孤老保护组、精神病人看护组）的社会化服务网络。在此基础上，民政部于1986年的沙州会议上第一次正式提出在城市开展社区服务工作的构想与要求。

1987年9月，民政部在武汉召开了部分城市社区服务座谈会，进一步明确了社区服务的内容和任务以及社区服务和民政部门的关系，交流了武汉、上海、北京、天津、常州等近20个大、中、小城市开展社区服务的经验。这次会议的召开是我国社区服务兴起的主要标志。

2. 普及推广阶段（1987—1993年）

1987年武汉会议召开之后，武汉、上海、北京、天津、重庆、常州、益阳等城市的民政部门选择了一些区和街道，开始了在理论指导下有目的、有计划、有步骤地进行的试点工作。其内容主要包括：（1）建立社区服务的指导、协调机构；（2）制定社区服务发展规划；（3）探索基层社区服务模式。在此过程中，天津市和平区新兴街道于1989年3月率先成立了全国第一个社区服务志愿者协会。

1989年，民政部在杭州召开了全国城市社区服务工作经验交流会，总结推广了全国各地开展社区服务的经验，形成了进一步开展社区服务的新思路：（1）要加强社区服务的宏观指导，制定规划，健全法制；（2）要上靠政府，下靠基层社区，争取社会各界的广泛参与；（3）要因地制宜，注重使用，讲求实效，服务设施和项目要以小型分散为主；（4）要以社会效益为目的，经济效益为手段，走“以服务养服务”的道路。会后，各地民政部门和基层社区组织以多种形式宣传和探索社区服务工作，使社区服务在社会上得到了广泛的理解和支持。

1989年12月第七届全国人民代表大会常务委员会第十一次会议通过了《中华人民共和国城市居民委员会组织法》，该法第四条明确规定，“居民委员会应当开展便民利民的社区服务活动”，进一步推动了社区服务向微型社区的延伸。据统计，到1989年年底，我国

① 参见唐忠新：《中国城市社区建设概论》，165～168页；李森主编：《城市社区建设概论》，147～152页。

已有3 267个城市开展了社区服务工作，占当年全国城市总街道数的66.6%；到1992年年底，全国已有70%多的城市街道开展了社区服务工作；到1993年年底，这一比例上升到了80%以上。在1993年，全国城市社区服务设施已达到11.2万个，其中老年人服务设施2.4万个，残疾人服务设施0.9万个，优抚对象服务设施1.6万个，综合性的服务中心和其他便民利民服务设施6.3万个。

3. 巩固提高阶段（1993年至今）

社区服务在全国推广以后，资金短缺与服务亟待扩展的矛盾日益突出。为了巩固社区服务的成果，扩大规模，提升档次，原国家计委、民政部、原体改委、财政部等中央14部委于1993年8月联合下发了《关于加快社区服务业的意见》，明确了社区服务是保障社会体系和社会化服务体系中的一个重要行业，明确了社区服务业的发展目标和基本任务，制定了相关的扶持保护政策。这一文件的出台是我国社区服务发展中的一个里程碑，它抓住了国家大力发展第三产业的有利时机，激发了社区服务的内在活力，从而引导这项工作开始建立自我积累和自我发展的内部运作机制。

1994年年底，为了使社区服务的运作机制、外部环境、内在要求以及价值理念更好地适应市场经济的要求，民政部在上海召开了全国社区服务经验交流会议，明确了社区服务发展过程中存在的问题，重申了社区服务的福利宗旨和坚持社会效益的原则。1995年，民政部颁发了《社区服务示范城区标准》，进一步规范了社区服务的分类管理和发展体系，促使社区服务逐步走上社会化、法制化和产业化的可持续发展道路，而后在全国各地开展了创建示范城区的活动。1997年7月，民政部在青岛召开了社区服务理论与实践研讨会，总结了社区服务十几年来的发展状况，推广交流了创建全国社区服务示范城区的经验。到1998年，民政部命名了46个全国社区服务示范城区。2000年年底，中共中央办公厅、国务院办公厅联合转发了《民政部关于在全国推进城市社区建设的意见》，该《意见》不仅把拓展社区服务视为此后十年城市社区建设的主要目标之一，而且视之为社区建设的首要任务。

4.2 社区服务的含义与内容

4.2.1 社区服务的含义

尽管“社区服务”已经成为我国城市中家喻户晓的一个名词，然而学术界对“社区服务”的认识还存在着很大的分歧，一些部门的管理者和工作人员对“社区服务”的理解也并不一致。从广义上讲，社区服务就是在政府的倡导下实施的区域性的福利项目。它以一定层次的社区组织为主体和依托，以广泛的群众参与为基础，用服务设施和服务项目来增进公共福利、提高生活质量。[①] 而我国的社区服务则是指在政府的指导和扶持下，在民政部门的倡导和组织下，以街道和居委会为依托，以社区居民的自助互助为基础，关注弱势

① 参见王思斌主编：《社会工作概论》，125页，北京，高等教育出版社，1999。

群体，面向社区全体居民，以提高社区居民生活质量为最终目的的社会福利服务。[①]

1. 社区服务的组织依托

社区服务是以街道（镇）和居委会等社区组织为依托，以基层社区为单位开展的服务。就城市社区而言，街道、镇和居委会是最基层的社区，是社区服务的基本场所。社区服务是社会化的福利服务，要动员社会各界和社区居民群众广泛参与和实行广泛的社会合作，就要有一个有力的组织者，目前，这个组织者就是街道办事处和居委会。

街道办事处是不设区的市和市辖区政府的派出机关，既行使政府管理的一般职能，又具有为社会服务的组织职责，能够以区域性管理来保障社会性服务。因此，它在社区服务中处于主体地位，起着骨干作用。它不仅可以从行政管理的角度组织协调社区服务工作，还能对辖区内的单位起到资源整合的作用。居委会是基层群众性自治组织，是社区服务的基本依托。在各地以街道为主体，兴建大批服务设施，开展系列化服务的同时，居委会也开展了丰富多彩的小型服务活动，承担了大量的便民服务、邻里互助服务等功能。

2. 社区服务的活动方式

社区服务是一种群众性互助方式，群众性和互助性是社区服务的重要特征。群众性主要是指服务对象的普遍性，不仅包括弱势群体、优抚对象，还包括社区中所有需要社区服务的居民；互助性是指社区服务在很多情况下都是社区与居民之间、居民与居民之间的互助服务；任何一个社区成员，既有享受服务的权利，也有服务于他人的义务。可见，要推动社区服务业的发展，社区组织者必须重视开发来自社区居民的资源，努力发挥居民参与社区服务的积极性。只有这样，才能充分调动本社区的人力、物力和财力，实现居民的自我管理与自我服务。

3. 社区服务的性质

社区服务是一种社会福利事业和社会公益事业，福利性和公益性是其本质特征。福利性是指社区服务本质上是一种社会福利事业，其出发点是维护社区的弱势群体、优抚对象和大多数居民的基本生活权益；而公益性则是指社区居民都有享受社区卫生保健、环境保洁、文化体育等公益性服务和公共设施服务的权利和机会。社区服务首先是面向弱势群体开展的社会福利服务，面向广大居民开展的便民利民服务则是社会福利和社会服务的补充和延续。

4. 社区服务的社会化途径

社区服务离不开政府的倡导和组织，但不是政府包办，而是必须动员社会各界和居民群众参与进来。只有真正调动起社会各界和居民群众的充分参与，社区服务这一社会公共福利事业才能真正成为全社会的事业。伴随着政府职能的转变，政企、政事、政社的分离，政府将不再直接从事社区服务设施的管理，其职能将由非营利组织来承担。所谓非营利组织就是指不以营利为目的，主要承担社会公共事务和公共福利事业的中介机构。非营利组织是社区服务社会化的重要途径，其重要职责是根据社区居民的需求来设置服务项目，采取多种方式来满足不同群体的各种需求。社区服务的发展方向是，在继续面向弱势群体提供福利服务的同时，又要面向社区居民和社区企事业单位，积极拓展服务对象，拓

---

① 参见李森主编：《城市社区建设概论》，135～136 页。

宽服务范围，扩大服务内容。

5. 社区服务的目的

社区服务的目的是解决本社区居民的实际生活困难和不便，不断满足社区居民的物质与精神文化需要，并以此增强社区居民的归属感、认同感和凝聚力，提高社区居民参与社区活动的积极性，强化社区整合和稳定机制，为社区整体发展奠定基础。

杭州市上城区的“5A”式社区服务新模式

2005年8月22日，家住杭州市美政桥小区的郑先生因单位有急事中午不能赶回家，这下可为难他了：80岁高龄的老父亲最近身体不好，午饭怎么办呢？情急之中，郑先生想起了前两天小区宣传的电话服务网，他抱着试试看的心态拨打了市民服务热线“96345”，说明了缘由，“96345”市民服务中心马上联系了美政桥小区的一家为老服务联盟加盟商家，为郑大爷送去了午饭，另外，服务中心还请小区责任医师上门为郑大爷检查了身体，郑家父子对此非常满意。这是上城区推出“5A”式小区信息化服务以来，为民办实事的一个实例。

上城区是杭州市的中心城区，又是一个老城区，曾获得“全国小区建设示范区”、“全国民政工作先进区”、“全国老龄工作先进区”等荣誉称号。为了全方位、多层次、立体型搞好小区服务，大力发展现代服务业，满足居民日常生活中的吃、穿、住、行、乐等方面的需求，确保群众满意，该区率先在全市推出了“5A”式小区服务新模式：任何人（anyone）在任何时候（anytime）、任何地点（anywhere）通过任何方式（anyway）得到任何服务（anyservice）。

据杭州市上城区民政局副局长马丽华介绍：“5A”式小区服务主要是充分应用现代信息技术和手段，通过“一册三网”集聚信息来组织实施的。“一册”是指《上城区便民服务手册》，“三网”是指计算机服务网、电视服务网和电话服务网。

(1)《上城区便民服务手册》。该手册具体记载了常用电话号码、居民办事须知（主要是各个部门的政务信息）、51个小区的周边公共服务信息（如公交车信息）和商家信息（如鲜花预定、餐饮服务、车位查询）及其他市民急需信息。

(2) 计算机服务网。所有51个小区都在互联网上建立了小区服务网站，网址是小区名称拼音的第一个字母加上 hzsqw.gov.cn，如彩霞岭小区，网址为 http://cxl.hzsqw.gov.cn。小区服务网站上有小区介绍、小区公告、小区咨询（小区周边公交车信息查询、小区周边学校以及相应教育机构的查询、小区医疗查询、便民维修查询、周边健身场所查询、车位查询等）、小区周边服务信息（家政服务、饮食订餐、鲜花定购、订水服务、计算机维修、志愿者服务）等内容。居民只要轻轻一击鼠标，即可享受方便快捷的服务。

(3) 电视服务网。上城区已完成有线电视模转数的整体平移，是全国第一个实现“数字电视”化的城区。数字电视上开通了《小区是我家》频道，该频道开设了《小区动态》（小区活动信息）、《居民风采》（邻里互动）、《居务公开》（政策信息）、《小区服务》（电视购物、周边服务信息、居民水电费和物业管理费交纳情况查询等）等栏目。在数字电视主界面上，居民只需用机顶盒遥控器移动黄色光标框至《小区是我家》，按“确认”键即可进入，获取各类服务信息。

（4）电话服务网。依托市民呼叫系统“96345”，对上城区政府“87812345”应急指挥系统、51个小区居委会服务热线、小区医疗服务电话、便民服务企业进行联网整合，实现呼叫联动。居民只需拨打特服号码“96345”，呼叫中心即按照“集中受理、分别处理”的运行模式，为广大居民提供个性化服务。

据悉，上城区推出“5A”式小区信息化服务新模式，主要是为了促进现代服务业的健康快速发展，畅通居民和商家的联系渠道，实现政府、运营商、小区、商家、居民之间的多赢互利。运作中，上城区将与“三网”运营商合作，建立一套严格的“星级考评机制”。除公益性的服务由政府各职能部门提供外，其他服务都将引进市场化运作机制，政府的主要任务是搭建平台，参与监管，打响“开门七件事，方便在上城”小区服务品牌，率先在全市真正实现“三网融合”。

资料来源：杭州市信息化办公室，2005-08-31。

4.2.2 社区服务的内容

社区服务的内容十分丰富，既包括面向弱势群体的社会福利服务，又包括面向全体社区居民的便民利民服务，也包括面向社区单位的社会化服务。显然，这是根据社区服务对象而进行的概括。事实上，这种概括比较符合我国社区服务的实际。

1. 面向弱势群体的社会福利服务

这类服务对象主要包括老年人、残疾人、优抚对象、社会贫困户和儿童；服务内容以提供无偿或低偿的社会福利为主。

（1）老年人服务。按照国际标准，一个国家或地区65岁以上的老年人口占总人口的比例超过7%或者60岁以上的老年人口占总人口的比例超过10%，那么，这个国家或地区就进入老龄化社会。目前，我国大多数城市60岁以上的老年人明显超过城市居民总人数的10%，城市社会已经进入名副其实的老龄化社会。

老年人服务主要是针对老年人在衣、食、住、行、医、学、乐等方面为老年人提供的服务，主要包括兴办各种福利服务设施，如老人服务中心、敬（养）老院、老年公寓、托老所、老人活动中心、老人食堂、老人浴室等。此外，还包括粮店、市场和商场为老人送粮、送菜、送货上门，医院为老人设置的家庭病床，理发店为老人上门理发。有的地方还建立了一些为老年人服务的组织，如老年大学和老年人协会。

（2）残疾人服务。残疾人服务主要是针对盲人、聋哑人、肢体残疾人、弱智者和精神病患者提供的服务，主要包括建立残疾人就业保障基金，成立特殊教育学校（学院），开展残疾人职业培训，兴办福利工厂，建立残疾人活动中心或残疾人文化活动室。

（3）优抚服务。优抚服务是针对社区内的革命烈士家属、病故军人家属、现役军人家属、革命伤残军人、军队离退休干部提供的服务，主要包括开展多种形式的拥军优属活动，帮助优抚对象解决住房、就医和日常生活困难，以及开展军民联谊活动等。

（4）社会贫困救助服务。社会贫困救助服务是针对社区内的孤寡老人、无经济来源的贫困户以及下岗工人就业困难等问题提供的扶助服务，主要包括建立当地的最低生活保障制度，确保贫困者和贫困家庭的基本生活需要；动员社会力量对特困群体开展“爱心工程”“一帮一活动”等形式多样的救贫济困活动。

（5）儿童服务。儿童服务是针对学龄前儿童和小学生提供的学前教育和课外活动服务，主要包括兴办托儿所和幼儿园，开展儿童保健、营养、家教、心理咨询活动，举办假日学校和假期夏令营活动，开展书法、绘画、演唱、朗诵、表演、棋类比赛、知识竞赛等活动。

2. 面向社区居民的便民利民服务

便民利民服务是指由基层团体、个人，针对社区居民日常生活经常遇到的困难和实际需求，结合自身条件而开展的各种有偿或低偿服务。如果说面向特殊群体的社会福利服务体现了社区服务的本质，那么，面向社区居民的便民利民服务则是社区服务的补充和延续。

便民利民服务主要包括咨询、代办、修配、缝纫、理发、美容、饮食、洗衣、寄存、医疗、保姆介绍、家务劳动、法律顾问等，这些项目可以根据社区实际状况和社区条件进行增减。譬如，有的社区开通了便民热线电话，尽量使各项需求能够迅速得到满足。便民利民服务的发展潜力很大，在整个社区服务中的地位日益重要。

3. 面向社区单位的社会化服务

这类服务对象是社区内的企事业单位及其职工。同前两项服务不同的是，这类服务提倡双向性，即在社区为其所在地的各单位提供服务的同时，社区单位也利用它们的资源为社区（主要是指社区居民）提供服务。就社区而言，这类服务内容主要是承接单位向社区转移的教育服务、后勤服务、娱乐服务、医疗服务。服务的表现形式是发展公益性设施，包括兴建社区服务中心各类活动站、卫生站等。如北京市规定，各区、县要建立一处不小于3 000平方米的社区综合服务中心，各街道要建立不小于1 000平方米的社区服务中心，各居委会要有不小于20平方米的社区服务活动站。就社区单位而言，它们应当主动将单位内部的服务设施向社区开放，一方面解决社区资源有限的问题，另一方面单位在向社区开放资源的同时也能获得一定的经济效益。此外，社区单位还可以向社区提供人力资源和智力资源，建立志愿者服务队伍，开展社区互助共建服务活动。

4.3 社区服务的运作模式与工作方法

社区服务是一项专业性的工作。在长期的实践中，我国在借鉴国外社区服务经验的基础上，形成了一套具有中国特色的社区服务运作模式和工作方法。从总体上说，政府推动、社区基层组织主办、社会广泛参与是我国社区服务的运作模式，制定服务规划、进行制度建设、实施工作监督检查是完成社区服务工作的基本方法。

4.3.1 社区服务的运作模式

1. 发达国家社区服务的运作模式

虽然不同的国家和地区实现社区服务的途径各异，但是从工作主体、组织方式、资金来源等方面看仍具有一些共性，如政府的主导作用、社会团体的主体作用、社会各界的广泛参与。①

（1）政府主导。一般来说，在西方国家由政府直接推行社区服务工作的情况并不多见，但是无论哪个国家，社会福利工作无一例外地都体现了政府的意志和社会价值观。政府的主导作用主要表现在规划、拨款、政策、监督和管理等方面。

规划——良好的社区服务规划是社区服务有效管理的基础。政府对社区服务的发展进行总体把握，如兴建公共福利设施，为居民提供基本的福利保障等。

拨款——社区内部分公共设施的日常经费，一般由政府提供。

政策——各国对社区服务的发展均制定基本原则，制定社区服务工作的优惠政策、社区服务工作的管理办法以及相关立法的具体条款。

监督和管理——国外政府对社区服务的管理包括严格审批、定期检查和评估。

（2）社会中介组织为主体。在许多国家和地区，社会中介组织（非营利组织或非政府组织）是社区服务的主要承担者，在社区服务中发挥着主体作用。通常，社会中介组织针对某一问题和需求进行立项，并积极争取政府组织与非政府组织对立项的支持，积极筹措款项，组织专门的社区工作队伍进入社区。工作队伍首先以服务赢得社区居民的支持，并同时进行调研、策划、倡导等活动，鼓励社区居民参与，发动相关力量，动员各方资源，在工作过程中发掘社区领袖人物，建立居民自助或互助组织，形成制度化的自我管理与自我服务机制。工作队伍在社区组织建立后，便把工作移交给社区领导，然后撤离社区，但仍同社区保持联系，在社区遇到新的问题时再返回指导。社会中介组织以其专业化的服务，大大提高了社区工作的效率。

（3）社会参与。广泛的社会参与是国外社区服务的工作基础，成为社区服务发展的重要因素。在发达国家，社区服务的参与者，不仅包括企业、宗教组织、慈善机构，还包括大量的社区志愿者和广大学生。

组织机构——各种组织在参与社区服务的同时，也为社区服务捐赠了大量的资金。企业组织参与社区服务有助于保持它在社区中的良好形象，有助于同社区建立友好的关系。宗教组织和慈善机构为社区募捐了大量的资金，是重要的社区服务组织者。

社区志愿者——大批志愿者捐献的人力、物力支持了非营利组织的日常工作，并使之以较少的专职和兼职人员维持着运转。社区志愿者是社区服务工作的主力军。

广大学生——在美国，学生如希望获得中学毕业文凭，必须参加至少 75 小时的社区服务工作；在日本等国家，国家除了在大学和专科学校设置社区服务的课程之外，在某些高中也增设了社会福利课，教授学生护理老人和残疾者的知识。

---

① 参见贾征：《社区服务与社会保障》，76～79 页，北京，中国劳动社会保障出版社，2001。

2. 我国社区服务的运作模式

了解社区服务的运作模式，便于掌握社区服务的基本工作程序。我国的社区服务首先是在大中城市发展起来的，从总体上讲，社区服务是在政府的推动下发展起来的，基层组织（如街道办和居委会）在这一过程中发挥了主体作用。同时，社会各界和广大居民群众也积极参与进来。我国社区服务的运作模式可以简单地归纳为“政府推动，基层组织主办，社会各界广泛参与”[①]。

(1) 政府推动。我国社区服务工作是以政府搭台、民政牵头、有关部门相互配合的方式开展的。各级政府的主要领导组成了社区服务工作的指导协调机构。在社区服务的设施建设、项目开发的启动中政府发挥了主渠道的作用，给予了大量资金投入，促进了社区服务的发展。此外，政府还利用各种媒体对社区服务工作进行广泛宣传，推动社区服务的发展。如北京市政府规定，每年10月第三周的周日为全市社区服务宣传日，此项工作已连续进行了多年，收到了很好的效果。

政府在参与社区服务工作的组织、落实中，发挥了强大的推动作用。1990年，民政部颁布了《社区服务示范城区标准》，在全国发起了“创建示范城区”活动。1998年，民政部命名了46个“全国社区服务示范城区”，此项活动的开展，激发了更多城区向示范城区标准迈进。上海市政府率先在全市范围内通过媒体举办的“征集社区服务标志、口号、征文”活动，在社会上引起了极大的反响。“社区连万家，情系你我他”的口号被全国众多城市所采用。由此可见，政府的行政动员、政策指导、组织参与是社区服务发展的主要推动力量。

(2) 街道主管。街道作为区政府的派出机构，是社区建设的直接实施者。街道办事处主管城市社区的组织、协调与管理工作，履行行政职能。在我国行政条块关系尚未理顺、专业社区工作管理组织及志愿者组织发育不足的情况下，街道发挥了作为政府派出机构的行政职能，依托政府的行政网络，实施社区管理，从而使政府对社区工作的推动作用得以充分体现。街道不仅主管社区工作的规划与操作，履行着事业管理职能；同时，它还主管社区工作的资源开发，履行了经济管理职能。总之，街道在社区工作中是集行政、行业、资源供应等职能于一身的主管者，在社区工作中发挥着重要作用。

(3) 居委会操作。居委会是社区服务的主要依托和服务主体，其主要职能与社区服务工作具有高度的一致性。作为居民自我管理、自我教育、自我服务的基层群众性自治组织，居委会本身就担负着开展便民利民社区服务、维护居民合法权益、开展社区精神文明建设、办理辖区居民的公共事务和公益事业、调解民间纠纷、协助维护社会治安等多项社区服务任务。因此，可以说，组织开展社区服务是居委会义不容辞的职责。

居委会能够直接、有效地为社区居民提供服务，解决居民社区生活中的问题。作为城市中的基层群众性组织，居委会能够十分清楚地了解社区居民的实际生活困难，可以有的放矢地为社区居民及时提供各种服务，有针对性地解决居民一系列的现实困难，为广大居民群众提供良好的生活环境和生活条件，从而增强社区凝聚力。

(4) 社区共建。城市社区服务工作中的一个主要特点在于社会各界的广泛参与。就目

① 参见贾征：《社区服务与社会保障》，70～75页。

前情况来看，社区共建参与者，除街道和居委会之外，主要来自社区内机构团体、社区外机构团体以及社区居民。

社区内机构团体的参与——街道辖区各个政府派出机构，如民政、公安、税收、城建、工商等部门都积极参加了社区工作协调组织。另外，青年团、妇联等组织也积极参与了社区工作的组织和具体活动。企事业单位开放其内部服务设施，组织志愿者为社区居民服务，积极参与联建、共建等各项活动，为社区居民提供特定服务。

社区外机构团体的参与——一些社区利用本社区居民的社会关系，主动与社区外的机构团体建立联系，积极引进社区外的社会资源，特别是人才资源，来推进社区服务工作。在这一方面尤其以教育、科技、文化、体育、卫生等机构团体为主要参与者。

社区居民的参与——目前，全国许多城市街道、居委会都开展了群众文化娱乐、助人互助及群防群治活动，社区居民已经成为这些活动的主要参与者和志愿者。

综上所述，中外社区服务运作模式有许多相似之处，如政府在社区服务中的主导作用、社会各界的广泛参与等。二者的差别在于：国外社区服务的承担主体是社会中介组织，政府的作用在于对社区服务的指导、支持和管理；而在我国，社区服务的具体运作目前仍以政府为主。国家和各级政府已经注意到这种运作方式的弊端，随着市场经济体制的逐步完善和社会保障体制的逐步健全，现行的社区服务运作模式必将进一步作出调整。

牡丹江探索“1＋3＋4＋5＋10”社区服务模式

2009年12月，牡丹江市出台《关于建设社区服务“15分钟便民圈”的意见》，明确将探索和推行“1＋3＋4＋5＋10”的社区服务模式。“1”是建立一个平台，即建设“牡丹江市社区服务网站”和“便民服务热线”，使广大居民群众通过这个平台获取家政服务、家居服务、美容保健、设备维修、购物消费、住宿餐饮等信息，并得到相应服务。“3”是建立三级社区服务网络，建成覆盖全市的区、街道、社区三级社区服务中心（分中心、站），以“15分钟便民圈”信息服务平台为依托，进一步促进“三网融合”，实现区、街道、社区三级社区服务联网运作，不断提升服务水平。“4”是打造四类便民圈，即从解决居民日常生活最需要解决的问题入手，在全市每个社区重点打造“15分钟社区事务受理便民圈”“15分钟文体健身便民圈”“15分钟医疗保健便民圈”“15分钟生活服务便民圈”，同时进一步打造教育、安全、救助等涉及群众切身利益的便民圈，提供满足广大居民需求的共性服务和满足特殊需求的个性服务。“5”是建设五支队伍，即建设社区工作者队伍、社区协理员队伍、社区志愿者队伍、社会组织队伍、自助互助队伍，探索建立“社区居委会——居民小组——楼院自管会——邻里互助会”的社区网络化自治管理体系，促进邻里互助和谐。“10”是开展十个系列服务，即社保就业、社区救助、社区卫生、社区人口和计划生育、社区法律援助、社区文化教育体育、社区流动人口、社区安全、社区环境治理和便民利民等，同时实施助老、助孤、助残、助困和助学等“五助”服务，形成开展社区服务的整体合力。

资料来源：《黑龙江日报》，2009-12-23。

4.3.2 社区服务的基本方法

社区服务工作是一项复杂的系统工程，在提供社区服务时必须坚持“立足群众需要，一切从实际出发”的原则，必须把社会效益放在首位，必须坚持“社区服务社会办”的思路。开展社区服务仅仅遵守上述原则是不够的，为了更好地实施服务，不断提高居民的生活质量，必须熟悉社区服务的基本工作方法，如社区服务规划的制定、制度建设、工作监督等。[①]

1. 社区服务规划的制定

社区服务要有发展规划，否则就会偏离正确的轨道。从现实情况和可操作的角度看，社区服务规划大致可分为现状分析、总体目标规划、具体指标规划和保障措施规划等内容。

(1) 社区服务的现状分析。现状分析是社区服务规划从实际出发的必要步骤，也是社区规划的构成部分。它主要通过调查、统计与文献资料的分析，掌握社区服务现行的环境条件及其发展优势与不足，从而判定社区服务的发展阶段与发展水平，明确社区服务中存在的问题，为社区服务目标体系的提出和相关政策的制定奠定基础。

(2) 社区服务的总体目标规划。总体目标具有战略性、全面性和概括性。社区服务的总体目标规划应反映规划年限内整个社区应达到的总体水平，并对各主要部分的规划起规范作用。总体目标的确定，主要依据对社区服务现状的科学分析和对社区服务发展趋势的科学预测。

(3) 社区服务的具体指标规划。这是社区服务规划的主体内容。其涉及方面的多少，取决于社区服务基本构成部分的多少。这些方面的规划应与总体目标的规划相一致，并注意各部分之间的相互协调与组合。

(4) 社区服务的保障措施规划。社区服务规划的这部分内容，主要是解决社区服务的体制和机制问题、经费和物质保障问题，大致包括社区服务的组织体系、管理体制、参与机制、激励机制、经费来源、物质保障等方面的规划。

制定社区服务发展规划要注意以下五个问题：一是事前要进行充分调查，依据社区服务的实际情况，确定正确的指导思想；二是确定的目标既是超前的，又要保证可行；三是确定的目标和手段有助于同时发挥组织者和居民群众的积极性；四是要确定规划实施情况的检查标准和检验方法；五是根据情况变化，及时对规划进行调整。

2. 社区服务的制度建设

制度是工作的依据和规范，是工作考核的标准。制度建设是一个系统工程，既有宏观指导的内容，又有可操作和可供检验的具体条文，因此，制定制度时要考虑周全。

(1) 制度建设的内容与目的。社区服务的规章制度涉及工作人员的职责、行为规范、奖励制度、奖励方式以及奖金来源。制定社区服务制度的目的是，通过规范的管理和要求，使社区各级组织、各个部门在统一的规范下展开各项工作，实现社区服务的预定目标。社区服务制度的确立，是社区服务制度化和规范化的重要前提。

---

① 参见贾征：《社区服务与社会保障》，81～111页。

（2）制度建设的注意事项。在制定社区服务的规章制度时，应坚持如下原则：

1）制度的制定要注重实效，具体详细。社区服务的规章制度既要简明扼要，又要具体，还要有可操作性。只有这样，规章制度才能在实践中发挥作用，否则，只能是纸上谈兵。

2）制度的制定要结合实际，切实可行。社区服务的规章制度必须立足于工作的现有条件，同工作的现状和发展趋势相吻合，否则，制定出来的制度将会是形同虚设。

3）制度的制定要注重客观与主观相结合。客观是事物的本身要求，主观是人们通过努力而达到的客观要求。社区服务具有很强的弹性，因此在制度建设上要留有余地，使工作既能在规范下运作，又能在创造性发挥中更为完善。

4）制度的制定要体现社会公平。“制度面前，人人平等”。制度制定者首先要把自己融入制度中，而不是在制度之外。制度本身对每个人的行为都具有规范作用，因此，任何人都不能凌驾于制度之上。

3. 社区服务的监督、检查与评比

社区服务工作是一项全新的社会实践，社区工作者在实践中就如何全面衡量和评估社区服务的效果、怎样促进社区服务不断深入发展等问题进行了深入细致的探索，一些地区甚至建立起社区服务的达标考核机制。

（1）社区服务评估的四个维度。社区服务的评估主要包括社区服务工作的监督、检查和评比等。在检查中应力争做到主观与客观相统一、稳定性与进取性相统一、局部效益与整体效益相统一，可以采用听、看、查、问的检查方法，也可以通过在社区居民中了解社区服务的参与率、受益率、满足率和满意率来评价该地区的社区服务质量。

社区服务的参与率是在社区服务中，辖区单位与社区居民发动状况的测定指标。其计算公式为：

$$\text{公式一：社区居民参与率（\%）}=\frac{\text{参与服务的居民数}}{\text{社区有服务能力的居民总数}}\times 100\%$$

$$\text{公式二：辖区单位参与率（\%）}=\frac{\text{参与服务的单位数}}{\text{辖区社会单位总数}}\times 100\%$$

社区服务的受益率是指社区居民与辖区单位从社区服务中得到帮助、照顾的比例数。其计算公式为：

$$\text{公式一：居民受益率（\%）}=\frac{\text{受益居民户数}}{\text{社区居民总户数}}\times 100\%$$

$$\text{公式二：社会单位受益率（\%）}=\frac{\text{受益社会单位数}}{\text{辖区社会单位总数}}\times 100\%$$

社区服务的满足率是指居民提出的需求通过服务得到满足的比例。其计算公式为：

$$\text{需求满足率（\%）}=\frac{\text{需求满足量}}{\text{居民提出的需求总量}}\times 100\%$$

社区服务的满意率是指社区居民群众和辖区单位对社区服务感到满意者所占的比例。其计算公式通常为：

$$\text{公式一：居民满意率（\%）}=\frac{\text{对服务表示满意的居民数}}{\text{社区全体居民数}}\times 100\%$$

或 居民满意率（%）$=\frac{\text{被调查者表示满意的居民数}}{\text{被调查者的总人数}}\times 100\%$

公式二：社会单位满意率（%）$=\frac{\text{对服务满意的社会单位数}}{\text{辖区范围内社会单位总数}}\times 100\%$

（2）全国社区服务示范城区考核评分表。为了便于掌握社区服务的监督、检查和评比的工作方式，在此，我们仅以民政部制定的社区服务考核检查标准为例，予以说明。

1995 年，民政部根据全国城市社区服务工作的总体情况，在反复征求各地社区服务工作者意见的基础上，经过多次修改，制定了“全国社区服务示范城区考核评分表”。该表共分 7 大项，60 小项：组织机构 5 项 100 分（见表 4—1）；管理制度 7 项 100 分；政策扶持 9 项 100 分；资金筹集 6 项 100 分；设施建设 6 项 200 分；服务队伍 7 项 100 分；服务水平及效益 20 项 300 分；总共1 000分。

表 4—1　　全国社区服务示范城区考核评分表（一）

考核项目	序号	考核内容	考核办法	单项得分	总分	实得分
组织机构	1	建有政府领导、民政主管、各有关部门的代表参加的区、街两级社区服务领导或协调机构	查阅有关部门正式发文或批文，同时查阅会议及活动记录	区 20 分 街 20 分	共 40 分	
	2	社区服务领导或协调机构在区、街民政部门设有办事机构	查阅有关部门正式发文或批文，同时查阅会议及活动记录	区 15 分 街 15 分	共 30 分	
	3	区、街民政部门的社区服务办事机构配有专职工作人员	查阅民政部门“三定”方案，核定编制人员，同时查阅工作计划及记录	区 5 分 街 5 分	共 10 分	
	4	区、街分别建有社区服务行业管理组织（如协会等）或社区服务指导中心	查阅有关部门正式发文或批文，同时查阅会议及活动记录	区 5 分 街 5 分	共 10 分	
	5	居委会建有社区服务协调组织，并有专职的社区服务管理人员	查阅居委会有关文件资料	组织 5 分 人员 5 分	共 10 分	

注：“全国社区服务示范城区考核评分表”共有七个表，这里仅列出了考察“组织机构”的表一。表二至表七分别考察了“管理制度”“政策扶持”“资金筹集”“设施建设”“服务队伍”“服务水平及效益”。

为了便于操作，并考虑到全国各地社区服务发展的不同状况，各个小项的检查计分，基本上按照各项标准采取是与否、得分或不得分的办法进行，达不到标准不得分，超过标准不加分。

对街道、居委会的检查，先由区里根据不同街、居的程度差异划出一、二、三类（要求各占 1/3），然后由评审组随机抽查，采用加权平均法算出平均得分。

以上社区服务的评分标准对社区服务的主体内容进行了较为详尽的评估。可以说，这是一份具有一定权威性的社区服务评估标准，也是全国唯一一份统一的社区服务工作的规范性要求，它对于各地开展社区服务工作具有指导、检查、评比、监督的意义。

4.4 社区服务的成就与不足

4.4.1 我国社区服务的主要成就

经过20多年的努力，我国的社区服务事业取得了巨大的发展。简言之，城市社区服务不仅已经根植于全国各地的街道里弄，融入了普通市民的日常生活，成了一项连接千家万户、广为居民认同的事业；同时，它还被党中央、国务院和各级党委政府列入了国民经济和社会发展规划，成了国民经济和社会发展规划的重要组成部分。具体地说，我国社区服务的成就主要表现在以下几个方面①：

1. 创造了有利于社区服务生存和发展的外部环境

目前，社区服务被纳入国家和各级政府的发展规划，并在计划立项、税收减免、用房用地、资金支持、编制用工等方面出台了一系列的倾向政策和措施，为社区服务的发展营造了良好的外部环境，打下了坚实的发展基础。

1993年民政部等14部委联合颁发的《关于加快发展服务业的意见》明确了社区服务的资金和税收等优惠政策。譬如说，对凡由民政部门所办，专门为优抚对象、残疾人、老年人提供服务的社区服务项目，创办初期免征两年能源交通基金和预算调节基金；对育婴托儿、医疗保健、婚姻介绍、殡葬服务项目的收入免征营业税，所得税按国家统一的减免税规定执行。2000年民政部《关于在全国推进城市社区建设的意见》进一步把拓展社区服务视为社区建设的重要目标和重点发展项目。此外，《社会团体登记条例》《老年人权益保障法》《未成年人保护法》《残疾人保障法》等法规都对社区服务有着重要的规范和指导作用。

2. 建立了具有中国特色的社区服务投资机制、发展机制和内部运行机制

我国已经基本建立起了以社会筹集为主、政府资助为辅的多层次、多途径、多种经济成分并存、多种方式共同兴办的社区服务投资机制和发展机制，使社区服务发展的资金成为有源之水，使社区服务的软硬件建设都能落到实处。

为了适应市场经济的要求，社区服务在保证其福利性和公益性的前提下，采取两条腿走路的方针，以社会效益为主，兼顾经济效益，用经营服务的部分收入来支持和弥补福利经费的不足，由此增强了社区服务自我积累、自我发展的能力，形成了良性循环、良性发展的内部运行机制。

3. 加强了社区服务队伍建设，构筑了社区服务网络

社区服务队伍的来源不断丰富，数量不断增多，专业化程度不断提高，形成了一支由专职、兼职服务人员和广大志愿者组成的社区服务大军。社区志愿者队伍不断壮大有助于形成良好的社会互助与社会参与的氛围，全国各地都建立起了社区服务志愿者组织。这支社区服务队伍活跃在社区服务的各个领域，把社区服务的对象由弱势群体扩展到了全体社

---

① 参见贾征：《社区服务与社会保障》，156～158页。

区居民，把服务内容从单一分散的服务发展为包括养老、助残、优抚、医疗康复、婚丧嫁娶、居民生活、信息及治安防范等多层次、多方位的系列化服务，创造出了无偿、低偿和有偿服务相结合、设施服务与互助服务相结合的社区服务形式与做法，建立起了市、区、街、居相互联系、相互贯通的社区服务网络。

4. 成功地走出了一条"社会福利社会化"的发展道路

20 多年来，社区服务实践了"社会福利社会化"的发展思想，其资金不再完全依赖国家财政拨款，而是更加强调社区政府、集体和个人的共同承担，既开展了面向弱势群体的福利服务，又开展了面向全体社区居民的公益性便民利民服务，把社区居民的各种服务需求和各种矛盾在社区内就地化解，把专业服务和志愿者的社会互助活动紧密结合，广泛发动社区居民和辖区单位为社会提供无偿、低偿和有偿服务。坚持以街道为主体，以居委会为依托，鼓励和支持单位、个人或其他经济成分兴办、管理社区服务，并开始试验将社区服务设施交由民间社会服务团体运作和管理。社区服务社会化的探索和实践极大丰富了"社会福利社会化"的思想内涵，充实和发展了它的精神实质。

4.4.2 我国社区服务发展的制约因素

我国社区服务已经取得了巨大成就，但这并不意味着它已经完美无缺了。理性、客观地评估社区服务发展中的制约因素有助于促进社区服务社会化的进一步发展。社区服务资金来源不足、家庭购买力低下、社区服务人员整体素质偏低、社区服务观念落后是制约社区服务发展的重要因素。

1. 社区服务资金来源不足

资金来源不足是当前制约社区服务发展的首要因素。到目前为止，社区服务支出既未纳入国家财政预算系列，也未归入政府预算或其他事业经费预算中。不仅如此，社区服务的福利性决定了它是利润较低的一个领域，很难吸引商人或企业家积极投资。20 多年来的社区服务实践表明，兴建社区服务设施和开展社区服务活动，大都依赖区、街、居委会千方百计筹集资金，而许多区、街、居委会的经济实力较弱，这势必影响社区服务的发展。此外，社区服务项目以低偿或无偿为主，自身积累能力较差，甚至难以维持现有设施正常功能的发挥。

2. 家庭购买力低下

尽管广大居民群众对社区服务的需求比较普遍，但多数居民家庭尚不具备满足这些需求的支付能力。调查表明，当前我国居民家庭的收入分布很不平衡。20%高收入者拥有全部收入的一半和储蓄存款总额的 75%以上，而 80%的人口占有的储蓄存款比例还不足 25%。国家统计局的调查显示，几乎一半的城镇居民仅仅处于基本收支平衡状态，还无力实现"花钱买服务"的生活理想。尽管相当一部分城镇居民有些储蓄，但在社会保障体系很不健全的今天，也不敢花掉其大部分储蓄来购买服务。于是，大多数城市居民希望社区提供无偿或低偿服务，而在有偿服务项目面前则望而却步，从而在某种程度上制约了社区服务业的发展规模和发展速度。

3. 社区服务人员整体素质偏低

20 多年来，我国社区服务人员的素质有了很大提高，但仍与社区服务发展要求不相适应，这是制约社区服务发展的重要因素。就目前而言，我国直接从事社区服务的人员主要是家庭妇女、离退休人员、下岗失业人员和有劳动能力的残疾人，大都没有接受过比较系统的专业训练，不能很好地根据居民的实际需求来设置相应的服务项目和服务方式，使得一些服务设施处于闲置或半闲置状态，严重影响了社区服务项目的开发和服务质量的提高。

4. 社区服务观念落后

社区服务在提高人民生活质量、促进社区精神文明建设、保持社会稳定等方面具有重要的现实意义，但许多地方政府的职能部门和领导干部还未充分认识到社区服务的积极作用和巨大优势，对社区服务重视不够，投入不多，力度不大，扶持和优惠政策得不到很好的落实，致使这些地方的社区服务仍处于初始状态，加剧了社区服务发展的不平衡性。

4.4.3 进一步发展社区服务的对策与思路

关于如何进一步发展社区服务的对策与思路，是一个需要理论工作者和实际工作者共同探讨的问题。在此，我们主要针对上述社区服务的制约因素探讨进一步发展社区服务的思路。这些思路包括：继续坚持社区服务的社会化与产业化的发展方向，进一步完善社区服务形式，加强社区服务队伍建设等。[①]

1. 继续坚持社区服务的社会化与产业化的发展方向

社区服务的社会化意味着“社区服务社会办”，它强调政府、社团、企事业单位、居民群众等各种力量共同参与，而不是政府包办。社区服务的产业化意味着社区服务发展为产业的过程，意味着社区服务逐渐成为名副其实的第三产业的重要组成部分和一个特殊的产业领域。社会化与产业化是社区服务的发展方向，也是现代化和市场经济对社区服务的客观要求。

要想实现社区服务的社会化和产业化，我们有必要采取一系列的措施：首先，要出台和完善一系列的优惠政策，吸引和鼓励政府有关机构、社会中介组织、企事业单位和各界人士共同投资兴建社区服务设施，使各类投资主体不因投资社区服务事业而明显影响其经济效益。其次，要进一步完善无偿、低偿和有偿相结合的社区服务管理制度，以便用有偿服务获得的利润来弥补福利服务的资金不足，发展新的社区服务项目。最后，要在为各类弱势群体和优抚对象提供福利服务的同时，努力开拓为广大居民群众和辖区单位提供服务的项目，以便提高有偿服务的比重。

2. 进一步完善社区服务形式

社区服务对象和服务项目的多样性决定了社区服务形式的多样性。在多元化的服务形式中，尤其应该重视邻里互助、设点集中服务和协同包户等形式。

邻里互助具有节约资金、节约场地、方便及时等优点，有助于增进邻里之间的友情，是社区服务的主要形式之一。但是，它一般局限于解决简单的日常生活问题，从而需要设点集中服务来弥补其不足。所谓设点集中服务主要是通过兴建有关服务设施来开展社区服务。例如，许多城市街道先后建立了社区服务中心、老年人活动中心、残疾人康复中心、

---

① 参见唐忠新：《中国城市社区建设概论》，181～184页；李森主编：《城市社区建设概论》，153～156页。

烈军属之家和便民服务点。实践证明，进一步加强这类“硬件”建设是继续深化社区服务的一项重要任务。此外，对于那些老、残、优、困等特殊群体，还可以实行协同包户服务，也就是说，各类社区主体共同协作、分工负责，向服务对象提供无偿或低偿的救助。总之，只有不断发展、完善多元化的服务形式，才能把现阶段的社区服务引向深入。

3. 加强社区服务队伍建设

社区服务队伍是开展社区服务的首要条件，没有社区服务队伍，社区服务就成为一句空话；只有拥有了一支训练有素的社区服务队伍，才能有效地开展社区服务。社区服务队伍主要由社区服务的专职人员、兼职人员和志愿者构成。

社区服务的专职人员是指以社区服务工作为主要职业的人员，一般由各类社区服务设施的管理者和工作人员组成。目前，我国社会工作科学化和专业化的水平还不高，严重影响了我国社区服务专业人才的培养和发展。为此，我们应当坚持培养与借鉴两条腿走路的方针，建设我国的社区服务专业人员队伍。一要充分利用国内高校有关专业的教学和科研优势，加紧培养并向社区积极输送社区服务的专门人才；二要积极开发、引进具有相关学科知识的专门人才投身于社区服务；三要鼓励具有社会工作专业和其他相关专业技能的人积极参与社区服务。

社区服务的兼职人员是指不是以社区服务为职业，而是利用业余时间和本人的一技之长为社区提供服务，并从中获得适当报酬的社区服务人员。在我国社区服务专职人员尚不充足的情况下，建设一支兼职社区服务从业人员显得尤为必要。从实践的角度看，社区居民群众中蕴藏着一支可以组织起来充分开发利用的兼职社区服务队伍。把这些人吸引到社区服务中来，对于建设一支社区服务兼职人员队伍，无疑是一项非常有意义的工作。

社区服务的志愿人员（又称“志愿者”）是指基于本人的意愿，通过一定的组织形式参与社区服务的工作人员。实践表明，志愿者在社区服务的推进中发挥了重要作用。动员广大居民群众，尤其是青年人积极从事社区服务事业，是社区工作的一项重要内容。青年是我国志愿活动服务的主力军，从1994年中国青年志愿者协会正式成立时起，青年志愿者的服务领域不断扩大，在农村扶贫开发、城市社区建设、环境保护、大型活动和社会公益等领域，承担了一批重点项目。

本章小结

1. 社区服务是工业化和现代化的产物。第二次世界大战以后，许多发达国家都建立了同资本主义市场经济相适应的社会福利制度，其中，英国的社区照顾、德国的“邻里之家”、美国和日本的社区服务都颇具特色。我国的社区服务是在民政部积极倡导下发展起来的，已有20多年的发展历史，先后经历了酝酿产生、普及推广和巩固提高等阶段，取得了巨大的成就。

2. 我国的社区服务是指在政府的指导和扶持下，在民政部门的倡导和组织下，以街道和居委会为依托，以社区居民的自助互助为基础，关注弱势群体，面向社区全体居民，以提高社区居民生活质量为最终目的的社会福利性服务。其内容既包括面向弱势群体的社会福利服务，又包括面向全体社区居民的便民利民服务，还包括面向社区单位的社会化服务等。

3. 社区服务是一项专业性的工作。在长期的实践中，我国在借鉴外国社区服务经验的基础上，形成了一套具有中国特色的社区服务运作模式和工作方法。从总体上说，政府推动、社区基层组织主办、社会广泛参与，是我国社区服务的运作模式；制定服务规划，进行制度建设，实施工作监督检查，是完成社区服务工作的基本方法。

4. 经过20多年的努力，我国的城市社区服务取得了巨大的成就，它不仅已经根植于全国各地的街道里弄，融入了普通市民的日常生活，成为一项连接千家万户、广为居民认同的事业；同时，它还被党中央、国务院和各级党委政府列入了国民经济和社会发展规划，成了国民经济和社会发展规划的重要组成部分。

5. 社区服务的资金来源不足、家庭购买力低下、社区服务人员整体素质偏低、社区服务的观念落后是制约社区服务发展的重要因素。深化社区服务的思路是，继续坚持社区服务的社会化与产业化的发展方向，进一步完善社区服务的形式，加强社区服务的队伍建设。

关键术语

社区服务　　慈善组织会社　　社区照顾　　邻里之家　　社会福利服务　　便民利民服务　　社会化服务

复习思考题

1. 什么是社区服务？它主要包括哪些内容？
2. 我国社区服务的运作模式是怎样的？
3. 开展社区服务的基本方法有哪些？
4. 我国社区服务发展的制约因素有哪些？
5. 进一步发展我国社区服务的思路有哪些？

阅读材料

南京市玄武区社区服务的成功经验①

玄武区是南京市最大的中心城区，面积81平方公里，人口36.5万，是南京市委、市政府和南京军区机关所在地。辖区有“三多”，即驻军多、大专院校多、大企业多。根据区情，玄武区确立了“服务一流，经济发达，现代文明”的功能定位和发展目标，并把加

① 参见玄武区社区服务课题组：《时代的呼唤——玄武区社区服务的成功经验及其启示》，转引自张磊主编：《中国城市社区建设与运作模式实施手册》，839～845页，北京，中国城市出版社，2001。笔者在收录入本书时略有改动，并添加了三个小标题。

快发展社区服务事业摆到工作的重要位置，大胆实践，不断创新，取得了显著成效，受到了国家和省市有关部门的充分肯定。1996年，民政部在玄武区召开了全国创建社区服务示范城区现场经验交流会；1997年，玄武区被确定为全国社区服务先进城区示范单位和省社区服务示范区；1998年度民政部表彰的全国46个社区服务示范城区中，玄武区名列榜首；江苏省在1998年将南京市玄武区的典型经验列为省级重大先进典型。玄武区社区服务已成为全省乃至全国社区服务的一面旗帜。

一、南京市玄武区社区服务的基本情况

社区服务是在改革开放中出现的新生事物。20世纪80年代中期，为转变城市民政工作现状，建立与完善市场经济条件下的社会主义福利制度，民政部首倡社区服务。1986年，民政部正式提出在城市开展社区服务的构想，并在一些大中城市进行试点。1987年，民政部在武汉召开了全国城市社区服务工作座谈会。此后，社区服务在全国各城市蓬勃发展起来。

响应民政部号召，在玄武区委、区政府的倡导和支持下，玄武区立足本区实际，着眼现实，放眼未来，开始了艰难的创新历程。玄武区社区服务大体上经历了四个发展阶段。

第一个阶段：从80年代中期到1990年前后。这一时期是玄武区社区服务试点阶段，以开发活动为主。玄武区区委书记把它归结为“三多”，即无偿自愿服务活动多、为民政对象服务活动多、节假日活动多。

第二个阶段：从90年代初到1996年前后。这一时期最主要的一个特点是兴建社区服务设施。社区服务设施是社区服务的阵地，没有一定规模和档次的服务设施，社区服务就很难上档次、上水平，就很难巩固和持久，因此玄武区花大力气修建了一大批社区服务设施，使社区服务有了依托。

第三个阶段：从1996年到1998年。1996年9月民政部在玄武区召开现场会，玄武区抓住时机，根据改革开放不断深入、人民群众需要扩大的新形势，把社区服务同政府工作重点结合起来，同解决经济和社会生活中的难点、热点问题结合起来，进一步壮大发展了社区服务。

第四个阶段：从1999年开始至今。不断开拓社区服务的新领域，激发城市居民公共意识、社会参与意识和自我服务、自我管理意识，重构政府与社区、社区与居民的新型关系，开创城市基层工作新格局。

如今，玄武区的社区服务从无到有，从小到大，从弱到强逐步发展起来，促进了经济建设和社会发展，并在发展过程中出现了六大转变：

(1) 服务对象。社区服务开展初期，服务对象主要是孤老残幼等民政对象，现在已扩大到社区全体居民，并把流动人口纳入社区服务范畴。

(2) 服务内容。根据社区需求和社区资源，不断拓展社区服务内容，增加服务项目，已由优抚服务、特殊服务发展到提供包括养老、助残、优抚、青少年教育、医疗康复、婚丧、居民生活、家政、信息及治安等多层次、全方位的服务，即社区居民需要什么，就开展什么服务项目。

(3) 服务队伍。形成了一支由专职人员、兼职人员、志愿者相结合的服务队伍。玄武区选拔年富力强的同志担任街道、社区服务中心主任或全区社区服务的骨干。玄武区还特别注重发挥社区居民的积极性，社区13支志愿队伍的志愿者达3.5万人，形成了“上至将军，下至百姓”的服务大军，常年活跃在社区服务第一线，志愿者队伍也由自发状态向相对稳定、有组织方向发展。

（4）服务设施。玄武区在社区服务设施上舍得投入，已经建成了以区社区服务中心为骨干，以街道社区服务中心为主体，以居委会社区服务站为基础的三级配套的项目齐全、服务水平较高的新型社区服务设施，社区服务设施的建设也由政府包办发展到政府社会联办、社会办、股份合作办、个人办、合资办等多种形式。

（5）服务方式。从实际出发，社区服务实行“无偿、低偿、有偿”相结合的方针，根据不同的对象和服务项目采取不同的收费办法，走出了一条“以服务养服务”的路子，实现了“服务→补偿→积累→扩大再服务”的良性循环。

（6）服务组织与管理。建立了由区、街主要负责人牵头、民政部门具体负责的协调组织，制定了社区服务发展规划，加强社区服务工作的政策制定和法制建设，保证了社区服务的发展方向。

二、南京市玄武区社区服务的基本经验

在多年社区服务中，玄武区之所以取得如此骄人的成绩，一个很重要的方面，是他们坚持把社区服务同改革开放和经济社会发展进程密切结合起来，在思想观念上不断提高认识、不断探索、不断突破的结果。

1. 把社区服务同转变政府职能，推进基层政权建设结合起来

适应社会主义市场经济体制的建立，玄武区正在推进政府职能的转变。政府职能转变，就是要由过去强调以“管理”为主，转变为以“服务”为主；从过去以“微观”管理为主，转变为以“宏观”调控为主；从过去以“行政”手段为主，转变为依靠“人民参与”管理为主。

针对城区工作的新情况、新特点、新规律，针对市场经济条件下人民生活的需要，玄武区把发展社区作为转变政府职能的切入口，努力使城市中的许多日常性问题以及从政府、企事业单位、家庭中分离出来的诸多社会性事务，在社区层面通过社区居民自助互助性的社会服务，得到自行有效的化解，切实提高了城区政府的管理水平。

社区服务还推进了基层政权建设。近几年来，玄武区通过改革，向街道下放了社区服务管理权、市容卫生管理权、财政税收管理权，增强了街道办实事的能力，做到“三放一实”，给街道注入了活力。街道工作也在开展社区服务中发生了很大变化。恰如一位街道工作者所言，“自开展社区服务工作以来，街道工作从‘跑腿的’变成了‘牵头的’，从上头重点抓什么，街道跟着忙什么，到围绕社区服务、社区建设这个目标，主动结合社区特征开展工作，为街道工作开辟了一片新天地”。

玄武区在社区服务工作中还加强居委会建设，努力实现居委会干部队伍的年轻化、知识化和专业化，为居委会创造必要的工作条件，保障居委会干部的合法权益；教育、引导、帮助居委会干部切实改变作风，把工作重点转移到组织群众、引导群众参与社区服务上来。

2. 把社区服务同创建文明城区结合起来

玄武区把社区服务同创建文明城区、文明城市结合起来，把发展和完善社区服务作为

创建文明城区、文明城市的一项重要内容和基础性工作，夯实了创建文明城区的基础，走出了一条以社区服务为突破口，加强社区建设、创建文明城区的发展之路。孝陵卫街道小卫新村建设的“龙宫新村”，为流动人口提供食宿、娱乐、治安、计划生育、医疗等一条龙服务，既实实在在地解决了流动人口生产和生活上的困难，又改善了地区环境和社会治安，收到了很好的效果。

3. 把社区服务同再就业与社会保障结合起来

当前，我国改革处于攻坚阶段，发展处于关键时期。当务之急就是创造一个稳定的社会环境，以保证改革事业的顺利进行。在这方面，一个重要的问题就是再就业和社会保障制度的建立。

由于经济体制转轨和经济增长方式转变，企业富余人员逐步显性化，下岗职工增加。从目前来看，下岗职工总体上素质不高，文化程度偏低，多为非熟练劳动力；老弱病残占相当比例；女职工占很大比例，自身再就业能力差。社区服务属于第三产业，具有本金低、技术要求低、容纳劳动力多的特点，可以成为安置下岗职工和吸收闲散劳动力的重要场所。因此，玄武区一方面利用社区服务体系，为下岗职工提供用工信息和上岗培训等服务；另一方面，积极开辟社区服务就业岗位，至今已在社区服务中成功安排了3 374名下岗职工，失业率控制在2.2%以下。

4. 把社区服务与精神文明建设结合起来

社会主义精神文明是社会主义现代化建设的重要特征、重要目标和重要保证。改革开放以来，党和政府在以经济建设为中心的同时，十分重视精神文明建设，尤其是从十四届六中全会以后，在指导思想和行动路线方面更加明确。此时，面临的一个重要问题就是，怎样把精神文明建设变成广大人民群众的自觉行动，从而把精神文明建设落到实处。

近年来，玄武区精神文明建设焕发出勃勃生机，不能不说与开展社区服务有直接关系。玄武区抓住社区服务这一关键环节，重点突破，带动了玄武区精神文明建设整体水平的提高，推动了精神文明建设向纵深发展。社区服务成为玄武区社会文明进步的重要标志之一。

社区服务之所以成为精神文明建设的一个强有力的支撑，是因为社区服务是造福于民的工程，是“民心工程”，它围绕人民群众最关心的、最迫切需要解决的问题做文章，以满足新形势下人民群众各方面（特别是生活方面）的需求为己任，符合人民愿望，把精神文明建设同人民群众的切身利益结合了起来，从而吸引了更多的群众参与到精神文明建设中来。

社区服务活动的开展在某种程度上造就了社区居民对社会公益精神、无私奉献精神和互助共济精神的自觉追求，抵制了极端个人主义、拜金主义和享乐主义思潮，逐步在社区内形成了融洽的人际关系、良好的社会秩序和健康的社会风气。

在此，尤其需要提出的是社区志愿者活动。志愿者组织是政府指导下的群众组织。一方面，它接受政府的指导，按政府制定的政策和要求开展服务活动；另一方面，群众性的互助组织，是居民互助服务的组织形态。志愿者活动规模大不但有助于节省开支，拓宽服务领域，改进服务方式，而且还可以进一步弘扬中华民族的传统美德，促进社会主义精神文明建设。近年来，玄武区成立了13支志愿者服务队，社区志愿者达3.5万人。

5. 把社区服务与密切党群关系结合起来

我国正在建设和完善社会主义市场经济制度，它将促进我国经济社会的发展，但是，在由计划经济向市场经济转轨过程中，必然会产生多种多样的社会问题，如失业现象、贫困群体的出现、犯罪率的上升、公众社会责任感下降等。特别值得关注的是，这一转轨过程会给城市弱势群体带来诸多生活上的困难。新时期，党把社区服务作为自己工作的一个重要方面，把为人民群众服务的宗旨真正落到实处，落实到社区居民，努力做到老有所养、幼有所托、孤有所依、贫有所济、难有所帮，从而达到密切党群关系、干群关系的作用。

特别需要提到的是，共产党员应在社区服务中发挥先锋模范作用，这是由党的崇高宗旨决定的。在每个社区中，都有一批党员群体的存在，他们是社区服务中的一支特别重要的力量。他们的组织关系或归属于单位，或归属于街道，但他们既然居住在社区、生活在社区，就要增加对社区的责任感和归属感，增强社区意识，积极参加社区活动。玄武区在街道建立社区党建联谊会，探索在社区中把党员组织起来的新路子，努力调动社区党员的积极性，发挥他们的政治优势，让共产党员在社区服务中真正作出表率，带动社区居民投入社区服务。

三、南京市玄武区社区服务的启示

20 多年来，玄武区在社区服务方面取得了巨大成绩，走在了全国的前列，但从发展的角度看，玄武区的社区服务工作与时代的要求、社会的需求和人民群众的期望相比，尚有许多需要改进之处。

目前，中央和地方政府都非常重视社区服务事业的发展。作为全国社区服务发展典范的玄武区，正在致力于进一步完善社区服务体系，提高社区服务整体工作水平，力争使社区服务工作再上新台阶。他们的目标是实现社区服务的四个转变：社区服务由“立足民政，面向社会”转变为“立足社区，面向社会”；社区服务由民政工作的载体转变为城区工作的载体；社区服务由民政部门独立动作转变为全社会齐抓共管；社区服务由社会福利体系的组成部分转变为社会保障机制的重要内容。

为了促进这一转变，要努力实现社区服务的“四化”，即多元化、社会化、自治化、产业化。

（1）社区服务多元化。在现实生活中，社区居民遇到的问题是多种多样的，对生活的需求也是不相同的，要不断丰富社区服务内涵，创新服务方式，增加服务新手段，为更多的服务对象提供更加优质的服务，从不同的层面上满足社区居民日益增长的物质和精神生活需求。

（2）社区服务社会化。社区服务社会化就是在社区服务的经费来源、项目组建、服务管理方面不是由政府包办，而主要是依靠社会力量，让社区企事业单位、社会团体、志愿者组织和社区居民在政府指导下各展所长，开展形式多样的社区服务。

（3）社区服务自治化。社区服务本质上是指政府给予必要的指导和适当的帮助，由社区组织居民进行自助、互助服务。因此，要进一步强化广大社区成员的社区意识，不断提高他们自我教育、自我管理、自我服务、自我发展的能力，在政府的引导下，让他们最终成为社区服务的主体。

（4）社区服务产业化。社区服务产业化是指把社区服务投资视作生产性投资，计量投入与产出，同时在市场经济条件下，在社区服务中引进一定程度的市场导向。社区服务产业化的目的是培养社区服务的自我发展机能，造就内在的发展动力，目的仍在于社会效益而非经济利益，在于为社区居民提供最好的服务。

1998年，在北京召开的玄武区社区服务理论与实践座谈会上，民政部副部长杨衍银同志指出，玄武区的社区服务实际上已经走出了传统社区服务的范畴，走上了现代化城市的社区建设的轨道。这是对玄武区的鼓励和鞭策。

第5章

社区卫生

社区卫生服务是我国社区建设与管理的重要内容。卫生部等国家十部委局在1999年联合印发的《关于发展城市社区卫生服务的若干意见》中宣布：在全国范围内建成较为完善的社区卫生服务体系，是我国社区卫生服务今后10年的目标。本章首先介绍了社区卫生服务的兴起与发展，接着介绍了社区卫生服务的基本内容，最后探讨了社区卫生服务的组织形式与工作方法。

◆ 预习案例 ◆

天津市的社区卫生服务

天津市的社区卫生服务工作从20世纪90年代初开展至今，在探寻适合中国国情和本市实际的城市社区卫生服务发展道路上进行探索，积累了一定的实践经验，使社区卫生服务工作呈现蓬勃发展的良好局面。该市的社区卫生服务在社区卫生服务的网络构建、管理模式、运作方式上都形成了自己的特色，具有了较为扎实的基础。天津市中心城区的75所一级医院和29所二级医院中已有83所开展了社区卫生服务，区域内从事社区卫生服务的卫生技术人员达2 486人，其中，已晋升为全科医学技术职称或经过全科医学系统培训的全科医生达635人。在城区1 393个居委会中，以社区卫生服务站或其他社区卫生服务方式覆盖的居委会为1 301个，占居委会总数的93.4%；社区卫生服务机构为850 448户居民建立了居民健康档案，同164 475户居民签订了家庭保健合同；长期受益的居民将近260万，居民对社区卫生服务的满意率始终在90%以上。

5.1　社区卫生服务的兴起与发展

5.1.1　国外社区卫生服务的兴起与发展

1. 社区卫生服务的兴起

社区卫生服务（community health service）起源于 18 世纪的全科医疗（general practice，GP）。所谓全科医疗是指受过一般医学训练且不分科的基层医生所提供的医疗服务。提供这种卫生服务的基层医生被称为全科医生。全科医生除少数在医院工作外，大多数在社区独立行医，他们生活、工作在社区，解决患者的一般健康问题，为社区居民排忧解难。全科医生是社区日常生活中不可缺少的、受人尊敬的角色。

自 20 世纪 20 年代以来，由于医学迅速向专科医疗发展，全科医疗受到冲击而萎缩，但世界各地的全科医生也在困境中求生存、求发展。1945 年，英国议会正式批准《国家卫生服务法》。该法提出英国实行"医院专科医疗服务、社区卫生服务和全科医疗服务"三位一体的国家卫生服务制度；同时，该法还规定基本卫生保健服务主要由全科医生提供。1947 年，美国成立全科医生学会，并于 1971 年改名为美国家庭医生学会，该学会提出了"家庭医师"或"家庭医生"（family physician）以及"家庭医疗"（family practice）这两个术语，力求把家庭医疗作为一种崭新的社区医疗服务模式。1958 年，澳大利亚创建皇家全科医生学院，在培训全科医生、促进社区卫生服务方面发挥了重要作用。

在 20 世纪 60 年代以前，世界各国多用全科医生（general practitioners，GPs）、全科医疗的称谓。伴随着现代全科医学学科的正式建立，1969 年美国家庭医疗专科医学会成立后，美国、加拿大等国把家庭 GP、GPs 分别改称家庭医师、家庭医疗，以此来突出这一学科以家庭为单位的服务内容和服务特色。但是，英联邦国家仍然沿用传统的 GP、GPs 名称。全科医学是一门整合生物医学、行为科学和社会科学，以个人为中心、家庭为单位、社区为范围，提供综合性、连续性医疗卫生服务的新型医学学科。

2. 社区卫生服务的发展

社区卫生服务兴起之后，世界许多国家和地区先后开展了社区卫生服务。1978 年，世界卫生组织要求世界各国大力发展社区卫生服务，并视之为推进初级卫生保健的重要方法和途径，这极大地促进了社区卫生服务的发展。

目前，英国、日本、加拿大、澳大利亚的社区卫生服务在世界上处于领先地位。亚洲的韩国、马来西亚、新加坡、印度和中国，也都积极开展社区卫生服务。欧洲的一些国家建立全科医学示范学院和初级卫生保健研究发展中心。拉丁美洲各国相继开展社区卫生服务和全科医学培训工作，国际家庭医学培训中心就设在阿根廷首都布宜诺斯艾利斯；社区卫生服务在墨西哥、古巴的卫生服务中扮演着重要角色。南非、埃及、尼日利亚等非洲国家设立了全科医学专业。苏丹、也门、科威特、约旦设立了阿拉伯家庭医学委员会，从事家庭医学培训工作。在美国，共有670 000名医生，其中有52 000名家庭医生和20 000名全科医生；有 405 个家庭医生培训和实习基地。总之，社区卫生服务在世界范围内正在蓬勃发展。

5.1.2 我国社区卫生服务的兴起与发展

1. 我国社区卫生服务的兴起

我国的社区卫生服务在20世纪五六十年代第一次卫生革命时期便开始起步，但直到20世纪90年代中期还没有获得长足的发展。同世界上其他国家和地区相比，我国（港台地区除外）的社区卫生服务起步比较晚。其根本原因在于，新中国成立后我国在计划经济体制下长期实行三级医疗预防保健制度，有效地解决了城乡居民的基本卫生问题，因此客观上没有条件，也没有必要发展社区卫生服务。

然而，90年代以后，随着我国市场经济体制的确立和城市社区建设在全国范围内的推进，原有的医疗卫生体制已不能适应新时期的经济社会的发展需要，已不能满足城市居民对卫生服务多样化的需求，城市卫生服务体系的改革、卫生资源的合理配置和利用、医药费用的过快增长、人口的老龄化以及疾病谱的改变等问题的出现都迫切要求发展社区卫生服务。在这种背景下，我国开始逐步改革医疗卫生管理体制，发展社区卫生服务，并十分重视发展城市社区卫生服务，制定了一系列的政策法规，确定了发展社区医疗卫生服务的方针。

2. 我国社区卫生服务的发展

1996年2月，全国卫生工作会议把开展社区卫生服务确定为卫生改革的重要内容。1997年1月，党中央、国务院联合颁发了《关于卫生改革与发展的决定》。该《决定》指出，改革城市卫生服务体系，积极发展社区卫生服务，逐步形成功能合理、方便群众的卫生服务网络。基层卫生机构要以社区、家庭为对象，开展疾病预防、常见病与多发病的诊治、医疗与伤残康复、健康教育、计划生育技术服务和妇女儿童与老年人、残疾人保健等工作；要将社区卫生服务纳入职工医疗保险体系，建立双向转诊制度；要有计划地分流医务人员和组织社会上的医务人员，在居民区设立卫生服务网点，并纳入社区卫生服务体系。

1998年12月，国务院颁布《关于建立城镇职工基本医疗保险制度的决定》，该《决定》指出，要合理调整医疗机构布局，优化医疗卫生资源配置，积极发展社区卫生服务，将社区卫生服务中的基本医疗服务项目纳入基本医疗保险范围。卫生部会同有关部门制定医疗机构改革方案和发展社区卫生服务的有关政策，原国家经贸委等部门要认真配合做好药品流通体制改革工作。

1999年7月，卫生部等十部委局联合印发的《关于发展城市社区卫生服务的若干意见》指出：社区卫生服务是社区建设的重要组成部分，是在政府领导、社区参与、上级卫生机构指导下，以基层卫生机构为主体、全科医师为骨干，合理使用社区资源和适宜技术，以人的健康为中心、家庭为单位、社区为范围、需求为导向，以妇女、儿童、老年人、慢性病人、残疾人等为重点，以解决社区主要卫生问题、满足基本卫生服务需求为目的，融预防、医疗、保健、康复、健康教育、计划生育技术服务等为一体的，有效、经济、方便、综合、连续的基层卫生服务。同时，该文件提出了现阶段发展社区卫生服务的总体目标：到2000年，基本完成社区卫生服务的试点和扩大试点工作，部分城市应建成社区卫生服务体系的框架；到2005年，各地基本建成社区卫生服务体系的框架，部分城市建成较为完善的社区卫生服务体系；到2010年，在全国范围内，建成较为完善的社区卫生服务体系，成为卫生服务体系的重要组成部分，使城市居民能够享受到与经济社会发展水平相适应的卫生服务，提高人民健康水平。

2000年1月31日，卫生部印发《关于发展全科医学教育的意见》，该《意见》指出：全科医学是以人为中心，以维护和促进健康为目标，向个人、家庭与社区提供连续、综合、便利的基本卫生服务的新型医学学科。在我国卫生改革与发展的新时期，发展全科医学教育，培养从事社区卫生服务工作的全科医生等有关专业技术和管理人员，是改革卫生服务体系、发展社区卫生服务的需要；是满足人民群众日益增长的卫生服务需求、提高人民健康水平的需要；是建立基本医疗保险制度的需要；是改革医学教育、适应卫生工作发展的需要。

新时期卫生工作的改革与发展，需要建立一支立足于社区，为广大居民提供基本卫生服务的卫生技术队伍，承担起常见病、多发病、慢性病的防治工作；坚持预防为主、防治结合的原则，将预防保健措施落实到社区、家庭和个人。全科医学的教育目标是培养能应用生物—心理—社会医学模式，开展融预防、医疗、保健、康复、健康教育和计划生育服务为一体的卫生技术人才。

当前，我国以全科医生为骨干的社区卫生服务队伍尚未形成，全科医学教育体系和全科医生规范化培训制度正在建立，对全科医学的概念、全科医生的作用等存在模糊认识，全科医生培养工作亟待规范。发展全科医学教育，建立适合我国国情的全科医学教育体系，造就一支高素质的社区卫生服务队伍，是贯彻落实党中央、国务院《关于卫生改革与发展的决定》、建设面向21世纪的社区卫生服务体系的重要保障。

宁夏“一元钱看病”？

2009年，卫生部在宁夏回族自治区开展了“人人享有基本医疗卫生服务实验性研究”，被当地老百姓形象地称为“一元钱看病”。

现在，实验性研究已经结束。但宁夏将这个惠民项目常态化，并借国家基本药物制度实施的“东风”，把老百姓一元钱享受的药物从74种扩大到120多种。日前，记者在宁夏采访发现，“一元钱看病”在试点地区不仅为群众带来了实惠，还收到了规范医疗行为和药品使用的效果。

主抓这个项目的宁夏回族自治区卫生厅副厅长李春虹认为，项目的本质是转变支付方式，而这是基层医疗卫生机构各种乱象和弊端的源头。

李春虹说，以前医疗机构开的药多，挣的钱多。现在“一元钱看病”，基层建账不见钱，城乡居民看病就花一块钱，这是医疗机构的纯收入。药品由政府统一招标、采购、配送，医保部门审核结算，实现了第三方支付。禁止村卫生室输液，需要输液的一律转到上级医疗机构。因此，通过大处方“宰”病人就没有了任何意义。但前提是政府保证基层医务人员的基本工资，解除他们的后顾之忧。

没有收入，哪来的动力？李春虹说，这个问题他们在机制设计上也有考虑。基层服务动力主要来自公共卫生补贴，10类、40项公共卫生是国家、省、市、区四级财政保障的，是按人头划拨并实行绩效考核的，服务质量好，收入就多。宁夏人均15元公共卫生经费补贴，乡村两级分别是6元和9元，而且80%按月预付，20%留作考核。公共卫生补助经费向乡村医生和社区卫生服务机构倾斜，预防为主的方针不用空喊了，实实在在地落实了。

“一元钱看病”要靠基层医务人员落实，尤其是村医。如果他们对前途没有信心，任何好政策都会先打折扣后打问号。宁夏回族自治区卫生厅医改办主任崔耀武说，报酬、养老保险是村医最直接的利益，而现在还没有解决。

据项目专家组统计，试点以来，宁夏山区农民到村卫生室的人均就诊次数从试点之前一年的0.23人次提高到0.45人次，村卫生室次均费用降到7.87元。结论是农民就医方便，得到了很大实惠。2010年，为了提高30元门诊统筹基金的利用率和预防不必要的住院问题，已计划将村卫生室耗材费用和肌注、针灸、拔罐、刮痧等治疗费用列入报销范围，为经过村卫生室转诊到乡镇卫生院的门诊病人，包括慢性病患者，报销50%的门诊费用。

刘天锡说，“一元钱看病”解决的是城乡居民最基本的需求，而要彻底缓解看病难、看病贵的问题，需要公立医院改革在内的医改五项措施整体推进。

资料来源：《健康报》，2010-02-01。

5.2 社区卫生服务的基本内容

社区卫生服务以满足群众需求，保护人民健康为出发点。根据1999年卫生部等十部委局联合印发的《关于发展城市社区卫生服务的若干意见》，社区卫生服务应具备“六位一体”功能。“六位”是指社区预防、社区医疗、社区保健、社区康复、社区健康教育和社区计划生育技术服务。“一体”是指社区卫生服务中心（站）提供了上述有效、经济、方便、综合、连续的优质服务。

5.2.1 社区预防

社区预防是社区卫生服务的内容之一，是社区卫生服务中心（站）在政府领导、社区参与、上级卫生机构指导下，广泛宣传动员社区居民，采取综合措施，预防和控制疾病，保障和提高社区居民的健康水平的过程。积极开展社区预防，有利于将社区卫生服务落实到社区、家庭和个人，提高居民的健康水平。①

1. 社区预防的内容

20世纪50年代，我国在城市和农村建立了三级医疗预防保健网和划区分级医疗体制。

① 参见赵志强：《社区卫生与医疗》，27～30页，北京，中国劳动社会保障出版社，2001。

几十年来，这一体制在预防疾病、保障人民群众的健康方面发挥了巨大作用。然而，三级医疗预防保健网是在计划经济体制下建立和发展起来的，随着我国市场经济体制的确立，它已无法适应经济社会的发展需要，必须进行重大改革。当前，城市初级网中的基层医疗单位正逐步改造成社区卫生服务机构。

三级医疗预防保健网

我国的医疗预防保健是由初级网、二级网和三级网构成的一个网络体系。

初级网由街道卫生院（所）、工厂保健站等基层医疗单位构成，是城市三级医疗预防保健网的基础，承担广大居民的医疗、预防、保健、康复工作，同时，也承担宣传普及卫生知识、指导开展计划生育和爱国卫生工作的任务。

二级网由区级医院、专科防治所、保健所、企业职工医院构成，是三级医疗预防保健网中承上启下的重要枢纽。各区、县医院在当地开展医疗工作，同时在业务上指导街道卫生院及其他初级卫生机构。

三级网由省市级综合医院、大企业医院、医学院校附属医院等构成，是城市医疗技术的中心和培训基地。其主要职责是，负责所辖区域内疑难病症的诊治，承担临床、教学和科研任务，指导下级卫生医疗机构开展业务工作。

因此，城市社区预防的内容十分丰富。目前，社区预防工作主要包括以下七方面的内容：(1) 广泛深入地开展卫生宣传；(2) 开展计划免疫，按规定程序实施免疫预防接种；(3) 认真执行疫情报告制度，做好疾病监测工作；(4) 积极开展防疫保健工作和爱国卫生运动；(5) 结合自身业务，协助卫生执法部门实施卫生监督、监测；(6) 开展社区居民健康检查和社区居民健康状况评价；(7) 积极控制社区不良行为因素和不良生活方式。

2. 社区预防的工作重点

社区是疾病预防工作的基层单位，社区卫生服务人员在预防和控制各种疾病、保障社区居民健康、增强社区居民体质方面肩负着重任。因此，社区预防工作的重点是疫情报告、预防接种和计划免疫、疾病监测。

(1) 疫情报告。疫情报告为传染病管理系统提供重要的信息，也是制定传染病防治措施的依据。迅速、全面、准确的疫情报告有利于防疫部门及时掌握疫情，采取相应的措施，有利于消灭或控制传染病的流行。社区卫生服务人员应按照《中华人民共和国传染病防治法》的有关规定报告疫情。

(2) 预防接种和计划免疫。预防接种又称人工接种，是传染病预防的最有效措施。预防接种有助于使人体产生特异性免疫力，有利于提高人群的免疫水平，有利于阻断传染病传播。

计划免疫是指根据传染病的疫情监测和人群免疫水平，按照科学的免疫程序，有计划地利用疫苗进行预防接种，以提高人群的免疫水平，控制乃至消灭相应传染病的预防措施。计划免疫是根据“2000年人人享有卫生保健”的全球战略目标要求而制定的，其计划性强，接种对象明确，同预防接种相比，具有投资少、收效大的优点。根据我国计划免疫工作的要求，婴儿在12个月内完成基础免疫，并在适当的时候进行加强免疫。

（3）疾病监测。作为预防和控制疾病的重要组成部分，疾病监测是指长期、系统地观察某种疾病的发生和传播，调查其各方面的影响因素，确定其变动趋势和分布动态，及时采取防治对策和措施，并对防治效果和经济效益作出评价，以达到控制和消灭疾病的目的。

5.2.2 社区医疗

社区医疗是全科医生在全科医学理论的指导下，运用相应的中西医技术，为社区居民提供的基本医疗服务。同传统的基层医疗服务相比，社区医疗的最大特点是：以社区为范围、以家庭为单位，提供连续的和人性化的医疗服务。社区医疗是现代医学模式的具体体现。[①]

1. 社区医疗的内容

根据有关文件的规定和我国开展社区卫生服务的实践，社区医疗的主要内容包括以下五个方面：

（1）开展常见病、多发病、诊断明确的慢性病的治疗，并根据患者的病情需要，及时做好转诊、会诊等协调性服务。

（2）为社区居民建立档案资料，及时掌握居民及家庭的健康背景资料。以签订家庭卫生服务合同等形式，开展家庭健康咨询、家庭保健，指导慢性病患者康复。

（3）提供急诊服务和院前现场抢救。

（4）提供家庭出诊、家庭护理、家庭病床等家庭卫生服务。

（5）开展缓和医疗，为临终患者及其家属提供周到的、人性化的服务。

2. 社区医疗的工作重点

《关于城镇医药卫生体制改革的指导意见》明确提出：社区卫生服务组织主要从事预防、保健、健康教育、计划生育和常见病、多发病、诊断明确的慢性病的治疗和康复。因此，慢性病防治、地方病防治和职业病防治是社区医疗工作的重点。

（1）慢性病防治。慢性病防治是全球性医学难题之一。在我国，随着社会经济的发展和人民生活水平的提高，心脑血管疾病、肿瘤、糖尿病等慢性非传染性疾病已成为严重的公共卫生问题，严重影响着人民的健康和生活质量。加强慢性病的防治已经成为我国疾病控制的重要任务。

非传染性慢性病的发病因素复杂、潜伏期长、病程长，目前尚缺乏有效的临床治疗手段。世界卫生组织认为，慢性病的快速增加同人口老龄化、不健康的生活方式和行为以及恶化的环境密切相关，所以，应该以宏观的视野，从人们生活、工作的大环境出发，制定及时的、创造性的、全面的政策和综合治理措施。

（2）地方病防治。在特定自然条件和社会因素作用下流行的区域性疾病，统称地方病。我国地方病的病种多，病情复杂，被纳入重点防治、限期控制范围的地方病有鼠疫、血吸虫病、布鲁氏菌病、克山病、大骨节病、碘缺乏病、地方性氟中毒。这些疾病的共同特点是病情重、危害大。

---

① 参见赵志强：《社区卫生与医疗》，33～40页。

宣传卫生知识，提高群众的健康意识，是防治地方病的有效措施。社区卫生服务人员要在社区内大力开展宣传工作，使人们了解地方病的危害、发病原因、流行特点、主要症状和防治方法；要鼓励人们积极落实各项综合治理措施，增进健康行为，如搞好环境卫生、改变不良的生活习惯和行为、锻炼身体、保持乐观心理。

（3）职业病防治。职业病是指劳动者在劳动及其他职业活动中，接触职业性有害因素引起的疾病。最常见的职业病有尘肺、职业中毒、职业性皮肤病。

尘肺是因为长期吸入一定量的生产性粉尘而引起的肺组织纤维化的疾病。对于尘肺病，目前尚无满意的疗法，因而，做好防尘和降尘工作，使作业环境空气中的粉尘浓度符合生产环境空气粉尘卫生标准的要求，是根本的预防办法。

职业中毒发生在接触生产性毒物的人员中，最常见的有铅、汞、锰、苯、有机磷农药、一氧化碳、三硝基甲苯、砷、磷等中毒。中毒者一般有头疼、头晕、乏力、睡眠障碍、食欲减退等神经衰弱症状。不管是急性中毒还是慢性中毒，都会危害人体的健康，甚至造成死亡，必须注意防治。

职业性皮肤病是指在工业、农业及其他劳动过程中因职业性有害因素引起的皮肤及皮肤附属器官的疾病。该病的发生同劳动生产条件、防护措施、年龄、性别、个人卫生状况、遗传等因素有关；此外，该病可能发生于各种行业，发病率较高，严重者会影响工作和生产，必须注意防治。

5.2.3 社区保健

社区保健是社区卫生服务中心（站）协同有关机构，根据社区人群的文化和社会特点以及存在的卫生问题和健康需求，制定和实施社区保健计划，并进行检查和评估的过程。社区保健属于基本卫生保健。社区卫生服务人员要以各种方式宣传卫生保健知识，使居民养成健康的生活方式。

1. 社区保健的内容

简言之，社区保健包括增进健康、预防疾病、治疗伤病和康复服务等方面的内容。具体地说，社区保健的内容包括以下八项：

（1）针对主要卫生问题，传授预防和控制的方法；

（2）增进必要的营养，供应充足的安全饮用水；

（3）提供清洁的卫生环境；

（4）开展妇幼保健工作，包括计划生育；

（5）实施免疫接种，预防传染病；

（6）预防和控制地方病；

（7）医治常见病和创伤；

（8）供应基本药物。

2. 社区保健的工作重点

社区保健的工作重点是社区内的弱势群体，而儿童、妇女和老年人则是社区内的弱势群体。因此，社区保健的工作重点是儿童保健、妇女保健和老年保健。

（1）儿童保健。儿童是未来的希望。儿童的生存、保护和发展是提高人口素质的基础，是人类未来发展的先决条件。儿童的生长发育过程分为新生儿期、婴儿期、幼儿期和学龄前期，是人一生中体格、智力各方面生长发育最快的阶段。儿童保健的主要任务就是根据儿童不同时期生长发育的特点和保健要求，对儿童进行系统的、必要的保健指导，促进儿童健康成长。

儿童保健的主要工作是：根据儿童的生长发育特点和健康状况，采取有效措施，增强儿童体质，降低新生儿、婴幼儿的死亡率；积极防治儿童常见病、多发病，调查发病因素，制定社区防治措施；推广科学育儿，提倡母乳喂养，普及儿童保健知识；协调卫生防疫部门做好计划免疫工作，预防儿童传染病。

（2）妇女保健。妇女的健康直接关系到子孙后代的健康，直接影响社会的发展、民族的昌盛和国家的繁荣，因此，需要给予妇女特殊的保护。社区妇女保健的主要工作是：积极防治妇女常见病、多发病以及危害妇女身心健康的其他疾病；开展计划生育技术指导，推广以避孕为主的综合节育方法，降低人工流产和引产率；开展优生优育工作，做好婚前检查、围产保健、产前诊断、优生和遗传疾病咨询、出生缺陷的监测工作，预防和减少先天性、遗传性疾病；宣传妇女保健知识，做好妇女经期、孕期、产期、哺乳期和更年期的卫生保健。

（3）老年保健。老年人是社会的重要组成部分，不断满足广大老年人日益增长的物质文化需要，解决老年人的实际困难，是社会义不容辞的责任。社区老年保健的主要工作是：积极开展老年人常见病、多发病的防治工作，寻找影响老年人健康的各种因素，并提出相应的改善措施；建立和健全社区老年人的健康咨询系统，积极开展老年人健康咨询服务，预防和消除日常生活中的一些老年性疾病的诱发因素；定期为老年人举办各种形式的健康教育活动，传播一些基本的医学知识、疾病康复知识、饮食调节与营养搭配知识、环境卫生与心理卫生保护知识、老年患者用药知识、自我保健和运动知识。

5.2.4 社区康复

社区康复是社区服务卫生中心（站）充分利用社区资源，应用各种有效措施，为康复对象提供有效、可行、经济、全面的康复服务，使他们能够重返社会的过程。由于康复对象有身体、语言、心理、精神、家庭、教育、职业、社会等多方面障碍，要达到康复的目的，必须综合应用不同的康复手段，包括医学康复、社会康复、教育康复和职业康复。自世界卫生组织 1976 年倡导以来，社区康复得到众多国家和地区的采纳。

1. 社区康复的对象

社区康复主要以残疾人、老年人和慢性病人为服务对象。

（1）残疾人。残疾是身体的一种显著障碍，常见的残疾有肢体残疾（如各种瘫痪、肢体畸形、比较严重的关节炎）、视力残疾（如盲、视力低下）、听力残疾（如聋、重听）、言语残疾（哑、失语）、智力残疾（弱智、痴呆）、精神残疾（如精神病）、心肺残疾（如严重的心脏病、肺气肿）。残疾人是指具有上述一种或多种残疾的人。由于在生理上、心理上存在显著的功能障碍，残疾人丧失了全部或部分独立生活、学习、工作和社交的能力。

（2）老年人。由于年龄的增长，老年人的内脏、骨关节、肌肉等器官组织呈现老化现象，因而容易出现不同程度的功能障碍。

（3）慢性病人。慢性病人长期处于一种迁延性的病理状态，身体各系统生理功能受到不同程度的影响和限制。与此同时，疾病和环境都可造成患者的心理创伤，进而导致心理障碍。

2. 社区康复的内容

社区康复的内容包括残疾预防、残疾普查、康复训练、教育康复、职业康复、社会康复和独立生活指导。

残疾预防是指依靠社区的力量，落实有关残疾预防的措施，如给儿童服食预防小儿麻痹症的糖丸；搞好优生优育和妇幼保健工作；开展环境卫生、营养卫生、精神卫生、保健咨询、安全防护、卫生宣传教育等工作。这些工作一般都要结合卫生院、社区医院的初级卫生保健工作进行。

残疾普查是指依靠社区的力量在本社区范围内调查、登记残疾人员及其分布状况，并对残疾人总数、残疾分类、残疾原因等进行统计分析，为制定残疾预防和康复计划提供资料。

康复训练是指依靠社区的力量，在家庭或社区康复站，对康复对象进行必要的、可行的功能训练，如生活自理训练、步行训练、家务活动训练、儿童游戏活动训练、简单的语言沟通训练、心理辅导等。这是社区康复工作最基本的内容。

教育康复是指依靠社区的力量，在康复医学的指导下，对康复对象进行道德教育、文化教育、职业技术教育和普通教育，对智力、视力、听力及语言障碍者进行特殊教育，为康复对象参与社会生活、适应社会需要创造条件，如帮助残疾儿童解决上学问题、举办社区残疾儿童特殊教育学习班。

职业康复是指依靠社区的力量，对社区内还有一定劳动能力的、有就业潜力的青壮年残疾人，提供就业咨询或辅导，或介绍到区、县、市的职业辅导和培训中心，进行就业前的评价和训练，指导或帮助他们就业。

社会康复是指依靠社区的力量，组织残疾人与非残疾人共同开展文体活动和社会活动，或组织残疾人团体开展文体活动；帮助残疾人解决医疗、住房、交通、参加社会生活等方面的困难和问题；教育社区居民（包括残疾人及其家属）正确对待残疾人，为残疾人重返社会创造条件。

独立生活指导是指依靠社区的力量，协助社区内残疾人组织起“独立生活互助中心”，提供有关残疾人独立生活的咨询和服务，如有关残疾人权益的咨询和维护，有关残疾人用品、用具的购置和维修服务，独立生活技能的咨询和指导等。

3. 社区康复的工作重点

社区康复的工作重点是，在运用医学手段消除或减轻康复对象功能障碍的基础上，协调社会各种力量，帮助康复对象实施教育康复、职业康复和社会康复；同时，通过开展疾病预防，减少残疾和其他功能障碍的发生。

5.2.5　社区健康教育

社区健康教育是以社区为范围、以居民为对象，运用健康教育的理论和方法，普及医药科学知识，提高社区居民的健康意识和自我保健能力的过程。社区健康教育是社区卫生服务的灵魂，是初级卫生保健的首要任务，其根本目的是，通过有组织、有计划、有系统的社会活动和教育活动，促使人们自觉采纳有益于健康的行为和生活方式，消除或减轻影响健康的危害因素，预防疾病，促进健康，提高生活质量。

1. 社区健康教育的内容

社区健康教育的内容十分广泛，这取决于社区健康教育的对象和健康的概念。党中央、国务院联合颁发的《关于卫生改革与发展的决定》指出："健康教育是公民素质教育的重要内容，要十分重视健康教育，提高广大人民群众的健康意识和自我保健能力，积极推进'九亿农民健康教育行动'"；"要普及医药科学知识，教育和引导人民群众破除迷信，摒弃陋习，积极参加全民健身活动，促进合理营养，养成良好的卫生习惯和文明的生活方式，培养健康的心理素质"。这是我国对健康教育的性质、基本内容和最终目标的概括。从开展社区卫生服务的实践来看，社区健康教育主要包括以下七个方面的内容①：

（1）向社区居民宣传、普及医药卫生知识，如传染病与慢性病的防治知识、心理卫生知识、康复医学知识等。

（2）向社区居民宣传、讲解国家的有关卫生法规和政策。

（3）对育龄夫妇进行计划生育、优生优育和妇女卫生教育。

（4）为社区居民介绍食品卫生与合理的膳食知识。

（5）向社区居民宣传良好的行为方式和生活习惯。

（6）开展健康咨询活动，逐步转变社区居民"没病就是健康"的传统观念。

（7）实施家庭护理指导，提高社区居民的自我服务能力。

2. 社区健康教育的方法

社区健康教育的方法是实现社区健康教育的手段。在长期的实践中，社区卫生服务工作者研究和总结了许多行之有效的方法，这些方法包括语言教育法、文字教育法、形象教育法和现代技术教育法。

（1）语言教育法。语言教育法又称口头教育法，包括个别教育、小型座谈、专题讲座等。

个别教育是指针对单个对象或单个对象的问题进行的教育，具有随时随地、简便易行、针对性强、反馈及时等特点，所以不受对象、场地和时间的限制，效果也比较好。当然，进行个别教育既需要选择一个安静的环境，又需要运用一定的语言技巧。

小型座谈是针对小部分人进行的健康教育活动。健康问题座谈会一般以10～20人为宜，而且，座谈会的座次安排应选择平等性座次为宜，这有助于形成一个平等的氛围，有助于与会者视线的接触，有助于他们的充分交流。同时，座谈会的时间长短也要适宜。

专题讲座是针对较有普遍意义的某个健康问题进行的健康教育活动，其特点是专业性强、针对性强、目的明确、内容突出。一次成功的讲座除了要求内容针对性强和中心突出外，还特别要求主讲人巧妙地设计开场白和结束语、熟练运用沟通技巧、善于应变。

（2）文字教育法。文字教育法是通过人的视觉器官产生作用的，属于视觉教育。常见

---

① 参见赵志强：《社区卫生与医疗》，62～63页。

的文字教育法有标语、小册子和墙报。

标语是一种形式简便、语言精练、号召力较强的宣传教育方式，对创造环境气氛和制造舆论有突出的作用。健康教育标语的内容首先要简明扼要，直截了当；其次，健康教育标语的观点要鲜明，富有感召力；再次，健康教育标语要注意词句的选择。

健康教育小册子是各种装订成册的健康教育文字材料。它集中成册，内容系统，知识丰富，图文并茂，通俗易懂，便于携带，深受社区居民的欢迎。健康教育小册子的内容与形式一定要考虑到受教育者的接受能力。

健康教育墙报是一种以文字为主、图文并茂的宣传教育形式，包括板报、壁报、宣传橱窗等。健康教育墙报的内容要注重理论联系实际，要突出中心内容，要通俗易懂、深入浅出、生动有趣。

(3) 形象教育法。在健康教育中，常见的形象教育主要是运用图画、照片、标本、模型、示范、演示等进行教育。

图画和照片通过直观、真实的形象，吸引人们的注意，在美的享受中潜意识地领悟健康知识中的道理，有时还会使人产生身临其境的感觉。

标本和模型因其保持或近似事物的原样，将动植物的完整形体及其器官的形状和构造真实地展示在人们面前，具有印象深刻、直观性强、可信度高的特点。

示范和演示在社区健康教育中也对传播健康知识，尤其是传授技能起着重要作用，其特点是可以直接把健康知识的理论与实际操作结合起来，比较直观有趣。

(4) 现代技术教育法。现代技术教育法主要包括广播、幻灯片和电视。广播是健康教育的重要形式，也是比较受欢迎的一种形式，它可以通过讲座、对话、录音报道、广播小品、配乐广播等形式来进行健康宣传。

5.2.6 社区计划生育技术服务

社区计划生育技术服务是社区卫生服务中心（站）向社区居民宣传生育知识，开展遗传咨询，提供婚前检查、产前检查，传授节育方法以及相应医疗服务的过程。计划生育是我国的基本国策，社区计划生育技术服务要坚持“三不变”，实现“三为主”。“三不变”是指现行生育政策不变，既定人口控制目标不变，各党政一把手亲自抓不变。“三为主”是指计划生育以宣传教育为主，避孕为主，经常性工作为主。只有这样，才能达到控制人口增长、提高人口素质、改善人口结构、促进人口与经济社会协调发展和实现可持续发展的目标。

1. 社区计划生育技术服务的内容

社区计划生育技术服务主要包括以下几方面的内容[①]：

(1) 向群众宣传避孕节育知识、优生优育知识和妇幼保健知识，开展遗传咨询，解答群众提出的有关问题。

(2) 为准备结婚的未婚男女进行婚前检查，发现有不适合结婚的人，应向其说明情况。

---

① 参见赵志强：《社区卫生与医疗》，66～69页。

（3）为怀孕妇女进行产前检查，并给予饮食、用药、劳动等方面的指导。

（4）向育龄夫妇实行上环、取环、输卵（精）管结扎、人工流产手术服务，并坚持手术后回访。

（5）向育龄夫妇宣传讲解各种避孕药具的使用方法和使用对象，帮助他们选择安全有效的避孕措施。

（6）为育龄妇女进行计划外怀孕检查，如发现计划外怀孕者，应及早采取补救措施。

（7）为育龄妇女和幼儿提供健康体检。

（8）为不孕症夫妇提供治疗信息，或提供转诊服务。

（9）治疗节育手术并发症和后遗症。

（10）减少妇女更年期综合征的影响，防治抑郁症、骨质疏松症等。

2. 计划生育技术服务的基本原则

计划生育技术服务必须坚持一些基本原则，这些原则包括“安全第一”“以避孕为主”“国家指导与居民自愿相结合”。

（1）安全第一。社区卫生服务是以健康为中心的基本卫生服务，这就要求社区计划生育技术服务必须保证安全，把安全放在第一位。没有安全保障，就没有健康可言。要提高计划生育技术服务的质量和节育手术水平，做到质量第一、安全第一，确保手术者的安全。

（2）以避孕为主。节育措施可分为避孕措施和中断妊娠措施两种。避孕措施是采用技术手段，以阻止精卵相遇、孕卵发育和受精卵着床，达到避孕目的。中断妊娠是避孕失败的补救措施，不仅给育龄妇女带来一些痛苦和麻烦，也增加了计划生育的难度和工作量。因此，在两种节育措施的选择中，必须坚持以避孕为主的原则，一定要适时动员和指导没有计划生育的育龄夫妇落实避孕措施，最大限度地降低计划外怀孕率。

（3）国家指导与居民自愿相结合。国家指导主要是指政策指导。国家通过制定和推行计划生育工作政策，如免费供应避孕药具政策、节育技术服务政策、推广综合节育措施政策，保证计划生育工作沿着正确方向发展。居民自愿体现在居民有接受和实行计划生育的自觉性，能够认真负责地选择适合自身情况的节育措施。

国家指导与居民自愿之间有着密切的、相互依存的关系。国家指导必须通过居民的自愿来实现，居民自愿则是在国家指导下的自愿，而不是放任自流。

北京一家社区卫生站的生存纪实

10月的北京，云淡风轻。老城区某社区站里，一位老人正在输液，年轻的护士陪坐一旁，闲闲地聊着。

当得知《中国经济周刊》要采访社区站的工作后，刚才还在一旁埋头工作的刘华（化名）站长情绪马上激动起来：“社区站的工作简直没法干，号称是福利性事业，但实际上做的是市场经济；既要经济效益，又要社会效益，可上面又不支持。这活太累了，好几次我都不想干了。可是要混吧，患者对我们又这么信任，良心上实在过不去。”

“原来办公地点的地段好，就诊人次多，但我们付不起房租。没办法，为了降低成本，只好租了现在的房子。”刘华站长介绍说。

至于外出出诊的交通工具，就是站里的公共财产——自行车，仅有的一辆自行车已经骑到散架。

“患者到医院去，有五六个部门共同提供服务，而我们这里总共才五六个人，根本忙不过来，护士还兼着药房的事。”

“不过值得欣慰的是，我们的努力赢得了居民的信任，就医人次逐渐增多，”刘华站长介绍说，“一些患者本来在大医院看病，只是到社区站来输液，但看我们服务好，就转到我们这里了。如到大医院就医，通常仅排队就要大半天，而等到就诊时，一些不负责任的医生三两句话就把患者打发了。不像我们这里，要仔仔细细地将病情解释给患者。”

但对于刘华站长来说，市场化的大环境对他也不是一点诱惑也没有。“我一个朋友也在做社区站，仅拔牙、按摩两项，就占站里一个月收入的一半以上。而我们从事的都是一些服务性项目，如查一次血糖才挣两毛钱，输液一次挣一块多。朋友笑我，你老是输液打针，才能挣几个钱？可社区的老百姓需要这些服务，我们不能不干啊。”

据刘华站长介绍，北京市好多社区站都实行人员外聘制度，包括外地的退休医生，但也有一些社区站是直接承包给外人经营。“他们瞎开、乱开药，怎么挣钱怎么来，有的药方和药都不符……社区站可以赚钱，但不能变相成了卖药的！”刘华站长批评说。

刘华站长和同事的努力赢得了居民的信任，换来了社区站第一年数十万元的效益，但也因此招来了让他们气愤的事。

“原来医院（即社区卫生服务中心）不看好我们社区站，给我们规定的提成比例较高，差不多有50%。但后来看我们效益好，便开始心理不平衡，把提成往下降，且不断地降，一直降到现在的不到15%。”刘华站长说。

刘华站长的不满还来自社区站之间的对比。“好多社区站的人员整天闲坐着不干活，冷冷清清的，没人去看病，他们一个月的奖金为零；我们拼死拼活地干，一个月奖金也就一二百元。你说有什么意思？”刘华站长为此与医院多次理论，但至今没有结果。

“平时搞预防传染病讲座，医院的传染科不管，让社区站负责，一个月一次。而居委会又不配合，每次我们去社区讲课，还要买些水果什么的，给居委会送礼，否则人家不给组织。”刘华站长继续倒苦水。

（应采访对象要求，隐去社区站及其工作人员真实姓名。）

资料来源：张伟：《北京：一家社区卫生站的生存纪实》，载《中国经济周刊》，2005（43）。

5.3 社区卫生服务的组织形式与工作方法

5.3.1 社区卫生服务的组织形式

社区卫生服务是政府领导下的基层卫生服务。1999 年卫生部等十部委局联合印发的《关于发展城市社区卫生服务的若干意见》明确指出：加强政府对社区卫生服务的领导，健全社区卫生服务体系，加强社区卫生服务的规范化管理，完善社区卫生服务的配套政策，不仅是发展社区卫生服务的根本保障，也是社区卫生服务的组织形式。

1. 加强政府对社区卫生服务的领导

社区卫生服务是政府实行一定福利政策的社会公益事业的具体体现，积极推进社区卫生服务是政府的重要责任，各级政府要切实加强对社区卫生服务的领导。

要把积极推进社区卫生服务列入政府的工作目标，纳入当地经济与社会发展总体规划和城市社区两个文明建设规划，作为社区建设和社区发展的一项重要内容予以统筹规划、组织实施。

各级政府要成立社区卫生服务协调组织，卫生、计划、财政、物价、劳动和社会保障、民政、人事、教育、建设、计划生育、中医药等有关部门，要按照各自的职能完善有关配套政策与措施，为社区卫生服务工作提供良好的环境，及时协调解决社区卫生服务工作中所遇到的各种具体问题和困难。

街道办事处作为政府派出机构，对推进社区卫生服务、提高本社区全体居民健康水平负有重要责任，要积极协调辖区内各方力量，在卫生行政部门指导下，支持和帮助社区卫生服务机构解决必需的业务用房和工作中遇到的困难，切实支持发展社区卫生服务。

2. 健全社区卫生服务体系

社区卫生服务是城市卫生服务体系的基础。要在区域卫生规划指导下，充分发挥现有基层卫生机构作用，引入竞争机制，统一规划社区卫生服务机构，逐步建立健全结构适宜、功能完善、规模适度、布局合理、有效经济的社区卫生服务体系，使社区居民都能够拥有自己的全科医师。

健全社区卫生服务体系要依托现有基层卫生机构，形成以社区卫生服务中心、社区卫生服务站为主体，其他医疗卫生机构为补充，以上级卫生机构为指导，与上级医疗机构实行双向转诊，条块结合，以块为主，使各项基本卫生服务逐步融合到基层卫生服务网络中。

社区卫生服务中心和社区卫生服务站的设置，应当以当地规划和群众需求为根据。社区卫生服务中心一般根据街道办事处所辖范围设置，可由基层医院（卫生院）或其他基层医疗卫生机构改造而成。社区卫生服务中心服务区域过大的，可下设适量的社区卫生服务站。上级医院及疾病控制中心（卫生防疫站）、妇幼保健院、健康教育所等预防保健机构，要在当地卫生行政部门领导下，加强统一协调，发挥对社区卫生服务机构的指导作用。

3. 加强社区卫生服务的规范化管理

卫生行政部门是社区卫生服务的行业主管部门，负责业务上的组织、指导、监督和管理。发展社区卫生服务必须改善服务态度、保证服务质量、提高服务水平。

加强社区卫生服务的标准化、规范化、科学化管理，逐步建立健全社区卫生服务机构的基本标准、基本服务规范和管理办法，完善各种规章制度。加强社区卫生服务人员执业资格管理，规范服务行为，进行基础理论、基本知识、基本技能的培训与考核，竞争上岗，树立要求严格、组织严密和态度严谨的良好作风。要依法加强对社区卫生服务机构和执业行为的监督管理，逐步建立社区卫生服务的管理信息系统，完善社区卫生服务的计划、实施和评价的全程管理。

4. 完善社区卫生服务的配套政策

政府有关部门要认真研究，积极完善有关配套政策，支持发展社区卫生服务。

（1）发展计划部门要将社区卫生服务纳入区域卫生规划和社会发展总体规划，合理布局社区卫生服务机构。

（2）财政和卫生行政部门要调整卫生经费的支出结构，按社区卫生服务人口安排社区预防保健等公共卫生服务所需工作经费。

（3）劳动和社会保障部门要把符合要求的社区卫生服务机构作为职工基本医疗保险定点医疗机构，把符合基本医疗保险有关规定的社区卫生服务项目纳入基本医疗保险支付范围。

（4）物价部门要建立和完善社区卫生服务的价格体系。要规范社区卫生服务项目的名称、服务内容，合理制定社区卫生服务收费标准，促进社区卫生服务的发展。

（5）民政部门要将社区卫生服务作为指导各地进行社区建设和开展社区服务工作的重要内容，把支持开展社区卫生服务作为考核和表彰模范街道、居委会和社区卫生服务中心（站）的条件。

（6）人事行政部门要支持和指导卫生行政部门加强社区卫生服务专业技术人员和管理人员队伍建设。

（7）教育行政部门要支持和指导卫生行政部门建立以毕业后医学教育为核心的全科医学教育体系。

（8）建设行政部门在新建或改建城市居民居住区时，要把社区卫生服务设施纳入建设规划。

（9）计划生育行政部门在制定与落实人口计划、推行优质服务时，要积极支持城市社区卫生服务的发展；社区卫生服务机构应当根据基层计划生育工作的需要、居民的需求和自身条件，开展计划生育与生殖保健宣传教育和适宜的技术服务活动。

（10）各级政府和有关部门要解放思想、更新观念、抓住机遇、大胆探索、勇于实践，促进社区卫生服务工作健康发展。

5.3.2 社区卫生服务的工作方法

社区卫生服务工作的开展既需要一定的组织形式，也需要一定的工作方法，社区动员、社区诊断、社区计划便是其三大方法。①

---

① 参见赵志强：《社区卫生与医疗》，93～101页。

1. 社区动员

社区动员是一项社区居民广泛参与，并依靠自己的力量来实现特定社会发展目标的群众活动，是一个寻求社会改革与发展的过程。社区动员需要诸多条件，它离不开各级政府的重视和支持，离不开有关部门的合作，离不开社区居民的广泛参与，离不开非政府组织的参与，离不开医生与动员对象的有效互动。

各级政府的重视和支持是社区卫生服务顺利开展和持续发展的重要保证。因此，要通过多种方式和途径，向各级政府领导宣传社区卫生服务在保护人民健康和发展社会经济中的重要意义，争取使各级政府将发展社区卫生服务、改善人民健康和生活质量作为其职责列入议事日程。

社区卫生服务的宗旨是维护人的健康，而单靠卫生部门不能解决与健康有关的各种问题。因此，必须同工商、教育、民政、人事、建设、环保、财政、计划、传媒等部门加强合作，共同保障人民健康。

社区是促进健康的基本场所，社区卫生服务离不开社区居民的广泛参与。街道办事处和居委会是社区动员的重要力量，应积极协助社区卫生服务机构开展社区动员，使社区内的家庭及其成员积极参与，充分了解开展社区卫生服务的重要意义。

非政府组织（如妇联、共青团、老龄委、宗教团体、学会、协会、志愿组织等）在社会中发挥着重要作用，应通过各种形式发挥非政府组织在社区卫生服务中的作用。

社区动员成功与否在很大程度上取决于社区医生与动员对象是否建立了良好的人际关系。因此，社区医生应该学会人际交流技巧、传播艺术和公关技能。

2. 社区诊断

社区诊断是参照临床诊断思维，对社区居民的需要和需求进行调查研究，掌握有关信息，分析社区健康问题产生的原因，了解解决社区问题的资源，提供适应社区需要与需求的资料，制定社区卫生计划的过程。从这个定义中，我们可以看出，社区诊断的步骤是：确定需要的信息→收集信息→分析信息→作出诊断。

（1）确定需要的信息。不同的工作需要不同的信息。社区诊断需要的信息通常有背景信息、人口信息和卫生信息。其中，背景信息包括社区的地形、地貌、位置、自然资源、经济发展水平、风俗习惯、交通通信、政府机构、人民团体、学校、企业等状况；人口信息包括社区人口的性别构成、年龄构成、职业构成、教育构成、残疾人构成、人口流动、高危人群等状况；卫生信息包括卫生机构、人员、服务范围、服务对象、服务内容、各种疾病发病率、死亡率、就诊率、转诊率、参加医疗保险率、安全用水普及率、健康教育普及率、卫生经费占社区财政开支的比例等状况。

（2）收集信息。收集信息时，一方面要利用现存的资料，既包括各卫生局、卫生防疫站、医院、计划生育指导站、统计局等处的统计年报资料、疫苗接种资料、人流资料、出生死亡资料、发病率和患病率等，又包括有关健康检查、慢性病普查、医院病历记录、卫生监测记录；另一方面要通过访谈、问卷调查、专题讨论、民意调查等手段获取新的资料。需要指出的是，上述各种调查都要注意培训调查人员，规范调查行为，尽量减少资料的误差。

（3）分析信息。收集好信息之后，就要分析信息。分析信息常用统计学方法作比较分析、分布分析和发展分析。比较分析或以目标作比较（如安全用水普及率），或以平均水平作比较（如平均每人每年门诊次数），或以条件相似的社区作比较（如传染病发病率）。分布分析按时间、人群和地理划分，如社区高血压人群的分布。发展分析是从时间的维度对社区卫生服务现象进行分析，如历年婴儿死亡率的下降情况。此外，收集的信息大多是绝对数，往往要通过相对数、平均数等的计算来说明问题，这些经过处理的数字表现为各种指标，如出生率、死亡率、婴儿死亡率、孕产妇死亡率、期望寿命等。

（4）作出诊断。这是社区诊断的终极目的。社区诊断的要点包括：发现社区主要卫生问题；确定高危人群；估计社区卫生服务的可行性；制定社区干预措施。通常，社区诊断的结果应该形成社区诊断报告，以便向政府有关部门反映存在的卫生问题。报告的内容主要包括基本情况、调查的内容和方法、调查的结果和分析、发现的问题和原因、解决问题的方法和策略。报告的内容要有针对性，要突出重点；问题的描述尽可能具体化，并采用生动的实例和形象的图表；提出的建议和对策应具有可行性。

3. 社区计划

社区计划是在社区动员、社区诊断的基础上，针对社区存在的健康问题，根据社区卫生资源等条件，决定未来社区卫生服务工作的过程。社区卫生服务计划应当吸收社区领导、居民代表、群众团体代表、医务人员和有关专业部门（如环保、交通、物价、城建等）代表参加，这样做不仅有助于集思广益，也有助于同心协力实现计划。社区计划一般要经过以下步骤：

（1）明确现存的卫生问题。现存问题是从社区诊断结果或监测评价中发现的问题，如安全用水普及率低、卫生厕所少、就医距离远、高血压病人多等。明确现存问题后，就要确定优先解决哪些问题。确定优先解决的问题时，应考虑问题的重要性、问题牵涉范围的大小、性质的严重程度（如死亡和致残）。

（2）确定解决问题的目标。在明确了现存问题之后，还应明确要在多大程度上解决问题。到底是从根本上解决问题，还是缓解问题？必须作出选择。社区卫生服务的目标不能过高，也不能过低，它应该是经过努力后可以实现的目标。此外，目标还可以分解到每个部门、每个单位甚至每个成员，以便起到自我控制和激发潜能的作用。

（3）制定实现目标的策略。在明确了现存问题和解决问题的目标之后，应着手制定解决问题的策略。制定策略时，应从大局出发，着眼于未来，不要纠缠于细枝末节。分析社区卫生问题产生的原因，有助于制定解决问题的策略。社区卫生服务问题的原因多种多样，如资源短缺、地理位置偏僻、技术落后、人员不足、时间不够、文化习俗限制等。把这些原因按主次排列后，就能找出实现目标的策略。

（4）提出解决问题的办法。办法是落实策略的措施，它是可操作的，应比较详细。其内容应包括制定计划的理由（why）、具体工作（what）、实施计划的地点（where）、实施计划的时间（when）、实施计划的主体（who）以及实施计划的方法（how）。

（5）确定工作日程。在提出各种办法的基础上落实工作计划，要具体落实到日程安排，包括每项活动的具体内容、所需资源（人员、资金、设备、交通）、活动及其完成时间与进度等。如果分工负责，还要列出负责人、执行人和检查人。

药品“零利润”的银川社区卫生模式

政府全额拨款、药品“零利润”销售、“六统一”品牌经营——银川市社区卫生服务工作驶入了良性循环的“快车道”，遍布全市的39家社区卫生服务机构为居民守护着健康之门。2010年，银川市社区卫生服务机构由39家增加至78家，确保居民步行15分钟可以就近到达一个社区卫生服务机构。同时，银川市卫生局制定了《社区卫生服务机构基本用药目录》，确立了社区243种常用药，并通过招标方式选择2家公司对社区卫生机构药品进行集中配送。

“零利润”药品是受到关注最多的话题，在银川，当把社区药品的价格与药店进行对比之后，记者惊叹：“价格确实低!”6粒装左氧氟沙星片在药店要6元多钱，而同样的药在社区卫生服务站仅售1.7元，低廉的价格给居民带来了看得见的实惠。银川市卫生局在全国首开先河，对社区卫生机构药品实行集中议价采购，统一价格“零利润”销售，243种基本常用药品总体平均价格比医院降低了38.15%，比药店降低了5.52%，为了满足社区居民的需求，近期还将新增200多种药品。

为了有效减轻居民的医疗负担，银川市对社区卫生服务机构药品、耗材、二类疫苗进行集中议价采购，大幅度降低药品价格，实现“零利润”销售，二类疫苗价格平均降幅也达到32%，切断了社区卫生服务机构的药品利益驱动。2006年3月，完成“医保进社区”的全部工作，给参保居民在社区就医购药带来方便。与此同时，银川市以社区卫生服务机构为支撑，对近4万名城市低保人口开展贫困医疗救助。

社区卫生服务是解决“看病难、看病贵”问题的重要保障，银川市将其作为卫生事业的重点领域优先发展，把社区卫生服务网络纳入新型城市卫生服务体系进行规划建设，确定社区卫生服务机构的公益性地位，由政府举办为主导，加大对社区卫生的投入，对市属医院设立的社区卫生服务机构实行全额预算拨款，统一补助政策和工资发放项目；政府对社区卫生服务机构的公共卫生服务按项目进行购买，确保计划免疫、妇幼保健、慢性病管理、家庭健康管理等公共卫生服务落到实处。2005年，政府投入社区卫生服务的费用达453.8万元。

从2006年1月起，银川市在原来400万门诊和预防保健救助费的基础上，每年再增加200万元救助资金，为全市三区低保人口提供住院救助服务。银川市政府将原大病救助资金与中英城市社区卫生服务和贫困救助中住院救助项目资金整合，出台了新的住院救助实施方案，此方案可以基本解决所有需要住院的低保人口的部分治疗费用。

在社区卫生服务的发展过程中，银川市赋予了社区卫生服务机构丰富的文化内涵，委托专业部门策划设计了“银川市社区卫生品牌运营系统”，通过实现标识、形象、功能、理念、模式、价格的“六统一”，建立起银川市社区卫生服务的品牌和文化，吸引居民到社区卫生服务机构寻求、接受服务，使社区卫生这个品牌逐步深入社区、深入人心。2005年12月，银川市兴庆区被评为国家级社区卫生服务示范区。

资料来源：昆仑：《药品“零利润”的银川社区卫生模式》，载《中国社区医师》，2006（6）。

本章小结

1. 社区卫生服务起源于18世纪的全科医疗。1978年，世界卫生组织要求世界各国大力发展社区卫生服务，这极大地促进了社区卫生服务在世界范围内的发展。我国的社区卫生服务在20世纪五六十年代第一次卫生革命时期便开始起步，但直到20世纪90年代中期为止，仍没有获得大的发展。

2. 社区卫生服务是社区建设的重要组成部分，是在政府领导、社区参与、上级卫生机构指导下，以基层卫生机构为主体、全科医师为骨干，合理使用社区资源和适宜技术，以人的健康为中心、以家庭为单位、以社区为范围、以需求为导向，以妇女、儿童、老年人、慢性病人、残疾人等为重点，以解决社区主要卫生问题、满足基本卫生服务需求为目的，融预防、医疗、保健、康复、健康教育、计划生育技术服务等于一体的，有效、经济、方便、综合、连续的基层卫生服务。

3. 社区卫生服务是政府领导下的基层卫生服务。加强政府对社区卫生服务的领导，健全社区卫生服务体系，加强社区卫生服务的规范化管理，完善社区卫生服务的配套政策，不仅是发展社区卫生服务的根本保障，也是社区卫生服务的组织形式。

4. 社区卫生服务工作的开展不仅需要一定的组织形式，也需要一定的工作方法。社区动员、社区诊断、社区计划即是其中的三大方法。

关键术语

社区卫生　社区卫生服务　全科医疗　全科医生（师）　社区预防　社区医疗　社区保健　社区健康教育　计划生育技术服务　社区动员　社区诊断　社区计划

复习思考题

1. 我国的社区卫生服务是怎样兴起的?
2. 我国社区卫生服务的基本内容有哪些?
3. 在你看来，如何才能有效地开展社区卫生服务?

阅读材料

英国的社区卫生服务[①]

英国社区卫生服务已有100多年的历史。19世纪40年代，霍乱在英国流行，医院专

① 参见郭清主编：《社区卫生服务理论与实践》，279～284页，广州，暨南大学出版社，2000。笔者在收录入本书时，不仅对文章的结构作了调整，也删减了部分内容。

科医生和单纯的医疗手段无法解决这一问题，在这种背景下，政府制定了相关的卫生法规，以保证社区居民的健康，这是社区防治的雏形。20世纪30年代，工业的发展和科学的进步带动了社区医学迅速发展，英国正式确立了社区保健。进入20世纪70年代后，社区医学日臻成熟和完善，成为集预防医学、行为医学、医学心理学、医学社会学、卫生统计学和流行病学为一体的综合学科，建立了服务体系和工作规范，并制定了相应的法规。近年来，英国对社区医学继续调整，逐步走向以人的健康为中心，提供综合、全面服务的社区卫生服务模式。

一、英国社区卫生服务的特点

1. 组织健全，体制完善

英国社区卫生服务体系是其国家卫生事业的重要组成部分，发挥着越来越重要的作用，各级政府对此给予了高度重视。英国卫生部有两个重要职能：一是承担卫生行政管理工作；二是组成国家卫生服务董事会，负责医疗保险和医疗保健业务。目前，已形成社区卫生行政部门支持和协调下的医疗机构与社区卫生服务中心，在社区诊断上专科医生、全科医生与社区志愿者既分工又合作。如伦敦西北区共有居民75万人，有4家专科医院，负责接受全科医生转来的疑难与危重患者的住院诊治和产妇的住院分娩；全区有2个精神卫生（心理咨询）中心，2个社区卫生服务中心，40个社区诊所（全科医生的工作场所）。全科医生在卫生行政部门的组织领导下和社区卫生服务中心的业务指导下，具体承担社区的医疗、卫生、保健任务。

2. 人才齐备，训练有素

英国培训了一大批高质量的全科医生和全科护士。全国有3.7万名全科医生，每位医生服务居民约2 000人。从事社区卫生服务的全科医生必须在大学本科毕业后经过5年临床实践，再通过3年专门训练并通过执业考试方能得到全科医生的执业资格；成为全科医生后，每年还要到医院工作和学习，不断提高业务水平。

3. 经费充足，合理投入

英国将发展社区卫生服务纳入各级政府的总体规划、年度计划中，在资金方面提供了充足的保证。据报道，1996年英国医疗保健经费近400亿英镑，人均达700英镑。随着社区卫生服务的日益发展和完善，广大居民可以在社区内得到良好的医疗保健服务。同时，政府认为这是一项投入少、产出多的工作，因而在经费投入结构上进行了较大的调整，逐渐倾向于社区保健。据统计，对医院的投入比例已由1992年的75%降至60%，而用于社区卫生服务的比例则由1992年的25%上升到40%。充足的卫生经费与合理的投向保证了英国社区卫生服务事业的不断发展。

4. 内容丰富，服务到位

英国社区卫生服务以健康为中心，提供全面综合的服务，几乎满足了居民对医疗保健的全部需求。其一是全员服务，凡是辖区内的居民——从刚出生的孩子到老年人，都能得到服务，其中，以妇女、儿童、残疾人和老年人为服务重点；其二是综合服务，内容包括医疗、预防、保健、康复以及健康教育和咨询；其三是全程服务，对患病的居民先由全科医生诊治，疑难病症由全科医生联系医院转诊，出院后的康复及家庭治疗由全科医生全程负责。儿童保健是社区卫生服务中心的重要组成部分，包括计划免疫、体格发育检查、个人发育跟踪、学校健康教育等。社区内均建有完整的卫生服务档案。儿童出生时开始建立儿童保健卡册，一直到18岁，包括健康检查、预防接种、疾病治疗、入园入学等记录。

二、英国社区卫生服务的内容

社区保健是由全科医生、社区护士和社区工作者等组成的保健小组在社区进行的卫生服务，是国家卫生服务的具体体现。英国社区保健分为全科医疗服务和社区护理照顾两部分。

1. 全科医疗服务

全科医疗服务是由全科医生开展的一种以门诊为主要形式的医疗卫生服务，主要内容有常见病的治疗与诊断、康复工作和辅助性工作。

常见病的治疗与诊断是全科医生的主要工作。病种主要包括感冒、皮肤病、胃肠功能失调、精神异常、高血压、冠心病等。

康复工作是全科医疗服务的重要内容。一般医院只对患者做必要的处理，患者回到社区后的康复治疗由全科医生负责。

辅助性工作主要包括精神病防治、老年保健、妇幼保健、围产期检查等服务。

2. 社区护理照顾

社区护理照顾主要是在全科医生指导下由社区护士进行，内容包括家庭保健、妇幼保健、老年保健等。

(1) 家庭保健。英国对患者的住院时间有严格的控制，一般在医院只进行必要的治疗，回家后进行家庭保健，直至康复。一般家庭保健治疗方案由全科医生制定，具体工作由护士完成，如换药、注射、给药及其他护理工作。每个护士负责3 000～7 000个居民的家庭保健工作。

(2) 妇幼保健。英国没有全国性的妇幼保健系统。妇幼保健工作被放在了医院和社区保健领域，主要由社区卫生服务人员承担。妇女围产期保健多由全科医生负责，95%的孕妇在医院分娩，婴儿出生后由儿科医生进行全面的、系统的检查，并建立档案。之后，每年由社区医生、社区护士定期进行健康体检，发现问题及时解决。

(3) 老年保健。在英国，老年问题是严重的社会问题，政府非常重视。社区医生定期对65岁以上的老人进行健康生活指导，发现问题及时报告给全科医生，并对其各种有益身心的兴趣爱好加以培养，以促进身心健康并减少疾病发生。社区医生对老年患者根据不同情况进行不同处理，一般病例在社区医院治疗，能不住院的就在社区或家中接受卫生服务，孤寡老人卧床不起的由社区服务部门派专职人员照顾生活。

三、英国社区卫生服务的人员状况

英国社区卫生服务人员主要有全科医生、社区医生、社区护士和社区工作者。

1. 全科医生

全科医生是医科毕业后获得行医执照并独立开业的高级医务人员。在英国，医学教育侧重于全科医学教育，医生在各科轮流实习中熟悉、掌握一般知识和经验。每年约有一半的医科毕业学生愿意成为独立执业的全科医生。20世纪末，英国已有全科医生约3.16万人，全科医生与总人口的比为1∶1 758。

在英国，全科医生具有很高的专业地位。一般每个英国公民都有自己的全科医生，若感觉不适或生病，通常先去全科医生诊所就诊。若病情严重，全科医生可将患者送到附近的医院诊疗。在诊疗过程中，若需要看专科医生，须由全科医生安排。在任何情况下，患者不可以直接到国家卫生服务机构或私立医院就诊，只能通过单一的初级保健途径进入国家卫生服务机构。因此，社区居民的疾病大多由全科医生处理，而不是由医院的专科医生处理。

2. 社区医生

社区医生是社区医学专家，同专科医生和全科医生共同构成三类高级医务人员。社区医生主要作为各级卫生管理与社会服务组织的成员及顾问，参加计划与决策。

3. 社区护士

社区护士是地段护士、卫生访视护士、妇幼保健护士的通称，数量较多，承担着繁杂的社区护理、家庭保健、健康教育等工作，是具体完成社区卫生服务工作的主要力量。

4. 社区工作者

社区工作者是解决生活问题与卫生保健问题的专业人员。社区工作者的专业知识与受训程度不一，主要由律师、社会学家和一般工作人员构成。

第6章

社区文化

社区文化是社区建设与管理的重要内容，它对于丰富社区居民的生活、提高社区居民的素质、促进社会进步具有重要的意义。本章首先介绍了社区文化的含义与特点，接着介绍了社区文化的类型与功能，随后概括了社区文化的发展状况，最后探讨了社区文化的发展策略。

◆ 预习案例 ◆

深圳市莲花北小区的社区文化工作

深圳市莲花北小区以其出色的物业管理工作闻名全国，但到那里参观过的人们，印象最深刻的是该小区高水平的社区文化工作。小区在硬件方面，有图书馆、健身房、棋牌室、游泳池、网球场、中心广场、老人活动中心、残疾人康复院等，文体设施差不多应有尽有，而且堪称一流。小区在软件方面，有文体社团读书会、艺术团、书法美术协会、各类体育运动队。小区开展的文体活动有书画展、音乐会、植树节、知识讲座、体育比赛、民俗节日、儿童集体节日、老人结婚纪念日，可谓组织种类繁多，活动内容丰富。因为有大家都喜欢的小区文化生活，居民们感觉到小区就像一个温馨快乐的大家庭。

6.1 社区文化的含义与特点

6.1.1 社区文化的含义

如果把人类文化比作一棵大树，各国各民族文化就是它的树干，而社区文化就是它的枝叶。顾名思义，社区文化的本质是文化，社区只是属性，因此，要讨论社区文化的概念问题，就需要从文化的概念谈起。

1. 文化的含义

关于文化的解释，可谓众说纷纭。美国的两位人类学家克鲁伯和克拉克洪曾经给出了160多个关于文化的定义。英国杰出的人类学家泰勒（Edward Taylor）最早给文化下了明确的定义，他在1871年出版的《原始文化》一书中指出，文化或文明是一个复杂的整体，它包括知识、信仰、艺术、伦理道德、法律、风俗，也包括社会成员通过学习而获得的任何其他能力和习惯。泰勒对文化的解释限定在精神信仰、知识能力和行为习惯方面，应该说是比较恰当的。英国人类学家马林诺夫斯基（B. Malinowski）在《文化论》一书中发展了泰勒的文化定义。他从功能的角度把文化分为经济、教育、政治、法律/秩序、知识、巫术、宗教、艺术/娱乐八个方面，并把文化进一步分为物质文化和精神文化。

在我国，学者们通常从广义和狭义两种角度来理解文化。广义的文化是指人类创造的一切物质产品和精神产品的总和，而狭义的文化专指语言、文学、艺术及一切意识形态的精神产品。不过，广义的文化并不适合文化建设的需要，因为一个概念如果包罗万象，那么，操作起来就比较困难。因此，我们最好采取狭义的文化观，也就是说，只从精神产品的层面来理解文化，这与具体的文化实践活动比较吻合。

2. 社区文化的含义

关于社区文化的定义，国内尚无一致的说法，常见的说法有以下几种：

生活方式说——社区文化包括物质生活方式和精神生活方式两个方面。前者主要是指人们衣食住行以及工作和娱乐的方式；后者主要包括人们的价值结构（追求、期望、时空价值观等）、信仰结构和规范结构（风俗、道德、法律等）诸方面。[①]

社区特色说——社区文化是指通行于社区范围之内的特定的文化现象，包括社区居民的信仰、价值观、行为规范、历史传统、风俗习惯、生活方式、地方语言和特定象征等。[②]

广义狭义说——广义的社区文化是指社区居民在特定区域内长期实践中创造出来的物质文化、观念文化和制度文化的总和；狭义的社区文化是指社区居民在特定区域内长期活动中形成的、具有鲜明个性的群体意识、价值观念、行为模式、生活方式等文化现象的总和。[③]

文化活动说——社区文化主要是指社区文化活动，包括艺术活动、课堂学习、剧院演

---

① 参见郑杭生主编：《社会学概论新修》，363页，北京，中国人民大学出版社，1994。

② 参见《中国大百科全书·社会学卷》，376页，北京，中国大百科全书出版社，1991。

③ 参见奚从清：《社区研究——社区建设与社区发展》，193页。

出、节日庆典、反种族主义和宽容教育、挽救失足青少年教育、环境美化、文物保护和旅游等。社区文化活动的开展同许多文化机关有关，如图书馆、艺术博物馆、科学博物馆、剧院、公园、娱乐场所、社区艺术中心、少数民族聚居中心、动物园、植物园等。

群众文化说——社区文化是社会文化在社区中的反映，是地域性的群众文化。社区文化体现了社区居民的价值取向、道德评价和情感色彩，它一旦被居民所认同，便会对社区居民具有一定的约束力。

综合上述几种观点，我们比较赞同这样的界定：社区文化是社区成员精神活动、生活方式和行为规范的总和。社区文化包括社区居民的思维方式、价值观念、精神状态、风俗习惯、公共道德等思想形态，以及学习、交往、娱乐、健身、休闲、审美等日常活动。[①] 当然，这只是我们的看法，每一个研究者都有权对社区文化的含义作出解释或选择。

3. 对社区文化的进一步理解

（1）社区文化是小社会的大文化。社区文化是一个综合的概念，涉及社区居民的方方面面。社区文化是老百姓生活中必不可少的多种活动的统一称谓，它是一个大文化的概念。例如，组织艺术培训班既属于文化范畴，又属于教育范畴；群众舞蹈活动既是文化活动，又是健身活动；台球、保龄球既属于文化娱乐，又属于健身竞技体育；园艺和街边雕塑既是环境，也是艺术。而把社区民俗、文艺、体育、教育和精神文明都归入社区大文化之中，就使文化活动阵地得到拓展，也便于制定发展计划和进行具体实施。社区文化应该是大文化的观点，不仅在广大社区建设实践工作者和理论研究者中达成了共识，也得到了国家有关部门的认可。

（2）社区文化事业与社区文化产业。社区文化事业是政府及其派出机构为满足社区成员休闲、娱乐、健身、求知、审美、交际等精神方面的需求而开展的福利性、公益性工作。这些工作包括组织群众文化活动，并提供经费、场地和设施等物质条件与有关服务。文化事业的主要目的是提高社区成员的素质，促进社会的进步，其出发点是实现社会效益。社区文化产业则是根据市场经济原则，由文化企业为社区成员提供文化消费供给，从而获得利润的经济活动，其出发点是实现经济效益。改革开放后，除了一些必要的文化福利保障和一些需要保护的传统文化项目，以及一些社会公益文化活动，仍然属于社区文化事业的范畴，其他的社区文化活动都实行了社会化、产业化的运作方式。从总体上说，这是经济发展和社会进步的表现。

文化事业和文化产业是相辅相成、互为目的、互为结果的。文化事业的发展必将促进文化消费，从而推动文化产业的发展，而文化产业的发展又可以使文化事业得到更多的资金注入，因为社区文化产业所得原则上必须用于发展文化事业。发展社区文化事业和社区文化产业，既是社区文化建设的需要，也是经济可持续发展的需要。

（3）社区文化与社会文化。社区文化是社会发展状态的具体表现形式，是社会文化在社区中的综合反映。社区文化与社会文化之间既有相似性，又有差异性。相似性表现在文化的时代性和相融性方面，差异性则表现在文化的地域性和传统性方面。在现代社会中，城市社区是比较开放的，社会的各种文化潮流通过现代传媒很快就融入到社区之中，文化

① 参见白志刚：《社区文化与教育》，10 页，北京，中国劳动社会保障出版社，2001。

时尚在社区文化中所占的比重越来越大，社区文化对社会文化共性的反映越来越多。然而，文化要发展，就必须不断创新，就必须体现个性。社区文化建设的一项重要任务就是根据地域、人口、民俗的特点，发扬自己的传统特色，为社会文化培育出更诱人的奇花异草；同时，社区文化的发展要特别注重民族文化特色的保持，尤其是民俗文化的发扬光大。

6.1.2 社区文化的特点

社区文化是一种综合性的地域文化现象，它具有地域性、群众性、实用性和分散性等特点。

1. 地域性

社区是地域文化的发祥地，是地域文化形成、保持、传承和创新的根据地。人们开始在共同的地域进行生产和生活时，必然要发生互动，必然会形成某种共同的社会心理、语言与思维方式、生活方式、价值观念、习俗、社会规范等。社区所在地区的特殊气候、特别地貌和特有生态都会对社区文化的形成产生影响。

（1）特殊气候对社区文化的影响。气候对人的体格、性格、心理和生活方式有着根本性的影响，从而在某种程度上决定了社区文化的特色。比如，在我国北方地区，冬天气候寒冷，那里的人体格健壮、性格粗犷，因此他们的文化气息就比较浓厚，“二人转”的唱法和音调都透着风雪的旋转和浑厚。而在南方地区，天气温暖，山清水秀，那里的人体格清瘦、性格娴静，文化中往往表现出优美灵秀的特点，像苏州园林，像越剧、沪剧、黄梅戏，像苏绣、湘绣和云锦。

（2）特别地貌对社区文化的影响。同特殊气候一样，特别地貌也对社区文化特色的形成起着决定性的作用。内蒙古草原辽阔，牧民的心胸辽阔，歌声也嘹亮。西藏山高谷深，藏民的歌声也就异常高亢，弯转颇多，变化极快。

（3）特有生态对社区文化的影响。特有生态影响着社区的传统艺术。云南地区动植物繁多、花团锦簇、彩蝶飞舞，景色十分秀丽，因此，当地社区居民的歌声特别柔美轻婉、悠扬飘逸；而贵州的蜡染都是取自植物色素，所染图案也多是美丽的植物造型。此外，特有生态对社区饮食文化的影响也非常大。西藏的糌粑、新疆的羊肉串、山东的煎饼大葱、东北的高粱酒，都是特有生态所形成的饮食文化特色。

2. 群众性

社区文化是普通百姓的文化。这主要体现在两个方面：一方面，从个体与群体的关系来看，尽管每一个体都对社区文化产生影响，但都不能单独代表区域群体的文化，而只有群体共同参加的文化才能构成社区文化的主流，因此，从社区文化的整体性来说，它属于普通群众的文化，而不是特殊个体的文化；另一方面，从文化的主体和客体来看，文化活动组织和表现的主体都是社区群众，而作为客体的被组织者和观摩者也是社区群众，因而，社区文化还是属于群众文化。

（1）群众组织并参与社区文化活动。很多社区文化活动都是由社区成员自主创意的，反映群众自己的生活，符合群众自己的实际需要。因为这些文化活动都是群众喜闻乐见的活动，所以，多半是群众自己组织并亲自参与；而且，参与的人很多、面很广，涉及千家万户、男女老少、各种行业和各个阶层。

（2）群众自己受益于社区文化活动。社区居民既是进行活动的主体，又是社区文化服务的对象。社区居民在各种文化活动中受益颇多，他们自娱自乐，锻炼了身体，增进了友谊，提高了品德修养和文化艺术修养。而政府、社会团体和企事业单位组织的社区文化活动，其目的也是尽可能使群众普遍受益，使大多数群众满意。因此，社区群众是社区文化的主要受益者。

3. 实用性

社区文化中的许多活动都是社区居民日常生活的内容，有些是历史传统、风俗习惯，有些是流行趋势、现代时尚。读书看报、唱歌跳舞、下棋弹琴、跑步打拳、养花养鱼等活动，都是社区居民的生活爱好。这些百姓消遣休闲、自娱自乐的活动，表现了社区文化的实用性。衣食住行、花鸟虫鱼、琴棋书画这样的文化实践，似乎都是个人的风采，但它们的展示方式却可以导致群体行为的形成，因此，这些文化形式既有益于个人修养，又有益于社会整合。

（1）衣食住行：生活之用。服装文化、饮食文化、居住文化和行为文化都是社区文化的重要组成部分，而社区居民也十分喜欢这些文化，因为学习和实践这些文化可以使他们穿着更漂亮、饮食更合理、居住更舒适、行为更科学，可以使他们的家庭置于和谐、宁静、雅致的氛围中，使日常生活品位更浓、质量更高。

（2）花鸟虫鱼：休闲之用。伴随着城市化的突飞猛进，城市居民与自然接触的机会大大减少，但很多人还是难以割舍对大自然的爱恋，于是，他们利用一切可能的条件把自然引到身边，引进每日的生活。花儿的娇美、鸟儿的歌声、虫儿的灵动、鱼儿的轻盈，所有这一切都有助于观赏者解除疲劳，消除烦恼，增添乐趣，获得灵感。

（3）琴棋书画：心性之用。琴棋书画是修身养性、愉悦心灵的绝好方式，它们是中国传统文化的精华，是社区文化中的阳春白雪。“琴棋书画休闲中，陶冶情操美心灵”。进行琴棋书画艺术实践的人数和水平，是社区文化品位的重要标志。

4. 分散性

社区文化既不同于文艺团体和研究单位的专业文化工作，也不同于文化宫、群艺馆的群众文化工作，相对于专业文化单位而言，它具有分散性。①

例如，社区组织的剧社或其他演唱团体，一般由退休老人或各方面的人士组成，业余排练或演出，有事合到一起，完事各自散开，工作机制比较灵活，自觉性要求较高。从过去居委会延续下来的社区文化传统来看，分散的文体组织除剧团、宣传队外，还有乐队、腰鼓队、球队、老年合唱团和迪斯科舞队。这是社区文体活动的骨干，起着感召和示范作用。

更为分散的是社区居民和家庭按各自的爱好和习惯，在早中晚或节假日开展的各种各样的文体活动，如有的在家中，有的在湖边，有的在山坡上，有的在公园里，看电视、听广播、打牌、练拳、跳舞、种花养草、垂钓、谈古论今等，真可谓百花齐放。

① 参见王青山主编：《社区建设与发展读本》，134 页，北京，中共中央党校出版社，2001。

6.2　社区文化的类型与功能

6.2.1　社区文化的类型

社区文化是一种复合型文化，由不同内容、不同单元和不同年龄群的亚文化组成。因此，我们不妨根据内容、单元和年龄群等标准把社区文化分成三个基本系列，即内容系列、单元系列和年龄系列。[①]

1. 社区文化的内容系列

社区实际上是区域性的小社会，社区文化几乎涵盖了社会文化的所有内容，大致包括社区民俗文化、社区文艺文化、社区体育文化、社区教育文化、社区环境文化和社区精神文明六个方面。

（1）社区民俗文化。社区民俗文化是指社区居民的风俗和生活习惯，包括饮食衣着、待人接物、节日庆典、婚丧嫁娶、宗教信仰等。民俗是人类群体历史传统的因袭、传承和演变，是特定地域自然环境的产物，是民众的物质生活方式以及精神寄托、追求和享乐的方式。约定俗成的生活习惯和文化形态一旦形成，就会表现出一定的特色，如北京的胡同文化和四合院文化、江南的水乡文化和园林文化、西北的黄土文化、东北的黑土文化等。从某种意义上说，社区民俗文化就是民族文化传统和特色的具体表现。

（2）社区文艺文化。社区文艺是指社区成员从事的业余文学艺术活动。社区文艺有自娱自乐、丰富多彩、雅俗共赏的特点，有娱乐、审美、教育、宣传、妆饰、交际等多种功能。社区文艺是形成社区认同感和归属感的主要途径，是形成社区吸引力、感化力、凝聚力和创造力的重要方法，是社区艺术风格、民俗特色和经济活力的直接或间接的表现。社区居民进行文艺活动有助于提升自身的文化素质、性格修养、艺术鉴赏和表现能力。

（3）社区体育文化。在现代社会中，人们越来越重视健身活动，因为锻炼身体同身体素质、生活质量、工作效率、精神面貌、体形健美、智力水平、反应速度、文化底蕴和心理素质都有直接关系。现代体育健身活动已经从单一的健康需要变成了融娱乐、休闲、交际等多种目的于一体的复合需要，并已成为一种新的社会时尚。社区体育包括大众健身和竞技比赛两个部分。

（4）社区教育文化。第二次世界大战后，社区教育受到了广泛的重视。一些国家认识到，学龄前教育和学校后教育同学校教育同等重要，因此，幼儿教育、继续教育、终身教育、成人教育和回归教育等新的教育观点和形式相继出现并迅速传播。而城市社区作为城市的基本单位，作为联系百姓和政府的桥梁，自然就义不容辞地承担起社会教育载体的重要职能。大力发展社区教育，是提高人口素质、增强社区综合实力的需要，是社区经济和社会发展的需要，是加强社区精神文明建设的需要。

---

① 参见白志刚：《社区文化与教育》，27～46页。

（5）社区环境文化。社区是社区成员生活和工作的地方，社区文化环境的好坏对社区居民的生活质量、身心健康、精神气质等许多方面都起着重要的作用。它是衡量社区文明程度的重要标准。社区环境文化建设的主要内容包括自然环境保护、环境绿化、文物保护、景观设置；主要方法就是多开辟绿地和水体，植树、栽花、种草，减少各种污染，利用地方资源创造出独特的城市景观。

（6）社区精神文明。社区精神文明是指社区成员在社会发展进程中形成的一种高层次的较为稳定的心理状态，一种精神生活的积极、健康、充实的状态。社区精神文明建设的内容包括社区成员综合素质的培养，法律、民主、教育、科技、生态和审美等意识的加强，家庭美德、职业道德和社会公德水平的提高，社会福利、社会保障和社会救济的实施，居住和工作环境的美化，以及人际关系的改善。社区精神文明建设有很多工作要做，但是重点只有一个，那就是提高社区居民的思想道德素质。

2. 社区文化的单元系列

一个社区是由各个不同的单元组合而成的。社区文化就是社区内若干单元文化状况聚合起来的整体状态。社区文化是主流文化，各单元文化是支流文化。社区文化大致可分成家庭文化、小区文化、校园文化和企业文化等。

（1）家庭文化。家庭是社会的细胞，也是社区文化活动的基本单位。家庭文化是以家庭活动为舞台，在家庭成员之间进行的文化娱乐方式。家庭文化因各个家庭主要成员的职业、文化、经历、爱好不同而各具自身的特色。例如，军人家庭、工人家庭、科技人员家庭的文化活动大都会沿着各自的基调展开，而音乐世家常常有乐声缭绕，美术世家大都是绘画好手。家庭文化除有各个家庭的独特个性之外，还有着具有共性的文化活动，如日常生活中的看电视、看电影、文艺演出、看书看报、待人接物、礼尚往来、督促孩子学习、业余锻炼身体等。

（2）小区文化。小区文化也可称作胡同文化、里弄文化或楼院文化，这是一种大于家庭文化但小于社区文化的住家邻里式的文化。这种文化在社区文化中占有非常特殊的位置，具有非常丰富的内容，应该被当做社区文化建设的重点。小区文化建设要充分发挥居委会和群众文化组织的作用，要开辟较为舒适宽敞的文化活动场所，比如阅览室、棋牌室、歌舞厅、健身房、运动场、游戏场、小花园等。有了场所和设施就可以开展小区居民比较喜欢的文化活动。小区文化活动要以塑造邻里情义为重点，创造安全、舒适、美丽、方便的环境，创造健康向上、亲近自然、团结友爱、交往密切、守望相助的文化氛围。

（3）校园文化。校园文化是治校精神、教学秩序、教学环境、学习风气、校园传统作风和校园文化活动的总和，其核心是全体教职工和学生的理想与价值观的凝聚。搞好校园文化对提高教师和学生的素质具有重要意义。校园文化的内容极为丰富，主要包括校园读书活动（如朗诵、英语角、专题讲座、知识竞赛等）、文娱活动（如文艺排练、乐器演奏、舞会、琴棋书画等）、体育活动（如田径比赛、球赛、军训等）、学术活动（如学术交流研讨、学术座谈、学术报告、形势讲座等）、技能竞赛（如电脑操作、写作比赛、演讲、辩论等）、特有的生活方式和精神风貌（如集体生活、团结互助、友好竞赛等）。

（4）企业文化。企业文化不仅是指显而易见的企业职工文化娱乐活动，还指更深层次的企业精神、经营理念、管理制度和企业形象。企业文化一方面表现在企业生产经营的文化手段方面，如厂徽、厂服、厂规、企业精神、操作规程、文体培训、广告宣传、标语漫画等；另一方面也表现在产品品质与包装方面，如产品的质地、造型、花色、品种、包装、商标、图示和文字解说。企业文化往往会对企业的生存和发展产生重要的影响，企业文化搞得好，企业的经济效益就好。但需要指出的是，企业是一种经济实体，它的文化属于经济文化，其重要目的是获得经济效益，文化只是达到这个目的的手段和途径。企业在搞好自身文化建设的同时，要积极参与社区文化建设，这有助于树立企业形象，创造良好的外部环境和社会效益。

3. 社区文化的年龄系列

年龄是人们形成社会活动群体的一个重要因素。群体文化是社区文化的主要表现形式。因此，社区文化建设需要研究社区不同年龄群体的心理特点，以满足他们不同的文化需求。

（1）社区少儿文化。少年儿童是社区、城市和国家的未来，但是多年来，社区少儿文化一直不很兴旺，这固然有学校应试教育制度和社区缺少公共活动场地等客观原因，但主要原因还是家长和社区工作者主观上不够重视。为了使少年儿童健康成长、全面发展，社区文化建设应该把重心转移到少儿文化工作方面。少年儿童参与社区文化的兴趣很高，但他们缺少时间、空间和组织能力，而且经济上尚未独立，所以，急需家长的支持和社区的帮助。随着素质教育方针的逐步贯彻执行，少年儿童对社区文化方面的需求会更加强烈。如何满足这种需求，需要有关部门进行认知研究，并落实具体可行的实施方案。

（2）社区中青年文化。中青年是社会的中坚，他们的文化自然也就引导着社会文明的发展方向。中青年对社区文化水平的提高起着至关重要的作用，然而，由于事业繁忙、视野和活动范围较宽，他们往往对社区文化兴趣不高、参与不多。针对这种情况，社区应该多与单位进行合作，想方设法地开展一些适合中青年特点的活动，使社区的中青年越来越多地参与社区文化建设。

（3）社区老年文化。随着生活水平的不断提高和医疗科学的日益发展，人的寿命已经大大延长。目前，中国已经进入老龄化社会。为了提高老年人的生活质量，使他们欢度晚年，有必要做好社区老年文化工作。社区老年文化建设的主要内容是老有所为、老有所乐。为了实现老有所为，许多老年人都积极参与社区建设，他们在社区的调解工作、治保工作、计划生育工作、环保工作、文物保护工作等方面发挥着重要的作用。为了实现老有所乐，许多老年人都积极参加老年艺术团、老年书画协会、老年门球队、老年健身操队等文体组织。丰富多彩的老年文化活动使老年人锻炼了身体，减少了孤独感，增加了快乐感。

6.2.2 社区文化的功能

社区文化涉及人类所创造的信仰、风俗、制度、法律、科技、文学、艺术、休闲等一切自然科学和社会科学。随着人们物质生活水平的不断提高，人们对精神生活更加重视，各种精神需求越来越多，层次也越来越高。人们不仅需要欣赏、消遣、休闲和娱乐，也需要创作、展示、表演和交际，以此来发展自己的个性，展现自己的才华，实现人生的价值。同时，人们还希望密切邻里关系，守望相助，营造良好的社区氛围。社区居民的这些需求在很大程度上都要通过社区文化建设来供给，都要通过社区文化的繁荣来满足。社区文化融民俗、文艺、体育、教育和精神文明建设为一体，其功能是非常多的。

1. 娱乐和健身功能

社区文化具有娱乐和健身功能。娱乐活动是社区居民生活中不可或缺的内容，是习俗传统的重要组成部分，是文化和文明发展的重要途径。社区居民在工作之余，需要休息和消遣，而娱乐活动则是积极的休息消遣方式。娱乐和健身是社区居民从事社区文化活动的重要目的。人们在唱歌、跳舞、绘画、跑步、打球、下棋等休闲活动中放松神经、消除疲劳、调剂精神、愉悦身心。在经济生活不宽裕时，社区居民主要是为了生存而奔波，没有精力和财力从事娱乐健身活动；随着生活条件的改善，社区居民的闲暇时间越来越多，对精神生活和身体健康的重视程度也越来越高。在现代生活中，娱乐和健身不但是一种保障身体健康的生理需要，也是交际、审美、娱乐等精神心理需要。娱乐和健身已经成为一种社会时尚，社区居民在娱乐健身方面所用的时间越来越多，娱乐和健身的形式也不断变化。

在娱乐和健身活动中，社区居民还可以敞开心扉，倾吐心声，沟通思想，交流感情，使人际关系更加和谐。一个好的社区应该建有比较充足的娱乐和体育场地、设施和设备，应该经常举行多种多样的娱乐健身活动。社区组织的娱乐和健身活动应该尽可能地接近百姓，贴近生活，只有这样，群众的参与率才会高，活动效果才会好。

2. 认知和育智功能

社区文化具有认知和育智功能。社区居民通过文化实践可以认知自然，发现科学规律，发明新的技术，生产出更多的供人类享用的物质财富；可以认知人类自身，充分发挥人的潜能，提高自身的文明素质和精神生活的质量；可以认知社会，探索符合社会发展规律的观念、方法和制度，使经济、社会和文化协调发展，使社会文明程度不断提高。人们要进步要发展，就需要不断地认识事物，积累经验，学习知识，增长才干。知识是人们谋生的资本，是竞争的重要砝码。在现代社会中，知识更新非常迅速，要跟上时代的发展就必须不断学习。人们要发展和完善自己，既需要受益于社会，又应该贡献于社会。而要实现自己的人生价值，实现社会的共同理想，就需要不断学习。开展社区文化，就要创造条件来满足人们不断增长才智的要求。例如，通过组织计算机和外语学习、各种职业培训、知识技能竞赛等活动，可以使居民增长知识，学习技能，开发智力，增长才干。

3. 传承和整合功能

社区文化具有传承和整合功能。文化传承是社区文化的一项基本功能。社区的基本要素归纳起来有“四同”，即共同的地域、共同的人口、共同的价值观念和共同的利益。然而，我们现在的社区大都是在计划经济时期由单位及其居民区组建而成的。严格地说，这些社区并不是自然形成的社区，除了共同地域外，并不一定具备社区的其他要素。因此，社区精神的塑造和维系的任务就显得更加艰巨。在这种情况下，参与社区文化活动是社区成员进行交流、沟通思想、改善关系、增进友谊、建立情感的主要方式，是提高社区成员文化素质、形成共同的价值观、提高精神文明水平的重要途径。社区要努力创造自己的文化特色，并将特色保持下去，形成民俗和传统，真正实现社区成员对社区的认同感、归属感和责任感。塑造社区精神还需要进行社区整合。整合是指用正确的理论来规范人的行为，用合理的制度和法律来约束人的行为，以此来保障社会的稳定有序。显然，社区文化在社区整合过程中扮演着重要角色，它有助于社区居民在各种文化活动中达成共识。

4. 审美和创造功能

社区文化具有审美和创造功能。社区居民的审美需求包括文艺审美、体育审美、环境审美等内容。审美需求是很高尚的精神需求，满足人们的审美需求对于提高人们的文化素质、思想品质、修养情操具有极其重要的意义。适合社区开展的审美活动很多，如文学、绘画、书法、音乐、舞蹈、曲艺、园艺、厨艺、茶艺等。人们在这些欣赏、创造活动中，可以培养认识美、欣赏美、赞颂美和创造美的能力，提高审美情趣和艺术修养。在审美鉴赏过程中，人们的精神得到愉悦，心灵和行为会潜移默化地得到美化，而得到美化的心灵和行为又会以美的理念来美化环境、美化社会。

6.3 社区文化的发展状况

在中国漫长的文化历史中，社区文化（民间文化）一直在一种纯自然的社区中生长延续。从历史的角度看，历代朝廷对民间文化基本上采取放任自流的态度。然而，社区文化要取得更大的发展，必须要得到官方的协调和支持。回顾社区文化的历史沿革，如果过于久远，则难以考究，也没有太大的必要性。因此，我们在此主要考察新中国成立后社区文化的发展状况。

6.3.1 社区文化的发展历史

新中国成立后，政府的性质和功能发生了根本性变化。人民政府高度重视群众文化工作的开展，并在政治上进行引导，在组织和财力上给予支持。总的来说，民众文化（即后来所称的“社区文化”）的发展大致经历了公社式、畸形化和百花型三个阶段。

1. 公社式阶段

中华人民共和国成立后，在政府的倡导和支持下，城市的街道办事处和居委会等机构与组织积极开展群众文化工作，倡导新文化，以多种方式为广大城乡居民提供文化服务。

新中国成立初期，广大人民群众积极响应党和政府关于扫除文盲的号召，群众文化素质有了明显的提高。1958年以后，人民公社化运动轰轰烈烈，从农村到城市，公社和类似公社式的组织影响着社会的一切，“文艺为政治服务”成为一条必须遵守的原则。这时，群众文艺活动大都紧紧围绕着政府的方针政策展开，政治色彩特别浓重。社会文化中政治成分的强化既发扬了集体主义精神，又弱化了群众文化的地域性、民俗性和娱乐性。

在党和政府的大力倡导下，社区居民的生活方式朝着健康文明的方向转变。一些历史上形成的好吃懒做、歧视妇女、封建迷信等不良文化受到了抵制，一些丑恶现象，如卖淫、嫖娼、赌博、吸毒等恶习被彻底清除，社会空气得到极大的净化，社会秩序井然有序。然而，令人遗憾的是，一些原本无害的宗教信仰、民间习俗，甚至是宝贵的民间文艺形式，也被当成封建迷信和“四旧”无情地“破除”了，因此，社会也失去了一些必要的宽松的环境和宝贵的活力。

同时，文化“双百”方针和“为人民服务”宗旨的提出，为文化发展指明了正确的方向。广大文艺工作者深入基层体验生活，创造出很多反映时代变迁、反映社区群众生活的优秀文艺作品，如小说《创业史》、话剧《龙须沟》、豫剧《朝阳沟》、电影《我们村里的年轻人》等，这些作品极大地丰富了群众的精神生活，激发了人们生产劳动的积极性。

2. 畸形化阶段

在“文化大革命”期间，文化发展遭受沉重打击，一些历史文物、珍贵书籍遭受严重破坏，社区民俗文化受到了冲击。“流氓文化”、“痞子文化”和“帮派文化”等糟粕文化在一些领域不同程度地存在。

3. 百花型阶段

“文化大革命”结束以后，中国进入了改革开放的春天。政治体制和经济体制改革都在客观上要求单位体制功能简化，单位不可能再继续背负小社会的包袱，原来单位承办的一些社会工作回归到了社区，人们对社区的期望也越来越高。为了满足社区居民的各种需求，街道和居委会开始了社区服务、社区卫生、社区治安方面的实践，基层群众文化也开始以“社区文化”的称谓出现在中国大地上，并逐渐形成了百花盛开、异彩纷呈的局面。

20 世纪 80 年代中期，有些城市政府和各区县成立了“群众文化工作委员会”，负责统一协调、指导全市和各区的群众文化工作，把群众文化工作提上议事日程，并相继出台了一些扶持政策和管理规定。作为政府派出机构的街道办事处更是一马当先，成立了“社区文化工作委员会”或“社区文体工作委员会”，把社区文化作为一项重要的任务来抓，从而使社区文化工作蓬勃开展起来。

政府对社区文化的重视使群众受到鼓舞，激发了社区居民参与社区文化的热情。在省、市、区、县政府的领导下，街道和居委会建立了社区文化站、文化室、图书馆和阅览室等文化基础设施，社区文化节、艺术节、庙会、游园会、夏日广场、全民健身等活动开展得红红火火，热闹非凡。社区民俗文化、社区文艺文化、社区体育文化、社区教育文化、社区环境文化和社区精神文明等文化形式更是百花齐放，五彩缤纷。

6.3.2　社区文化的发展现状

群众日益增长的文化需求、政府的高度重视、社会的热情参与和社区文化工作者的积极努力，所有这些都为社区文化工作的开展创造了较好的条件。经过 20 多年的积极实践，社区文化建设既取得了显著的成就，也面临着一些问题。

1. 社区文化建设的成就

（1）社区文化观念不断更新。社区文化能够蓬勃开展，在很大程度上依赖于群众、政府、社区工作者和驻区单位关于社区文化的观念不断更新。大家普遍认为，社区文化是一种小社会的大文化，它包含了民俗、文艺、科技、教育、体育、环境、精神文明等内容；社区文化也是一种产业，其主要形式就是文化娱乐服务，如社区公园、游乐园、酒吧、歌舞厅、电影院、健身房、台球厅、保龄球馆、电子游戏厅等娱乐服务；社区文化必须“共建”，它是社区内所有成员、所有组织和所有企事业单位共同的事情。

（2）社区文化经济投入不断增加。社区文化建设也需要经济的投入。随着各城市和区县经济实力的不断增强，政府拿出大量资金用于社区文化建设。如厦门市在1981—1991年间投入了4 141万元人民币兴建文化设施，相当于20世纪80年代以前30年文化建设总投资的138倍。同时，政府还鼓励社会投资，兴办社区文化产业。如北京市政府和各区县政府鼓励国有、民办和外资企业为社区建设文化体育场馆，既满足了社区居民的文化消费需求，又促进了文化产业的发展；此外，北京市体育彩票的发行也为社区体育的发展募集了大量资金，很多新建的社区体育设施都是由彩票收入建设的，广大社区居民已经开始享用这些设施。

（3）社区文化工作者的素质有所提升。社区文化工作者队伍主要由街道和居委会干部、社区单位文化干部、社区群众文化组织骨干构成。这支队伍的素质同社区文化的发展有直接关系，也可以说对社区文化的发展起着关键性作用。街道和居委会文化干部是社区文化工作的组织者和管理者，他们素质的高低直接关系社区文化工作的整体质量；社区单位文化干部既是社区单位文化工作的组织者，又是各种文化活动的骨干力量，他们素质的提高对于提高单位文化活动的水平有着重要的作用；社区群众文化组织骨干就是社区中的普通群众，他们素质的高低会影响群众文化活动的水平。许多资料表明，社区文化工作者的素质近年有了普遍提高。

（4）社区文化活动日益丰富多彩。社区组织的文化活动的内容、水平、频率、参加者的数量是社区文化建设成果的直接体现。现在，我国社区文化活动是非常活跃的，而且呈现出内容越来越丰富、水平越来越高的趋势。

2. 社区文化建设面临的主要问题

（1）领导体制和工作机制问题。许多社区的文化工作体制还没有理顺，社区文化的发展受到了一定的影响。各个城市的社区文化发展很不平衡，有些地方没有建立社区文化工作委员会这样的组织机构，相关部门不能密切配合，关系协调极为困难，工作效率和质量不高。

（2）建设规划和活动场地问题。在城市规划方面，由于历史的原因，老住宅区的建设规划并没有考虑人们对于文化的各种需求，而一些新的住宅区，又因为种种原因，也没有按规划要求建设足量的文化场地及设施。在社区文化发展规划方面，有些地方区县政府和街道办事处对于社区文化建设不够重视，没有制定社区文化发展规划和具体实施方案，而且还缺少资金和场地。根据国家体育总局1995年的统计，我国共有各类体育场地61.57万个，面积约为7.8亿平方米，人均占有面积仅为0.65平方米，同发达国家有较大的差距（如美国人均占有面积为10平方米）。

（3）工作者队伍和管理问题。社区文化工作者队伍不稳定，工作缺少计划性和连续性。文化市场管理人员少，力度不够，盗版、黄色出版物和“三陪”等现象还普遍存在。有些社区文化工作者素质不高，工作具有盲目性，组织的文化活动流于形式。文化经营活动收费不统一，账目管理有漏洞，有私吞公款和避税现象。

6.4 社区文化的发展策略

改革开放以来，社区文化建设取得了显著的成就，如社区文化的观念不断更新、经济投入不断增加、社区文化工作者的素质和社区文化活动的水平不断提高。同时，我们也必须看到社区文化建设面临的主要问题，如工作体制尚未理顺、建设缺乏规划、活动场地匮乏、管理有漏洞、没有专门的法规等。这些问题都制约着社区文化的发展。为此，我们必须采取一系列措施，如开展社区文化调查，制定社区文化规划，建设社区文化体制，开发社区文化资源，搞好社区文化市场，发展社区文化事业。①

6.4.1 开展社区文化调查

社区文化调查包括两部分：一是社区文化资源调查；二是社区居民文化实践调查。

1. 社区文化资源调查

资源调查的对象包括人才、社区组织、设施和文物等基础性资源，以及民俗、文艺、教育、体育、环境等专项资源。资源是发展社区文化的基础，只有弄清楚该社区的文化资源状况，才能制定出合理的社区文化规划。因此，社区文化资源调查的重要性是显而易见的。对于历次调研的基础数字、材料及研究论文，都要建立档案并存入电脑，有条件的还要上网，以供社区之间相互查询，开展纵向和横向的对比研究。

2. 社区居民文化实践调查

要检验社区文化活动所达到的效果，摸清社区文化的变化情况和发展动向，就要进行社区文化实践调查，调查的方式一般为问卷式或访谈式，调查内容通常包括社区居民业余文化活动的方式（如看电视、听广播、户外文体活动、打牌、聊天等）、社区居民参与文化活动的目的（如为了丰富文化生活、提高个人文化素质、结交朋友、学习新技能、展现个人才能等）、社区居民文化活动的实际参与和未来参与意向以及社区居民文化活动的总体情况。

6.4.2 制定社区文化规划

在调查研究的基础上，社区要制定社区文化发展规划。有了社区文化发展规划，社区文化工作就能够增加科学性、系统性、连续性和实效性。

1. 社区文化发展的总体规划

它通常包括以下内容：（1）指导思想和基本原则；（2）总体目标和基本任务；（3）阶段性目标和具体任务；（4）落实检查和考核措施。社区文化发展总体规划制定以后，要进行科学的可行性论证。在论证过程中，既要听取领导和专家学者的意见，又要听取社区文化工作者和广大社区成员的意见。规划经修改确定后，还要制定详细的实施方案，指定责任单位和责任人，明确具体分工、完成时间和验收办法。

---

① 参见白志刚：《社区文化与教育》，86～111页。

2. 社区文化发展专项规划

规划既要有宏观的描述，又要有详细的规划方案和具体的实施办法，因此，有必要制定专项发展规划。例如，北京市朝阳区教育委员会根据《朝阳区教育发展战略》提出的战略目标和任务要求，制定了《朝阳区社区教育发展行动规划》，使本区社区教育有了比较具体的发展目标、工作重点、落实措施和评价标准。

3. 社区文化年度工作计划

年度计划是本年内需要做的工作的具体安排。社区文化年度计划一般涉及如下内容：（1）文化场地和设施建设；（2）文物保护工作；（3）文化交流活动；（4）文化市场管理；（5）文艺创作；（6）大型文化活动，尤其是重要节日庆典活动安排。

4. 社区文化活动具体实施方案

对大型的综合性、长期性的文化活动，应该制定具体的实施方案，内容包括活动目的、组织形式、负责人员、方法要求、考核方式等。

6.4.3 建设社区文化体制

社区文化建设的内容很多，涉及政府不少部门和许多社会组织以及社区内的各个单位，因此，需要方方面面共同参与，研究组建科学系统的领导体制和工作机制，以有利于各方面相互配合，促进社区文化建设的快速发展。

1. 社区文化领导体制建设

社区文化是由民俗、文艺、教育、体育、精神文明、环境等文化成分共同组成的，是需要社区内所有单位共同参与的大文化。因此，只有成立一个上下贯通的领导、协调、执行和管理机构，才能使社区文化健康发展。各区县应该成立由党委和政府领导，文化局、文物局、文明办、教委、科委和科协、体委、园林局、旅游局等部门的领导，以及居民代表、社区主任、人大代表、政协委员、社区单位领导、社会知名人士等多方代表组成的社区文化工作委员会，街道和下属地区也应该成立相应的领导机构。有了领导机构，还要制定较为完善的工作制度，如资格、责任、权利、利益、关系、内容、时间等具体条款，以推动社区文化建设的顺利开展。

2. 社区文化工作者队伍建设

要建立一支高素质的社区文化工作者队伍，必须对现有的社区文化工作者进行系统培训，使他们具有较高的文化修养、很强的敬业精神、干练的工作能力、熟练的调研技能和一专多能的业余爱好。培训可以采取脱产、半脱产和在职进修的形式。

6.4.4 开发社区文化资源

社区文化资源是进行社区文化建设的重要条件。社区文化建设的实际过程在某种程度上就是社区文化资源开发的过程。

1. 培养文化人才

社区文化人才是社区文化的宝贵资源，是社区文化的骨干力量。人才培养要从儿童抓起，同中小学的素质教育相结合，同学生的课外活动相结合。兴趣小组是人才培养的摇篮，小作家、小画家、小歌手、小乐手、小球手、小棋手、小发明家等评选活动是人才培养的有效手段。社区各单位人才济济，积极开发利用社区文化资源，是社区文化建设取得成就的关键。因此，要通过社区人才资源调查和各种文化活动，积极发掘社区文化人才，充分发挥他们的特长。

2. 壮大群众性文化社团组织

群众文化社团组织是社区建设的骨干力量。如果把社区文化比作一个人，那么，社区群众是血肉，文化工作者是筋络，社团组织则是骨架。社团组织的重要性由此可见一斑。社团组织要注重组织制度建设，要制定组织章程，就组织目标、性质、会员资格、民主议事、财务管理、活动方法等内容作出明确的规定。会员登记要严肃认真，数目要精确到人。每一次活动都要有记录，以备日后查看之需。社团组织内部要实行规范化管理，积极创造条件向标准社会组织或俱乐部模式过渡。

3. 开发文化设施资源

文化设施资源的开发有两方面的内容：一是增建新的文化设施；二是使现有文化设施实现最大化的资源共享。根据实际需要增建文化设施，是开发社区文化资源的一项重要任务。文化设施的数量和质量是城市文化品位和经济实力的重要体现。随着人们生活水平的提高，人们的文化活动会越来越多，对文化设施的需求量越来越大，因此，政府、企业和社团组织应想方设法增加文化设施的数量，并不断提高设施质量和服务质量。

壮大群众队伍　打造活动品牌

信州区作为上饶市的中心城区，近几年来始终以社区为主阵地，以文化活动为主抓手，以社区群众为重点，紧紧围绕社区做文章，在每项文化活动中紧紧抓住群众思想上的兴奋点，找准居民精神上的结合点，挖掘群众文艺爱好者艺术上的闪光点，进一步激活群众追求文化品位的热情，形成了丰富多彩、颇具特色的社区文化活动。2009 年，信州区荣获“全国文化先进社区”称号。

1. 倾力打造品牌文化活动

文化品牌活动能够彰显一个城市的文化魅力。在区委、区政府的大力支持和宣传、文化、文联、民政等多个部门的通力合作下，信州区现已形成了四大特色的社区文化品牌活动，即每年一届的“中国饶城社区文化艺术节”、两年一届的“中国信州京剧票友艺术节”“机关干部合唱节”“谷雨诗歌文化艺术节”。在打造品牌活动的同时，信州区还注重抓好特色文化活动，先后成立了以交流、展示、创作、培养人才为主的信州书画院、信州棋院，为社区群众提供了一个很好的活动场所。此外，在全省率先开展的露天电影进社区活动也已坚持了四年，成为广大群众周末的一道文化大餐。

2. 壮大群众文化队伍

信州区在社区文化建设中十分注重群众文化团体的建设，不断壮大基层文化队伍，培养文艺新人。据不完全统计，目前信州区共有群众文化队伍 30 余支 3 000 多人，如西市街道的腰鼓队，北门街道的秧歌队，水南街道的民间艺术团、军鼓队，东市街道的民间灯彩队以及老干部合唱团，群众激情广场大家唱，京剧票友协会，越剧票友协会，木兰扇（拳）协会，太极拳协会等。清晨、夜晚或者重大节庆日，饶城每个角落都响起群众文化队伍成员嘹亮的歌声，活跃着他们健美的身影，这些队伍已成为信州区文化活动最坚实的主力军。

3. 繁荣文艺创作

信州区历史文化悠久，积淀了丰厚的民间文化，形成了具有传统特色的文化载体，如茶灯、渔鼓、上饶民歌等。多年来，信州区大力挖掘、整理、保护民间文化，让传统文化得以发扬光大。根据夏布文化创作的《纱塘月色》荣获了四省四市民间艺术节金奖，舞蹈《茶灯新韵》荣获银奖，上饶民歌《呼牛调》荣获第七届全省少儿艺术节金奖。2009 年，信州区文艺作品在国家（国际）级刊物发表作品 80 余件，获奖 15 件；在省级刊物发表作品 200 余件，获奖 18 件。其中，雕刻艺术家陈文武的玉岩石壶作品《辍球》在全国第七届工艺品旅游品博览会上荣获金奖。

4. 文化与城市经济相融

信州区深入挖掘城市经济的文化内涵，组织举办了形式多样、丰富多彩、喜闻乐见的群众性文化活动，精心谋划参与实施了集“听、赏、食、购”于一体的“三节”文化节庆活动，即酒水文化节、服装艺术节、美食文化节，将文化元素“糅”进各个产业，以节会友，以节造势，以节招商，逐步形成了特色鲜明的城区商贸文化品牌，大大提升了文化软实力，为城市经济发展增添了新的动力。

资料来源：《上饶日报》，2010-01-15。笔者在收录入本书时略有改动。

6.4.5 搞好社区文化市场

搞好社区文化市场是繁荣社区文化的重要手段，而社区文化市场涉及文化设施的有偿服务、文化的产业化、文化市场的管理等方面。①

1. 有偿提供社区文化活动场地和服务设施

社区文化服务要主动适应市场经济发展的新形式，由过去单一的无偿服务向部分有偿或完全市场化服务转变。社区文化服务的产业化是社区服务产业化的重要内容，是社区经济的重要组成部分。提供场地和设施设备，开展各种文化培训班，是社区文化有偿服务的主要方式。社区文化有偿服务减轻了政府的经济负担，弥补了社区文化经费的不足。

2. 大力发展社区文化产业

社区文化消费既是一种文化行为，又是一种经济行为，而提供消费性服务是一项重要的第三产业，而且正在成为经济发展的支柱型产业。社区文化产业包括民俗产业、文艺产业、教育产业和体育产业。社区民俗文化产业包括传统小吃、居民参观游览、民间手工艺品、民间节庆、宗教文化等经济活动；社区文艺产业包括文学作品的销售，书法、美术、摄影等作品的展览和拍卖，文物展览和游乐场、歌舞厅、电子游艺厅、娱乐城等经营场

---

① 参见白志刚：《社区文化与教育》，106～109 页。

所；社区教育文化产业包括私立学校、老年大学、高教自考、职业培训、各种知识学习班、技能培训班；社区体育产业包括健身活动、竞技观赏和保健用品等消费的供给。文化产业的运作和管理要逐步规范化、法制化，要完全按市场经济方式运行，由文化企业提供服务，其服务原则是经济效益和社会效益兼顾。

3. 加强社区文化市场管理

社区文化市场是社区文化建设的重要组成部分，是社区居民进行文化消费的必要场所。健康的文化市场经营活动有利于丰富人们的精神生活，提高人们的文化素质、身体素质、道德素质和精神文明水准。然而，有些文化市场的经营者唯利是图，不讲道德良知和社会责任，以色情、淫秽、赌博、暴力等低级糜烂的商品和服务招揽顾客，严重败坏了社会风气。此外，文化市场中还存在不少偷税漏税现象，严重干扰了正常的经济秩序，造成了国家税收的大量流失。因此，文化市场一定要依法严格管理，防止不良现象的滋生蔓延。

6.4.6 发展社区文化事业

一些优秀的传统文化，由于种种原因不一定能很快成为文化产业，或者不太可能成为文化产业，但是，这些优秀文化是极其宝贵的，必须加以保护，如京剧、大鼓书等曲艺项目和泥人、面人、剪纸等民间艺术。从更广、更高、更长远的视角来看，这些优秀文化不是只具有社会价值而没有经济价值，其实，它们的经济价值常常是隐性的或间接的。因此，保护中华民族优秀的传统文化，既是继承和发展传统文化的事业性需要，也是发展地方经济和国家经济的产业性需要。

1. 重视社区文化事业服务

文化是社区服务中的一项重要工作。做好文化服务工作对于社区精神文明建设具有极其重要的意义，因为社区文化是社区的灵魂；没有社区文化，就没有社区居民的认同感、归属感和责任感。社区文化事业服务主要是由当地政府、社区、文化社团提供的。政府主要负责规划、管理、协调和设施建设等事项；社区主要负责群众文化活动的组织、协助和信息传递等工作；文化社团主要负责活动设计、组织、筹措资金和业务指导。因此，社区文化事业服务的发展离不开政府、社区、文化社团的大力支持。

2. 完善社区文化发展的激励机制

要保护和激励社区成员与社区单位参与社区文化建设的热情，要建立定期展览、会演、比赛和奖励表彰制度，并且不断进行完善。竞争要公开，评比要公平，奖励要适当。奖励的原则是荣誉称号和物质奖励相结合，以精神鼓励为主。报纸、刊物、广播电台和电视台都要大力宣传社区文化的活动情况，并引导社区文化活动的深入开展。

本章小结

1. 社区文化是社区成员精神活动、生活方式和行为规范的总和。社区文化包括社区居民的思维方式、价值观念、精神状态、风俗习惯、公共道德等思想形态，以及学习、交往、娱乐、健身、休闲、审美等日常活动。它具有地域性、群众性、实用性和分散性等特点。

2. 社区文化是一种复合型文化，由不同内容、不同单元和不同年龄群的亚文化组成。因此，可以根据内容、单元和年龄群标准把社区文化分成三个基本系列，即内容系列、单元系列和年龄系列，而每一个系列中都有相应的类型。

3. 社区文化融民俗、文艺、体育、教育和精神文明建设为一体，其功能是非常多的，如娱乐和健身功能、认知和育智功能、传承和整合功能、审美和创造功能、经济和环保功能。

4. 改革开放以来，社区文化建设取得了显著的成就，如社区文化的观念不断更新、经济投入不断增加、社区文化工作者的素质和社区文化活动的水平不断提高。同时，我们也必须看到社区文化建设面临的主要问题，如工作体制尚未理顺、建设缺乏规划、活动场地匮乏、管理有漏洞、没有专门的法规等。

5. 为了进一步繁荣社区文化，我们必须采取一系列措施，如开展社区文化调查，制定社区文化规划，建设社区文化体制，开发社区文化资源，搞好社区文化市场，发展社区文化事业。

关键术语

社区文化　社区民俗文化　社区文艺文化　社区体育文化　社区教育文化　社区环境文化　社区精神文明　小区文化　社区儿童文化

复习思考题

1. 你是怎样认识社区文化的？
2. 社区文化有哪些类型和功能？
3. 社区文化的发展策略有哪些？

阅读材料

活跃社区文化　推进精神文明[1]

社区文化是在一定区域内特定居民群落的文化设施、活动、行为和氛围，它是整个文化建设和社会主义精神文明建设的一项基础性工程。

厦门市开元区的社区文化建设，是从创建“厦禾文化带”开始的。厦禾路是开元区贯穿东西的主要街道，全长4.6公里，集商贸、学校、企业、公园、车站、码头等为一体，我们根据这里的文化优势，创建了包括旅游、校园、企业、街居、老人、市场、民俗、共

① 参见厦门市开元区文化局：《活跃社区文化　推进精神文明》，载《中国民政》，2000（7）。笔者在收录入本书时略有改动。

建联建等类型的文化示范点，以点连带，以带连片，并结合厦禾路道路拓宽和沿街地块改造，使“厦禾文化带”通过“成型—巩固—发展”三个阶段，逐步向厦禾路两侧辐射，推动新老城区社区文化建设。

一、以人为本、因地制宜，活跃社区文化

社区文化建设与各类文化服务的出发点和落脚点着眼于社区居民。社区文化建设应该动员社区群众广泛参与，把社区群众的积极性、创造性和优良品德充分发挥出来；同时，社区文化活动和各种文化服务项目，也都按照“以人为本”的原则设定和开展。

地处梧村街道的万寿居委会1990年刚成立时，该社区只有三幢宿舍，地理位置偏僻，交通不便，治安混乱，更谈不上有文化娱乐活动。外来打工者下班后无处去，就酗酒、赌博。后来，在厦门市文化局、街道党委的领导下以及辖区内各单位及驻军的支持下，在一座公寓的底层腾出了一处约为125平方米的活动场所，成立了文化活动中心。各单位有钱出钱，有力出力，为“活动中心”添置了不少设备和书籍，并使“活动中心”有了自己的歌舞厅、棋牌室和阅览室。居民每晚都可以到活动室看书、下棋、看录像、看电视，居委会也经常播放一些有关法律、法规、计生和弘扬爱国主义的片子，引导居民走向健康向上之路。该居委会辖区范围现在已经发展到10栋楼500多户。“活动中心”也越来越成为当地居民，尤其是外来打工族喜爱的“家”。同时，房地产开发公司还利用这一文化特点做宣传，在广告上附上文化娱乐休闲设施，促进营销，收效颇大。公园街道文化站地处闹市区，该站是由原来几个在大树下面下象棋、闲聊的群众自发形成的，经组织引导，现已发展成为一个多层次的群众文化活动中心，包括金华阁南音社、老干部京剧组、歌仔戏剧社等。

二、资源共享、互补互利，完善社区文化

所谓资源共享，就是要使社区内所有单位和群众，做到有钱出钱、有力出力、有主意出主意、有场所出场所、有才能出才能，把社区内各种各样有形无形的资源都开发出来，共同建设社区。

莲前街道金鸡亭小区，积极开展共建社区的宣传活动，增进辖区内各单位的共建意识。小区管委会把原来作为摩托车停车场的2层共200平方米的场所作为社区文化活动中心，辖区内各单位和个人都各尽其力，最大限度做到社区资源共享，就连著名书法家也亲笔挥毫，题写牌匾，举办“社区书画展”。资源共享为社区文化活动的开展提供了多方面的保障。

资源共享也为老年人的社区文化生活增辉生色，体现了老年人生活的生机和活力。员当街道常青老人俱乐部60岁以上的老人约180人，经努力与争取，当地物业公司优惠出租给俱乐部一间108平方米的场所。除会员缴纳会费外，有的会员自动捐款，有的通过爱人、子女、同事等多方位筹措资金。俱乐部在保证会员活动的前提下，还适当开展对外有偿服务，这样既活跃了社区文化生活，也取得了一定的经济效益。俱乐部活动形式也多种多样，有老年人自编筷子舞、与台北老年会交流健美操、自助烹调大聚餐、自编社区之歌、组织郊游等，使老年人生活丰富多彩。社区文化渗透到了小区、楼院乃至家庭，活动中心不只是娱乐场所，还起到交流群众感情、解决家庭纠纷、促进家庭幸福、维持邻里团结的作用。员当街道的仙阁里小区、公园街道的繁荣小区、梧村街道的万寿小区等在开展社区文化建设中，都发挥各自优势，扬长避短，互补互利，不断加强和提升社区文化的宣传力度，积极改善现有活动场所和设施，并通过社区各项文化服务，起着联系群众、加强思想教育、休闲娱乐身心、美化生活环境、传播科学知识、提高生活质量的作用，因此，受到了广大群众的支持与欢迎。

三、典型引路、全面推动，发展社区文化

采取“自建为基础、联建为重点、自建带联建、联建促自建”的做法，在全区推出10个“社区文化服务示范点”。对示范点，不仅积极扶持培育，还通过举办交流会、现场会等方式，认真总结推广他们的做法和经验，使典型经验滚动发展。如万寿北文化活动点带动了浦南外来青工活动中心的建立；公园街道文化站向周边街道辐射，同时带动了20个文化服务点，以点带面，一花引来百花开。

社区文化是满足群众需要、加强社会主义精神文明建设的必然要求。通过实践，注意发挥了社区文化的五大功能：适应社区各阶层群众精神文明生活需求，方便就近参与的文化娱乐功能；改善生活质量，提高人的素质和城市文明程度，促进社区发展的文化先导功能；配合中心任务，开展时势政策宣传，振奋人心的社会教育功能；增强集体团结，促进人际、邻里关系和睦的认同凝聚功能；传承优秀文化，创造人们喜闻乐见的新形式的推陈出新功能。蓬勃发展的社区文化的重要性，已越来越为人们所认识，社区文化也充分显示了它创建良好的环境与氛围、促进社区的稳定与发展、利国利民的重大作用。

第7章

社区环境

加强社区环境建设，对于促进社区建设，强化社区管理，实现社区经济与社会的协调发展，促进社区全面进步有着重要的现实意义。本章首先介绍了社区环境的含义与内容，然后考察了社区环境的污染及其防治，最后探讨了社区环境的保护与建设。

预习案例

深圳市水贝工业区的环境治理

深圳市在老旧住宅区的环境治理方面有着比较成功的经验。水贝工业区居民小区曾是一个以“脏、乱、差”出名的小区，民用市政配套设施不全，设备陈旧老化，排水管道锈损，污水四溢，车辆停放杂乱无章，乱搭乱建现象严重，垃圾随意倾倒，臭味难闻。为此，深圳特力物业管理公司把这个小区列为全面整治的重点对象，该公司拆除违章建筑面积达3 200平方米，增加了绿化面积并加强养护，维修了公用设施和区内道路，改造了停车场，增设了路灯，规范了各种标示物。经过全面整治后，水贝工业区的社区环境大为改观，治安状况明显好转，社区文化日益繁荣，受到了居民的广泛赞扬。后来，这个小区被深圳市评为安全文明标兵小区。

7.1 社区环境的含义与内容

7.1.1 社区环境的含义

1. 环境的含义

环境是人类存在和社会经济发展的物质基础。所谓环境，是指围绕着某个主体空间构成的各种外部条件的总和。以人类为主体的环境，主要是指围绕着人类的空间，直接或间接地影响人类生存和发展的各种自然因素和社会因素的总和，包括自然环境和社会环境两部分内容。

2. 社区环境的含义

在研究社区环境时，由于考察的角度和范围不同，人们对社区环境的理解有广义和狭义之分。广义的社区环境也可称为一般意义上的社区环境，即以社区为主体，社区的外部环境状况。从这种视角出发，我们可以把社区环境简单地界定为“社区的外部环境”。

狭义的社区环境也可称为特殊意义的社区环境，即以居住在某一特定社区的居民为主体，社区范围内一切与居民生活密切相关的各种环境因素。从这个视角出发，我们也可以把社区环境界定为“影响社区居民生活的各种环境因素”。

7.1.2 广义的社区环境

社区总是有一定的地理界限，而且同界限以外的各种环境因素有着千丝万缕的联系。因此，我们有必要研究社区的外部环境，了解各类外部环境因素同社区的关系，把社区放到更大的自然、经济、文化背景下进行考察。①

1. 自然环境

构成社区自然环境的基本要素主要包括气候、地形、地貌、水文、土壤和动植物，它们相互交叉组合在一起，构成了自然环境。

自然环境对社区的影响，主要反映在社区的空间分布、类型、区位结构、经济结构、社会生活和建筑风格等方面。在此，我们不妨以气候为例来说明这个问题。（1）气候影响社区的空间分布。人类出于求生的本能，不断向气候适宜居住的地带迁移，从而使这类地带人口密度升高，社区分布也相应稠密。（2）气候影响社区的区位结构。无论在城市规划还是乡村规划中，都要考虑风向问题，将居住区安排在盛行风向的上风口，而将工业区安排在下风口，以避免工业排放有害气体危及居民居住区的生活环境。（3）气候影响社区的社会生活和建筑风格。严寒、高温不仅会影响社区成员的工作和生活，也会影响社区的建筑风格。江南的生活习惯和建筑风格明显有别于北方的生活习惯和建筑风格。（4）气候还通过对农业生产的影响进而影响社区的经济结构。早期的农村社区首先是在气候适宜的农业生产地区形成的，早期的城市也是在农业发达的地带形成的。从世界范围看，城市多数

① 参见李森主编：《城市社区建设概论》，195～202页。

集中在沿海地带，内陆城市远远少于也小于沿海城市，这就是气候因素在社区分布中留下的明显印迹。

自然环境对社区的影响，还反映在以下几个方面：(1) 动植物、矿产资源往往决定社区的产业布局，进而影响到社区成员的职业构成和生活方式等。(2) 地形、地貌、水文等自然因素决定了城市的职能，如交通枢纽城市、旅游城市等。(3) 自然资源、地理位置往往会对城市的规模产生影响，如水资源的稀缺可能限制城市的规模。(4) 农村社区的节日、庙会、物资交流会等集体活动往往安排在农闲时间进行，这也反映了自然因素对社区生活的影响。

2. 经济环境

社区的经济环境主要包括生产力发展水平、社会经济体制、技术经济条件、制度和国民经济结构等因素。这些因素相互作用，深深影响着社区的存在和发展。

生产力发展水平是社区存在和发展的决定性因素。生产力的发展为社区的形成和发展创造了条件，并对社区的规模、类型和空间分布提出了客观要求；而体现了生产力发展水平的社区发展，则为生产力的进一步解放和发展创造了条件。生产力发展水平对社区的影响是多方面的。首先，生产力的发展为社区的形成和发展提供了物质基础；其次，社会分工的发展导致了社区类型的多元化；最后，经济活动规模的扩大和经济活动聚集的要求促进了社区规模的发展，现代城市社区无不是工业化发展的产物。

社会经济制度和经济体制的变革状况对社区的建设和发展产生着极其深刻的影响，乃至决定着社区的发展方向和稳定程度。这是社区经济环境的重要内容。中国的社区建设正是在计划经济体制向市场经济体制的转型过程中，才充满活力的。从某种程度上说，市场经济体制是社区发育和发展的强大推动力。

3. 文化环境

影响社区存在与发展的各种非经济因素，构成了社区的文化环境。社区存在与发展的各个方面都不可避免地受到整个社会文化环境的制约和影响。这些文化环境包括社会的性质与制度、行政体制的变动、传统的道德观念与风俗习惯。

社会性质和社会制度对社区内部的各种社会现象都会产生一定的影响。在不同性质的社会中，在不同的社会制度下，社区发展的状况是不一样的。中国的社区发展就有别于欧美的社区发展，其中最根本的一点就是社会性质与社会制度的差别。前者发展于以公有制为基础的社会主义国家，后者发展于以私有制为基础的资本主义国家。

行政体制的变动对社区的发展有一定的影响，这些变动主要包括大区域范围行政区划的变动、各级行政管理机构的迁移、社区行政隶属关系的变化、社区内企事业单位行政隶属关系的变化。这里仅举两个简单的例子：重庆市升格为直辖市后，不仅促进了自身的发展，在某种程度上也带动了西部地区的发展；一个村庄成为政府的驻地时，它会很快发展为一个集镇。

7.1.3　狭义的社区环境

研究社区环境不仅要考虑外部环境对社区的影响，还要考虑社区内的各种环境因素对居民生活的影响。这些因素主要包括社区内的自然环境、人文环境和社会环境。

1. 自然环境

这里的自然环境主要是指社区内的绿化、净化和美化状况。人们都喜欢生活在绿化较好、比较干净、比较优美的社区中，而不愿意生活在“脏、乱、差”的社区中。这是人之常情。生活在前一类社区中可能会觉得心旷神怡，而生活在后一类社区中则会感到郁闷压抑。

2. 人文环境

这里的人文环境主要是指社区的文化环境和人际关系状况。前者主要涉及社区的文化设施和娱乐设施是否齐全，文化活动是否丰富多彩；后者主要涉及社区内的邻里关系、管理者与居民之间的关系是否和谐。就一个成熟的小区而言，它应该有幼儿园和小学，应该有各种娱乐设施和健身器材，应该有丰富多彩的文化活动，应该有一个和谐友爱的人际关系。

3. 社会环境

这里的社会环境主要是指社区的生活环境和治安状况。社区的生活环境包括生活基础设施状况（如供暖、供电、供气、排水、照明、电话、邮政、停车场等配套设施状况）、商业网点的分布状况、便民利民的服务设施状况以及公共交通状况。社区的治安状况决定了社区居民的生命财产安全能否得到保障。一般而言，社区居民愿意生活在基础设施完备、交通便利和治安良好的社区中。

数字化社区

在数字化社区的发展中，首先出现的是智能建筑。最早的智能建筑建于 1984 年的美国哈特福特市，这种住宅在美国被称为智慧屋（wise house，WH），在欧洲被称为时髦屋（smart home，SH）。此后，智能建筑在世界各地蓬勃发展，在各国相继形成热潮。其次是智能小区，1990 年左右，日本在幕张建立了一个高水平示范性的智能小区。其实早在 1988 年日本就制定了智能化住宅系统及其通信标准——家庭总线（home distribution system，HDS），开始建设智能小区。美国、新加坡也都建有基于 EIA 的智能小区，智能小区在这以后迅速地发展起来。在美国、加拿大等发达国家和地区，人们并不提“智能小区”的概念，而是数字家庭，即 e-home 或 smart home，或名智能住宅（smart house）、数码住宅等。

在我国，智能小区首先是房地产商提出的，我国自 20 世纪 80 年代末开始引进智能建筑，北京、上海首先出现了智能建筑，随后在广州、深圳、杭州、成都等地的新建筑中也部分或全部考虑实现智能化。随着时间的推移，90 年代中期智能住宅小区的概念首次在国内提出，各地智能小区建设由此开始。在《上海市智能住宅小区功能配置试点大纲》中，将智能住宅小区定义为将通信、计算机和自控等技术运用于住宅小区，通过有效的信息传输网络、各系统的优化配置和综合应用，向住户提供先进的安全防范、信息服务、物业管理等方面功能的小区。2000 年国家科委、建设部颁发了《2000 年小康型城乡住宅科技产业工程》文件，在此文件指导下全国各地均兴建了小康住宅示范小区。人们从如何满足小康住宅要求的角度，从现代智能建筑技术领域中扩展而形成了智能住宅的新概念，并很快使之得到实践和应用，从而推广出智能广场等更新的概念。

资料来源：许克祥：《数字化社区》，6页，北京大学出版社，2005。

7.2 社区环境的污染及其防治

社区环境的污染主要包括大气污染、水污染、固体废弃物污染和噪声污染。此外，还包括视觉污染和嗅觉污染。考虑到本节要详细介绍前四种社区环境污染的含义、危害及其防治，这里我们仅简单地介绍后两种污染的含义。视觉污染是指城市中杂乱的视觉环境，是光污染的一种特殊形式，街道上杂乱不堪的天线、电话线，乱丢乱弃的垃圾废物，乱七八糟的摊点，乱停乱放的车辆，眼花缭乱的小广告张贴，都对人的视觉形成了污染。嗅觉污染是城市社区空气中产生的使人感到不舒服的气味污染，主要来源于生产活动中排放出的臭味物质、城市垃圾、粪便、污水。

7.2.1 环境污染的含义

环境问题通常包括环境破坏和环境污染两个方面。前者是指人类对自然资源不合理的开发和利用所导致的环境问题，后者则是指由于工业化和城市化的发展，人类所排放的各类有毒、有害物质对自然环境的侵蚀而导致的环境问题。确切地讲，所谓环境污染是指人类在生产、生活和一切社会活动中将产生的废弃物和有害物质排入环境，导致环境质量下降，从而对人类生存、生态环境产生影响和危害的现象。

环境污染主要是由人为因素造成的。人们在生产和生活活动中需要消耗大量的燃料，如在消耗燃煤过程中会产生大量烟尘和二氧化硫、氮氧化物、一氧化碳等气体，这些物质排入大气就会使空气质量发生变化。人们在生产和生活中排出的废水含有各种有害物质，这些物质汇入江河湖海就会使水体发生变化；人们在生产和生活中会产生大量的工业废渣和垃圾；人们在使用汽车等现代化交通工具时不但会排放废气，也会产生大量的噪声。环境污染根据污染源大体可分为大气污染、水污染、固体废弃物污染和噪声污染。

7.2.2 大气污染及其防治

1. 大气污染的含义

大气污染是指人类在从事生产和生活活动中，某种物质进入大气，使大气的化学、物理、生物等方面的特性发生改变，影响人们的生活、工作，危害人体健康，直接或间接损害各种建筑物和设备等现象。大气污染物主要有颗粒物、粉尘、二氧化碳、氮氧化物、一氧化碳、碳氢化合物和各类工业废气、交通工具尾气等。大气污染主要来源于人类的生产和生活，主要污染源有生活污染源、工业污染源、交通污染源。

生活污染源是指居民及服务行业因生活需要，燃烧各种燃料，向大气排放污染物而形成的污染源。工业污染源是指工矿企业在从事各种生产活动中，燃烧各种燃料，排放各种污染物而形成的污染源。交通污染源是指各种交通工具燃烧汽油、柴油等燃料而排放的尾气污染物而形成的污染源。

2. 大气污染的危害

大气污染对人体健康、植物和气候都会产生严重的危害。

（1）大气污染对人体健康的危害。大气污染对人体健康的危害十分严重。高浓度的大气污染可造成人体急性中毒死亡；低浓度的大气污染可引起慢性中毒、慢性支气管炎、支气管哮喘、肺气肿和肺癌等。

（2）大气污染对植物的危害。高浓度的大气污染会使植物叶面产生伤斑坏死，或直接使叶体枯萎脱落，会危害森林生长，造成森林死亡；低浓度的大气污染会对植物造成慢性不可见的危害。

（3）大气污染对气候的影响。大气污染会使全球气候变暖，产生“温室效应”和“厄尔尼诺”现象，会破坏大气臭氧层，会形成酸雨，会引起气候变化，破坏生态平衡。

什么是“厄尔尼诺”现象？

近些年来，由于大气污染使地球气温异常增加，赤道附近海水温度升高，形成“厄尔尼诺”现象。“厄尔尼诺”现象发生时，太平洋赤道附近的海水异常升温，造成大量海洋生物死亡，还会通过与大气的相互作用，使全球气温变化异常，造成世界范围内的旱涝灾害、风暴灾害。

3. 大气污染的防治

大气污染一般不可能进行统一处理，因此，对于已经进入大气的污染物质，只能考虑尽可能利用大气的自我净化能力和植物的净化能力。因此，防治大气污染的根本办法是在污染物进入大气之前对其进行处理，使之不能进入大气，以保证大气的环境质量。

（1）防治燃煤对大气的污染。目前，在我国的能源结构中，煤炭约占70%，从而形成了以排放烟尘和二氧化硫为主要特征的大气污染。根据《中华人民共和国大气污染防治法》的有关规定，结合城市的实际情况，防治燃煤对大气污染的措施主要包括以下几个方面：严格遵守国家规定的锅炉、茶炉、大灶烟尘排放标准，对达不到排放标准要求的锅炉、茶炉、大灶，一律不得制造、销售和使用；加强城市建设统筹规划，统一解决热源，积极发展集中供暖和联片供热；改进城市燃料结构，发展城市煤气等清洁燃料，推广成型煤的生产和使用；在城市人口密集区存放煤炭、煤渣等，必须采用防燃、防尘措施；加强对酸雨和二氧化硫污染严重地区的控制；合理布局工业生产，将烟尘污染严重的企业迁出城市人口密集区；积极开展植树造林、城市绿化工作。

（2）防治废气、粉尘和恶臭对大气的污染。为了有效防治废气、粉尘和恶臭对大气的污染，必须采取以下措施：严格遵守国家规定的含有有毒有害物质的废气和粉尘排放标准；采取各种措施，防治工业产生的废气、粉尘污染；采取各种措施，防治生产企业排放恶臭气体；禁止在城市人口密集区燃烧含有毒有害和恶臭气体的物质；任何单位和个人在运输、装卸、储存能散发有毒气体、有害气体或粉尘物质的物品时，必须采用密闭措施或其他防护措施；城市饮食服务业的经营者必须遵守国家环保的有关规定，采取各种措施，防治油烟对居民区居住环境的污染；采取各种措施，防治机动车尾气污染。

此外，要防治大气污染，必须采用各种技术措施，这些技术主要包括防治烟尘污染的技术、防治二氧化硫污染的技术和防治氮氢氧化物污染的技术。

7.2.3　水污染及其防治

1. 水污染的含义

水污染是指因人类在生活和生产活动中向江河湖海排放有毒有害液体，改变了天然水的物理、化学和生物学的性质与组成，影响人类对水的利用，从而危害了人体健康和水体中的生物的现象。常见的水污染物有病原微生物、植物营养物、无机化合物、各类油类物质、有毒化学物质。水污染主要来源于人类的生产和生活活动，如果人们在生产和生活活动中向河流排入了上述水污染物，就会造成水污染。

2. 水污染的危害

（1）水污染对人体的危害。水污染会引起急性和慢性中毒，会诱发癌症，会引发各种传染病。例如，含有细菌、病毒的城市生活污水、皮革业污水、屠宰业污水、医院污水、卫生防疫站污水、体检站污水，如果排入水体被人饮用或该水体中生长的鱼、贝、藻类水产品被人食用，这些人就会患细菌性肠道传染病、寄生虫病，如伤寒病、痢疾病、霍乱病、血吸虫病、肠炎等。

（2）水污染对水生动植物的危害。水污染会造成水质变坏、发黑发臭、缺氧，会引发大量水生动植物因缺氧而死亡。水中混入各种有毒物质，会毒死水生动植物。

（3）水污染对淡水资源的危害。水污染会使地表水（河流湖泊）、地下水（井水、泉水）变质、变黑发臭、沉积物增加、干枯断流等，从而使可用淡水资源严重匮乏，城乡淡水供应紧张。

3. 水污染的防治

生活污水和工业废水的随意排放是水污染的主要原因。因此，防治水污染首先应该从控制污水排放入手，将“防”“治”“管”结合起来。其大体思路是：减少污水的排放量，降低所排污水的有害程度，加强废水处理，杜绝任意排放。

（1）地表水污染的防治。防治地表水污染，必须采取如下措施：任何单位或个人要严格遵守国家或地方规定的水污染物排放标准；禁止在国家规定的水体保护区内（如生活饮用水源地、风景名胜区水体、重要的渔业水体）新建排污口；排污单位因发生突发事故事件，使排放污染物超过正常排放量，造成或可能造成水污染事故的，必须采取应急措施，通报可能受水污染危害和损害的单位，并向当地环保部门报告；任何单位或个人禁止向水体排放和倾倒一切污染物；排放含病原体的污水，必须经过消毒处理；禁止向饮用水排放、倾倒农药残液和在饮用水源中洗刷农药容器；加强对水污染防治的监督管理，完善水污染的综合防治工作。

（2）地下水污染的防治。防治地下水污染应采取的措施是：禁止任何单位或个人利用渗井、渗坑、裂隙和溶洞排放、倾倒含有毒污染物、病原体污染物的废水、污水和其他废弃物；禁止任何企事业单位使用无防止渗漏措施的沟渠、坑塘等输送或存储含有毒污染物、病原体污染的废水、污水和其他废弃物；兴建地下工程设施或进行地下勘探、采矿等活动，应采取防护措施，防治地下水污染；采用人工回灌补给地下水，不得恶化地下水质。

此外，防治水污染还必须采用相应的污水处理技术，采用物理手段、化学方法或生物技术来净化水质。

7.2.4 固体废弃物污染及其防治

1. 固体废弃物污染的含义

固体废弃物污染是指人类生产和生活活动中丢弃的工业固体废渣、城市生活垃圾和农业固体废弃物等造成的周边环境污染。固体废弃物主要包括工业固体废渣、城市垃圾和农业固体废物。（1）工业固体废渣包括冶金废渣、矿冶废渣、燃料废渣、化工废渣、放射性废渣、玻璃、陶瓷、造纸废渣、建筑废渣、废料等；（2）城市垃圾包括社区居民生活垃圾、商业服务业垃圾、市政建设和维修管理产生的垃圾，如大量丢弃的废纸、废布、废塑料、废玻璃、废家具、废弃包装物、碎瓷器、碎陶器、废弃建筑材料、厨房垃圾、装修垃圾等；（3）农业固体废物包括农业生产、农产品加工和农村居民生活排出的废弃物，如农作物秸秆、农用塑料薄膜、家畜粪便、农产品加工废弃物、农村居民的生活垃圾。

2. 固体废弃物的危害

（1）固体废弃物对人体的危害。固体废弃物中的尘粒、有毒有害物质会污染空气，被人吸入后会引起中毒和各种呼吸道疾病。含细菌、病毒的固体废弃物污染水体被人饮用后会引起肠道传染病；生活垃圾长期堆放会腐烂变质，滋生蚊蝇，传播疟疾和瘟疫；含放射性物质的垃圾、废弃物露天堆放会使接触者患放射性疾病。

（2）固体废弃物对自然环境的危害。固体废弃物中的尘粒会随风飘扬，使空气中的悬浮颗粒增加；有毒有害固体废弃物会散发毒气、臭气，从而污染空气；固体废弃物进入江河湖海中会污染水体；固体废弃物进入土壤表层后，经雨水浸淋渗出有害物质，会改变土质和土壤结构，使土质酸化、碱化和硬化。此外，固体废弃物随便排放会影响市容卫生环境。

3. 固体废弃物污染的防治

国家对于工业固体废弃物的排放有许多规定，这里我们简单介绍一下城市生活垃圾的防治。防治城市生活垃圾，应主要采取如下措施：任何单位和个人应遵守城市环卫部门的规定，在指定的地点倾倒、堆放生活垃圾，不得随意丢弃或堆放；储存、运输、处置生活垃圾，应遵守国家有关环境保护和城市环境卫生的规定；及时清运生活垃圾，积极开展合理利用和无害化处置，逐步推行分类收集、储存、运输和处置；改进燃料结构，发展城市煤气、液化气等清洁能源；组织净菜进城，减少城市生活垃圾；统筹规划、合理安排废旧物资收购网点，促进废弃物回收利用工作；建设城市生活垃圾清扫、收集、储存、运输、处置的设施、场所；禁止擅自关闭、闲置、拆除城市生活垃圾处置设施、场所；施工单位应及时清运、处置建筑垃圾，并采取措施，防治环境污染。

7.2.5 噪声污染及其防治

1. 噪声污染的含义

噪声污染是指在人类生活和生产活动中，人为造成的妨碍人们学习、工作和休息，危害人体健康，并超过一定分贝的高强度声音。噪声通过空气等物质传播到人的听觉感官，危害人体健康，妨碍学习、工作和休息，是影响社区环境的一大公害。常见的噪声有工业噪声（如工业生产机器设备运转的轰鸣声）、建筑施工噪声（如建筑施工装卸声、搅拌机和卷扬机的开动声）、交通噪声（如卡车的轰隆声、汽车的鸣笛声）和社会生活噪声（如宣传广播喇叭声、居民家用电器音响声）。

2. 噪声污染的危害

（1）噪声对人体健康的危害。噪声对人体健康的危害很大。强烈的噪声容易使人患噪声性耳聋，容易使冠心病复发，容易使消化机能衰退。这里仅以噪声对人的听觉器官的影响来说明噪声对人体健康的危害。强烈的噪声轻则使人的听觉皮质层器官受到暂时性伤害，造成听觉灵敏度下降、耳鸣、暂时性耳聋；重则引起耳膜受损，使听觉不能恢复，造成永久性耳聋。

（2）噪声对睡眠的干扰。噪声会影响人的睡眠，老年人和病人对噪声尤为敏感。睡眠受到干扰后，工作效率和健康都会受到影响。一般来说，40 分贝的连续噪声可使 10%的人受到影响；70 分贝的噪声可影响 50%的人；突发性噪声在 40 分贝以上时，可使 10%的人惊醒，到 60 分贝时可使 70%的人惊醒。

（3）噪声对心理的影响。噪声使人心烦意乱和心神不宁。噪声是导致神经衰弱的一个重要原因。噪声使人的精力不易集中，影响工作效率和休息。噪声使人的劳动效率和工作效率降低 40%，如进行绘图、计算、思考等，错误会增加一倍。

3. 噪声污染的防治

社区噪声污染的防治主要是依据噪声控制标准和有关法律规定，对社区内的噪声采用各种技术手段和管理手段，来限制或减少噪声强度。

（1）工业噪声污染的防治。工业噪声污染的防治措施有：凡新建、扩建、改建项目，必须遵守国家有关环境保护的规定，配备防噪声污染设备，制定噪声污染防治措施，并上报环保部门审查批准；企事业单位向周围环境排放噪声，应当符合国家规定的环境噪声的排放标准；生产国家急需产品的企业，确因经济、技术条件所限，不能通过防治消除噪声污染的，必须采取措施把噪声污染的危害降到最低程度；产生强烈偶发性噪声的单位，应事先向政府、环保部门、公安机关申请，经过批准后方可进行，并向社会发布公告。

（2）建筑施工噪声污染的防治。建筑施工噪声污染的防治措施有：建筑施工单位向周围居民生活区排放噪声，应当符合国家规定的施工噪声的排放标准；建筑施工单位排放噪声超过国家规定标准，危害周围居民生活环境时，经当地环境保护部门报政府部门批准后，可限制其作业时间；禁止夜间在居民生活区、文教区、疗养区施工作业，但抢修、抢险作业除外；因经济条件所限，不能通过防治消除噪声污染的，必须采取措施将污染降到最低程度，并与居民组织和有关单位协商，采取其他保护受害人权益的措施。

（3）交通噪声污染的防治。交通噪声污染的防治措施有：行驶的机动车辆，应具备消声器和符合规定的喇叭，不符合规定超标准排放噪声的，不发牌照；一切带警报器的特种车辆，在执行非紧急任务时，或在禁止使用报警器的地段，不得使用报警器；火车驶入市区、疗养区、风景名胜区，只准使用风笛；飞机起降产生的噪声，应符合航空器噪声排放标准；车站、码头、机场等场所使用的广播喇叭，应控制音量，减少对周围生活环境的影响。

(4) 社会生活噪声污染的防治。防治社会生活噪声污染的措施有：在街道、广场、公园、公共场所，未经政府批准，禁止使用大功率广播喇叭和广播宣传车；禁止在商业活动中心采用发出巨大声响的方法招揽顾客；文体、娱乐场所的经营者，禁止使用播放超标音响设备，防止噪声对周围环境的影响；使用家用电器、乐器在室内开展娱乐活动，应控制音量，不得干扰他人休息；禁止居民在夜间从事家庭装修，防止装修产生的噪声扰民。此外，还应采取相应的技术手段来防治噪声污染，如采用吸声、隔声、减震技术对声源进行控制，设置隔声屏障，采用隔声墙、隔声罩，阻挡噪声传播。

7.3 社区环境的保护与建设

7.3.1 社区环境的保护

1. 社区环境保护的含义

环境保护是指国家和政府通过运用行政、法律、经济、教育和科学技术诸方面的手段，防治环境污染和生态破坏，以保护和改善人们的生活环境和生态环境，使之有利于人类生存和发展而开展的各项活动。这些活动主要包括环境保护理论和技术的研究、环境保护管理制度的制定和实施、环境保护的立法、环境保护的知识教育、环境污染的防治等。

所谓社区环境保护，是指基层政府和各种自治组织运用各种手段来防治社区环境污染和生态破坏，以保护和改善社区居民生活生态环境为目的而开展的各项活动。从某种意义上说，社区环境保护实质上是社区环境的管理，它具有综合性、整体性和持久性等特点。

(1) 综合性。社区环境保护涉及面广，既关系到工业、商业、交通运输等各个行业，又关系到社区居民生活的方方面面。所以，搞好社区环境管理，不只是一个纯技术的问题，而是一个综合性的社会问题，需要动员全社区的力量，尤其是要在基层政府和自治组织的指导下，采取行政、法律、经济、教育和科技等多种手段，进行综合治理。

(2) 整体性。社区作为城市生态系统的一个子系统，同整个城市及其他子系统之间是相互联系、相互制约的，这些子系统共同构成一个有机整体。因此，搞好社区环境管理，必须注意城市生态系统的整体性，尤其是在治理社区环境污染和其他公害的过程中，要遵循生态规律，树立全局观念。

(3) 持久性。社区环境保护不是一朝一夕的事情，而是一项长期的任务。所以，搞好社区环境管理，必须树立长期观念，不能单靠突击、临时应付，而要时刻注意环境保护。对于那些环境污染比较严重而经济实力又有限的地区，更要注意树立长期的观念。

2. 社区环境保护的原则

(1)“三同时”原则。“三同时”原则，又称“三同步”原则，是指在新建、改建、扩建的基本建设项目、技术改造项目、区域自然资源开发项目中，防治污染和其他公害的设施，必须与主体工程同时设计、同时施工、同时投产。一方面，有关部门要严格审查建设项目设计文件中有关环境保护方面的设计，使国家规定的各项环境保护措施在设计中得到体现和落实；另一方面，对建设项目施工和试运转过程中有关环境保护措施的实施情况，要在施工的同时进行督促检查。此外，要参加有关建设项目的竣工验收，对那些环境保护设施没有建成或达不到规定要求的，不予验收，不准投产；强行投产使用的，应追究有关当事人的责任。

（2）协调发展原则。协调发展原则是指，在社区建设与管理中，要注意使社区的经济建设同环境保护之间协调起来，实现经济效益、社会效益和环境效益的统一。

社区的经济建设和环境保护之间是一种相互影响、相互制约的对立统一关系。一方面，社区环境是社区经济发展的基础。任何一个社区，在发展社区经济的过程中，如果能注意环境保护和生态平衡，那么，就能实现一种良性循环，进而促进社区经济的发展。另一方面，社区经济的发展又能为保护和改善社区环境创造条件。因为治理社区环境，需要大量的资金投入，而社区经济的发展，将为社区环境污染的治理提供强大的财力支持，从而有利于社区环境的保护。但是，我们要坚决反对那种“先污染后治理”的观点。

（3）“谁污染谁付费”原则。所谓“谁污染谁付费”原则，也称“谁污染谁治理”原则，是指凡造成社区环境污染和破坏的单位与个人，都要承担治理环境污染的责任，并按照国家的有关规定缴纳排污费。坚持这一原则，一方面有利于增强治理环境污染的能力，加快环境污染的治理速度。实行“谁污染谁付费”原则，不但明确了治理环境污染的主体，而且还减轻了国家的财政负担，加快了治理环境污染的速度。另一方面，有利于增强有关单位和个人治理环境的社会责任感。实行“谁污染谁付费”原则，可以从外部给有关单位和个人一定的经济压力，促使他们重视环境保护工作，提高各种资源和能源的利用率，减少污染物的排放量，消除或减轻对社区环境的污染。

3. 社区环境保护的措施

社区环境保护的主体是政府部门、社区自治组织和居民群众，要想搞好社区环保工作，必须充分发挥他们的作用。当然，加大环境保护的投资力度也是必要的。

（1）政府部门要充分发挥管理职能。加强社区环境污染的综合治理，搞好社区环境工作，为居民提供一个高质量的社区环境，是社区有关政府机构义不容辞的职责。

首先，要制定科学的社区环境规划。除了要遵循社区规划的一般程序和原则外，还要根据生态学理论，对社区的自然资源、环境状况和社会经济发展状况进行科学的分析，确立一个经济与生态环境协调发展的战略目标，确保社区环境规划的科学性和权威性。

其次，要严格执行国家环境保护的有关法律、法规和政策。社区有关政府机构要从本社区的实际出发，采取各种有力措施，经常进行检查监督，确保国家环境保护的有关法律、法规和政策能在本社区得到认真落实。尤其要做到严格执法，对那些违犯国家环境保护法规、造成社区环境污染和破坏的行为，必须依法查处。

最后，要加强社区环境监测工作。环境监测是搞好社区环境保护的一项基础性工作，它能有效测定污染社区环境的那些污染物和污染源在社区中的迁移、转化和分布情况，通过处理分析，可以掌握其变化规律，对社区环境的发展趋势作出准确预报，从而为搞好社区环境保护提供科学依据。

（2）社区自治组织要加强宣传教育，提高社区居民的环境保护意识。环境问题不只是一个经济问题，还是一个社区问题，没有广泛的动员和社区居民的积极参与，要搞好社区环境保护是不可能的。目前，我国许多社区的环境污染十分严重，其中一个重要的原因就是宣传、普及环保知识的力度不够，许多居民缺乏环境保护知识和环境保护意识。为此，社区自治组织，尤其是居委会，要加强环境保护知识的宣传，采用丰富多彩的形式来提高社区居民的环境保护意识。

（3）采取必要的经济手段搞好社区环境保护。社区环境保护离不开经济支持，所以，要想搞好社区环境保护，必须采取必要的经济手段。首先，要注意不断扩大环境保护的投资比例，逐步增加环境保护的资金投入。要采取多渠道、多元化的形式筹集环境保护资金。除了政府每年要增加环保投入之外，还要注意引入市场机制，吸引社会闲散资金和利用外资，来加强社区环境保护设施的建设。其次，要加强环保资金的使用管理，确保专款专用。目前，我国许多地方政府有关职能部门存在着挪用环保资金的情况，尤其是环保部门自身违规使用环保资金的问题非常突出。

7.3.2 社区环境的建设

1. 社区环境建设的意义

社区环境代表着城市社区的形象，而社区形象又反映着一个社区的政治、经济、文化和科学技术的发展水平。所以，社区环境建设至关重要。加强社区环境建设，对于加强社区建设，加强现代化管理，实现经济与社会协调发展，促进社区全面进步有着相当重要的意义。①

（1）社区环境建设是社区建设的基础。社区环境是社区建设中最基本的组成部分，很难想象一个环境肮脏、空气污浊的社区能有吸引力。因此，社区环境是居民社会活动不可缺少的物质前提，制约着城市居民的社会实践和变迁。首先，社区环境开发与保护的好坏，直接影响社区居民的经济活动和生活质量；其次，社区环境建设还为人们的审美活动提供了对象，为人们的工作、休闲提供了特定的活动场所。社区要发展，必须重视环境建设，营造良好的投资环境。

（2）社区环境建设是提高居民生活质量的需要。不断提高居民的生活质量是社区建设的重要任务。改革开放以来，城市居民的收入水平有较大提高，居民的消费结构、消费档次有了很大变化，居民对提高生活质量、改善生活环境的要求也日趋强烈，他们希望生活在一个清洁、安静、优美的环境中。研究表明，人体在25%左右的绿色环境中，皮肤温度可降低1～3度，脉搏的跳动次数可减少4～8次；社区绿化环境搞好后，阴离子就会增多，这有助于调节人体内的血清浓度和神经系统。因此，社区环境建设是一项为居民办实事、办好事的民心工程。

（3）社区环境建设有助于精神文明建设。社区环境的改善有助于社区居民积极生活和勤奋工作，有助于爱惜与保持环境的卫生与整洁，有助于社区居民增强自豪感和凝聚力，

---

① 参见王青山主编：《社区建设与发展读本》，196～199页。

从而促进社区物质文明和精神文明的良性发展。精神文明建设必须以社区环境为载体，并在加强社区环境建设和管理的过程中把精神文明建设同加强社区管理、完善社区服务联系起来，只有这样，才能使精神文明建设真正落到实处。

2. 社区环境建设的内容

社区环境建设的总体目标是努力搞好社区市容管理、社区环境保护和园林绿化。根据当前社区环境存在的问题，社区环境建设应突出抓好三个方面的工作：净化环境，创建卫生社区；绿化环境，创建绿色社区；美化环境，创建干净整洁的美好社区。

（1）净化环境，创建卫生社区。社区环境的净化，主要是指搞好城市的环境卫生。环境卫生是社区公共卫生的一部分，它对于防治和消除环境污染对人体造成的危害、改善居民的卫生条件、预防疾病有重大意义。同时，社区环境卫生水平的高低，也反映了社区经济发展水平和居民的精神面貌与文化素养。因此，净化环境，是建设优美社区的首要任务和先决条件，也是实现全球卫生战略的基本要求。

目前，我国城市社区环境卫生主要有两大任务：一是继续进行以讲卫生、讲文明、治理脏乱差为重点的环境整治，开展经常性的环境卫生工作；二是以《环境保护法》为准绳，严格控制环境污染，达到防治环境污染所规定的目标，建设有较好环境质量的现代化社区。

（2）绿化环境，创建绿色社区。绿化环境是建设环境优美社区的重要环节，也是美化环境的重要内容。社区环境的绿化建设主要包括有计划地种植花草树木，积极扩大地表、空间的绿色植被，发展小区公园。同时，开展全民环境保护教育，提高全民的环境保护意识，推行绿色消费方式也是建设绿色社区的重要内容。

社区园林绿化系统的建设是社区环境建设的重要组成部分，也是社区居民精神文明和社区现代化的重要标志。社区绿化系统是指建成社区及其周围各类绿化用地整体布局的工程。社区绿地按功能可分为公共绿地、环境绿地和专业绿地。公共绿地主要包括各类公园、游憩绿地、街头绿地以及开放的植物园；环境绿地主要包括卫生隔离带、防护绿带、街道绿带、防风沙林带、水资源保护绿地以及其他散生林地；专业绿地主要包括苗圃、花圃、果园和林场。社区绿地不仅可以美化环境，也可以净化环境，具有遮阳、防沙、消尘、固土、保水、防风、防声、净化空气等功能。

（3）美化环境，创建干净整洁的美好社区。美化环境是在净化、绿化的基础上实现“社区环境优美”的更高层次的要求和目标。美化社区是居民的共同追求和愿望，社区美化的程度是衡量社区文化水平的标志，也是社区管理和社区建设的重要内容。美化社区的基本要求是：社区环境，诸如房屋建筑、街道修正、园林街心绿化、花坛、雕塑等，要做到整齐、清洁、协调、美观，形成优雅清新、赏心悦目的社区景观，培养高尚美好、奋发向上的居民精神境界。

3. 社区环境建设的措施

社区在进行环境建设的过程中，应结合本社区的情况，制定出切合实际的建设环境和改造环境的措施。一般而言，社区环境的建设措施包括社区环境规划、社区环境的综合治理以及执法和服务队伍的建设。[①]

（1）搞好社区环境规划。社区环境规划是指导社区管理与建设的重要依据和手段。因此，社区环境建设要严格按照城市总体规划，切实发挥城市规划对社区空间资源的调控作用。社区环境规划主要包括社区环境卫生基础设施规划和社区公共绿地规划。

社区环境卫生基础设施主要包括社区街道的清洁、保洁设施以及城市生活垃圾和粪便的清运、处理设施。净化社区环境，必须完善环卫设施，加强环卫管理。譬如，每300～500米间应有一个公共厕所，每25～80米间应有一个垃圾箱；同时，还要做好社区垃圾和粪便的无害化处理和处置工作。

社区公共绿地的布局应根据城市规划结构和总体布局，按功能与等级要求，结合社区条件，采用“点”“线”“面”相结合的原则，形成总量适宜、分布合理、植物多样、景观优美的城市绿地系统。“点”是指小型草坪，“线”是指林荫道，“面”是指专用绿地、小型公园等。

（2）做好社区环境管理。社区环境建设是基础，管理是保障。新中国成立以来，国家对城市环境整治工作从未间断，从除四害、讲卫生到治理脏、乱、差，再到治理脏、乱、堵，评比检查年年搞，但是社区环境还是不尽如人意，管理跟不上是造成这种现象的重要原因。尽管国家颁布了《城市市容和卫生管理条例》《城市容貌标准》《城市公厕管理办法》《城市生活垃圾管理办法》《环境保护法》，但并没有真正落实“谁污染谁治理”的原则。此外，社区环境管理体制上，还存在关系不顺、多头领导的现象，工商、城管、环保、环卫等部门的管理，有时出现职能交叉，有时出现真空地带。

做好社区环境管理主要应做好社区市容管理。市容管理是一个内容多样、政策性强、涉及面广的社会管理工程。因此，要根据建设部颁发的《城市容貌标准》和本市政府的有关规定，对社区的环境卫生和市容市貌进行检查、监督、整顿。市容管理具有综合性、多样性和反复性，必须以块为主进行管理，综合运用法律、经济、行政和教育等手段，把整治与日常管理有机结合起来，突出抓好“脏”“乱”“堵”这三项内容，采取各种措施来净化街道环境卫生。

（3）加强环境执法和服务队伍建设。社区环境管理的实施需要一支强有力的执法队伍，这就需要将公安、工商、城管、卫生、环保等具有城市管理职能的有关部门的执法队伍分配到社区，同社区联合组建一支环境管理队伍，综合履行园林绿化、环境保护、建筑工地管理等职能。这是搞好社区环境的必要措施。目前，许多社区都由物业管理公司组织专门人员进行保洁服务、绿化管理、车辆管理、装修管理，并按照“谁污染谁清扫，谁得益谁负责”的原则，划定环境卫生、环境园林责任区，责任主体承担责任区的清扫保洁任务。

本章小结

1. 社区环境可分为广义的社区环境和狭义的社区环境。广义的社区环境也可称为一

---

① 参见王青山主编：《社区建设与发展读本》，204～210页。

般意义上的社区环境，是“社区的外部环境”；狭义的社区环境也可称为特殊意义的社区环境，是“影响社区居民生活的各种环境因素”。

2. 所谓环境污染，是指人类在生产、生活和一切社会活动中，将产生的废弃物和有害物质排入环境，使环境质量下降，对人类生存、生态环境产生影响和危害的现象。社区环境的污染主要包括大气污染、水污染、固体废弃物污染和噪声污染。

3. 所谓社区环境保护，是指基层政府和各种自治组织运用各种手段来防治社区环境污染和生态破坏，以保护和改善社区居民生活和生态环境为目的而开展的各项活动。它具有综合性、整体性和持久性等特点。社区环境保护的主体是政府部门、社区自治组织和居民群众，要想搞好社区环境保护，必须充分发挥其作用。当然，加大环境保护的投资力度也是必要的。

4. 根据当前社区环境存在的问题，社区环境建设应突出抓好三方面的工作：净化环境，创建卫生社区；绿化环境，创建绿色社区；美化环境，创建干净整洁的美好社区。社区在进行环境建设的过程中，应结合本社区的情况，制定出切合实际的建设环境和改造环境的措施。一般而言，社区环境的建设措施包括社区环境规划、社区环境的综合治理以及执法和服务队伍的建设。

关键术语

社区环境　环境污染　大气污染　水污染　固体废弃物污染　噪声污染　环境保护　环境建设　环境规划　绿色社区

复习思考题

1. 你是怎样认识社区环境的？
2. 社区环境污染主要包括哪些类型？如何防治？
3. 何谓社区环境保护？如何加强社区环境保护？
4. 社区环境建设的内容有哪些？如何加强社区环境建设？

阅读材料

建设可持续发展的“绿色社区”①

进入21世纪后，人类将面临更加严峻的资源枯竭和环境污染问题，它不仅严重制约经济社会的可持续发展，而且直接威胁着我们每个人的身心健康和子孙后代的生存。建立以“绿色社区”为基础的环境管理机制，是促进广大公众对环境保护事业的共同参与，提

① 参见杨钢：《建设可持续发展的“绿色社区”》，载《四川行政学院学报》，2003（1）。笔者在收录入本书时略有改动。

高环境管理效率的重要途径。

一、“绿色社区”的提出

“绿色社区”的提出是基于“绿文化”引发的“绿色运动”倡导的一种与环境友好的社区生活方式和生活模式。

“绿文化”即生态文化，是全人类的共同文化。关于“绿文化”的理论研究和实践探索较多，20世纪20年代巴洛斯和波尔克等人提出“人类生态学”，把生态学思想运用于人类聚落研究；1949年，美国学者W.福格特在《生存之路》一书中阐述了人类与自然的紧张关系，强调人类要维护和恢复生态平衡，为争取明天的生存作斗争；1962年，卡逊在《寂静的春天》一书中描述了一个由于杀虫剂污染而造成的没有鸟叫的死气沉沉的春天，重新唤醒人们对环境生态问题的关注；70年代初，罗马俱乐部发表《增长的极限》研究报告，大声疾呼人类面临的经济增长与环境质量下降之间的生态危机；在此之后，联合国发表了名为《只有一个地球》的公报，敲响了人类面临全球生态危机的警钟。与此相应，以资源合理利用和环境保护为内容的“绿色运动”也在全球兴起，并形成了对历史发展进程进行深刻反思的“绿色思潮”，这一思潮不仅影响着人们的价值观念、意识形态，而且影响着经济、社会、科技和文化等各个层面。

“绿色社区”是“绿色生活方式”的载体，是人与自然和睦相处、平衡发展的共生体。这种“绿色生活方式”并不是以牺牲人类的发展为代价，而是在享受现代生活方式的同时，尽可能地减少对资源的消耗和对环境的污染。我们必须重新审视“以人为本”的真正内涵，将“人与自然和谐共生”作为“绿色社区”的主旨，通过社区资源的合理利用和环境保护，全面提高社区居民的生活水平和生活质量，促进社区的可持续发展。

二、可持续发展“绿色社区”的构建

“绿色社区”的建设必然营造一个人与自然和谐相处的共生体，谋求人与自然界协调发展的环境。在“绿色社区”构建中，强调以绿化为先导的基础网络、社区建筑、消费方式等，其目的是创造一个空气清新、环境优美、和谐文明的社区。

1. 基础网络

建设“绿色社区”主要是以改善社区环境、提高居民环境意识为宗旨，动员社会单位、组织和社区居民参与社区的基础网络（包括硬件、软件）建设。“绿色社区”包括社区绿化、垃圾分类、污水处理、节能和新能源利用等硬件设施。社区的硬件建设要充分考虑到当前社区居民的物质和精神需要，不仅如此，还要预见到未来的发展，即人们不仅对物质生活而且对精神生活将有更高的追求。因此，在社区建设中，不仅要考虑“绿色建筑”、社区绿化、污水处理等，而且要考虑为满足人们精神文化生活而设置的社区文化中心、老年活动中心、儿童娱乐中心、青少年兴趣中心和网络俱乐部等。“绿色社区”的软件建设是指完善社区环境管理体系和公民参与机制，开展环保教育，动员人人参与。要构建为社区居民提供全方位社会化服务的管理体系，包括家政服务、法律咨询、保健卫生、子女就学、再就业指导和心理咨询等。同时，要建立社区环境管理体系，开展社区居民对社区规划建设和管理的广泛参与，引导其形成制度和风气。

2. “绿色建筑”

“绿色社区”的建设必须注重生态环境，必须注重绿化设计，将绿化融入社区建筑设计中，尽可能多地争取绿化面积，充分利用地形地貌种植绿色植被，让人们生活在没有污染的“绿色社区”环境中。社区的绿化不仅是社区的形象，而且应真正体现“人与自然和谐共生”的关系，使社区居民最大限度地进入绿地，亲近自然。在“绿色建筑”设计中，要采用各种节地、节水、节能的先进技术。在节地问题上，要提倡集约使用土地；在节水问题上，要有效利用节水设备；在节能问题上，要依靠科学设计和科技手段，减少建筑物对常规性、衰减性能源和资源的消耗，在寻找可再生能源的同时，对传统能源采取各种节能措施，如使用节能灯。建筑物和道路的设计应尽可能地保护现有的绿色植被，不破坏已有的生态环境。社区居民的活动及生活行为要尽量减少对周围环境的影响，如不得已改变了原有的自然环境，也应用人工改造的手段最大限度地进行弥补，或另外营造一个仿自然甚至优于自然的生态环境。

3.“绿色消费”

我们要调整生活方式和消费观念，树立一种可持续发展的“绿色消费”观。联合国可持续发展委员会于1997年提出了“可持续消费”和“可持续发展的生活方式”的概念，使环保的重点由污染治理和生态建设向调整人们的生活方式转变，即倡导现代“绿色消费”。这种消费不是以资源的过度开发为基础而形成的工业发达国家的那种高消费，而是以节约资源、减少或避免环境污染为特征的一种可持续发展的消费。它提倡从追求物质的价值消费转变为追求知识和智慧的价值消费，以追求生活质量的节俭消费代替为消费而消费的透支消费。未来的消费模式，决定消费愿望和最吸引消费者的不再是豪华和高档的商品，而是具有较高的知识和智慧含量的商品。以节约资源、减少或避免环境污染为特征的“绿色消费”正在成为全球化的趋势，并且“绿色产品”已有规范的质量认定、技术保障和市场体系。“绿色产品”的消费，将有利于人们的健康，提高人们的生活品位和生活质量。可以预见，“绿色产品”将成为21世纪的主流消费产品，“绿色产业”也必将成为21世纪最有希望的产业之一。

三、可持续发展“绿色社区”的运行机制

“绿色社区”的环境状况与社区居民的切身利益和生活质量密切相关。社区居民对社区环境的关切，使社区居民对环境管理的参与具有积极性和主动性，因此，应该通过建立和完善“绿色社区”的环境管理运行机制，提高社区居民对环境保护的关心和参与。

1. 建立社区环保组织

实现可持续发展的目标，必须依靠公众及社会团体的支持和参与，公众、团体、组织的参与方式和程度，将决定可持续发展目标的实现与否。社区居民参与社区环境管理不是孤立地、分散地进行，而应在社区政府的领导下，建立社区环境保护的民间组织。从加强“绿色社区”建设的角度出发，在社区建立环保组织是社区居民参与环境管理的重要形式，它充分体现了以人为本的可持续发展思想。通过社区环保组织，社区居民有权通过一定的程序或途径参与一切与他们的环境利益相关的决策活动，使决策符合广大社区居民的切身利益。社区环保组织在“绿色社区”中应担负的责任主要有：开展社区环保教育和宣传活动，提高社区居民的环境意识；倡导和组织社区居民向“绿色生活方式转变”；代表社区居民对污染者或管理不当者提出诉讼；组织社区居民参与社区开发建设项目和环境影响评价活动；加强政府与社区居民的联系，缓解政府因环境问题同社区居民产生的矛盾，促使

政府的决策符合环保要求；发挥社区环保组织中专业人士的作用，帮助社区居民对涉及环境问题的行为作出正确选择。

2. 成立社区发展促进会

“绿色社区”建设是一项复杂的社会系统工程，要使各项内容全面落实并取得良好的效果，必须下大力气推进。各级政府和党委必须高度重视社区环境保护，主要领导要亲自部署、亲自抓。要制定具体的实施方案，明确任务和目标，同时要建立目标责任制，定期检查考核。各职能部门要各司其职，各尽其能，把本部门的职能与社区建设的有关内容有机结合起来，在“绿色社区”的建设中充分发挥作用。社会各界要本着共享共建的原则，在人力、物力、财力等方面对“绿色社区”建设给予大力支持。广大居民要积极支持、广泛参与社区建设，真正体现自我教育、自我管理和自我服务，促进“绿色社区”建设的发展。在社区应该成立由政府各有关部门、社区环保组织和有关企业组成的“绿色促进会”，促进会成员要各尽其责，相互支持，充分发挥其整合力量，推进“绿色社区”的环境保护建设。精神文明办主管社区总体环境文明建设，环保局负责社区环保和污染控制事务，街道办事处和居委会负责有关社区环境的行政性事务，物业公司从事有关物业事务方面的管理，志愿者要致力于对居民环境意识的培养并引导公众参与环保活动。

3. 调动广泛的公众参与

要实现以人为本的社区可持续发展，还要求公众必须成为“绿色社区”的行动者。公众将成为参与社区环保的一支强大的社会力量。要建立“绿色志愿者”队伍，评选出一定比例的“绿色家庭”，以选择“绿色生活”为主要内容，组织居民开展一系列持续性的环保活动和环保宣传，通过积极宣传环保规范和法规，引导社区居民共同保护社区环境。

第8章

社区治安

社区治安既是社区建设的重要内容，又是社区建设和发展的前提条件。良好的社区治安是社区居民和社区内单位正常活动的必要条件，是改革开放和现代化建设的重要保证。本章首先介绍了社区治安的含义与特点，接着考察了社区治安的基本任务和组织机构，最后探讨了社区治安的综合治理。

预习案例

青岛市的“创安活动”

维护社区治安稳定是保持整个社会稳定的基础。青岛市从满足居民群众安居乐业的基本需求出发，把解决城市治安问题的立足点和着眼点转向社区，以开展创建安全社区为载体，大力强化基层防范和基础建设。青岛市学习借鉴上海等地的经验，改变过去那种依靠各单位有钱出钱、有人出人、义务上岗的办法，按照“与再就业工程相结合，与公安警务制度相衔接，与加强社区管理与建设相配套”的思路，重新构筑维护城区治安的主防线：首先，确定在市区内组建2 000人规模的社区保安队，在公安民警的带领下开展治安巡逻；其次，进一步健全了城区街居治保、调解、普法、帮教、巡逻、消防“六位一体”的群众性治安防范队伍，完善了群防群治网络。如今，青岛市已有501个居民小区达到省、市、区级安全创建标准，占总数的62%。

8.1 社区治安的含义与特点

8.1.1 社区治安的含义

“治安”一词在我国古代是指政治清明、社会安定。在现代汉语中，它有时指社会秩序的状态，如“维持社会治安”；有时指管理社会秩序的一种活动，如“加强社会治安”。目前，治安通常是指国家社会治安机构为维护社会的安定秩序、保障社会生活的正常进行而依法采取的行政管理行为。

社区治安是一个具有时代特色的概念，通常是指在一定地域内对社会治安问题的治理，是指社区政府和自治组织依靠社区群众，协同公安、司法机关，对涉及社区社会秩序和人民群众生命财产安全的问题依法进行治理的公务活动。为了深刻理解社区治安的含义，我们必须明确社区治安的主体、内容和对象。

1. 社区治安的主体

社区治安的管辖部门，从狭义上讲，是指管辖本地区治安工作的工作机构及其派出机构。但是，由于社区治安涉及千家万户的利益，面对当前我国社会改革开放特定时期复杂的治安状况，社区治安必须实行齐抓共管、综合治理。因此，从广义上讲，社区治安的职能部门还应包括与治安工作密切相关的城市街道办事处、社区居委会、物业管理公司及社区内企事业单位的保卫部门。

2. 社区治安的内容

社区治安主要包括以下几方面的内容：一是公共秩序的维护，包括影剧院、俱乐部、文化宫、歌舞厅等公共娱乐场所和车站、码头、公园、商场、集贸市场等公共场所的秩序；二是户口管理，包括户口登记、户口迁移、户口调查、户口档案、流动人口管理、人口卡片管理、人口统计等工作；三是民用危险物品管理，主要包括对枪支、弹药、雷管、刀器、爆炸物品、剧毒物品以及易燃易爆等物品的安全管理；四是特种行业管理，包括旅馆业、印章业、旧货业等行业的管理；五是交通道路管理，包括车辆管理、机动车驾驶员管理、路面安全设施管理、交通指挥、交通安全宣传、交通事故查处、交通警卫等工作；六是消防管理，包括制定消防规则、办法和技术规范，做好消防安全宣传，开展消防队伍的组织、业务和思想建设，指挥火灾的扑救工作。

3. 社区治安的对象

社区治安的对象一般是指社区治安职能部门依法调整的同社区治安有关的社会关系，主要包括行政违法行为和刑事犯罪行为、灾害事故、社区内的不良道德风气。

8.1.2 社区治安的特征

社区治安是在一定地域内对社会治安问题的治理，它具有区域性、法律性、综合性和群众性等特征。

1. 区域性

社区治安的区域性是指社区治安是一定范围或地域内的治安活动。不同的社区有不同的人口密度、人口素质、职业结构、生活方式、居住条件、地理位置、地理环境、生产布局、民风民俗。社区治安是按照行政区域加以实施的，这使得社区治安工作具有很强的区域性特征。

不同的区域特点对社区治安的内容与工作重点提出了不同的要求。我国幅员辽阔、人口众多，区域特点十分突出。城市和农村、沿海与内地、平原与山区都有不同的区域特点，使治安活动具有不同的特色。比如，同农村相比，城市具有人口密集、工业发达、交通便利等特点，这使得城市社区治安工作在管理内容上更具有广泛性，在工作上更具有复杂性。当然，就城市社区本身而言，不同的社区也有不同的区域特点。

不同的区域特点使社区治安问题的表现形态有所差异。在沿海地区，治安问题往往表现为走私活动较为突出；在经济贫困、文化落后、信息封闭、交通不便的地区，治安问题往往表现为封建迷信活动猖獗、宗族势力抬头、拐卖人口问题严重；在普通城市和经济发达的地区，治安问题又往往表现为经济犯罪、卖淫等违法犯罪行为。

2. 法律性

社区治安的法律性是指，社区治安活动是一定区域内的行政执法活动。社区治安的这一属性主要表现在三个方面：

（1）社区治安的职权是国家授予并以法律形式规定的。新中国成立后，国家颁布了一系列有关治安管理的法律、法规，这些法律、法规规定了社区治安部门的职责和权力，如宣传教育权、行政管理权、使用武器警械权、治安处罚权、监督检查权、使用秘密力量权。

（2）社区治安活动的实质是对法律、法规的贯彻、执行和运用。社区治安中的各种管理活动，包括社区治安主体内部的管理，都是以社区治安的法律、法规为依据的。社区治安的法律、法规明确规定了社区治安的职能、任务、手段和作用，明确规定了人民群众在社会治安方面的权利义务以及行为规范，明确规定了社区治安中专业业务管理的职责范围、管理对象、管理方式和要求，明确规定了治安处罚的程序、种类、界限以及某些限定条件。

（3）社区治安的主体也要用法律、法规来约束自己的行为。社区治安部门和公安干警是社区治安的主体，但是在实施管理的全部活动中，也要用法律、法规来约束自己的行为。例如，警察在行使职权时，必须按照法律、法规的授权范围，不能超越职权，更不能滥用职权；在行使治安处罚权时，必须严格按照法律程序办事，必须“以事实为依据，以法律为准绳”；在采取治安强制措施时，必须同法律的限定条件相吻合。

3. 综合性

社区治安的综合性是指社区治安的领导力量、治理手段和方法都具有综合性。社区是一定区域内的人们共同生活、工作的场所。要使社区有一个良好的社区治安环境，首先必须集中全社区的领导力量，开展综合治理；必须在党委、政府的统一领导下，把街道办事处、居委会、公安派出所、企事业单位的保安部门以及群众自治组织的力量结合起来。

要想使社区有一个良好的治安环境，必须综合运用政治的、经济的、行政的、法律的、文化的、教育的多种手段。仅仅用一种手段往往无法达到良好的效果。当然，在某一特定的社区内，我们可以某种手段为主、其他手段为辅来整治社区治安环境。

社区治安的综合治理包括打击、预防、教育、管理、建设、改造六项工作措施，这六种具体方法必须环环紧扣，不可偏废，只有综合发挥其作用，才能完成社区治安综合治理的工作任务。

4. 群众性

社区治安的群众性是指社区治安工作对群众的依赖性。群众既是社区治安的客体，又是社区治安的主体。要搞好社区治安，永远离不开社区成员的积极参与。

（1）群众有参加社区治安的愿望和要求。马斯洛的需求层次理论告诉我们，安全是人的基本需要之一。群众需要有一个安定的环境，以免除恐惧。这种需要决定了群众会关心社区治安，甚至在特定的条件下会维持社区治安，同违法犯罪行为作斗争。

（2）群众自治组织是社区治安主体的重要构成部分。社区治安的实践表明，发动、依靠、组织群众参加社区治安是搞好治安工作的“法宝”，是中国社区治安的“特色”。在目前社区建设的浪潮中，社区治安部门不仅要依靠居民群众，还要依靠社会各阶层、各方面的力量。

（3）社区治安的效能在很大程度上取决于群众的支持。群众对不良行为的态度和群众的自治意识是社区治安效能的反映。围绕社区安全，各级部门制定了许多制度和行为规范，但这些制度和规范只有建立在广大群众自觉遵守的基础上才能充分发挥作用。在社区治安过程中，警察职能的发挥离不开群众的支持和帮助。

依靠群众的社区治安管理方法

社区是城市的细胞，平安、稳定的环境则是社区工作的重中之重，因此社区治安管理工作就显得尤为重要。对于动迁社区来说，社区治安管理工作面临着更多的困难。然而，苏州工业园区唯亭镇张泾社区经过短短两年，便从原来治安较为混乱的社区变成了如今平安、治安状况良好的社区。而这主要得益于社区民警倪友新总结的一套行之有效的社区管理经验——“倪友新工作法”。这套经过倪友新逐年总结归纳出的新方法——“包楼制”“月清制”“导航制”“筛选制”相结合，针对社区存在的问题对症下药，旨在营造一个平安、祥和的社区环境。

社区治安管理难点催生“倪友新工作法”。说起这套工作法的由来，还得从社区治安管理的难点说起。据园区公安分局业务科科长袁建江介绍，社区治安管理的难点之一在于流动人口的管理。以倪友新所辖的张泾社区为例，这是一个有着 113 幢动迁房，常住人口 6 000 多人、暂住人口 12 000 多人的大型动迁小区。外来人口多、流动性大、无业人员聚集等成了治安不稳定的隐患。社区治安管理的另一个难点则是社会资源难以整合。社区治安管理是一个系统性、长久性的工作，光靠辖区民警力量是远远不够的，发动社会各界的力量才是出路。以张泾社区为例，最初两名协管员却要担负起 113 幢动迁房、最高时 25 000 名入住居民的登记工作量，难度可想而知。

4年前就开始接手张泾社区的倪友新对这些问题和难点深有体会。接手第一天，入室盗窃，盗窃摩托车、电瓶车案件居然连着发生了5起，着实给了老倪一个下马威。面对社区高发的各类案件，这位转业军人刚踏上新岗位就有些措手不及。在细心熟悉社区的各种情况之后，老倪渐渐找到了症结所在：外来务工人口众多、流动性大、良莠不齐、缺乏有效的登记和管理。如果能加强对外来人员的登记，让其中的"不良分子"暴露在阳光之下，必然会打击他们的气焰。找准了症结，倪友新逐年总结归纳出了这套"包楼制""月清制""导航制""筛选制"相结合的方法，调动社区群众共同防治。

"包楼制"就是将社区内出租房的管理和外来人员的登记、发证工作层层分解，对协管员的工作明确任务、落实责任、合理安排，科学解决了协管员工作量的问题。倪友新将张泾社区内的113幢动迁居民楼平均分配给社区的四名协管员进行日常登记，平均每人28幢，结合日常的抽查、倒查对协管员进行考核，改变了原先协管员职责不清、任务不明、工作随意性大的缺点。

"月清制"就是解决协管员入户调查周期的问题。张泾社区外来人口众多、流动性大，往往是刚登记，没几天就已经搬离。如何保持外来人口数据的即时性、新鲜性不光是张泾社区，也是苏州市所有动迁小区亟待解决的问题。倪友新在充分调查的基础上要求社区协管员每人每天走访、登记一幢楼的外来人员出租户。这样每个协管员分配的28幢动迁居民楼的外来人员可以在一个月内重新登记走访一遍，保证了数据的新和准。

"导航制"是倪友新首创的管理办法。他积极与张泾社区居委会联系，利用居委会掌握的治安管理积极分子作为外来人员登记的导航员，由他们提供外来人员入住信息，便于协管员及时上门登记。目前张泾社区内的外来人员登记导航员已经发展到了60人，他们由治安管理积极分子、老党员、退休老干部、退休教师等组成。每个人负责他们所住的及周边的一幢动迁居民楼内外来人员入住的信息提供工作，并由派出所给他们适当奖励。

"筛选制"就是将辖区内租住的"危险分子"梳理出来，作为重点进行管理，这是外来人口管理工作的深化和细化。倪友新在工作中发现居住在张泾社区如此多的外来人口中从事违法犯罪的只是个别人，绝大多数外来人员都是在企业正常务工的，并不需要将所有人口作为管控重点来抓。他一方面加大对外来人口的登记力度，尽可能采集人口信息，另一方面将采集来的人口信息与违法犯罪人员数据库进行比对，将有前科劣迹的暂住人员筛选出来作为管理重点。

"倪友新工作法"成效很大，在园区逐步推广这套工作法不仅有效地解决了社区治安管理难的问题，也极大地调动了社区协管员、居民等各社会力量参与社区治安管理的积极性，更为重要的是它让社区更加平安、和谐。这套工作法的作用到底有多大？看看下面这个事例就知道了。

2008年的一天，导航员张某反映在社区内新搬进一户外地夫妻未办理暂住证，社区民警倪友新立即协同协管员前去查看登记，将相关信息收集后，与网上"三逃"

人员比对，发现其中一人是2003年因诈骗被河南公安机关网上追逃的犯罪嫌疑人艾某。倪友新立即率领公安队员和协管员在该犯罪嫌疑人暂住处伏击守候，并将此人抓获。艾某十分惊讶："没想到苏州的管理这么紧，住了不到两天就被发现了。"

在保证社区居民信息数据的新和准的情况下，倪友新还设计了一份"小区外来人员登记月进度表"，这张挂在警务室墙上的表格将每个协管员每天登记、走访的楼号、数量，发现的可疑情况清清楚楚地显示在上面。这样一方面激励了协管员的工作积极性，形成一种良性竞争环境，另一方面便于倪永新掌握协管员的工作动态。

首创"导航制"后，社区导航员队伍共向民警及协管员提供外来人员信息1 000余条、4 000余人次。倪友新充分利用这支导航员队伍为社区提供治安巡防服务，60位老同志组建成一支"夕阳红"巡逻队，每天由8～9人参与社区的治安巡逻工作。自从在张泾社区实行了这套工作方法，社区共登记外来人员2万余人次，在每个月跨塘派出所组织的抽查、倒查外来人口登记率中，张泾社区都以90%以上登记数量和登记质量在各社区中名列前茅，发案率也以每年15%的速度在下降。

资料来源：《"倪友新工作法"：创新社区治安管理工作的科学尝试》，见新华网江苏频道，2009-03-09。

8.2 社区治安的基本任务与组织机构

社区治安的基本任务包括打击违法犯罪行为，开展人民调解工作，做好流动人口、失足少年、刑满释放人员的管理，做好消防、交通安全管理等方面的内容。要想实现社区治安的基本任务，就必须有强有力的组织机构，就必须综合公安派出所、街道办事处、居民委员会、物业管理公司等各方面的力量齐抓共管。

8.2.1 社区治安的基本任务

社区治安的基本任务是党和国家规定的社会治安总任务的组成部分，它从根本上说是为了保障国家的法律法规、党的路线方针能在社区得以实现。具体而言，社区治安的基本任务包括以下几个方面①：

1. 协助公安机关、政法机关严厉打击各种违法犯罪活动

依法严厉打击各种违法犯罪活动，是社区治安的首要环节和重要保障。社区组织要经常开展调查研究，熟悉和掌握社区内各种人员的情况，发现疑点及时向公安机关反映，配合公安、政法部门依法打击破坏社会治安的刑事犯罪分子，依法查禁和取缔社区内卖淫嫖娼、赌博、吸毒贩毒等违法犯罪活动，维护社区秩序，保障社区的稳定和安全。

2. 做好社区青少年犯罪的预防工作

青少年是国家的希望和民族的未来，减少和预防青少年犯罪是全社会的责任。近年

① 参见李森主编：《城市社区建设概论》，252～259页。

来，学校及其周边地区出现了一些不安定因素，严重影响了青少年的健康成长。比如，学校周围出现了许多电子游戏厅、录像厅、歌舞厅和台球室（“三厅一室”），一些不法经营者贪图眼前利益，直接或间接为青少年提供或播放有关色情、赌博、凶杀、暴力、吸毒等录像，毒害了青少年的心灵；少数不良少年以强凌弱、以大欺小、以多压少，在校园周围上学和放学的路上，敲诈勒索学生的钱财。这些不安定因素严重影响了学校的安定和正常的教学秩序。为此，社区有关部门应采取以下措施来整治校园及其周边的治安环境，做好青少年犯罪的预防工作：首先，学校要在全面实施素质教育的基础上，做好“减负”后学生的引导工作，教育学生远离“三厅一室”；其次，职能部门要加大对社会上服务娱乐场所的管理力度，采取有效措施，制止一些娱乐场所腐蚀青少年健康成长的不法经营行为，倡导他们文明经营；再次，学校要重视“双差生”（学习成绩差、思想品德差）和辍学学生的教育转化工作——统计资料表明，“双差生”和辍学学生的违法犯罪率是普通学生的 10 倍；最后，学校、家长和社会都要重视青少年的心理健康，做好学生的心理咨询工作，防止他们走上犯罪道路。

3. 积极开展人民调解工作

人民调解工作是指基层社区人民调解委员会依据一定的法律、法规、政策和道德规范，集中教育、疏导纠纷当事人自愿达成和解协议，消除隔阂的活动。1989 年通过的《人民调解委员会组织条例》规定了人民调解委员会的性质与任务。该《条例》的第二条规定，人民调解委员会是居民委员会下设的调解民间纠纷的群众性组织，在基层人民政府和基层人民法院指导下进行工作。该《条例》的第五条规定，人民调解委员会的任务为调解民间纠纷，并通过调解工作宣传法律、法规、规章和政策，教育公民遵纪守法，遵守社会公德。

为了正确地调解纠纷，做好人民调解工作，调解人员必须遵循一定的原则和工作纪律。调解人员必须遵守的原则包括：依法调解的原则、自愿平等的原则和尊重当事人诉讼权利的原则。调解人员必须遵守的工作纪律包括：不得徇私舞弊，不得对当事人进行压制和打击报复，不得侮辱、处罚当事人，不得泄露当事人的隐私，不得接受请客送礼。

人民调解工作是一项政策性和法律性极强的工作，因此，必须针对当事人的不同情况和纠纷，采取适当的步骤和方法进行调解。人民调解工作的程序主要包括三步：第一步是申请调解和受理纠纷；第二步是调查研究，弄清事实；第三步是积极疏导，促使当事人达成调解协议。需要指出的是，经过调解，当事人未达成协议或者达成协议后又反悔的，任何一方可以请求基层人民政府处理，也可以向人民法院起诉。[①]

4. 做好流动人口的管理工作

所谓流动人口，是指跨越一定地域范围而不改变常住户口的各类移动人口。流动人口对城市经济的发展、市政建设、市容环境等各个方面都发挥了积极的作用。然而，流动人口也带来了一些负面影响：城市流动人口数量的增长给城市治安管理带来了许多不安定因素，使本来已经十分严峻的城市治安形势更加恶化。流动人口来自四面八方，其构成十分

---

① 参见李森主编：《城市社区建设概论》，246～251 页。

复杂，活动范围广泛，增加了城市治安管理的难度。有些流动人口为非作歹，进行诈骗、盗窃、抢劫、强奸、赌博、卖淫、嫖娼等违法犯罪活动；也有一些流动人口违反工商行政管理的有关规定，在城市滥设摊点、乱盖窝棚、出售伪劣商品、偷税漏税、倒买倒卖、哄抬物价，这些行为严重扰乱了市场，冲击了市场管理。

为了使流动人口流动有序，管理有序，教育有方，必须采取科学有效的管理措施和方法。首先，加强对房屋出租户和用工单位的管理。房屋出租户不仅要有房屋出租许可证，而且也不可容留“三无”（无身份证、无正当职业、无固定住址）人员，严惩非法的房屋出租户；用工单位要主动为流动人口办好务工证、卫生检疫证和已婚妇女的计划生育证。此外，还要依法坚决打击流动人口的违法犯罪行为。其次，成立流动人口管理服务机构。流动人口管理涉及公安、劳动、工商、卫生等多个部门，管理中难免会有一些疏漏，因此，有必要成立流动人口的服务管理机构，对流动人口实施统一管理。

5. 做好失足少年和刑满释放人员的安置帮教工作

做好失足少年和刑满释放人员的安置帮教工作，预防他们重新犯罪，对维护社区治安具有重要意义。基层社区组织，尤其是街道办和居委会，应该采取强有力的措施，把这一工作落到实处。首先，通过走访、调查和个别谈话等形式，摸清本社区帮教对象的基本情况，包括家庭状况、现实表现、社会关系和犯罪原因等，为进行帮教打下基础。其次，成立由街道干部、公安干警和居委会成员组成的“三结合”帮教小组，对帮教对象进行定期的集中教育和不定期的个别教育，防止他们重新违法犯罪。最后，对刑满释放人员和解教人员进行心理咨询和行为辅导，克服他们的心理障碍和行为偏差，使他们重新融入社会、获得新生。

6. 做好居民的治安防范工作

做好居民的治安防范工作，是社区治安综合治理的一项重要内容。从各地的经验来看，居民区的治安防范工作主要有以下做法可供参考：

（1）由街道、物业公司、居委会和居民共同出资，对居民区实行“大包围、小分割”的庭院式管理。在居民区动员居民家家安装防盗门，每个单元安装铁门，条件较好的安装电控防盗门，整个居民区封闭围墙，安装总铁门，设立门卫，聘用专职治安员，坚持24小时值班。

（2）针对部分居民存在的侥幸心理和麻痹思想，广泛开展有针对性的治安防范宣传，提高居民的防范意识。例如，有的居委会编印了《家庭防盗十要》《治安防范须知》等宣传材料，分发到居民家里，收到了很好的效果。

（3）组织各种形式的群防队伍。为了使社区治安始终处于有效的监控之下，把违法犯罪活动扼杀在萌芽之中，有些居民区以社区为单位建立社区保安队或联防队，以楼院为单位组成居民治安小组，以离退休职工为主组建专职或义务巡逻队，并聘请社区居民做治安信息员，及时反馈社区的治安信息。

（4）鼓励居民群众自觉维护社区秩序，以适当方式同违法犯罪行为作斗争。居民群众是维护社区治安的主力军，只有发动群众同违法犯罪行为作斗争，才能弘扬社会正气，使犯罪分子成为“过街老鼠，人人喊打”。许多城市都通过创建“安全小区”“文明小区”等活动，发动居民以适当方式同违法乱纪行为作斗争，促使居民关心社区治安。

7. 做好社区消防工作

消防工作是社区治安的一项重要工作，它直接关系到社区居民的生命财产安全。消防工作的目的是为了预防社区火灾的发生，为社区居民提供安全的环境，保障其生命及财产安全。因此，在指导思想上，一定要把预防火灾放在首位，从人力、物力、技术等多方面做好灭火准备，以保证火灾发生时能迅速扑灭。

做好社区消防工作，首先应该加强对社区重要部门的消防管理。根据社区管理的特点，社区内的重要部门主要是人员集中、火灾发生后损失较严重的单位，如学校、医院、影剧院、歌舞厅、商场、饭店、宾馆等。

做好社区的消防工作，必须遵循“预防为主，防消结合”的工作方针，本着防患于未然的精神，认真开展火灾的预防工作。首先，要合理布局社区内的建筑，配备完备的市政消防设施；其次，加强防火检查及火灾隐患的整改工作；最后，加强消防宣传力度；最后，制定详尽的工作计划，确定消防工作的责任目标。

8. 做好社区交通安全管理

社区交通安全的影响因素主要有三个：一是驾驶员；二是交通设施；三是交通管理。因此，要想预防交通事故，确保交通安全，我们必须从以下三方面入手。

（1）加强对驾驶员的管理。具体而言，我们可以采取如下措施：一是组织驾驶员认真学习交通法规，严格规范驾驶行为；二是鼓励驾驶员努力学习驾修知识，不断提高驾修技术；三是坚持保修车辆，确保车况良好；四是熟悉道路，掌握气候变化。

（2）加强交通设施建设。交通设施主要包括道路、停车场、停车点、停车棚、交通岗、进出口、人行道护栏、分隔设施等，这些设施建设得好坏不仅直接关系到社区居民的生活质量，也直接关系到物业管理公司开展交通管理工作的难易。只有保持交通设施的良好运转，才有可能预防社区交通事故。

（3）加强社区交通安全管理。有了良好的社区交通设施，还应采取科学、合理、高效的交通管理方法。常用的交通管理方法主要有以下几种：一是限速，这是最基本的社区交通管理办法，社区内车辆一般限速在5～20公里/小时；二是设置各种标志、标线、人行道护栏和分隔设施；三是加强交通值勤管理，包括实行社区保安巡逻制度、定点值勤制度和义务协管员制度。

8.2.2 社区治安的组织机构

社区治安是社会治安的基础。从表面上看，搞好社区治安似乎是公安部门的事情；实际上，作为一项涉及所有社会主体切身利益的系统工程，社区治安绝不是哪一家、哪一个部门可以单独做好的事情。社区治安需要社区内的有关机构齐抓共管，共同治理。目前，在城市社区中，同社区治安有直接关系的机构主要有公安派出所、街道办事处、居民委员会以及物业管理公司等。

1. 公安派出所的社区治安责任

公安派出所是我国公安机关的一个重要组成部分，它是市、县公安局管理治安工作的派出机关，是公安部门的基层组织。公安派出所处在同违法犯罪行为作斗争、维护社会治安的第一线，它在公安机关中所处的地位决定了它的工作任务。

公安派出所的基本任务是，管理辖区的社会治安，维护公共秩序，预防和制止违法犯罪行为与治安灾害事故的发生，保障公民合法权益，保卫现代化建设的安全。具体而言，公安派出所的社区治安任务可归纳为以下几项①：

（1）治安管理。这是公安派出所最基本的任务。公安派出所要依据国家治安管理法规和上级公安机关的有关规定，通过公开的行政手段，进行对公共场所和重要地区的治安秩序管理，对旅馆、刻字、旧货业等特种行业的管理，对民用危险物品和违禁品的管理，对违犯治安管理规定的行为以及治安案件、群众性治安事件的管理，对户口和居民身份证的管理。此外，它还要掌握和控制社会动态，维护社区正常的社会治安秩序，保障公共安全。

（2）预防违法犯罪行为、治安灾害事故和群众性治安事件的发生。这是公安派出所的主要任务。这里所说的预防，就是说在违法犯罪行为、治安灾害事故和群众性治安事件发生之前，主动采取措施，消除发生违法犯罪行为、治安灾害事故和群众性治安事件的各种因素和条件，从而达到控制和减少违法犯罪行为、治安灾害事故和群众治安性事件发生的目的。

何谓治安灾害事故和群众性治安事件？

所谓治安灾害事故，是指由于违反治安管理法规或安全操作程序而引起的人身伤亡和物质财产损失的灾害事故，如火灾、爆炸、中毒、沉船等。同普通犯罪行为相比，治安灾害事故给国家和人民造成的损失往往更严重。因此，同治安灾害事故作斗争，不仅是公安机关的任务，也是公安派出所的一项重要任务。

所谓群众性治安事件，是指一定数量的人为了某种目的或利益集合在一起违反治安管理的行为，如聚众械斗、聚众哄抢、球迷闹事、聚众打砸抢等。目前，群众性治安事件是影响社会安定的重要因素，它对社会造成的破坏和影响非常大。因此，公安派出所要采取有效的措施来避免群众性治安事件的发生。

（3）打击犯罪。公安派出所处在公安工作的第一线，打击犯罪是它们的重要任务。公安派出所要通过各种治安管理手段，并根据上级公安机关授权运用某些侦查手段，掌握材料，为公安机关在不同时期开展的各种专项斗争提供打击对象和重点；要主动深入群众开展调查研究，挖掘辖区内的犯罪分子；要通过掌握的人口情况，为侦查人员提供侦破线索；要协助上级公安机关侦查涉及辖区内的大案、要案，为上级公安机关提供所需的环境和条件，完成上级公安机关交给的任务。

2. 街道办事处的社区治安责任

街道办事处是区政府的派出机关，对辖区的城市管理负总责，要依据法律、法规、规章和上级政府的授权，行使相应的政府管理职能。街道办事处对辖区内的区域性、社会性、群众性工作全面负责；对辖区内的城市管理、社区服务、社会治安综合治理、精神文

① 参见王治英等：《社区治安与社会稳定》，134～138页，北京，中国劳动社会保障出版社，2001。

明建设等方面的工作行使组织领导、综合协调、监督检查的行政管理职能；对区政府专业管理部门的派出机构分别实行相应的领导和有效监督。具体而言，街道办事处在社区治安中的责任主要包括以下几个方面[①]：

（1）宣传、贯彻有关城市管理的法律、法规、规章，制定辖区内社区治安管理的计划，并组织实施。搞好辖区内的市容卫生、绿化美化和环境保护，创建舒适、优美、文明的社区生活环境，减少治安案件和刑事案件的发生。

（2）加强社会治安综合治理，维护社区的政治稳定和社会安定。发展社区服务，方便居民生活，维护市场秩序，为区域经济发展提供良好的市场环境。

（3）推行综合执法，对辖区内各专业管理机构的工作行使监督权。区政府及其专业管理部门要支持、保证街道对社区治安工作充分行使综合管理权。各专业管理部门的派出机构在社区治安中要主动接受街道的统一领导。

（4）组建社区治安志愿者队伍，实行群防群治。广泛动员和组织社区居民参与公益性、福利性、群众性的社区治安活动，广泛发动社区离退休老干部、老职工开展各种自助、互助、自觉、自治的社区治安志愿服务，不断扩大志愿者队伍。

3. 居民委员会的社区治安责任

居委会是基层群众性的自治组织，尽管它不是一级行政机关，不具有国家行政职权，但是，它在搞好社区治安、维护社会稳定方面，不仅具有不可推卸的义务，而且具有其他组织不可替代的作用。居委会在社区治安方面的主要任务是，做好社区管理工作，搞好社区服务、社区保障、社区治安和其他社会公共事务，引导居民自我管理、自我服务、自我教育和自我约束，为城市发展创造一个安定、有序、和谐的社会环境。具体而言，居委会在社区治安方面的责任主要包括以下几个方面[②]：

（1）宣传宪法、法律、法规和国家政策，维护居民的合法权益。教育全社区居民认真学习法律知识，增强法治观念，遵纪守法，同社区里的违法犯罪行为开展坚决的斗争；教育全社区居民认真履行依法应尽的义务；鼓励、支持社区居民及时举报违法犯罪行为，对民事侵权和民事违约行为提起诉讼。

（2）向居民会议负责并报告社区治安工作，组织居民落实居民会议关于加强社区治安、维护社区稳定的决定。

（3）及时调解社区内发生的民间纠纷，化解社区矛盾，促进社区居民家庭之间、邻里之间的和睦团结。根据社区实际需要设立人民调解、治安保卫、公共卫生等委员会，指定专人负责有关社区治安工作；也可分设若干居民小组，完成居委会交给的社区治安任务。

（4）协助人民政府及其派出机关做好与居民利益有关的社会治安、治安联防、流动人口管理、计划生育、拥军优属、社会救济、青少年教育、公共卫生等各项工作。及时向人民政府或者其派出机关反映居民关于社区治安方面的意见、要求和建议。

（5）做好社区内被人民法院判处管制、缓刑、假释、监外执行、保外就医等服刑人员

---

① 参见王治英等：《社区治安与社会稳定》，141～143页。

② 参见上书，145～146页。

的监督和教育工作，使其认罪，接受改造；做好社区内刑满释放人员的监督和教育工作，防止他们再次犯罪。

（6）教育社区居民遵守居民会议的决定和居民公约，并组织执行；组织居民参与公共事务和公益事业；开展便民利民的社区服务活动，为社区居民创造安居乐业的工作和生活环境。

4. 物业管理公司的社区治安责任

物业管理公司是指按照合法程序成立，并具备相应资质条件的经营物业管理业务的企业性经济实体。治安保卫工作在物业管理中占有极为重要的地位，是物业管理公司为保证所管辖物业区域内财务不受损失，人身不受损害，用户的工作、生活正常秩序不受干扰而进行的防盗、防破坏、防爆炸、防自然灾害等一系列治安管理活动。因此，物业管理公司的保安员要做好自己的本职工作，其首要任务就是坚持“服务第一，用户至上”的服务宗旨，强化服务意识，努力提高治安服务水平，认真做好治安防范工作。具体而言，物业管理工作在社区治安方面的责任主要包括①：

（1）建立健全保卫组织机构。在国外，社区治安由专业的保安机构负责；而在国内，社区（居民小区）治安主要由物业管理公司自行负责。因此，物业管理公司应建立健全的安全保卫组织，加强对保安部的领导和管理，配备充足的保安人员。

（2）制定和完善各项治安管理制度。物业管理公司应根据物业的实际情况，建立并完善保安员岗位责任制和各项治安保卫制度、出入登记管理制度、大件物品出入管理制度、保安员交接班制度、保安员值班岗位责任制等。

（3）负责维护辖区内部的治安，预防和查处治安事件。

（4）打击违法犯罪活动。物业管理公司应贯彻执行公安部门有关安全保卫工作的方针、政策，积极配合公安部门打击辖区内部及周围的违法犯罪活动。

（5）制定巡视值班制度。根据辖区内的实际情况，物业管理公司应每天 24 小时安排保安员巡视值班，具体工作可从门卫、守护和巡逻三个方面来实施。

（6）加强社区内的车辆管理。物业管理公司应该加强辖区内车辆的安全管理，做好车辆停放和保管工作，确保车辆按规定行使和停放，保证辖区内道路畅通、路面平坦、无交通事故发生、无车辆乱停乱放现象。

（7）完善辖区内安全防范设施。物业的治安管理除了靠人防力量以外，还应注重治安硬件设施的技术防范。如在商住小区四周修建围墙或护栏，在综合性商业大厦内安装闭路电视监控系统，在物业内的一些重要部位、重点单位安装防盗门、防盗报警系统。

（8）密切联系辖区内的用户，做好群防群治工作。物业治安管理是一项综合性的系统工程。通常，物业管理公司只负责所管理物业公共场所的安全工作，要保证物业的安全使用和用户的人身财产安全，仅靠物业管理公司的保安力量是不够的，必须把辖区内的用户发动起来，强化用户的安全防范意识，建立各种内部安全防范措施。

---

① 参见陈德豪、杨振标主编：《物业管理实务》，322～323 页，广州，中山大学出版社，1999。

密织社会治安防控网

在城镇街面，自治区、银川市政府投资6 000余万元建设城市综合监控报警联网系统工程，在三区重点路口、人口聚集区、热点地区布放监控点，对城市的重要角落进行全角度实时监控，构建起覆盖全市的技防网络。公安机关建立了以电子监控、治安卡点、110灯杆报警、城市巡防为主要形式的城防系统。同时，兴庆区、灵武市、西夏区、永宁县分别组建了治安巡防大队，加强对易发案路段、时段的巡逻防范，强化了对社会面的管控力度。

在农村，永宁县全面推广农村小技防建设，提高农民自防水平，全县刑事发案同比下降11.4%；贺兰县在全县24个行政村实施“一分钱创建平安村”工程，有效预防和减少了农村可防性案件的发生；灵武市实施以奖代补、以项目工程推动平安建设战略，在崇兴镇、东塔镇、白土岗乡、临河镇等地的村民家中安装“和谐警铃”，在乡村主要路口安装电子监控设施，大力加强农村治安技防建设。

在社区，兴庆区解放西街综治委加强社区“楼单元联防”工作，推行“三包三管”责任制，开展“邻里守望”工程；金凤区长城中路综治委在社区实行“五位一体+警务协作理事”工作法，使可防性案件得到有效控制。西夏区宁化路宁朔社区实行夜间治安巡防队员电子巡更制度，确保了夜间巡防工作落到实处。

在内部单位，贺兰县德胜、暖泉工业园区的各企业全面安装治安监控系统，园区内各企业技防设施覆盖率达到85%以上。西夏区确立了以“单位负责、政府监管”为核心内容的单位内部治安保卫工作机制。

在公共复杂场所，各县（市）区、各有关部门对旅店、桑拿房、美容美发厅、歌舞厅、网吧等服务和娱乐场所，实行“户籍化管理”，签订自防互防协议，规范其经营行为，建立长效管理机制。

资料来源：《我市密织社会治安防控网 各地、各部门积极探索新路子》，见银川新闻网，2010-02-03。

8.3 社区治安的综合治理

社区治安的综合治理是指，在党委和政府的领导下，各部门要协调一致，齐抓共管，依靠广大人民群众，运用政治的、经济的、法律的、行政的、文化的、教育的等多种手段，从根本上预防和减少违法犯罪，维护社区秩序，保障社区稳定，为社区居民创造一个安定有序的社会环境。

8.3.1 社区治安综合治理的指导原则

社区治安综合治理必须遵循一定的原则，包括总的指导原则、基本工作方法的指导原则、治理社区治安问题的指导原则、实现其治理目标的指导原则。只有遵循这些原则，才能防止社区治安偏离正确的方向。[①]

1. 依法治理

这是社区治安工作总的指导原则。依法治理社区是对依法治国方略的深化和实践。依法治国不仅要求把其思想内涵贯彻到立法、执法和普法的全过程，逐步建立起完备的法制体系，强化执法机关的建设，完善各种法律法规，同时，也要求各级党委、政府在管理一切社会事务中依法行政、依法管理、依法办事，保障社会、经济活动在法治的基础上健康有序地运行。社区作为国家和社会的构成细胞，必须通过自身的具体行动把上述依法治国的方略贯彻到实际工作中去。

依法治国的方略对依法治理社区的要求是多方面的：（1）社区治安的指导思想建立在依法保护社区人民群众的民主、安全和合法权益的基点上，要划清罪与非罪的界限，正确处理两类不同性质的矛盾；（2）治安问题的查处手段要遵循法律的要求与程序；（3）治安管理的方法要贯彻依法行政的原则，通过法制宣传教育，强化社区管理人员的法律意识和法制观念，提高依法行政、依法管理的水平和能力；（4）社区治安中制定的各种规定和制度，要符合国家法律、法规和党的政策；（5）社区治安管理要体现法律、法规的严肃性，必须依法严惩社区内的各种违法犯罪行为，维护国家法律和法规的尊严。

2. 群防群治

这是社区治安基本工作方法的指导原则。社区治安中的群防群治原则，是指发动和依靠群众做好犯罪预防和治理工作。这一原则就其本质而言是坚持党的群众路线的问题。群众路线的核心思想是“一切为了群众，一切依靠群众，从群众中来到群众中去”。可见，社区治安的群防群治体现了党的群众路线。如果不坚持群众路线，不采取群防群治的工作方法，就会失去同群众的联系。离开了群众的积极支持与配合，就难以做好社区治安工作。

当前，实行群防群治必须遵循以下原则：（1）法治原则。把群众路线与依法办事统一起来。（2）责权利相一致的原则。尽管社区治安是社区群众的共同利益所在，但是仍需把物质利益与奉献精神结合起来，把责权利统一起来，最大限度地调动和发挥社区治安上的群防群治威力。（3）“谁主管，谁负责”的原则。这是实行群防群治所必需的。一方面，要求社区中的各部门、各单位提高防范意识，“办好自己的事，看好自己的门，管好自己的人”；另一方面，要求建立各种形式的治安责任制度，组织以治保会为主体的群众性安全防范网络。

3. 专群结合

这是治理社区治安问题的指导原则。“专群结合”中的“专”是指专门机关，确切地说是具有执法权的公安机关；“群”是指人民群众。专群结合是指，在保卫国家安全和维护社会秩序稳定方面，把公安机关的职能与广大人民群众的主动精神结合起来，做好各项防范工作。专群结合是我国公安工作的基本方针，也是社区治理的指导原则。

社区治安的任务具有多样性和复杂性的特点。因此，维护社区治安的稳定，一方面需要有专门机关的技术装备和警察的战斗力作依托和后盾，另一方面需要社区居民的支持和

---

① 参见王治英等：《社区治安与社会稳定》，14～23页。

配合，充分发挥他们的主观能动性。公安机关在打击刑事犯罪活动中离不开群众的支持和帮助，群众在迅速报案、保护现场、提供线索、辨认犯罪嫌疑人、清查窝点、控制销赃等方面，发挥着重要作用。

4. 打防结合

打防结合，是社会治安综合治理的一条基本原则，也是实现社区治安基本目标的指导性原则。这里的“打”是指“打击”，具体地说是指各级政法机关利用国家赋予的特殊权力，通过刑事司法程序揭露、证实、惩治各类犯罪的执法活动。所谓“防”是指“防范”，具体地说是指以政法机关为骨干，机关团体、社会各界与人民群众广泛参与，运用多种手段消除产生犯罪的原因和条件，防止和减少犯罪行为的发生。

打与防是维护社会治安的重要手段，二者是相互依存的辩证统一关系。打击是维护治安的首要环节，是落实社会治安综合治理其他措施的前提条件；预防和减少违法犯罪是综合治理所要实现的目标。对犯罪行为如不依法实施严厉的打击，就不能达到有力地威慑和遏制犯罪的目的，就不能鼓舞教育群众，就不能增强群众的安全感，就不能实现长治久安。同时，打击的出发点和落脚点又是为了促进预防。打击只是维护社会治安的一种手段，仅凭打击这一手段是远远不够的。它还需要采取多种手段进行防范。如果没有强有力的防范措施，打击的效果就难以巩固。需要指出的是，打击与防范在社区治安综合治理中的作用是不一样的，应以防范为主，消除违法犯罪赖以生存的土壤。

5. 标本兼治

同打防结合一样，标本兼治不仅是社会治安综合治理的一条基本原则，也是实现社区治安基本目标的指导性原则。社会治安问题是各种社会矛盾的综合反映，维护社区的治安秩序，既要治标，又要治本，而且应该把重点放在治本上。重在治本是综合治理的中心思想，也是社区治安的根本。无论是打击、防范，还是其他治理措施，都应把重点放在治本上，要围绕消除产生犯罪和治安问题的土壤和条件下工夫，从根本上预防和减少犯罪。

“标”是指发生在社区内的各种违法犯罪现象，“本”是指这些现象产生的根源。治标是对已发生的犯罪案件和治安事件的处理，解决面临的各种社会治安问题和违法犯罪问题；治本是指从产生案件和事件的本源入手去解决问题。二者互为补充，互相依存，不可偏废。对已发生的治安问题如不及时处理就不足以维护法律的尊严，不能有效遏制违法犯罪问题的蔓延和扩大。但是，如果“头痛医头、脚痛医脚”，工作的深度和广度仅限于解决表层问题，就不能解决本质问题。因此，在社区治安工作中必须立足于治本，从已经发生的问题入手，深入调查研究，追根溯源，找出工作中的漏洞和薄弱环节，采取有效的治本措施。

8.3.2 社区治安综合治理的基本措施

社会治安综合治理包括打击、防范、教育、管理、建设和改造六项工作措施，事实上，这些措施也是社区治安综合治理的基本措施。这六项措施相辅相成，缺一不可，只有使其综合发挥作用，才能完成社区治安综合治理的工作任务。①

① 参见王治英等：《社区治安与社会稳定》，106～111页。

1. 打击

打击是社区治安综合治理的首要环节，是落实综合治理其他措施的条件。这项工作主要由公安机关、检察院和法院等部门实施。公安机关是人民民主专政的重要工具，担负着打击敌人、惩罚犯罪、保护人民、维护社会治安的任务，在打击惩处社区违法犯罪活动中具有特别重要的作用。人民检察院是国家的法律监督机关，主要是通过行使行政检察权，依法对公安机关的侦查活动、人民法院的审判活动和监狱、看守所、劳教所的改造活动进行监督，维护法律的尊严。人民法院是审判机关，在打击惩处犯罪活动中，主要是通过审判各种刑事案件，及时惩办一切刑事犯罪分子，维护正常的秩序，保护公民的合法权益和人身安全。打击违法犯罪活动是一项长期而艰巨的工作任务，任何时候都不能有丝毫放松。公检法必须精诚合作，在侦查、批捕、起诉、审判、改造等各个环节分工负责，互相制约，互相监督，共同完成严厉打击各种违法犯罪活动的任务。

2. 防范

防范是减少社区各种违法犯罪活动和维护社区治安秩序的积极措施。这项工作涉及的范围比较广，单靠一个机关、团体难以收到成效，必须把公安机关及其他各部门、单位和广大人民群众的防范控制力量融为一体，把专业防控、部门防控、群众防控、人防、物防、技防等有机结合起来，形成在各级党委、政府领导下，在综治委组织协调下，以公安防控为主导，公安、内保和群众性防范控制机制相结合的社区治安防控体系。

社区治安防范既要做好社会方面的防控，又要做好内部单位和居民住宅的防控。社会方面的防控主要是由公安机关负责，重点是通过建立治安防范控制指挥中心、使用巡警队和防暴机动队、在繁华路段设立治安亭等措施，加强动态管理，形成快速反应的工作机制。内部单位的防控主要由社区内各企事业单位负责，按照“谁主管谁负责”的要求，建立内保组织，组建保卫队伍，设立值班门卫，配合有关部门及时处理内部发生的刑事案件、治安案件和治安灾害事故。居民住宅的防控主要由居委会负责，通过采取设立治安室、组建看楼护院队、实行封闭式的管理等措施，防止居民楼（院）各种治安问题的发生。

社区治安：时刻都得绷紧的弦

社区治安是一根时刻都得绷紧的弦，因为它关系到居民的生命财产安全，关系到一方社会的平安稳定，关系到一个城市的外界形象。也许窃贼光顾家中，未拿走多少东西，但它对居民精神上的打击是巨大的、沉重的，它留给居民心理上的阴影会长时间挥之不去。社区治安重在防范，而防范的主要措施无外乎人防、物防、技防。

人防：落实到行动上。

目前中心城区各居民小区基本都实现了一区一警，并成立了保安队伍。这是抓好社区治安防范的重要力量，在很大程度上也起到了治安保障作用。但有些小区的保安人员职责不清，工作流于形式，仅仅限于搬桌子、拉板凳坐在大门口，无所事事。对自己所在的小区缺乏了解，对小区居民缺乏了解，对社区巡逻尤其是夜间巡逻马马虎虎。而有些小区的警务室，竟也经常关门闭户，不能充分发挥其对社区违法犯罪的震慑作用。

人防需要各小区管片民警、保安人员切实负起责任来。要了解社区的治安形势，掌握社区违法犯罪的基本规律，找到社区治安防范的薄弱环节，采取有针对性的防控措施。要做到防范到位，保障有力，让违法犯罪分子望而却步。

同时，还应加大对社区居民的治安教育，让市民消除麻痹大意思想，不断提高防范意识。应借鉴南方一些城市的做法，定期将一段时间的高发案件和犯罪分子常用的作案形式通报给居民，让他们自觉搞好自我防范。

物防：把好三道关口。

就社区治安来讲，朴素意义上的物防就是把好三个门：小区门、楼道门和住宅门。要努力做到防患于未然，未雨绸缪，"邻人亡羊我补牢"。

目前中心城区各居民小区基本都实现了封闭式管理，为搞好社区治安创造了条件。为防止不法分子进入小区作案，应不断完善社区围墙、大门的管理，有效防范不法分子利用机动车辆等大型运输工具进行"搬家式、洗劫性"作案。对形迹可疑的偷盗自行车、摩托车的作案分子，要及时识破并将其擒获。

各楼道的防盗门不能形同虚设，要做到及时关闭，不留"尾巴"。对业已损坏的楼道防盗门，物业管理部门应及时组织修复，不能因为牵涉多家居民而扯皮。同时，应全面衡量居民住宅楼安装防盗窗的利弊得失，考虑问题不能简单地从小区外表美观的角度出发，要坚持以人为本、安全第一，有效确保居民住在家里安心，上班时间放心。

目前，中心城区还有少数小区没有地下室或储藏室，致使一些居民将自行车、摩托车随意停放，为不法分子提供了便利，刺激了其作案欲望，形成了恶性循环。在条件允许的情况下，应为这些小区配备储藏室，以增加不法分子偷盗自行车、摩托车作案的难度，延长其得手的时间，让不法分子知难而退。

技防：盘活现有资源。

作为技防来讲，因为涉及较大规模的投入，许多小区一时还无法完全实施。但一方面我们应在一些新建小区建设之初就规划设计好社会治安技术防范体系；另一方面，对已经安装了电子巡更、定位监控系统的小区，要及时盘活、充分利用好这些资源。

部分小区在购置安装了电子防盗设施之后，因为需要支付一定数额的电费而停止使用。岂不知，数额有限的电费与盗窃犯罪给社区居民带来的危害相比，是远远不成比例的。因为节电而让防控设备闲置，显然是因噎废食、得不偿失。同时，社区警务人员、保安人员、物业管理人员以及其他社区管理人员，应熟悉电子防控设施的使用，并能对市民及时进行有关教育培训，有效防止市民家里的防控设施变成"摆设"。

目前，中心城区已有多家部门单位安装了 GPS 卫星定位系统。而这些设备大都用途单一，有些甚至不能全天候使用。有关部门应努力整合使用好这些资源，充分发挥它们在城区管理、社区治安中的威力和作用。一旦发生案件，要认真查阅相关设施留存的资料，不能因为案件"小"而不肯下工夫检索查找，让连续作案的不法分子一次次消失在视线之外。

资料来源：薄文军：《社区治安：时刻都得绷紧的弦》，载《东营日报》，2006-06-14。

3. 教育

教育是预防社区违法犯罪的重要措施。教育的重点对象是青少年，特别是有过前科的青少年。教育大体上分为家庭教育、学校教育和社会教育。(1) 家庭教育是预防社区违法犯罪的基础环节。家长是子女的第一任老师，许多事例表明：子女违法犯罪同家庭教育有着直接或间接的关系。因此，家长要以身作则，要为子女创造良好的环境，要长期不懈地对子女进行思想道德和法制教育。(2) 学校教育在社区预防青少年违法犯罪中具有举足轻重的作用。学生“三观”（世界观、人生观、价值观）的形成主要靠学校教育。因此，学校应克服片面追求升学率、不重视思想道德教育的倾向，把学生的思想道德教育和法制教育摆在重要位置，并纳入教学计划。(3) 社会教育是一项庞大的系统工程。宣传、文化、教育、司法、行政等部门，应按照各自的职责分工，扎扎实实地搞好公民的思想道德教育、科学文化教育和发展宣传教育。家庭教育、学校教育和社会教育必须紧密结合，形成经常性的教育机制，充分发挥“综合”教育的优势，共同为预防和减少社区违法犯罪作出积极的贡献。

4. 管理

尽管治安管理工作应当以公安机关为主，但社区治安问题是一个复杂的社会问题，单靠公安机关不可能从根本上解决问题，必须采取综合管理手段，调动各方面的力量，实行齐抓共管。治安管理的总体思路应是，建立以社区综合治理机构为“龙头”、以公安派出所为主导、实行专群结合的管理体系，形成覆盖城市社区的严密的治安管理网络。

治安管理的重点主要包括以下几个方面：首先，加强社区内的流动人口的管理，掌握流动人口的动向；其次，加强社区内的旅店、废旧物品收购站、舞厅、发廊、录像放映厅等特种行业的管理，建立严格的审查登记制度，实行治安承包责任制；再次，加强社区内文化市场的治安管理，建立由综治委牵头，出版局为主，公安、宣传、文化、教育、工商等部门参加的工作网络，对各种文化市场进行清理整顿，坚决打击制黄贩黄的犯罪分子；最后，加强社区内集贸市场的治安管理，公安、工商等主管部门必须联手、联心、联治，坚决依法打击严重扰乱正常交易秩序的欺行霸市行为，适时组织开展反扒窃斗争，维持良好的市场治安秩序。

5. 建设

建设是社区治安的一项基础性工作。搞好社区治安，必须进一步加强社区基层的组织建设、思想建设和作风建设。首先，要加强街道建设，配好、配全干部，树立全心全意为人民服务的思想，积极开展社区治安工作；其次，要加强公安派出所的建设，配足警力，配好装备，提高全体人员的基本素质和依法办事的能力，培养他们的奉献精神；再次，要搞好社区群众的自治组织建设，尤其是居委会建设，积极发挥它们在社区治安方面的作用；最后，还要进一步加强制度建设，健全完善各种社区治安防范机制，特别是各种形式的综合治理责任制，把综合治理的各项工作纳入制度化、规范化的管理轨道。

6. 改造

改造是教育人、感化人、挽救人的特殊预防工作。监狱和劳教机关是改造的主力军，必须认真贯彻“改造第一，生产第二”和“教育、感化、挽救”的方针，做好服刑人员和劳教人员的思想转化工作，努力把他们培养成为现代化建设的新人。由于有些劳教人员可以判处管制、缓刑、减刑、假释，还有可能保外就医、监视居住、取保候审，在这种情况下，社区就成了重要的改造、教育、监督犯罪及相关人员的重要场所。

打击、防范、教育、管理、建设、改造这六个方面的工作，是相互联系的一个整体。只有做好每个方面的工作，才能把综合治理的各项措施落实到社区，才能产生社会稳定的“综合效益”；否则，就会顾此失彼，出现“打不胜打、防不胜防”的局面。

8.3.3　社区治安综合治理的实践经验

综合治理是解决社区治安问题的根本途径。各地在综合治理过程中积累了一些行之有效的实践经验，这些经验包括创建安全小区活动、建立治安联防队、加强社区治安巡逻、完善综合治理网络等。[①]

1. 创建安全小区活动

安全小区是指在新的历史条件下，认真贯彻“两手抓、两手都要硬”方针，依靠广大人民群众参与社区综合治理，达到“发案少、秩序好、群众满意”要求的先进居民区。它是社区治安工作取得优异成绩的标志和综合性的荣誉称号。全国范围内安全小区的创建活动始于 1997 年，不过，当时提倡的是创建“安全文明小区”，各地相继制定了创建安全文明小区的标准、方式和有关保障措施。1998 年，大多数地区将“安全文明小区”改为“安全小区”，这样更符合社会治安综合治理的特性。北京、上海等城市创建安全小区活动的实践表明，开展这一活动的形式是多种多样的，有的社区实施了“细胞工程”，使“维护社区治安”成为每个家庭成员的自觉行动；有的开展了“送法进万家”，举办了“家政学校”，强化了社区法制宣传；有的建立了“联防联户”机制，推行了“居民公约”，以便对楼院治安实行相互监督，协同行动。这些不同形式的活动使综合治理的各项措施落实到户。

2. 建立治安联防队

治安联防是维护社区治安、强化社区综合治理的重心。它要求社区有关单位联合起来，共同采取行动，防范违法犯罪活动，维护社区治安秩序。有固定组织的治安联防是适应新的历史时期治安工作的需要而出现的新事物。改革开放以来，随着人、财、物的大量流动，流动人口急剧增加，治安案件和刑事案件逐渐增多，这使得现有警力与客观形势不适应。因此，组织群众性的治安联防组织就非常必要。

治安联防队是社区范围内协助公安部门维护社会秩序、加强对外来人口综合管理的社会公益性的辅助管理组织。它由街道党工委和办事处统一领导，由公安派出所负责其日常管理和使用，并在市、区社会治安综合治理委员会办公室的协调和指导下开展工作。治安联防队不是国家的行政组织，其成员来自企业、机关、学校的内部职工以及社区居民或聘请的群众。社区治安联防队已经成为维护社区治安的重要力量。

3. 加强社区治安巡逻

社区治安巡逻是指公安部门为了维护社区治安秩序，维护广大人民群众的合法权益，限制和查处违法行为，防范和打击犯罪活动而组织和实施的一种巡查警戒活动。这是一种以公安民警为主，联防队和保安队积极参与的巡逻活动，它是城市社区治安管理工作的重要内容。

---

① 参见王冶英等：《社区治安与社会稳定》，112～124 页。

多年来，城市治安管理主要有两种形式：一是专业治安管理；二是区域治安管理。前者是指对特种行业、危险物品、交通、消防等按专业而实施的自上而下的管理，也就是我们通常所说的“条条”管理；后者是指按照行政区域划分进行的管理，通常称为“块块”管理。相对于传统的“条”“块”管理而言，治安巡逻弥补了传统治安管理的“条块分割”，成为联系“条”与“块”的中间环节，因此，它增强了治安管理的系统性：首先，治安巡逻的主体组成跨越了专业和行政区域的界限，它可以组织协调各专业、区域的治安民警、交通民警、武警、群众治安联防人员，对整个城市的治安秩序实施巡查和警戒；其次，治安巡逻的功能也突破了那种单一、分割的局限，具有打击犯罪、发现犯罪、安全防范、快速处理治安问题的功能。

4. 完善综合治理网络

目前，全国各地在完善综合治理网络方面积累了许多宝贵经验。[①]（1）各大城市的“110报警服务电话”已经成为居民依赖的综合性紧急求助系统，1998年开通的“148法律服务热线”也正在发挥越来越大的作用。（2）许多城市理顺公安派出所和街道办事处的关系，由公安派出所的负责人兼任办事处主管政法工作的副主任或党委副书记，建立起居委会、派出所、驻区单位、群众代表组成的社会治安综合治理委员会，使其作为责任主体，全权负责社区治安工作。（3）推行社区警务工作，在社区建立警务室，实行社区民警轮班制，发挥社区楼长、巡逻队长、小片区长和路长的作用。（4）以司法所为依托，在街道建立“两劳”释放人员安置帮教工作站，建立社区社会矛盾调解中心和社区法律援救中心。（5）技防、人防和物防相结合，建立由电话对讲系统、电子监视系统和治安警卫系统构成的社区（小区）保安系统，保证楼道明亮化，做到技防严密可靠、人防到位有力、物防扎实有效。（6）发挥物业管理公司在社区治安中的作用，大力发展保安服务事业，改变治保会或居委会组织志愿者开展的单一安全防范服务模式。

同建立机构网络相适应，有必要加强各种力量、各类组织、各个网络之间的信息联络与协调。我们可以通过联席会议、协调会议、协调小组、110和148联动、GPS卫星定位车、突发事件领导联络方案等手段，加强各机构之间的信息沟通与反馈、行动协调与合作，加强其快速反应能力和处置突发事件的能力。

从武汉“8·9”案件看社区治安管理

一位社区居民被歹徒突破三层防护门刺死在自己家中，而歹徒曾多次持刀入室，8月9日发生在武汉的这起恶性治安事件令人震惊。

这种类似“牛二”的狂徒自古就有，无论是在乡村还是城市。他们净干些滋事扰民之事，横行乡里，弄得鸡犬不宁。但由于大错不犯，小错不断，传统的从重从快从严打击的方式就难以发挥用场，最后的结果只能是“捉放曹”。群众因害怕报复，只能是敢怒不敢言，导致“牛二”之流更加恣意妄为，最后由小恶变大恶，导致悲剧上演。在广东东莞就发生过保安因捉贼竟遭报复的惨剧：女儿被小偷绑架轮奸。

① 参见高鉴国编著：《中国社区工作者手册》，51页。

这种恶性事件之所以屡屡发生，与我国处于转型社会，社区居民结构发生巨大变化，而相应的社区治安管理方式并没有建立起来有很大的关系。当前，我国的城市居民居住结构发生了巨大的变化，从过去以本单位人员居住为主，转变为社会小区各方人士混合居住为主，治安防控也由过去的单位统一管理演变为目前的四大组织负责，即小区保安、居委会、业主委员会、社区警察。从表面上看好像是负责的组织多了，治安应该好了，而现实情况却并非如此。因为原来的在本单位小区集中居住，基本上是一个熟人社会，大家在同一单位上班，相互间是同事，都比较了解和熟悉。这样的居住结构使小区的治安管理也相对比较容易，不易发生恶性事故，因为熟人之间比较容易在危难时刻相互帮忙。

而目前城市随着住房商品化的改革，居民按小区居住，一个庞大的小区从熟人社会转变成陌生人社会，同一小区内不同楼层，甚至同一楼道的住户基本上都不熟悉，再加上城市邻里之间特殊的冷漠不走动现象，使小区的治安管理难度陡然增加数倍。面对这种新型的居住结构，在一些地方，新的小区社会安全管理体系并没有形成合力，传统的“三个和尚没水吃”现象倒是不同程度地存在，比如，小区保安演变成只收物业费与停车费的专门机构，业委会基本上是个摆设，居委会在治安上的作为并不积极，不少数万人的小区平均只有一两个警察“小牛拉大车”，平时要负责庞大片区的户籍登记，对治安工作不一定能不留死角。这种基层社区治理结构在某种程度上会形成一个社区管理空白区，看似许多人在管理，其实谁都不管，遇到事找谁都不易。

加强小区模式的社会治安防控体系建设，从源头上堵塞治安隐患，是未来重要的一环。虽然目前小区的防控体系名义上有，但如何真正地发挥作用，还需要明确的分工，而小区保安、社区警察、业委会、居委会等在小区治安中究竟该起什么样的作用，国家也一直没有统一的相关规定。未来国家应该出台相应的法律规章，进一步明确这种新型社区各组织的治安任务，这样才能做到“法网恢恢，疏而不漏”。

一个成熟的办法是以社区警察为主，构建居委会、社区警察、业委会、小区保安等综合治理的社区治安管理和警民联动工作机制。还可以从下岗职工和低保对象中选聘人员组建巡逻队伍来加强社区和街面治安防控，加强一线防范能力，加强对小区“危险”人员的重点监控，这样可以更有针对性地解决令人头痛的社会治安问题。

资料来源：郑风田：《从武汉“8·9”案件看社区治安管理》，见荆楚网，2009-08-14。

本章小结

1. 社区治安是一个具有时代特色的概念，通常是指在一定地域内对社会治安问题的治理，是指社区政府和自治组织依靠社区群众，协同公安、司法机关，对涉及社区的公共秩序和人民群众的生命财产安全问题依法进行治理的公务活动，它具有地域性、法律性、综合性和群众性等特征。

2. 社区治安的基本任务包括打击违法犯罪活动，开展人民调解工作，做好流动人口、失足少年、刑满释放人员的管理工作，做好消防、交通安全管理工作等方面的内容。要想实现社区治安的基本任务，就必须有强有力的组织机构，就必须综合公安派出所、街道办事处、居民委员会、物业管理公司等各方面的力量齐抓共管。

3. 社区治安的综合治理是指，在党委和政府的领导下，各部门协调一致，齐抓共管，依靠广大人民群众，运用政治的、经济的、法律的、行政的、文化的、教育的等多种手段，从根本上预防和减少违法犯罪，维护社区秩序，保障社区稳定，为社区居民创造一个安定有序的社会环境。

4. 社区治安的综合治理必须采取一定的原则，包括总的指导原则、基本工作方法的指导原则、处置治安问题的指导原则、实现其治理目标的指导原则。这些原则包括依法治理、群防群治、专群结合、打防结合、标本兼治。

5. 社会治安综合治理包括打击、防范、教育、管理、建设和改造六项工作措施，事实上，这些措施也是社区治安综合治理的基本措施。各地在综合治理过程中积累了一些行之有效的实践经验，这些经验包括创建安全小区活动、建立治安联防队、加强治安巡逻活动。

关键术语

社区治安　综合治理　群防群治　违法犯罪　安全小区　公安机关　司法机关　治安联防队　人民调解　治安灾害事故　群众性治安事件

复习思考题

1. 什么是社区治安？它有哪些特点？
2. 社区治安的基本任务是什么？如何才能实现社区治安的基本任务？
3. 什么是社区治安的综合治理？社区治安综合治理的措施有哪些？

阅读材料

合肥市西市区社区治安综合治理的成功探索与启示①

社区治安综合治理是社区建设的重要组成部分，它事关一方的社会稳定和经济的发展。1991年党中央、国务院要求全国各地组织动员全社会的力量对社区治安实行综合治理，走出了一条符合我国国情的解决社区治安问题的新路。合肥市西市区在全市落实这项工作任务，经过十多年的探索与努力，逐步形成了一套行之有效的社区治安综合治理的工作模式与机制，取得了较大的成绩。然而，如何进一步完善社区综治工作，以适应社区治

① 参见安群等：《构建齐抓共管的社区治安综合治理体系——合肥市西市区社区治安综合治理的成功探索与启示》，载《江汉论坛》，2001（6）。笔者在收录入本书时略有改动。

安形势不断变化发展的需要，是这次调研带给我们的启示。

一、西市区社区治安综合治理现状

合肥市西市区管辖地域广阔，且大多处在城郊结合部。特殊的地理位置，加上改革开放的深入发展和人财物的大量流动，直接导致这里社区治安秩序较为复杂。多年来，由于领导重视落实综治责任，各部门协调配合，齐抓共管，优化了社会环境，营造了良好的治安氛围，筑成了一道安全屏障，人民安居乐业。

资料显示，近五年来，辖区范围集团犯罪现象极其少见，黑社会性质的犯罪团伙尚未发现，区内中毒、爆炸、重大火灾、重大工作事故、交通事故很少发生，也没有发生群众性的集体越级上访事件，凶杀案发案率也大大降低，民转刑案件杜绝，区内曾一度泛滥的“法轮功”问题得到了有效的打击与控制，帮教转化率达到90%。几年来，西市区民间纠纷的80%都能在街道一级得以妥善处理，其中治保会、社区调解委员会功不可没。问卷统计结果显示，98%的居民对社区调解委员会的工作表示满意，有95.6%的人与邻居发生矛盾首先找社区调解委员会和本单位调委会进行调解。

从问卷调查结果看，广大社区居民普遍认为，目前合肥市西市区社区治安状况良好，居民满意率较高，达93.7%。各级组织为社区居民营造了一个良好的社会环境，基本上实现了化解一个纠纷，宣传一个方面的法律知识，教育一片群众，稳定一方人心之目标。稳定的社区治安环境，有力地促进了全区的经济发展和社会进步，目前，全区的个体私营企业特别是外来投资企业正如雨后春笋般不断涌现。

二、西市区良好的社区治安现状的原因分析

1. 加强组织领导是形成良好社区治安状况的必要前提

维护人民群众的根本利益，全面促进社会生产力和文化事业的发展，为经济发展和社会进步提供良好的稳定环境，是江泽民同志“三个代表”重要思想在社区治安综合治理工作中的具体体现。因此，维护社会稳定，让人民群众安居乐业是新世纪党和政府的一个重要目标，也是城市管理和社区建设的一项重要任务。有鉴于此，合肥市西市区区委、区政府高度重视社区治安工作，牢固树立“稳定压倒一切”的思想，从讲政治、讲大局的高度，积极采取措施，狠抓工作落实，不断完善社区治安体系。首先，确立社区治安的基本目标并将任务分解，既有五年规划，又有当年的工作重点；其次，建立严格的责任制，确立“一把手”负总责的垂直领导体系，一级抓一级、一级包一级，实行齐抓共管、条块结合，坚持属地原则，“谁主管，谁负责”，做到条块各司其职，相互协调；再次，坚持动真碰硬，严格履行“一票否决制”和重大治安领导责任追究制，实行奖惩兑现，促使区委“一班人”以社区治安综合治理工作“保一方平安”为己任，每一项具体工作，每一次重大行动都亲临指导；最后，坚持典型引路，以点带面，抓好试点，及时总结，全面推广，区委、区政府领导经常深入社区企事业单位开展实地调研、帮助总结，组织人员撰写调研文章，编写简报，介绍试点单位经验做法，科学地指导了全区的综治工作。

2. 政法机关的主力军作用是推动社区治安工作良性运作的关键

民间纠纷的多少是衡量社区治安状况好坏的一个重要标志，因而其解决得好坏直接关系一个区域的社会治安状况。过去许多地方在处理这类纠纷时很少运用法律资源，而主要靠调动道德资源，依照情理化解矛盾，而在现代社会，居民文化素质和法律意识普遍增强。由于西市区是一个典型的科教文化区，大多数居民都依法化解矛盾，为此，一贯作为“最后出场者”角色的西市区有关政法机关将其职能不断向前延伸，例如，通过大力加强法制宣传教育，普遍提高公民法律意识；通过公开审判犯罪分子达到教育群众、警示犯罪的目的；通过借助区司法局、区法院、区检察院、区公安分局、区/街法律服务所、148法律援助中心等专业力量参与社会矛盾的化解，提高法律的权威性。同时，西市区注重发挥公安派出所等基层政法部门的治安防范功能，实行主动防范、打防结合、预防为主的治安防范机制。首先，区委、区政府结合社区改制，适应形势的发展，对派出所警务区重新进行合理划分，科学合理划分民警责任区，实行“居警共建”，将责任区民警办公室移至社区居委，实现警区前移、警力前移、工作前移，让基层民警真正扎根于责任区，实行“撒开成网，收缩成拳”的社区治安防范与打击态势。其次，因地制宜，完善防范机制，提高防控能力。区、街综治办本着“谁主管，谁负责”的精神和“属地管理”原则，指导辖区单位内部建立健全保卫组织，落实防范措施。最后，建章立制，将治安整治工作融入地区社会治安综合治理的各项制度之中，以确保各项工作顺利开展和各项措施有效落实。

3. 发挥街道、居委会在社区治安中的基础性作用

街道作为区委、区政府的派出机构，在辖区负总责，是城市基层政权的细胞，其工作质量的好坏直接对社区治安状况产生影响。在稳定社会的系统工程中，街道、居委会承担了大量细致的工作。

首先，在社区成立治保会、调解委员会等社区群防群治组织，调解人民内部矛盾。社区中大量的民间纠纷都属于人民内部矛盾，其解决得成功与否关系社区人民生活和工作的稳定。同时，作为人民内部矛盾，把纠纷放在社区处理，也是新世纪社会稳定工作的一条基本思路。把人民内部矛盾置于社区解决意味着以街道党委、办事处为主来融合不同利益和调处矛盾，意味着矛盾的解决尽可能地放在基层，意味着从生活的角度来解决矛盾，意味着尽可能地以平等的方式来解决矛盾。根据城市居委会组织法，西市区9个街道都设有调解协调委员会和社区司法调解中心，42个社区及各驻地单位均成立了调解委员会。社区调解委员会主任负责具体调解工作，并直接与辖区司法所发生工作关系。居民调解委员会由居民、责任区民警、驻地单位保卫干部、家属委员会主任等组成，其工作职责是在社区党支部和居委会的领导下，在街道社区司法调解中心的指导下，担当整个社区繁重的调处任务，使得80%的人民内部矛盾得到有效及时的解决。

其次，招聘小区看楼护院巡逻队员，预防和制止违法犯罪行为。为搞好社区管理，减少治安案件的发生，区、街道都先后通过招考，把素质较高的年轻人和下岗职工选拔为治安巡逻队员。同时，还制定了值班考勤登记制度，以及区、街综治办查岗与督查、奖励与处罚等规章制度，使值班巡逻制度化、规范化、长期化，从而形成了良好的社区治安防范氛围和防治机制。

最后，健全信息服务网络，严密掌握社会动态。为了全面、准确、及时地掌握社区内非法活动苗头和不安定因素，提高发现、控制和解决问题的能力，西市区各街道建立并完善了五个信息服务网络：一是建立社区服务援助法律咨询网，以区、街社区服务中心为依托，进行网络链接，全天候接受救助群众的法律咨询；二是建立经济发展法律服务网，设立律师、公证窗口，实行全方位的法律服务；三是建立社区治安综合治理帮教安置中心网

络，形成区、街、社区、驻地单位帮教网络，做好刑释劳教人员的安置帮教工作和“法轮功”人员的转化帮教工作；四是建立区、街、社区公证、律师、法律服务联系网络，分片联系、上门服务；五是建立法律援助对通网络，面向街道、社区，为残疾人、下岗职工、特困户等提供优先、优质、优惠的法律服务。

4. 驻地单位尤其是单位保卫部门的积极配合

作为社区管理的重要组成部分，各单位治安保卫工作的主要任务是建立健全治安保卫工作制度，落实治安防范措施，预防和减少违法犯罪，消除治安隐患，保护资产和人员安全，维护正常的生产和生活秩序。各单位都能运用有效的教育手段，增强做好治安保卫工作的责任感，运用严格的考核手段，推动各项治安保卫工作的真正落实，并在现有基础上运用先进的技防手段提高治安保卫工作的科技含量。除此之外，作为齐抓共管保一方平安的力量，各单位对社区综合治理工作十分重视，在综治部门的指导和协调下，主要领导都能按照治安第一责任人的要求负总责，切实承担起“保一方平安”的政治责任。可以说，没有各单位及其保卫部门的积极配合，西市区良好的社区治安状况难以真正实现。

三、西市区社区治安综合治理状况调查引起的思考及其启示

由于合肥市西市区区委、区政府的高度重视，区政法机关和街道、居委会充分发挥作用，加之驻地单位尤其是其保卫部门的密切配合，实行齐抓共管的机制，西市区社区治安状况出现了良性的发展态势。但由于该项工作的长期性和复杂性，加之市场经济发展过程中的某些不确定因素的存在，如何保持这一良好态势，仍有一些不可忽视的工作等待我们不断思考，并尽可能地去把它做足做好。

1. 不断加大对社区居民的法制宣传教育力度

大量的事实证明，对社区居民进行法制宣传教育是保一方平安的最重要的基础性工作。无论是刑事、治安案件还是邻里纠纷，相当一部分都是由于当事人缺乏法律知识或道德水平低下引起的，因此只有在教育上狠下工夫，使广大人民群众从思想上真正得到提高，自觉遵守法纪，主动维护治安秩序，良好的社区治安态势才能形成，否则，再完备的法律制度也不可能得到贯彻。尤其是改革开放的新形势下，一些诱发犯罪的因素相对增多，例如，工资福利纠纷、财产纠纷、婚姻纠纷、赡养纠纷、下岗待业问题、“法轮功”问题、淫秽物品、吸毒等问题，在这种情况下，更需要在教育上狠下工夫。俗话说：“磨刀不误砍柴工”，通过教育，从思想上增强防范意识，提高法制观念，从而使受教育者自觉遵纪守法。在民事纠纷的调解中，更需要分清是非，针对案情，向当事人宣传法律政策，以理服人，以情感人。如果离开法制宣传教育，就事论事，当事人弄不清自己的行为是合法还是违法，一有可能，暂时平息的纠纷还会复发，因而长期的普法教育不仅重要而且必要。

那么如何开展这项工作呢？其一，在实际工作中注重把普法教育、依法治理和“达标”“创安”“创模”“创文明小区”有机结合起来，可以通过深入开展法律进社区、进家庭活动，提高社区居民的法律素质，建立文明社区，即把基本法律常识普及到家庭。该工作的落脚点应该放在增强公民法律意识和法制观念上，让公民了解自己的权利和义务，懂得与自己工作和生活相关的法律知识；使得公民做到依法律己，依法维护自身的合法权益，运用法律武器同违法犯罪行为作斗争；使得公民能协调好家庭内部和社会人际关系，促进家庭和睦、邻里团结和社会安定。其二，充分开发和利用社区的法律人才资源。开展普法教育，应重视开发和利用社区公、检、法等政法部门的法律专业工作者以及各法律服务机构的律师等资源，将那些曾经从事法律工作的离退休人员组织起来组成社区法律服务志愿队伍，参与社会法制宣传、纠纷调解、治安保卫、帮教转化工作。其三，开展形式多样、生动的法制宣传教育活动。如向居民发放“法律联系卡”和“148 法律服务便民卡”，接待居民法律咨询等，使得居民遇到问题可随时获得咨询；也可向居民发放“法律服务指南”，将与居民生活密切相关的法律、法规的主要规定和街道司法所、普法办、法律服务所、街道法律援助中心、街道司法调解中心的简介，以及区司法系统各机构的地址、电话等提供给居民；还可全天候开展法律咨询；以及利用本地区各单位的闭路电视、黑板报、墙报、厂报、网站等传媒工具，强化法制宣传，使居民感到法律就在身边。其四，法制宣传教育要从娃娃抓起，学校要重视对学生进行正确的法制观、人生观、道德观教育，让学生懂得什么是合法、什么是违法，增强法律意识。总之，要按照邓小平所指出的“法制宣传教育要从娃娃抓起。小学、中学都要进行教育，社会上也要进行这个教育”，加大法制宣传教育的力度，预防青少年犯罪的发生，更好地加强社区治安综合治理。

2. 依法进行人民调解，减少调解工作的非原则性

过去的矛盾纠纷多是家庭邻里矛盾纠纷，而现在的矛盾纠纷 70%～80%是干群矛盾，是经济矛盾，是涉法矛盾，是综合性矛盾，矛盾呈综合性、多元性、复杂性态势，许多都是“社区管不了、街道管不好、政府管不着”的矛盾纠纷。过去的靠感情维系、行政干预等手段、方法已不能适应解决现实矛盾的需要。为此，必须综合运用法制等手段解决。在此基础上，还要在组织机构上给予保证，并且在人民调解过程中还应在现行法律规定的框架内改进和强化依法进行人民调解的过程。首先，依法加强主动调解。为了及时、有效化解人民内部矛盾，街道可根据《人民调解委员会组织条例》第七条第一款“人民调解委员会根据当事人的申请及时调解纠纷，当事人没有申请的，也可以主动调解”的规定，强化主动调解。街道社区司法调解中心、社区调解委员会、单位调委会可前移人民调解工作的节点，变“坐等上访”为“主动下访”，妥善化解矛盾，积极贯彻“调防结合，以防为主”的方针，充分发挥“第一道防线”的作用，在人民调解工作的一般工作节点“预测—预防—调解—防止激化”的顺序中，做到“预测走在预防前，预防走在调解前，调解走在激化前”。具体操作可通过建立自下而上、反应灵敏的超前防范纠纷的三级信息网络，强化信息反馈机制。此外，在街道党工委领导的发动下，组成一支覆盖社区各楼组的志愿者队伍，协助提供信息和调解工作。其次，坚持按法定原则调解，进一步使调解程序法制化。人民调解组织必须严格按照《人民调解委员会组织条例》的规定行使职责，坚持“依据法律、法规、规章、政策和社会公德调解”的原则、“在双方当事人自愿平等的基础上调解”的原则和“尊重当事人诉讼权利”的原则进行调解，要求调解组织行为准则化、调解的内容合法化、预调纠纷法制化。再次，加强规范人民调解各项工作制度，建立摸排制度、矛盾登记制度、矛盾讨论和共同调解制度、强化信息的传递与反馈制度，以及民调责任制、疑难案件研讨制、民调工作信息民政部门集中报告制度等。尤其是要创立人民调解监督制度，并将制度制板上墙，资料入档，做到有章可循、责任到人、规范有序。最后，加强党对人民调解工作的领导。人民调解是一种特殊的思想工作形式，事关人民的团结、党和群

众的关系，因此，党必须加强对人民调解人员的思想教育；另外，坚持不懈地对调解员加强党的方针政策和法律法规的宣传教育，提高其政治业务素质，克服对调解工作的畏难、松懈等思想，端正工作作风；同时，加强组织领导，发动社区党员参加人民调解组织，参与人民调解工作。

3. 加强对社区治安综治工作的有效监督

社区治安综治工作事关重大，不但关系到社区居民的安全、经济的发展，而且关系到整个城市甚至整个国家的长治久安。因而社区治安综治工作不是做表面文章，不能停留在只喊口号、不办实事的层面上。社区治安综治工作是否依法进行，其进度情况如何，必须置于有效的监督之下，这种有效的监督包括上级行政机关的监督、司法机关的监督、人民群众的监督、新闻媒体的监督等。可以成立由各界的代表人士共同组建的整风监督员队伍，经常听取社区治安综治工作汇报和开展明察暗访，对社区治安综治工作提出意见和建议，减少直至杜绝工作中的偏差与失误，促进社区治安综合治理工作的依法开展。

4. 正确处理政府与社区的关系，推动各部门密切配合，齐抓共管

强调社区对社区治安的管理，并非把政府排斥在外。相反，政府与社区的关系应趋于协调化，也就是说政府各部门与社区是一种“共生关系”。社区既是培育社区自治的平台，又是实现政府管理重心下移的平台。基于这一理念，社区治安运作体系中政府部门与社区的权利义务关系应由过去的领导与被领导关系修正为指导与协调、服务与监督的关系，这就要求以这种新型权利关系为指针，理清各自的责任；按照寓管理于服务之中的要求，分别实行政府相关部门承诺制，分别组建横向协作式组织网络，并实现跨单位、跨行业、跨社区的民事纠纷调处机制，其发展目标是促使社区治安工作系统化，政府机关专业服务系统和社区自我服务系统并存、共生，在体制上和过程上形成两个系统互动的活力。这一互动过程的目的是为了推动两个系统的紧密配合，齐抓共管、各尽职责，促进社区治安状况保持良性发展态势，使社区居民真正过上平安、和谐、温馨的生活。

第9章

社区教育

本章在分析了社区教育兴起与发展的历程和背景的基础上，介绍了社区教育的含义、特点、功能和模式，阐述了社区教育的管理与实践，探讨了我国社区教育存在的问题及其对策。

◆ 预习案例 ◆

学习型社区建设与规划[①]

根据区创建学习型城区的文件精神，（北京市朝阳区）潘家园街道工委、办事处把发展社区教育，创建学习型社区工作列入街道年度工作计划，制定了《街道创建工作五年规划》、《潘家园街道社区行动纲要》、《创建学习型地区工作方案》和与学习型街道建设相关的十六项计划，实施目标责任制，做到任务明确、责任到人、工作到位。

建立学习基地，统筹教育资源。街道非常注重发展社区教育的设施及组织建设，以2 000平方米的社区服务中心为基地，建立了街道社区教育中心和市民学校，各社区建立了市民学校分校；市民学校及其分校经常性地开展各种教育培训活动，全面推进了社区教育的深入和学习型社区的建设。

整合教育资源，造福居民群众。通过挂钩、联建、结对、共创等形式整合地区各类教育资源，实现资源共享，使区域内的学校教室和操场、公园广场、单位礼堂向市民定期开放，满足市民学习、锻炼、活动和休闲需求，提高了市民的整体素质。

加大投入，营造环境。以“高标准、有特色”为目标，以丰富居民文化生活为着眼点，投资50万元，建成了地区图书馆；投资300万元，完善社区服务中心、社区教育中心、社区文体活动中心、社区阅览室等设施。

---

① 参见《潘家园街道发展社区教育，创建学习型社区工作总结》，见 http：//www.cycedu.com/02-05-17.html。

目前，潘家园地区共建成并无偿向居民开放的文化广场13处、市民学校13所、健身活动场所23处，拥有各种器械300件，晨练晚练队伍57支，文体设施占地面积2.2万平方米。改善和优化街道、社区活动“硬件”，为发展社区教育，创建学习型社区奠定坚实基础。

9.1 社区教育的兴起与发展

9.1.1 社区教育的产生与发展

现代意义的社区教育是20世纪初从欧美一些国家兴起的。1915年，美国的杜威提出“学校是社会的基础”思想，不久，曼雷（F. L. Manley）和莫托（C. S. Mott）在美国的密歇根州对这一思想进行了实验。这一实验通过加强学校与社区之间的沟通，使学校成为社区的一种资源，可以为社区所利用，为社区服务。推行社区教育不仅需要教育部门的努力，还需要社区其他部门和各方力量的协作和参与。工作内容从社区居民需要出发，体现当地民众的需要和利益。

此后，社区教育的内涵被不断地丰富和完善，并日益被世界各国所接受，成为现代国际教育的一种发展趋势和潮流。社区教育在各个国家发展形成了不同的思路和模式，如美国的社区学院模式、日本的“公民馆”模式、德国的社区成人教育模式、北欧的现代民众教育模式。

中国社区教育是20世纪80年代伴随着改革开放政策的顺利实施而出现的一种新型教育方式，但若要追溯它的历史渊源则可发现，早在民国初期，我国社区教育的雏形就已形成。民国初年广泛开展于学校系统之外的、以地域为特征的通俗教育或民众教育，即可视为社区教育的前身。中华民国成立伊始，孙中山积极倡导社会教育，在他看来，除学校教育外，还“当设公共讲堂、书库、夜学，为年长者养育知识之所”①。这为我国现代社区教育的建立奠定了理论基础。20世纪二三十年代梁漱溟的“乡村建设运动”、晏阳初的“平民教育”和陶行知的“生活教育”，无疑为当时乃至后来的社区教育提供了理论和实践两方面的重要启示。

具有现代意义的中国社区教育形成于20世纪80年代中期。1986年，上海市普陀区真如中学在与地区工厂共庆教师节时，应地区工厂的要求成立了厂校挂钩、合作共建的组织——真如中学社会教育委员会。1988年3月，上海市闸北区的新疆、彭浦两个街道同时宣告成立社区教育委员会。第二年，这种以“社区教育”命名的组织形式开始在闸北区普及，并成立了闸北区社区教育委员会。闸北区社区教育委员会的形成和发展不仅带动了上海市社区教育的发展，还进一步在全国产生影响，并最终使社区教育在全国范围内得到普及和发展。现代社区教育在我国大致经历了三个发展阶段。

---

① 《孙中山全集》，第二卷，225页，转引自［日］小林文人、末本诚、［中］吴尊民：《当代社区教育新视野》，3页，上海，上海教育出版社，2003。

1. 社区教育的兴起阶段（1986—1992 年）

这是社区支援学校的阶段，即学校把社区视作“第二课堂”，帮助青少年学生形成良好的道德品质。这一时期的社区教育以中小学生为主。这一阶段的社区教育，没有反映社区教育的本质，还不是严格意义上的社区教育，但毕竟出现了社区教育的雏形，迈出了发展的第一步，并为下一阶段的发展奠定了基础。在这一阶段，社区教育委员会的建立成为社区教育兴起的标志，并形成区、街道、学校三级社区教育组织；社会之教是社区教育兴起的目的，即社会共同关心教育；学校是社区教育的行为主体，即以学校为主导开展社区教育；社区教育的内容以德育为核心，即中小学德育社会化。

2. 社区教育的形成阶段（1993—1998 年）

这是学校回报社区阶段，在这一阶段，学校向社区开放，并为社区发展提供帮助和服务，社区教育对象也从中小学生向社区居民拓展。在这一阶段，以社区为本的社区学院（校）的成立成为社区教育的标志；社区教育的目的是服务社区，促进社区及其成员发展；社区教育的对象是社区全体成员；社区教育的行为主体是社区及其成员；社区教育的内容是满足社区成员终身发展的各方面的学习需求，实现教育社会化和社会教育化的统一，营造学习社会化氛围。

3. 社区教育的发展阶段（1999 年至今）

这是社区、学校“双向服务”阶段，体现为学校通过服务社区拓展学生的“第二课堂”、优化学校周边环境，社区则利用学校资源积极拓宽社区教育的深度和广度，从而向完善终身教育体系、创建学习型社区、教育与社区互动的方向发展。在这一阶段，社区教育的主体是成人教育，初步理顺了体制，从教育部到各省市教育局，社区教育有成人教育管理部门主管；教育对象从以中小学生为主，向社区全体人员发展；工作目标从优化青少年校外教育环境为主向加快社会化终身教育体系建设发展，致力于创建学习型社区；教育内容从以青少年德育为主向为社区和全体居民服务为主发展，强化教育与社区的互动。

9.1.2 我国现代社区教育兴起的社会背景

如同其他各类教育一样，社区教育的产生与发展有其社会背景和原因。深入地分析社区教育发展背后的社会、自然条件状况和特点，不仅可以有针对性地指导我国社区教育实践，而且可以使我们更深刻地了解、认识各个地区社区教育发展的特点及其运行规律，从而为我国社区教育的理论研究提供新的营养。

（1）我国社区的兴起是社区教育得以发展的前提条件。

随着我国市场经济的发展，中国社会开始从“大政府，小社会”向“小政府，大社会”方向过渡，普通民众的自主性明显得到加强，民间性自发组织及联合体（非政府组织）有了生长的土壤。行政垂直干预与管理越来越多地让位于社区的、民间的自我融合与调节。在这种情况下，社区兴起与发展成为一种新的必然趋势，这种趋势也为社区教育的发展提供了必然的理由和条件。与此同时，社区教育也在促进社区形成与发展的过程中发挥了自己的重要作用。

（2）我国区域经济的发展要求建立适应本地情况的社区教育体系。

改革开放以后，我国经济整体上有了很大的发展，但是也出现了区域发展的不平衡现象。这种区域经济发展的不平衡，就会对本地区的教育提出不同的要求，尤其是对高等职业教育影响最大，也最为直接。这就要求建立适应区域经济发展特点的教育体系。而社区教育主要以地方发展为目标，从这个角度来看，社区教育最能满足这些要求，社区教育应运而生也就成为必然。

(3) 我国社会发展对就业人口素质的高要求为社区教育的发展提供了契机。

随着我国经济建设和科学技术的迅速发展，社会对劳动者素质的要求也越来越高，但就目前的普遍情况来说，相当多的劳动者在职业技能、基本素质等方面的水平还比较低，难以适应经济和社会发展的实际需要，而我国职前培训和终身教育的薄弱是造成这种矛盾的重要原因。由此，建立以终身教育为目标的社区教育体系就显得十分重要。

(4) 我国高等教育大众化的进程和职业教育、继续教育的发展要求大规模发展社区教育。

大多数西方国家在 20 世纪五六十年代就完成了高等教育的大众化，我国目前高等教育的大众化也已取得阶段性成果。从社会对高等教育的需求来看，实现高等教育大众化、满足不断提高的教育需求的任务十分迫切，而单纯依靠国家投资，或者仍然遵循原有正规高等教育的模式发展，是无法真正实现高等教育大众化的。同时，伴随社会经济的发展对人才结构的需求调整，以及教育体系结构自身的完善，职业教育和继续教育也被列入重要政策议程，其发展方兴未艾。这都需要建立由社会力量投资办学、灵活多样的社区教育体系。可以说，建立社区学院是实现我国高等教育大众化、大力发展职业教育和继续教育的有效途径之一。

9.2 社区教育的含义与特点

9.2.1 社区教育的含义

“社区教育”（community education）是一个外来词，系由“社区”派生而来。这个词最早的由来，有的学者认为是源于 20 世纪初美国实用主义教育家杜威提出的“学校是社会的基础”思想。此后，社区教育的内涵被不断扩充和完善，其教育理念和活动形式也被越来越多的国家所接受。现代意义上的社区教育主要是以社区为基本单位，对局限在一定范围或特定区域内的社会群体实施民众教育的泛称。

但是社区教育在国内外没有一个统一的定义，这主要是因为，社区教育在各国产生的社会背景有所不同。各国的经济发展水平、政治制度和文化传统等因素都影响着人们对社区教育的认识。综合国内外众多看法，本书认为，社区教育是一种教育现象或一种教育活动，是指在社区范围内，利用社区内的政治、经济、文化、风俗习惯、生活方式和思想风貌等因素对社区所有成员进行多渠道、多层次、多方位、多方面的教育影响活动。简言之，社区教育是指以社区为范围，以社区全体成员为对象，旨在发展社区和提高其成员素质与生活质量的教育综合体。

社区教育的内涵是，把学校教育、家庭教育、社会教育广泛地联合起来，发挥各自的育人优势，以德育为重点内容，创造与优化育人环境和条件，动员全社会的力量提高社区成员的素质，形成和增强社区教育的群体凝聚力，切实加强社区的物质文明建设和精神文明建设。社区教育既是学校教育发展的需要，又是社区自身发展的需要。因此，社区教育应当具有政府参与、地区统筹的性质，具有社会与学校的双向参与管理、双向服务、双向渗透和双向监督的相互调节机制。

社区教育的外延很广，既包括学校教育，也包括家庭教育和社会教育；既包括普通教育，也包括职业技术教育和成人教育；既包括青少年教育，也包括学前教育和社区教育，乃至终身教育等。

在分析社区教育的内涵和外延的基础上，可以得出以下几点结论：社区教育的概念是大教育概念；社区教育的对象是社区的全体成员；社区教育的目标是满足社区成员的各种教育需求，培养和提高社区成员的素质，提高社区成员的生活质量，促进社区发展；社区教育的内容是多元的、多层次的、从实际出发的；社区教育的实质是沟通教育与社区，协调教育发展与社区发展，从而走向学习型社会，实现教育社会化和社会教育化。

9.2.2 社区教育的特点

社区教育具有地域性、多样性、实体性和开放性等特点。

1. 地域性

社区教育是一种在特定社区内，并与特定社区密切结合的教育，无论是社区教育的目标、内容、功能，还是其主体、对象或方式方法，都必然同特定社区的人文、社会与地理条件联系在一起。社区教育具有鲜明的地域特征，这不仅表现在社区教育的规模、类型、方式方法上，甚至还会表现在其目标、内容和层次上。各国政府都强调，社区教育要为学校（院）所在的社区服务，其专业、课程设置、教学内容都是依据社区发展需要进行研究或调整的。这样，社区教育的开展同普通教育相比，就具有较大的灵活性。社区教育既能充分集中社区内的人、财、物及舆论优势，营造良好的育人环境，又能充分调动区域内各方力量参与其中，提高教育水平。社区内各种因素的相互作用，能够形成强大的区域合力，孕育出区域文化，培养成员区域归属感，具有普通教育无可比拟的精神凝聚作用。

2. 多样性

社区教育是具有多样性的综合教育，兼有成人教育、职工教育、短期大学教育性质。社区教育的多样性特征要求把正规教育和非正规教育并重，二者不可偏废。正规教育是指由教育部门认可的教育机构所提供的有目的、有组织、有计划的，由专职人员承担的，以影响入学者的身心发展为直接目标的全面系统的训练和培养活动，其特征表现为统一性、连续性、标准化和制度化。非正规教育是在固定的正规教育系统之外所进行的任何组织的教育活动，无论它是单独进行的，还是作为一些更为广泛的活动的一个重要组成部分而进行的；它具有正规教育所不具备的多样性、灵活性、简易性和非制度化等特征。事实上，非正规教育是针对正规教育的某些弊端提出来的。由此可见，正规教育和非正规教育是现代教育的双翼。

3. 实体性

社区教育通常是由社区的教育文化实体实施的。美国的社区学院、日本的公民馆、欧洲国家的民众高等学校等，一般都是文化教育实体，并通过“实体”为社区进行服务。例如，日本的公民馆是二战后适应时代的需要而发展起来的，由地方民众自发兴建，并在文部省的积极扶持下发展成为以地区居民为对象的综合性的社会设施。公民馆除了向居民提供学习、集会的场所（如学习室、集会室、图书馆等）外，还举办各种讲座、学习班、文化娱乐活动和信息交流等活动。公民馆开展的教育活动大都是非职业性的，文化教养、市民生活、个人爱好、体育、娱乐、家庭和日常生活等内容占主导地位。

4. 开放性

教育要同社会全面结合，就必须广泛吸收社区各种教育力量和有益于教育活动开展的因素参与、介入、融合其中。社区教育只有具有高度的开放性和应用性，才能为各种因素全方位参与教育打通渠道。因此，社区教育要广开门路，不拘形式地建立各种畅通便利的渠道，从而使各种社区机构的各种教育资源及时有效地转化到社区教育系统中来。社区教育的基本方法是鼓励社区民众“在社区中学习，与社区共学，为社区而学”。这种学习过程是一种包括各种社会团体和不同年龄的全体社区成员在内的、群众性很强的教育过程。

9.2.3　社区教育的功能

社区教育具有多种功能，包括教育功能、经济功能、协调功能、辐射功能等。

1. 教育功能

社区教育是一种社会化教育，以社区为依托，在学校和社会之间架起桥梁，使教育与生产劳动和其他社会实践紧密结合。社区教育面向社区全体成员，通过多种途径，采取有效方式，有目的、有计划、有组织地引导社区民众获得知识技能，陶冶思想品德，发展智力和体力，从而满足社区成员多类型、多层次、多形式的教育需求。社区教育的实践性、广泛性和针对性极大地促进了社区成员的全面和谐发展，使每一个社区成员在一生发展的不同阶段所具有的思想道德、精神人格、知识能力和行为规范同所处的社会相适应。社区教育通过对社区内居民的终身教育，如就业与再就业培训、社会化目标的实施，提高社区居民的业务、文化、道德素质，同时使其个性得以充分发挥，形成独特的个性品质。这对优化青少年健康成长的社会环境、发挥社区内各方面的教育作用和帮助青少年成长具有积极的作用。

南昌市东湖区文明礼仪进社区

中华民族历来以“礼仪之邦”著称于世，讲文明、懂礼貌是中国人的传统美德。对小学生进行文明礼仪的养成教育至关重要。南昌市东湖区学校按照小学部德育处下发的《关于进一步加强小学德育常规管理与检查的意见》，通过组织向社区派驻社区“文明礼仪之星”，让“文明礼仪之星”走进大社区，使未成年人在道德实践中体验，在体验中成长，推动了未成年人思想道德建设的健康发展。让“文明礼仪之星”走进社区，拓宽了社区教育与学校教育资源共享、互动的渠道，搭建了未成年人思想道德建设的实践平台，使未成年人在自觉参与中，思想感情得到熏陶、精神生活得到充实、道德境界得到升华。

“文明礼仪之星”进驻社区首先在子固路、中山路这两个街道办事处进行试点。他们在社区教育辅导员、居委会主任的指导和帮助下，通过现场解说、张贴画报等形式，从礼仪、守纪、整洁、健美和安全五个方面向市民进行宣讲、教育。在“文明礼仪之星”的带动下，周围的许多具有一定组织能力的少先队员也参加到这一社会实践活动中来。

社区搭建大舞台，实践体验伴成长。搭建社区育人的广阔平台，让“文明礼仪之星”在实践中体验角色，在体验中不断成长。一是担任“社区美容师”。美化社区环境人人有责，“文明礼仪之星”利用双休日的时间，带领伙伴们走进社区，开展“让社区更美好，让生活更美好”实践活动，净化社区环境，用优美的氛围陶冶人。二是开展社区礼仪展示和知识竞赛，组织居民开展创编文明礼仪歌谣等活动。三是参与教育宣传。每逢双休日或假期，在居委会的指导下，“文明礼仪之星”深入社区，进行纠正交通违章、清除乱贴乱画、清洁公共卫生等公益宣传，倡导道德规范，践行文明行为，成为居委会里的“小主任”。四是爱心献社区。每逢儿童节、重阳节等节日，“文明礼仪之星”都会通过“一句问候的话”“一份珍贵的礼物”“一台好看的节目”向 SOS 儿童村的孩子们、社会福利院的老人们献上自己的一片爱心。通过这些实践活动，学生的思想道德水平、文化修养、交际能力有了很大的提高。

向社区派驻“文明礼仪之星”，扩大了学生社会实践的领域和平台，提高了学生的自主能力和自我保护能力，加快了学习型城区建设的步伐，取得了一定的效果。

资料来源：http://xlunwen.org/002/323/341/32138.html。

2. 经济功能

社区教育的经济功能主要体现在，社区教育为经济发展提供良好的基础和条件。社区经济发展所依赖的基础和条件是多方面的，除了能源、设备、资金等物质条件外，还有社区成员的职业素养和技术水平。而社区成员职业素养和技术水平的提高在某种程度上则依赖于社区教育。社区教育有助于充分利用社区内的各种教育资源，通过形式多样的教育和培训，使社区居民获得一定的劳动技能和技巧，使技术工人直接进入生产领域，直接高效地把科学技术转化为生产力，而这有助于提高社区内企业的劳动生产率，促进社区经济的发展。因此，一定的社区教育状况，在很大程度上决定了社区的经济发展潜力。

3. 协调功能

无论是从目标职能来看，还是从主体、对象或内容条件来看，社区教育都是一种多因素、多元性的教育。只有协调好教育与社会的各个方面，使其形成一个有序的整体，才能真正形成一种大教育体系，从而全面有效地发挥其育人和促进经济发展的职能。作为政府与社会之间的桥梁，社区教育不仅在学校和社会之间架起桥梁，也协调了地方政府和社会各个部门之间的关系。社区教育能够建立地方政府和社会各部门广泛参与的社区教育组织管理协调机制。在现阶段社会生产力发展水平不高、社区居民意识不强的情况下，社区教育管理协调机制应是自上而下的，即以地方政府为核心并协同社会各部门的行政行为型的管理体制，而社会发展到一定水平时，社区教育管理协调机制则应逐步向非行政指令性的市场化自觉型过渡。

4. 辐射功能

学校是社区精神文明建设的重要阵地。由于教育社会化的实施，广大师生走向社会，参加社区内的各种公益活动，这不但为学生的教育社会化提供了良好的途径，也为社区的精神文明建设作出了贡献。换言之，如果社区成员都具有高尚的道德情操、良好的行为规范、健康的心理素质、和谐的人际关系、和睦的家庭氛围，它就会潜移默化地影响青少年的成长和学校的精神文明建设，发挥出社区精神文明的辐射作用。

9.3　社区教育的模式

所谓社区教育模式是指社区教育的领导体制、机构设置、管理权限、领导与被领导关系以及与之相适应的运行机制及范围。社区教育模式的形成，既是教育改革深入发展的必然，也是学校全面实施素质教育的需要。

9.3.1　国外社区教育的模式

1844 年，丹麦教育家勒尔（C. F. Ler）创办了世界上第一所“民众高等学校”，这是社区教育在国外诞生的标志。此后，这类以社区学校（学院）为基本组织形式的成人教育机构很快就为西方各国所接受，并相继效仿创办。第二次世界大战以后，随着欧美、日本等国的经济恢复和迅速发展，这一高效的教育体系进入了迅速发展时期，同时也引起了发展中国家的高度重视。迄今为止，各种类型的社区成人学校，诸如美国的社区学院、英国的社区计划网、日本的公民馆和发展中国家的社区流动学校，都迅速发展起来。这里仅简单介绍美国和英国的社区教育模式。

1. 美国的社区教育模式

美国学者认为，社区教育的主要特征是成人的参与。基于对社区教育的宽泛理解，他们更多地从充分利用社区资源去满足社区需求和社区居民需求的角度构建社区教育的模式。美国的社区教育模式大致分为三类：以社区居民需求为中心的社区教育模式、以社区学习资源为中心的社区教育模式和以社区发展为中心的社区教育模式。

（1）以社区居民需求为中心的社区教育模式。这种模式主要是指依据社区居民的需求预测而提供的教育活动。社区教育机构或工作者的主要任务是根据社区居民的需求来设计、开展教育活动。当然，由于社区教育工作者自身主观与客观的种种局限，开展的社区教育活动要受到师资、经费以及生源等方面的影响，但在该模式中，社区居民的需求是教育活动的中心，而社区教育工作者居于中立地位，其任务是依据居民需求提供服务，如开展各类学习教育、技术培训等。

（2）以社区学习资源为中心的社区教育模式。这种模式以社区作为学习的资源，社区内的一切机构、场所，包括工厂、古迹、工艺场所、文化设施等，都是居民学习的场所，而不仅仅局限于传统意义上的学校。在学习活动中，社区教育工作者只是提供人、财、物方面的协助，整个教育活动均由学习者自行控制，如参观博物馆、观看文艺演出、开展体育比赛等。

（3）以社区发展为中心的社区教育模式。这种模式主要是基于社区发展而开办的，因为社区具有传递价值、技能和知识给民众的责任。通过这种功能的发挥，社区教育工作者可把社区教育引向更高的层次，如宣讲时事政治和法律知识、组织各种比赛。

2. 英国的社区教育模式

英国学者认为，仅有人们参与社区活动，不足以称之为社区教育，它还应该包括足以让人们接受的知识体系。因此，英国学者从另外的角度来归纳社区教育模式。在他们看来，社区教育的模式有三种：广泛模式、激进模式和改革模式。

（1）广泛模式。在这种模式下，应该将成人教育资源广泛而无选择地提供给每一个社区成员。社区教育工作者强调终身教育，动员和引导社区居民参与社区教育活动的意愿，并以各类教育活动的设计、组织、实施来满足社区民众的需求，从而推动社区和谐发展。这一模式的前提是社区和社会界限的一致性。

（2）激进模式。在这种模式下，社区和社会的界限是冲突的，因此，社区教育是教导社区居民反抗社会的不公正、不正义，以重建一个公平和正义的社会。他们将社区成人教育当做一种武器，通过各类成人教育活动让民众了解自己的处境，并通过自己的行动进行改革。

（3）改革模式。在这种模式下，社区与社会的界限是多元化的，它承认民众之间的竞争，但强调民众之间的团结与合作，强调将教育有选择性地提供给处境不利的社区民众。

9.3.2 中国社区教育的基本模式

中国社区教育模式有别于英美模式，主要有以下几种：

1. 以街道为中心的地域型社区教育模式

这种模式是我国目前社区教育的主要模式。在这种模式下，街道是社区教育的组织者、实施者、监督者、协调者，并以社区服务和社区文化为着眼点进行各种休闲、文化、活动性的教育。其运作方式为：（1）街道办事处相关职能科室按照行政方式布置、检查社区教育工作；（2）成立社区教育委员会，由当地党政领导挂帅，有关职能部门及驻区单位参加社区教育工作。

政府主导和社会参与是该模式的两大特点。街道办事处作为政府的派出机构，在社区教育中占主导地位。（1）政府主导。社区教育作为街道办事处一项重要工作，纳入工作目标体系，并借助行政手段推进。（2）社会参与。动员驻区单位参与社区教育，发挥各界（如学校、少年宫、图书馆、读书会、市民学校等）的资源优势，力求形成“共建、共管、共享”格局。

这种模式带有较强的行政管理色彩，虽然这种模式有助于街道办事处发挥主导作用，并可在一定限度内调动社区各界资源，但是也容易导致社区教育活动最终流于形式。

天津市南开社区教育实现全覆盖

天津市南开区不断加快社区教育实体化建设，探索社区教育“一体化、立体化、多元化”的发展模式。截至目前，该区已在全区12个街成立18所社区学校、223个居委会教学点，做到社区教育挂牌，社区学校校舍、场地、教学设备的资源共享，实现社区教育全覆盖。

“一体化”管理即由政府牵头，完善社区教育网络，构成以街道社区学校为中心，向上连接区社区学院，向下连接居委会教学点的三级教育网络。“立体化”布局即针对从婴幼儿到老年的社区教育对象，制定立体化社区教育网络，基本实现全区覆盖，构筑起终身教育体系。在全区12个街，建立2个区级0～3岁婴幼儿早期教育基地、十余个亲子教学点、700余个青少年社区实践基地。区老年大学开设32个专业、45个教学班，同时与20余所老年学校互动教学。“多元化”运作即采用多元化的运作方式，将社区内教育、文化、体育等资源进行整合，使市民可以自由便捷地使用区内的学校、图书室、体育文化活动中心等各类设施。同时，该区还建立区、街两级社区教育人才库，为社区教育的发展提供人才和智力的支持。

资料来源：http://www.ccedu.org.cn/sqjy/index.htm。

2. 以学校为中心的辐射型社区教育模式

这种模式是在教育系统内部发展起来的。在这种模式下，中小学是社区教育的组织者、协调者，并利用自身办学资源和优势进行校外活动。其具体运作方式表现为：(1) 以学校为主体组织本校或社区内中小学生参加各种形式的课外教育活动；(2) 由学校牵头组建社区教育协调委员会，定期研究课外教育工作，参与学校课外活动的协调与管理，并向社区居民开放校内文体设施。

学校主导、资源共享和社会参与是该模式的特点：(1) 学校主导。中小学作为区域性社区教育的组织者或牵头单位，实施以在校中小学生为对象的社区教育。(2) 资源共享。学校将社区居民请进校内，共享学校文体设施。(3) 社会参与。学校邀请社会各界参与校内或校外教育活动。

该模式能充分利用中小学校办学资源，教育行为比较规范。但是，学校在调动社区资源方面存在组织层面的先天不足，“社区资源整合”作用微乎其微。

3. 以社区学院为载体进行的综合型社区教育模式

这种模式是近年来在北京、上海等地出现并日益引起关注、同时又引起较大争议的新型教育模式。在这种模式下，社区学院是区域性社区教育的龙头单位，通过理事会和文明市民学校以及学历教育、非学历教育手段进行文化性、职业性、专业性社区教育。其具体运作方式为：社区学院接受街道办事处、民政局或者区域内单位委托，通过专业开发、课程开发、项目开发等多种手段组织教育教学活动。

这种模式是教育系统内部成人高等教育体制改革和借鉴西方发达国家社区学院成功经验相互作用的产物，是一种区域性、多层次、开放式、综合性、大众化的“大教育”模式，它融区域高教、成人高教、职业教育等为一体，融学历教育与非学历教育、职业资格证书教育与休闲文化教育、各类委托项目与居民自治教育为一体，是一种与我国现行高等教育体制不同的社区教育办学实体。社区学院以成人（在职或转岗从业人员）为主要对象，为其提供专科、本科层次学历和多层次、多类型、多样化的非学历教育。

这种模式易于同区域内政府职能部门和驻区单位进行业务沟通，易于系统内资源的重组，但是，同以学校为中心的辐射型社区教育模式一样，其资源整合作用微乎其微。此外，这种模式许多方面均存在很多不解决就会阻碍其正常发展的重大问题，如与现行高教管理体制的相容性、传统学校教育的综合改造、社区教育的投入与产出、社会各界对社区学院的认可程度、理事会作用的发挥等。

4. 以地域为边界进行的自治型社区教育模式

这种模式近期有较大的发展。在这种模式下，由社会各界共同组成的社区教育协调委员会对本社区教育进行总体协调和具体策划。其具体运作方式表现为：由驻区各行业较有影响且热心社区教育的单位，或某一功能齐全的单位牵头组成专门机构，利用各成员单位在各自行业的影响和资源开展“社区是我家，建设靠大家”式的社区教育活动。

此模式由驻区各界参与社区建设，有助于社区居民自治意识的增强，然而，由于组织松散，难以形成持久而有效的核心和合力。它比较适用于行业主体单一且占据驻区主导地位的“同质社区”。

每一个社区的经济、文化发展水平都有所不同，每一个社区的地域环境和条件也不尽相同。所有这些都决定了社区教育的多样性。社区教育在初级阶段必然要经历多种模式的实验过程；只有通过不断总结与探索，社区教育才能得以充实、完善和发展，才能在社会教育化和教育社会化的新体制中发挥出重要作用。

9.3.3 我国社区教育的体系建构

同我国社区教育模式相适应，我国社区教育体系的构建应从社区正规教育体系、社区非正规教育体系和社区非正式教育体系三方面入手。

1. 建立社区正规教育体系

正规教育是由教育或培训系统主办，要求学生注册，使学生获得某种文凭、学分或某种专业技能证书的一种教育。它包括由初级到高级的各类社区学校。因此，完整的社区教育体系应包括初等和中等文化基础教育、中等专业技术教育、社区成人高等教育三类。

（1）初等和中等文化基础教育。由于我国尚处于社会主义初级阶段，文化基础教育还相对落后，平均受教育年限仅为 6 年。因此，开展社区的初等和中等文化教育仍然是社区教育的一项重要任务。承担这一任务的是成人学校和社区的中小学校，如农村社区的各种业余小学班、农民文化技术学校、农民业余技术学校等，以及城市社区的职工业余小学、职工业余中学。这些社区文化学校开设从扫盲到小学、初中、高中及中专文化程度的正规课程。文化基础教育的开展有利于社区民众接受专门技术的教育和培训，有利于社区民众养成健康、文明、科学的社会风尚和生活习俗，有利于整个民族文化素质的提高。

（2）中等专业技术教育。中等专业技术教育是对社区中具有初中毕业或相当于初中毕业文化程度的成人所实施的专业或专门技术教育。按教育内容划分，有农业系统、工业系统、商业系统、财贸系统等不同专业、不同工种的中等专业技术教育。城市社区实施中等专业技术学校、电视中专、非成人学校举办的各种成人中专班、技校及中等专业的自学考试。在教学中，除了重视中等专业技术所必需的文化和基础理论基础知识外，这类教育还特别重视培养专业所需的基本操作技能和良好的职业道德。

(3) 社区成人高等教育。社区成人高等教育是对社区具有高中毕业或相当于高中毕业文化程度的年轻人实施的高等教育。大专学制一般为脱产两年，业余三年；本科学制一般为脱产三年，业余四年。凡经国家批准的成人高校，国家承认其学历。

2. 建立社区非正规教育体系

非正规教育体系是正规教育系统之外的教育。它是为那些不是以修完全部课程、取得学历文凭为目的的社区成人提供的学习机会。非正规教育时间短、见效快，教育方式灵活，结构松散，更注重工作与技能的训练，为社区民众的需要和社区的发展服务。这种教育大都是由社区的成人学校及行业（专业）部门组织实施。如在成人高等学校中设立的培训部，行业部门设立的某某培训中心等。开设的培训课程也极为繁多，包括文化补习、职业技术、健康卫生教育、继续教育课程、家电使用、个人发展课程等，一般由受教育者自己选择。

社区的非正规教育在构建学习型社会中占有极重要的地位，是正规学校教育的一种延伸和扩展。社区的非正规教育以其开放性增加了社区民众选择受教育的机会，以其职业性健全了终身能力开发的机制，以其灵活性加强了社区部门与教育的联系，从而使教育成为人的一生中都在进行的活动。

3. 建立社区非正式教育体系

非正式教育是指一个人在日常生活中获取技能、价值、观念、知识和能力或经由家庭、邻居、工作、娱乐、图书馆及大众传媒等受到的教育。联合国教科文组织 21 世纪委员会在其工作报告中认为，现代传播媒体和文化机构如博物馆、图书馆乃至休闲娱乐活动，都有教育的功能。

非正式教育有其自身的特点。首先，教育场所主要在社会而不在学校，如影剧院、体育馆、文化馆、俱乐部、公园、舞厅、社区服务中心等。其次，教育内容与教育者的职业无直接联系。再次，教育方式多样、灵活、不拘一格，有讲座、咨询、板报和墙报，还有展览、电影或录像、文艺比赛、运动会及游览观光等。最后，施教与受教的目的在于培养文明、健康、科学的生活方式，通过促成个体的进步而达到整个社会的进步和民族素质的提高。

9.4 社区教育的管理与实施

9.4.1 社区教育管理的含义和特点

社区教育管理就是对社区教育资源（包括人力、物力、财力和信息等）进行合理组合，使之有效运转，以实现组织目标的协调活动过程，也是对社区内的教育资源进行开发、利用，以实现社区教育的最终目标的一种组织力量。[①] 社区教育管理具有以下三个特点：

1. 地缘整合性

社区教育具有特定的地域性，是特定社区中教育资源的整合。这就决定了社区教育管理具有地缘整合性的协调功能。社区教育管理从三个维度上实现社区教育的地缘整合：一是通过管理整合作用，使社区中各个构成单位互动、互补整合而成一定的社区结构；二是通过管理整合作用，使社区中各类教育形态互联互通，构成特定的大教育体系；三是通过管理整合作用，使社区中各种教育资源互生、互济，产生整体倍增效应。

2. 时空广延性

社区教育并非某一特定的教育形态，而是教育社会一体化的终身教育形态，这就使社区教育管理具有时空广延性的协调功能。社区教育管理要从“全员、全程、全方位”的“三全”方向上促使教育社会一体化的实现。

3. 立体开放性

社区教育是学校、家庭、社会教育相互沟通与有机结合的教育网络。这就决定了社区教育管理具有立体开放性的协调整合功能。社区教育管理就是要促成学校向社区开放，加强学校、家庭和社区之间的教育衔接与沟通，促成社区教育资源的共享，构建优良的教育环境。

9.4.2 社区教育管理的基本理念

理念是支撑行为的准则和指导思想。社区教育理念是指社区教育管理者的价值观和行为准则。任何一种管理行为或举措，背后总是自觉或不自觉地由某一理念在支撑着。现代社区教育是区域性的、能满足社区成员学习需求和社区发展需要的一种形式化、组织化的教育活动。社区教育工作者应当把这个社区教育价值观作为社区教育管理的理念基础，以指导自己的社区教育管理行为。

按照理论的准则或视角加以区分，支撑社区教育管理行为的理念，主要有以下四类：

1. 社区教育管理活动的目标是建立学习型社区

21世纪是终身学习的时代，社区教育管理活动的目标就是要建立一个“人人学习、时时学习、处处学习、事事学习”的学习型社会。

2. 社区教育管理的核心是为满足社区成员接受教育提供服务

社区教育管理的有效程度和社区能否满足社区成员的教育（学习）需求，社区的发展和社会文明进步所提供的有效服务呈正相关关系。

3. 社区教育管理活动以教育政策法规的贯彻与实施为依据

任何管理活动的正常开展都需要一定的政策法规为依据和保障。我国目前社区教育管理组织的管理行为的法规依据还比较模糊，这样就会形成人治大于法治，“人在政在，人去政息”的后果，所以社区教育管理活动必须制定相应的政策法规作为依据。

---

① 参见桑宁霞主编：《社区教育概论》，109页，北京，中国社会科学出版社，2002。

4. 社区教育管理的重心在于整合社区内一切教育资源

教育管理行为的运作重心是开发、利用、盘活和共享社区中的教育资源，以产生1+1>2的系统整合倍增效应。

9.4.3 社区教育管理组织

社区教育管理离不开社区教育组织，社区教育组织是人类社会的组织形式之一。社区教育从萌芽伊始到自然形成阶段，都是依傍于一定的社会组织或家庭组织形态进行的，社区教育发展到现代才有自己特定的组织形态。例如，美国的社区学院、欧洲国家的民众学校、中国的社区教育委员会等。现代社区教育管理组织指组织实施社区教育的一个实体，是社区为实现对社区成员公共教育事务的有效管理，按一定的程序建立起来的组织实体。

1. 社区教育组织的结构要素

现代社区教育及其组织结构是伴随着19世纪以来公共教育事业的发展而逐步形成与发展起来的。由于各国社区制度、历史条件和文化传统等的差别，社区教育组织的结构形式和职责权限等多有不同。但是，社区教育组织构成的基本要素是相同的，一般都具有以下九个要素：

(1) 目标——组织构成的第一要素。明确而清晰的职能目标是维系社区教育组织发展的方向标。社区教育组织系统进行社区教育管理的首要任务，就是建立组织系统的目标网络。

(2) 机构——组织赖以存在的标志性要素。社区教育组织有了机构，才能称其为社区教育组织。设置社区教育组织机构必须依据社区教育组织目标，按照一定的编制程序进行。

(3) 职位——管理组织赖以活动的基本要素。设置社区教育组织中的职位，必须根据组织目标、任务和法定程序，按照职责相一致的原则进行。

(4) 人员——管理组织赖以有效活动的主体性要素。根据组织目标任务和法定程序配置与职位相应的一定数量的工作人员，是社区教育发展及其管理活动的最为根本的条件。

(5) 财务——管理组织赖以存在和活动的物质基础要素。为实现社区教育组织目标，开展社区教育组织管理活动，必须具备一定的物质条件，如经费、场所、设备、器材等。

(6) 时空——管理组织开展活动所依傍的背景性要素。为达成社区教育组织目标，必须选择一定的区域活动空间和时间，追求一定的组织时效。

(7) 信息——管理组织的活力性要素。信息不足，社区教育组织就会迟钝，失去活力；信息失真，社区教育活动就会产生偏差。

(8) 文化——管理组织的动力性要素。任何一个成功的组织背后，总有一个特有的组织文化，该文化成为组织发展的精神动力。

(9) 法规——管理组织的保障性要素。法规既是社区教育组织得以建制的依据，也是维系社区教育组织关系的准则与规范。

2. 社区教育组织的管理功能

所谓功能是事物结构内在能量的作用力、影响力。社区教育组织的管理功能是指它对管理对象，即对社区教育资源所产生的组织力、协调力、影响力、作用力和控制力。这种

“力”的能量、共享、作用及其价值是社区教育组织系统在管理活动运作过程中产生的。社区教育组织的管理系统具有如下五个功能：

（1）社区教育管理的导向功能。社区教育组织有着自己特定的组织目标。目标是方向标，所以社区教育管理的导向功能主要是通过构建社区教育组织目标而发生的。社区教育组织通过建立社区教育管理目标与教育目标，把社区成员组织起来，沿着预定的目标轨道向前发展。

（2）社区教育管理的整合功能。组织力是一种协作力。社区教育正在其管理过程中根据组织目标、任务的需要以及组织成员的特点与长处，使其扬长避短、分工合作，通过互补作用形成合力，盘活社区教育资源，使资源共享，产生1＋1＞2 的倍增效应。

（3）社区教育管理的控制功能。组织力是一种控制力。社区教育组织目标在其运行过程中常常会遇到来自内外环境中各种随机因素的干扰。社区教育管理通过及时的信息反馈和有力的调控措施，排除干扰因素及其消极影响，使社区教育活动沿着预定的目标轨道运作。

（4）社区教育管理的沟通功能。组织体系是一种网络结构。社区教育在时间上是从婴幼儿、青少年教育到成年人、老年人教育的终身教育体系，在空间上是普、职、成、学校、家庭、社会教育的系统整合。在纵横交互的网络结构中，社区教育组织管理体现在确保上下左右时空关系的衔接、沟通和协调，产生社区教育的系统整合功能，以有效地实现组织目标。

（5）社区教育管理的激励功能。组织力是一种激励力。社区教育组织力的大小与管理功能发挥的程度成正比。社区教育管理运作过程中通过确定成员的职位、职级、目标、任务、责任、权利、地位、待遇、归属关系以及评估、奖惩等举措，使组织成员获得安全感、自尊感、自信感和成就感，从而有效地激发潜能，充分地施展自己的聪明才智，为实现社区教育组织目标而努力工作。

3. 中国社区教育组织——社区教育委员会的建立

中国社区教育由自发形式走向自觉组织是以 20 世纪 80 年代在上海首先出现的社区教育委员会这一组织形式为标志的。社区教育委员会是统筹社区教育资源，沟通教育与社会关系，促进教育与社会一体化的中介和协调性教育管理组织。

社区教育委员会的建立是中国社区教育的一个质的飞跃，也是人类社区教育发展史上的一个创造。社区教育委员会的有效运作与管理，释放了社会的教育能量，给中国的教育事业和社会发展带来了无限的生机和活力，使中国的社区教育出现了第一次飞跃。其主要表现如下：

（1）社区教育委员会的建立与管理运作，推动了社区教育的发展，改变了传统的垂直分叉管理体制的封闭单一模式，促进终身教育的发展与学校、社区、社会相互沟通的教育管理体制的改革。

（2）社区教育委员会改变了教育与社会相互隔绝的状态，强化了教育与社区发展、社会进步相关联系、相互促进的社区意识和教育社会一体化的大教育观。

（3）社区教育委员会改变了学校与社区相互隔离的状态，探索出学校、家庭、社会、教育一体化的新路子，优化了教育环境，促进了德育社会化。

（4）社区教育委员会改变了成人教育、职业技术教育和普通教育自成体系、互相分割的状态，促进了“三教”相互渗透、相互沟通的大教育系统的发展。

4. 社区教育的实施

社区教育需要区域内相关资源的拥有者依据社区教育的目的来进行协调运作。根据当前中国社区教育的发展现状，我们对实施社区教育活动的主要参与者进行划分，从而明确了各种社区教育主体。这些主体因为所具备的社会资源和社会性质不同，而在社区教育中被赋予了不同的功能，具有不同的行为特征和影响力。

（1）政府部门。社区教育是由政府倡导、部署推行的一项社会政策，政府部门的主导作用是最为显著和广泛的。在这里，政府部门所包括的各级政府和职能部门中，国务院和教育部是负责全国社区教育宏观指导的中央政府部门；各省、自治区、直辖市人民政府和教育厅（局）负责落实中央政府的战略部署和规划，完成中央政府下达的任务，并结合实际情况，领导发展本省区市的社区教育事业；各省、自治区、直辖市以下的其他各级政府部门都是在上级政府部门的领导下，结合当地社区实际，负责协调处理本地区各项社区教育事宜，推进社区教育发展。

总的来看，政府部门在社区教育中的主要职能是：制定发展规划，加强宏观指导；建立组织管理体系，加强协调领导；制定政策法规，完善发展环境；提供资金支持，加强物质保障；实施效果评估，提出完善措施。

（2）社区教育学校。社区教育居于社区，应针对社区发展的需要开展活动。每个社区都可以根据本社区的实际情况，建立自己的社区教育机构，成为本社区建设的组织之一。社区大学、社区学院、社区学校和市民学校，便是目前比较普遍的、专门的社区教育学校。

在中国，社区大学和社区学院主要以地方政府社区教育部门为主体，开展成人职业教育、学历教育。社区学校和市民学校以街道、居民委员会为主体，开展短期职业教育、艺术教育、科普教育和家庭教育等与丰富社区居民文化生活相关的知识教育。这些教育以非学历教育居多。

（3）驻社区企业。在社区中，除了政府之外，各驻社区的企业便是具有鲜明特点的资源主体。虽然企业以实现利益的最大化为目标，但一些驻社区企业往往出于企业文化建设或回报社会的想法而对所处社区具有强烈的责任感和使命感，希望不仅通过自身业务发展促进当地社会经济的发展，而且本着“取之于社会，用之于社会”的思想，力所能及地去推动社会公益事业，努力塑造一个令人尊重的企业公民形象，并想通过参与社区建设为企业营造一个良好的外围环境，从而促进企业自身的发展。

驻社区企业参与社区教育活动的方式主要有以下几种：员工以志愿者的身份直接参与社区组织的活动，利用业余时间奉献爱心；与社区建立共建关系，形成一种固定的、长期的参与关系；资金资助社区需要；与社区部门主管合作，全面参与某一主题活动项目。

（4）社区公益机构与组织。推崇以人为本的理念，是许多社会公益机构和组织的价值取向。它们都以帮助个人或团体开发潜能、实现价值、贡献社会为宗旨，不以营利为目的，以促进社会福祉、正义和公平为目标，活动范围覆盖教育培训、环境保护、福利救济、体育康乐、文化艺术、医疗保健等诸多领域。这些体现人文精神和社会责任的价值观，得到了不同政治主张、宗教信仰、文化素养、职业状况以及经济收益等社会各阶层人士的广泛认同，对动员民间力量参与公益服务活动具有很好的感召效应。

公益机构与组织可以分为两类。一类是基金会，专门负责为其他公益组织和活动募集资金。基金会的活动方式分为两种：一种是资助其他机构和组织的活动；另一种是与其他机构和组织合作开展活动。另一类公益机构是直接面对社会大众的服务机构，其活动方式主要由被服务对象的特征、范围、规模等因素来决定，所以，对不同服务对象的服务内容，服务机构就要设计出不同的服务项目和方案来。但总的来说，可以分为两种：一种是依靠服务机构自身人员力量为社会服务；另一种是依靠与机构外的志愿者合作来开展活动。

（5）社区教育专业研究机构与组织。建立有中国特色的社区教育体系不仅需要实践的探索和开拓，需要实际工作者经验的积累总结，也离不开理论的指导，离不开专家学者的研究引导。社区教育专业研究团体与组织便是社区教育中除了政府机构之外，最具专业指导权威的组织。

这些专业研究机构和组织参与社区教育的主要形式有：进行理论研究，探讨实践发展中的理论问题；直接参与社区教育活动，指导活动的开展。如设计活动流程、提供专业咨询、组织交流研讨会、开展专题调查工作、开展社区居民教育活动、培训教育指导员、分析研究活动以及总结推广活动经验。

（6）群众组织。由于长期计划经济体制的影响，政府管理职能无所不包，民间组织较少。为了解决不同社区群体的特殊需要，维护他们的特殊社会利益，政府建立了相应的、具有鲜明政府色彩的社会组织，它们在政府的支持下，在中国社会发展中起着广泛而重要的作用。如中国共产主义青年团（共青团）、中华全国妇女联合会（全国妇联）、中国残疾人联合会（残联）、中华全国总工会（全总）、中国老龄协会等。

1）共青团。共青团的工作逐步向区域化、社会化、职能化方向发展，社区教育成为拓展和延伸学校素质教育、加强青少年思想政治工作、提高综合素质的有效途径。

2）全国妇联。为落实党中央提出“妇联应当把城市妇女工作的重点放到社区”的指示精神，妇联制定出以社区工作为重点的一系列工作计划，主要内容是：创办社区服务产业、健全社区维权机制、丰富社区文化生活、推动社区教育事业。①

3）残联。我国有 2 000 多万残疾人生活在城市社区，需要社区给予特别的扶持和帮助，更需要通过社区来实现他们参与社区生活的愿望。2000 年中国残联提出：要建立以政府为主导，社区为依托，有关部门密切配合，社会各界共同参与的社会化工作方式，将社区残疾人工作纳入社区建设总体规划，建立以社区居民委员会为核心、社区残疾人组织为纽带、社区服务机构为基础的工作机制，促进残疾人平等参与社会生活。② 在残疾人社区教育中，将大力开展残疾人的康复知识教育、生活技能教育、职业教育、文化娱乐活动以及社区居民的助残意识教育活动等。

---

① 参见孙民、刘瑞丽主编：《社区教育》，187 页，北京，当代中国出版社，2003。

② 参见上书，188 页。

9.5 我国社区教育存在的问题及其对策

改革开放以来，市场经济体制的改革，终身教育思想的确立，社会经济、科技、文化教育事业的发展及政府的重视已成为推动我国社区教育发展的重要力量。但由于我国各地经济、科技、教育事业发展的不平衡，地方政府和民众对社区教育的地位、作用与社区发展的关系认识不一致，造成了我国社区教育事业发展的不平衡现状。本节从分析当前我国开展社区教育的主要问题着手，有针对性地提出我国社区教育健康发展的对策。

9.5.1 我国社区教育存在的问题

我国社区教育面临的主要问题包括以下几个方面：

1. 生产力发展的不平衡性与教育需求的冲突

劳动能力的专门培养是工业社会科技含量日益增多的经济结构迫使教育不得不承担的一项新的社会职能。生产技术装备的日趋“高”、“专”及工艺过程的日趋复杂，不仅要求劳动者具有一定的技术素质，而且还要求劳动者具有起码的一般文化素养，以便进行文明生产，这产生了通过教育训练劳动能力的普遍需求。

我国仍处于社会主义初级阶段，生产力发展不平衡不充分，以高新产业为支柱、以智力资源为主要依托的新型经济，还没有成为我国内涵式经济增长方式的主题。就全国范围而言，以高科技为基础的第三产业就业人员，占全国就业人员总数的比例还不够高，且主要集中在东部沿海地区的某些大城市。而在广袤的农村，农业生产科技含量较低，对部分农民而言，在一定时期内，手工劳动仍将是他们主要的生产方式。由于手工劳动经验尚未上升为近代自然科学知识，劳动力再生产方式无求于教育，因此手工劳动本身就成为劳动能力再生产的“学校”，带有排斥教育的自然倾向。由于经济发展的不平衡，社会对教育的要求极不平衡，这就极大地影响了我国社区教育的开展。

2. 传统的小农生产观与社区教育所要求的合作、整合的冲突

社区教育是需要用思想与行动、合作与整合来实现的。社区教育之所以强调合作、整合，是因为仅靠一方的单独行动往往不利于或无法实现价值目标，无法克服困难。社区组织化及合作、整合的过程，直接影响到社区教育的协调发展。社区教育在体制上强调社区内的各种教育因素和机构的集合、协调与互动，因而要求政府部门、社会各界、普通民众获得共识，相互合作来构建联动机制，将人力、财力、物力资源统筹分配，综合使用，协调工作方式。

3. 社区教育的多样性与轻视非正规教育的冲突

社区教育的多样性要求正规教育和非正规教育并重，二者不可偏废。但由于受到生产力发展水平的制约和传统观念的束缚，包括教育部门人员在内的很多人都对教育产生了以下三个方面的误解：第一，认为教育是一个独立的发展部门，学校是一个独立的教育实体，这一观念没有把教育看做是社会所有部门的基本组成部分，严重地束缚了社会发展；第二，认为非正规教育对正规学校而言只不过是一项选择而已，构成了与后者的平行的系统，而这套系统应在国家教育主管部门和国家教育计划的严格控制下“以防失控”；第三，由于提出非正规教育的一个社会背景是针对当时人权、教育机会均等、解决社会弱势群体的教育问题，因而在这一背景下出现的非正规教育在根本上被看做是穷人的教育，是正规教育的劣等替代品，受到社会甚至是教育部门的歧视。

4. 社区教育肩负的历史使命与教育投入不足的冲突

长期以来，我国政府对教育的投入严重不足，主要表现在：第一，政府教育投入占国内生产总值的比例太低，如1997年教育投入仅占2.49%，远远低于世界有关标准的4%；第二，近年来财政性教育经费的绝对数在增加，但并不能改变财政性投入总体上紧缩的事实；第三，社区教育的经费应多渠道筹集，包括地方政府、企业、社会各界及个人等，但由于一些地方企业经营机制的转换，社会下岗人员的增加和城镇居民收入不高，地方财政变成了“吃饭财政”，使得社区教育经费捉襟见肘。社区教育经费的不足与其所肩负的构建终身教育体系、迈向学习型社会、实现人与社会可持续发展的历史使命明显不相称。

9.5.2 解决我国社区问题的对策

根据当前的情况，我国社区教育的主要思路和对策可以概括如下：

1. 以终身教育思想为指导原则，更新观念

社区教育在我国起步较晚，人们对什么是社区教育以及如何开展社区教育尚缺乏感性和理性的认识。为此，我们首先要在观念上有所突破：

（1）社区教育是实现终身教育的重要形式和建立学习型社会的基础，为此社会要从学校教育的狭隘教育观转变到全民教育、全国教育、全程教育、终身教育的大教育观上来，改变重人才培养、轻公民素质提高，重经济、轻教育的旧观念，确立社区发展与人的全面发展辩证统一的新观念。

（2）要确立可持续发展观，把社区教育纳入社区发展的总体规划之中，要以社区建设的总体发展规划为依托，进行社区教育的总体决策，使社区教育与社区建设协调发展。

（3）要确立社区教育特色观。发达国家和地区成功的社区教育实践为我们提供了很好的经验和范例，但也要注意到，我国各地发展极不平衡，为此开展社区教育要结合国情、区情、民情，切忌盲目攀比，搞一刀切，要走具有区域特色的社区教育新路子。

2. 建立促进我国社区教育发展的有效运行机制

社区教育运行机制是指社区教育这一系统主体要素的结构关系、相互作用以及使其得以正常运转的性质和方式。建立社区教育的运行机制，对我国社区教育健康、稳步地发展具有重要意义。当前我国社区教育机制及其运作方式主要有：

（1）激发社区成员不断增长的学习需求，形成社区教育发展的内在动力机制。

（2）建立地方政府和社会各部门广泛参与的社区教育组织管理协调机制，强化政府行为。

(3) 建立社区教育多渠道经费投入的办学机制。

(4) 建立地方性法规、政策保障机制。

(5) 建立和完善社区教育的督导评价机制。

3. 充分发挥高等学校在社区教育中的龙头作用

作为终身教育体系中重要组成部分的高等教育，与社区教育存在一种密切的互动关系。高等教育要把其办学目标定位在实施终身教育，建立学习型社会上，发挥其“龙头”作用。为此，高等教育要建立开放式的教育体系，其对策是：

(1) 高校向社会开放，充分利用和发挥高等学校的师资、技术、设备优势，实现教育资源共享，以此推动社区教育的发展。

(2) 社区性高等教育体系应体现多样性，满足不同层次群体的需求。

(3) 大力发展社区学院。

4. 积极构建农村社区教育网络

我国是一个农业大国，农业是国民经济的基础，发展农村社区教育，对改善农村劳动者整体素质，保持农村社会的稳定具有重要作用，为此要积极构建农村社区教育网络，其对策是：

(1) 要加强县级农村社区教育的组织领导和协调，发挥县级社区教育中心的龙头作用。

(2) 积极开展乡社区教育，发挥骨干作用。

5. 加强对社区教育的理论和实践的研究

社区教育在我国起步较晚，理论研究薄弱。为此要立足国情加强研究，把社区教育的研究放到构建终身教育体系，形成学习型社会的大背景中去，为我国终身教育体系的构建提供科学决策依据，其对策是：

(1) 组织专职研究人员对社区教育的产生和发展及其在发达国家的实践和经验加以研究。

(2) 积极动员政府、企业、社区、各级各类学校组织成员参加社区教育、终身学习、学习型社会的研究，从宏观、中观、微观开展多层次、全方位、多类型的研究与实践。

本章小结

1. 现代意义的社区教育20世纪初从欧美一些国家兴起，而具有现代意义的中国社区教育形成于20世纪80年代中期，其标志是1986年上海市普陀区真如中学与地区工厂合作共建的“真如中学社会教育委员会”。教育委员会的形成和发展不仅带动了上海市社区教育的发展，还进一步在全国产生影响，并使社区教育最终在全国范围内得到普及和发展。

2. 社区教育是一种教育现象或一种教育活动，它是在社区范围内，利用社区内的政治、经济、文化、风俗习惯、生活方式和思想风貌等一切因素对社区所有成员进行多渠道、多层次、多方位、多方面的教育活动。

3. 我国社区教育模式有别于英美模式，它主要有以下几种：以街道为中心的地域型社区教育模式；以学校为中心的辐射型社区教育模式；以社区学院为载体的综合型社区教育模式；以地域为边界的自治型社区教育模式。

4. 社区教育管理就是对社区教育资源（包括人力、物力、财力和信息等）进行合理组合，使之有效运转，以实现组织目标的协调活动过程，也是对社区内的教育资源进行开发、利用，以实现社区教育的最终目标的一种组织力量。

5. 中国社区教育由自发形式走向自觉组织是以20世纪80年代在上海首先出现的社区教育委员会这一组织形式为标志的。社区教育委员会是统筹社区教育资源，促进教育与社会一体化的中介和协调性教育管理组织。社区教育委员会的建立是中国社区教育的一个质的飞跃，也是人类社区教育发展史上的一个创造。

6. 社区教育的实施需要政府部门、社区教育学校、驻社区企业、社区公益机构与组织、社区教育专业研究机构与组织、群众组织等多个部门的协调合作，共同努力。

关键术语

社区教育　社区教育模式　社区教育管理　社区教育管理委员会　社区教育组织　社区教育实施

复习思考题

1. 我国社区教育的不同发展阶段各有什么特点？
2. 我国社区教育兴起和发展的社会背景是什么？
3. 社区教育的含义和特点是什么？
4. 我国和西方国家的社区教育模式分别有哪些？
5. 社区教育管理的特点和理念是什么？
6. 社区教育管理需要哪些组织以及如何实施？
7. 我国社区教育目前存在的问题及其对策是什么？

阅读材料

精心组织　分层落实　扎扎实实开展社区教育工作[①]

松陵镇地处姑苏南大门，总面积148.58平方公里，镇区面积16平方公里。全镇总人口11.56万人，另有流动人口约5万人，下辖46个行政村，48个居委会。

自江泽民同志在全国第三次教育工作会议上提出“终身教育”这一概念以来，我们越来越觉得：经济社会的发展，迫切需要全民素质有显著提高。以终身教育的形式来整合现

① 该报告原文为浙江省吴江市松陵镇的社区教育工作报告，见http：//www.wjedu.jsinfo.net/czjy/sqjy/syxz/slzsqjy.htm，收录入本书时略有改动。

有的普通教育、职业教育、成人教育和高等教育，不仅有利于素质教育的实施，而且有利于经济的发展和社会事业的进步。社区，是终身教育的好场所，社区教育作为终身教育的主要途径，大有文章可作。下面是我镇开展社区教育工作的具体做法。

一、组建网络队伍

社区教育是对一定地域内共同生活的人群组合进行的“大教育”。它既是一个区域性的整体性教育活动，又是一种能够组织协调社区各种社会力量参与、统筹协调区域内各类教育资源，为社会发展服务的机制。社区教育不仅在类别上包括该区域内的基础教育、家庭教育和社会教育，其教育对象是从幼儿园到老年的社区全体居民，而且它是一种社会化的教育机制。所以要实施社区教育，必须有一个强有力的组织保证。为此，我们组建了由党政领导、各职能部门组成的终身教育委员会。委员会下设办公室（由镇长任主任），由三名专职教育干部负责具体工作。同时建立了社区教育的法制基地（主要是广播电视站）、培训基地（成人教育中心学校、党校）、街道社区学校三个层次的教育网络，并分别聘请党政干部、教授、医生、技术人员等为终身教育志愿者，为不同层次的社区成员服务（见下图）。

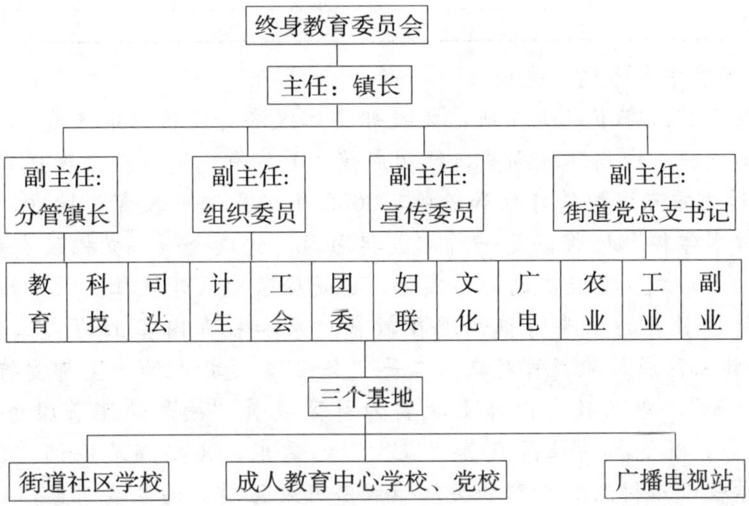

在此基础上，由党政领导组织、协调全镇社区教育，各部门结合部门实际开展活动，落实终身教育志愿者人员。办公室负责汇总全松陵镇的教育资源，收集各方信息，制定委员会工作计划、督检办法、考核措施，安排好例会和专题活动等具体工作，并落实终身教育兼职教师队伍。

二、成立三个基地

街道社区学校，成人教育中心学校、党校，广播电视站作为我镇社区教育的三个基地，根据自身的特点和所涉及的不同层次的人群，各有侧重，各有特色，是目前我镇实施终身教育的三个基地和窗口。

（一）街道社区学校

街道社区学校以居民、离退休人员、下岗工人为主要对象，整合家庭、生活小区的社区资源，坚持群众性、科学性、趣味性、知识性、娱乐性，以服务、宣传、培训和组织各类丰富多彩的活动为主要手段，扎扎实实开展社区教育工作，努力营造学习型小区和学习型家庭。

松陵镇社区学校2002年的培训计划如下表所示：

松陵镇社区学校2002年培训计划

时间	培训班名称	课时	人次
2月	“四五”普法知识讲座（一）	3	70
3月	社区计划生育知识讲座	2	30
4月	家庭养花知识讲座（一）	4	70
5月	中老年保健知识讲座	3	200
6月	国际国内形势知识辅导	4	60
7月	公民道德知识讲座（或活动）	8	200
8月	书法、绘画知识讲座	10	100
9月	健身操培训	30	100
10月	烹饪与营养知识讲座	6	80
10月	妇幼保健知识讲座	3	80
11月	“四五”普法知识讲座（二）	3	60
12月	家庭养花知识讲座（二）	4	80
合计		80	1 130

（二）成人教育中心学校、党校

松陵成校位于吴江市市府所在地，又毗邻吴江经济开发区（电子资讯产业园），地理位置优越，交通便捷。校内环境幽美，绿树成荫，并拥有先进齐全的现代化教育设施和设备。1999年通过省重点成校的评估和验收，2002年经吴江市教育局批准，又增设了“吴江市松陵职业技术学校”校牌，是一所“成职沟通，党成合一（党校设在成校），长短结合”的多样化、多形式、多层次的办学实体，也是松陵地区开展社区教育的重要基地。

松陵成校社区教育的主要特征体现在教育对象和教育内容上的“三全”。一是“全员”，即是以全体社区成员为教育对象；二是“全程”，是指人的一生都要持续不断地接受教育；三是“全面”，即在教育内容上既要为社区成员“德”的完善服务，又要为他们“才”的提高服务，既要满足社区成员“谋生”的需求，又要满足他们“乐生”的需要。成人教育中心学校以镇村两级干部和吴江市经济开发区员工为主要对象，以“教育”“培训”为主要手段，以“修身”“谋生”“乐生”为主要目的，搞好社区教育工作。

（1）修身方面。2002年对全镇党员干部进行了公民道德建设实施纲要培训，“党员读本”“三讲”教育培训，对党团员干部进行了十六大思想政治讲座以及“生命科学”“党员知识”“青少年心理”等讲座，还对妇女主任、街道干部进行“家庭教育”和“法制教育”培训。此外，每月定期举办一期新婚青年培训和孕产妇培训，宣传计划生育政策，传授优生优育知识。

（2）谋生方面。一是和苏州大学、苏州职业大学联办“经济管理”专业大专班，和南京农业大学联办“会计审计”专业大专班；还争取到中央电大、省电大“开放大专”的指标，举办了“农科园艺”和“乡镇管理”大专班；和苏州职业大学联办了“计算机信息管理”“电子商务”“外贸与报关”高职大专班。通过成人学历教育，既提高了农村基层干部的整体素质，又培养造就了一支熟悉市场经济、懂得现代化管理的跨世纪干部队伍，还为开发区培养了一大批掌握计算机、电子技术的技术工人和懂得现代化信息技术的管理人员；相关专业参学人数占在校成人大专班总人数的 70%以上，有一些学员通过学历教育在企业里也走上了重要工作岗位。二是利用学校先进的现代化教育设施，进行实用技术和现代科学技术培训，如全国计算机等级考试 1～4 级，办公自动化初、中级，网页制作，计算机绘图（CAD）初、中级等，全国公共英语 1～4 级，市民英语等级考试初、中级，黄波儿童英语、剑桥少儿英语、标准日语等，每年培训人员达 500 人次左右；2002 年还利用学校电子电工实验实训室的设备，为九龙电缆厂举办了一期电工短训班和一期钳工短训班。三是建立农科教结合基地——特种水产场。配合场部技术员做好培训工作，2002 年 4—5 月份举办了三期培训班（南美白对虾、鳜鱼养殖、鱼苗发塘），印发大量培训资料给养殖专业户。成校还利用宽带校园网的先进设备，在学校主页上制作了“农业信息服务站”，在网上对基地的产品技术进行了介绍和推广。

（3）乐生方面。为居民、离退休人员、学生举办了书法、美术、音乐培训班，以及家庭插花艺术培训、家庭保健知识培训、安全有效使用家用电器知识培训等。

（三）广播电视站

松陵镇法制教育基地——广播电视站成立于 1996 年。前期投入 40 多万元用于电视站建设和购买电化教育设备，指定专门人员具体负责法制教育工作，并协同综治办、派出所、外管办、街道、村、企业、学校等共同进行法制电化教育。2002 年上半年，针对“严打”斗争和市区外来人员较多的特点，在派出所的配合下，积极与各用工单位联系，对外来人员进行登记造册，为他们办理了《外来人员法制教育卡》，组织他们观看以《宪法》《刑法》《劳动法》《计划生育条例》等为主要内容的案例分析录像。1—8 月份，共放映法制教育片 82 课时，受教育人数达 18 272 人。

终身教育工作是一项系统性的社会化工程，其内涵极为丰富。我镇作为吴江市社区教育实验工作先行镇之一，做了一些实实在在的工作，2001 年举办各类培训班和讲座 80 期，培训 14 931 人次；据统计，2002 年上半年已举办各类培训班和讲座 36 期，培训 5 349 人次。目前，一支有 23 人参加的松陵镇终身教育志愿者队伍已宣告成立。但这些也只是比其他乡镇先走了一步，在如何整合各种类型的教育资源，丰富教学内容和形式，顺应不同层次群体的要求等方面还缺乏更深入的探索。

第4篇

国外社区管理的实践与发展趋势

随着我国经济体制和政治体制改革的不断深入、经济发展与工业化进程的加快以及城市化水平的提高，我国很多大城市掀起了社区建设的热潮。但由于理论上尚不成熟，实践上缺乏经验，因而城市社区建设也出现了一些问题和矛盾。与之相比，国外的社区理论在经历了百余年的发展之后，已日臻完善。因此，比较和借鉴国外城市社区管理的理论和实践经验，无疑对我国方兴未艾的城市社区建设有着积极的意义。

第 10 章

国外社区管理的实践与探索

本章选择了欧美和亚洲一些社区发展比较健全的国家，介绍其发展经验，分析其构成要素与发展特点，探讨其社区管理体制，并从社区管理的组织体系、社区经济、社区照顾与社区卫生、社区服务、社区教育、社区治安等多个方面进行介绍与比较。

◆ 预习案例 ◆

日本的“社区建设委员会”①

日本国民生活评议会下设的社区问题委员会，先后于1971—1973年在东京、大阪、名古屋三大城市推出84个样板地区，地方政府也设立相应的机构，如高知市政府设立了“社区建设委员会”，下设“自治活动课”，作为政府和市民对话的窗口。高知市内有一地区的居民希望建造没有车辆行驶的安全步行地带，于是委员会自发组织对居民进行问卷调查，经过数十次调查和讨论，拟订了改建人行道和修订交通规则的提案。此提案经自治活动课递交市政府，获准后由市政府提供建筑材料和人工，着手修建道路；经政府与交通部门交涉后，还调整了交通规则。

10.1 国外社区管理的主体

世界各国的社区管理大都有自己的特色，现代社区管理模式的差别往往取决于社区管

① 参见楼培敏：《现代社会的社区运行与管理》，载《学术月刊》，1996（12）。

理主体，即政府、社区民众以及社区服务机构之间的权能配置方式。社区运动正在全球范围内蓬勃发展，各国纷纷制定一系列全国性、地方性的社区规划，鼓励并支持社区公众广泛参与，努力实现政府与社区的良性互动。综观欧美以及部分亚洲国家的社区管理实践，可以看出，整个社区管理正日益走向公众化、社会化、制度化、规范化。

概括来说，各国社区管理的组织体系是趋同的，主要由政府、社区服务组织、社区民众三部分组成。其中，政府是社区管理的组织者，社区服务组织是社区管理的提供者，社区民众是社区管理的参与者。

10.1.1 政府——社区管理的组织者

政府具有其他一切社会组织不可替代的管理责任，掌握着丰富的社会资源，是社区管理的组织者。在社区的管理运行中，政府承担着宏观指导、协调和规划的职能。政府一方面要按照公平性原则，通过一定的手段合理配置资源，提供社区服务，以满足社区居民对社区经济、社区卫生、社区服务、社区医疗、社区治安等多方面的要求；另一方面则需要从国家政治的角度，组织引导社区居民，确保社区居民的各项政治权利得到落实。

一般说来，政府对社区的参与或控制程度以及政府关于社区的公共政策、发展规划，决定了其社区管理模式是政府主导模式、社区自治模式还是混合模式。

1. 美国：民主管理、政府资助

美国的市是州政府的分治区，市政体制采用的是“议行合一”或“议行分设”的地方自治制度，城市社区没有政府基层组织或派出机构，实行高度民主自治，依靠社区自治组织来行使社区管理职能。

市长的职责包括：确保各专业职能部门在涉及地方服务和居民意见的所有事务中与社区委员会进行合作；审核社区委员会的资金预算和使用情况，并据此制定拨款数额；指派官员参加社区委员会领导的社区服务顾问团，为社区问题提出解决方案。市议会的主要职责是负责审议社区委员会提交的财政预算和决算，并帮助社区委员会决定所需资金数额。区长兼任政府委员会和社区顾问团的主席，负责社区委员会成员在规划、预算和管理方面的培训工作，主要是提供技术性的指导。

美国的社区都具有明确的地理界限，是基本的基层行政单位，而且社区内都设置了社区委员会。例如在纽约市，全市 59 个社区分别成立了社区董事会，由董事会成立社区委员会，诸如预算、教育、公共安全等职能委员会和健康、医疗、社会服务等代理委员会都属于社区委员会范畴。①

社区委员会是半官方组织，每个社区委员会都有 50 个不领工资的、由区长任命的委员，主要负责社区需求的评估和向市政府申请资金并监控资金的使用，负责本社区的福利工作，处理社区居民对服务工作的意见。社区主席由社区委员会聘用，负责为社区委员会制定政策建议和组织实施，并就社区和居民关心的各种福利问题与政府官员、各专业职能部门和其指派的地方管理者、立法机构或区长合作，以征得他们的支持与帮助，在社区中起到联络员的作用。此外，还有社区服务顾问团，它由各专业职能部门的代表、社区委员

① 参见侯玉兰主编：《国外社区发展的理论与实践》，1 页，北京，中国经济出版社，1998。

会以及市议会中本社区的代表组成，主要是征求居民意见，对社区问题进行商讨、协调，并制定解决方案。[①] 美国历来都很注重法制，因此，社区也严格实行依法管理。自 20 世纪 60 年代以来，美国联邦政府相继制定了几部关于城市社区发展的法律和法规，例如《住宅和社区发展法》《社区再投资法》《国家和社区服务合作条例》等。除此之外，各个州、市政府和立法机构也制定了相应的法规和法律。在依法管理的前提下，政府授权社区的社团，依靠社区居民自由组合，民主选举产生社团组织实现社区发展。对一切以寻找和发现新的社区需求为动力、以为社区居民提供各种服务为宗旨的组织，政府在财税政策等方面给予大力支持和资助。

以上介绍了美国政府在社区管理中的职责，透过脉络清晰的组织体系，我们可以看出美国的社区管理模式是社区自治型的，即“政府资金资助，社团组织唱主角”。但政府对社区管理并非是失控的、完全放任的，相反，政府牢牢掌握着对社区的宏观调控。例如，约翰逊总统实施的“向贫穷开战”和“模范城市”项目，直接向社区提供福利援助。在 20 世纪 50 年代后，随着产业结构的大幅调整，美国许多城市中的传统工业迁移到国外或者偏远地区，从而使富人流向郊区。随之，商业网点和文化教育设施及相关投资也流向郊区。税收的减少、市政经费的紧张，严重影响着美国经济的发展。于是，克林顿当选后，实施了“授权区和事项社区”项目，重振趋于衰落的城市与社区，并倡导建立联邦、州、市政府与私人企业之间的伙伴关系，这对激发社区内非政府组织、非营利组织以及其他社会力量的活力，实现“复兴美国”的梦想起到了举足轻重的作用。

2. 英国：以政策激活市场

英国政府实行市场化的社区管理与社区服务，政府把许多社区服务方面的事务都转移给民间团体和私营机构，社区服务出现政府出资、社区办事的局面。政府举办的服务机构、政府资助的社会组织、民间团体举办的非营利性质的服务机构，以及私营的、商业性的服务机构组成了英国的整个社区组织体系。其中，社区服务的主体是社会组织与民间团体举办的非营利性社区服务机构。

总的来说，政府把社区管理看做是一种社会动员的方式，通过动员社会力量，力图有效实施它的社会政策。这种注重通过社区发展解决其面临的社会问题的“成本—收益”型战略，被称为“实用主义”的社区管理战略。政府在其中的作用是宏观调控和政策支持，通过加大社会政策的实施力度，来弥补单纯依靠经济手段的不足，走“政策发展社区”之路。政府的主要职能包括：制定相关的政策与法律以及具体规则，指导政策的执行；监督、检查民间团体和私营机构；对各类服务机构内的人员培训、设备配置、服务标准、服务价格进行定期检查，进而根据检查结果对相关机构增加或削减下一年度的财政拨款；对中央福利经费实行严格的宏观控制与管理。

3. 新加坡：以政府干预为特色

与前两种类型的社区管理相比，新加坡社区组织充满着官方色彩，政府主导社区建设的各项工作。通过政府对社区的全面参与以及较强的控制程度可以判断，新加坡是政府主导型社区管理模式的典型代表。

---

① 参见侯玉兰主编：《城市社区发展国际比较研究》，39 页，北京，北京出版社，1998。

在新加坡，政府行为与社区行为紧密结合。政府对社区的干预较为直接和具体，并在社区设有各种形式的派出机构。新加坡政府部门中设有专门的社区组织管理部门，政府行政力量对社区的组织管理有比较强的影响和控制力。由政府组织自上而下对社区发展进行的管理，职能分明、结构严密、井然有序。

新加坡全国不再设市、区政府，社会管理的区域性基本单位是选区，每个选区都设有公民咨询委员会和居民联络管理委员会。公民咨询委员会在选区范围内组织、协调社区事务，募集社区基金，增进社区福利。在新加坡现行的政党政治体制下，选区的社区组织和社会团体实际上是执政党与民众直接接触的最基层的政治实体，主要社区组织的领导成员都不是民选产生，而是由所在选区的国会议员委任或推荐。社区领袖的政府委任制以及国会议员对社区事务的深度参与，使新加坡的社区管理受到执政党和政府强有力的影响与控制。

政府通过对社区组织的物质支持和行为引导，掌控整个社区发展的大局。政府还通过相关职能部门对社区的领导人进行培训，以保障政府的方针、政策、要求在社区活动中得以贯彻。社区中的相当一部分活动都是由政府发起的，有些还部分得到了政府的资助。①

这种政府行政干预型的社区管理模式，与新加坡的历史文化传统和政治经济背景密切相关。与西方相比，新加坡的市场体制和法律建设的时间还不够长，社区居民民主观念较淡薄，公众参加社区管理与发展的主动性有待培养。在这种情况下，要促进社区的发展，政府主导和社区组织的行政化就不可避免。

4. 澳大利亚、新西兰：政府半放权

在澳大利亚和新西兰，除了市政府专设的负责社区管理的官方政策机构外，还有半官方的社区委员会和自治性的社区服务组织。前者由选出的市政府委员及六名有威望和受信任的市民代表组成，权责仅限于选区内，主要维护本社区利益，在政府和居民中起上传下达的作用；后者则受政府指导或委托，为社区居民提供社会福利服务，并在具体实施各项服务工作中体现自治性。在促进社区发展和管理上，澳大利亚、新西兰政府基本也采取了“政府规划、资助，社区具体实施”的管理模式。

5. 日本：政府间接管理

当前，日本的社区管理中表现出明显的半自治特征，官方色彩与民间自治色彩在社区管理的许多方面交织在一起，政府对社区发展的干预较为宽松，基本上采用间接手段，其主要职能是规划、指导、监督并提供经费支持。

在日本的社区管理中，政府与社区工作部分开，但政府仍指导、监督社区的建设工作，并且为社区建设提供资金。在政府系统中，由自治省负责社区工作，地方政府也设立社区建设委员会和自治活动课等相应机构，这些都是带有行政色彩的自治组织。社区建设的资金由政府拨款，而且资金的使用有明确要求，支出严格按照预算和规定条例的标准执行。在城市基层社区层面，日本设有町内会和联合会。町内会对社区的各项工作负责，其主要职能包括：环卫管理、青少年教育、社区治安、社会福利等。这种组织与西方的私人性社团不同，它更多地具有社区公共组织的性质。②

① 参见侯钧生编著：《发达国家与地区社区发展经验》，195 页，北京，机械工业出版社，2004。

② 参见谢守红：《国外城市社区管理模式的比较与借鉴》，载《社会科学家》，2004（1）。

10.1.2　非营利组织——社区管理的提供者

1. 非营利组织

非营利组织是一种既非政府又非企业的机构和组织的总称，又称为第三部门、独立部门、慈善机构、志愿者组织，其含义是指不以营利为目的、主动承担社会公共事务和公共福利事业的社区中介机构，其在社区发展中起到了极其重要的作用，是社区服务和福利的提供者，同时也是社区经济的助燃物和催化剂。

作为社区组织三大板块（政府、市场和非营利组织）之一的非营利组织，是社区服务、管理的提供者，在社区发展中发挥的作用越来越受到国际社会的重视。正如彼得·德鲁克在他的《非营利组织的经营之道》中所说："社区问题的解决之道就在社区里面。非营利组织就是社区，我们正透过它们来塑造一个公民社区，非营利组织不但已成为社会的主流，更是其中最不同凡响的一大特点。"国际经验表明，社区非营利组织在沟通政府与民众、缓解社会冲突方面起着重要的润滑剂作用。

在美国，非营利组织是社区发展的主力军。自 20 世纪 30 年代罗斯福新政以来，公共机构一直是全美在社区服务中的主导力量。1960 年后，随着美国"向贫困开战"及政府财政方面的紧缩，联邦政府开始重视非营利组织在社区服务和社区发展中的作用。非营利组织在联邦、州和城市社区等各个层次间都建立了组织网络，并开展了形式多样的社区服务和社区发展项目。目前，美国有 137 万个非营利组织遍布全国各地。它们组织严密，机构健全，运作规范，有强烈的责任感，在美国公众心目中的形象很好。美国的非营利组织可分为三种类型：一是传统的社会服务机构，它们通常都接受可观的捐助，可提供不同的服务；二是能直接得到政府用于职业培训、精神疾病防治和其他服务资金支持的团体；三是为满足邻里和其他社区需要而组建的团体，其针对性较强，如解决无家可归者、青少年出走等社区关注问题的团体或以扶助弱势群体为主要功能的团体。这种以社区为依托的新型团体，行动更为自觉和主动。这三种团体与社区关系的密切程度各不相同，但在职能上形成互补，共同发挥着积极作用，有利于社会事业发展的连续性。①

加拿大为民间服务创造了一个有利的环境，市民可以完全表达各种非商业性、非政府性的利益。20 世纪 80 年代初，在加拿大被称为"第三部门"的志愿者服务组织和协会已达46 500个。1987 年的调查显示，有 5 万多名成年人参加了非营利组织的志愿工作，工作时间总计达 10 亿小时。他们在保健、福利、交通、家务等各方面为本地居民义务服务。著名的民间性社会组织"福利组织联合会"，负责动员企业、邻居、公众捐款，来为本社区的社会服务募集资金。又如"食品银行"，则是一种志愿性救济互助组织，鼓励民众捐献食品，通过社会服务机构或教会慈善团体免费发放给社区中的失业者、无家可归者和低收入家庭。②

英国当今大约有 50 万个以上规模不等的志愿者和社区组织（voluntary and community，VOC)。英国的社区发展实践大多由这些组织运作，因此，资助这些组织也是英国政

---

① 参见谢守红：《国外城市社区管理模式的比较与借鉴》，载《社会科学家》，2004 (1)。

② 参见侯钧生编著：《发达国家与地区社区发展经验》，70～71 页。

府社区发展战略的重要组成部分，以图在政府与社区之间的良性互动中建立可持续的社会福利政策。

德国的志愿组织目前已经超过了 30 万个，尽管大多数组织并无专职付薪职员，但 1987 年非营利组织付薪就业人员仍占到德国总就业人数的 4.3%。

意大利在近 25 年里，出现了许多非宗教性质的志愿协会和团体，它们在地方社区中正在发挥着越来越重要的作用，大概有 15.4%的成年人志愿参加了非营利组织的活动。

日本现在有数万个非营利组织在社会中开展活动，其中约有23 000个慈善组织和 12 000个福利组织，而其中最强大的是以社区为中心的互助组织，它囊括了 90%以上的日本家庭。这些组织管理日托中心、照顾老年人、为妇女和儿童提供健康服务，其经费来源于公共部门的支持和服务费、私人捐款以及社会资金。现在，非营利组织已成为日本社会生活中一支不可忽视的力量。

2. 其他社区服务机构

活跃在社区中的各种各样的以营利为目的的商业服务机构、社会团体、中小企业、中介机构等经济组织，也是社区发展的重要力量。

社区发展合作组织（Community Development Corporations，CDC），有时也被称作“邻里发展组织”“经济发展公司”等，是美国社区经济组织的典范。它由社区居民担任领导成员，通过与政府、企业、基金会、银行等结成亲密伙伴关系，有力地推动了社区经济的发展。近年来美国第一个“坏账城市”克利夫兰市的重振计划就是一个佐证。“克利夫兰领导者”组织联合 50 家大企业的董事，提出“明天的克利夫兰”计划，通过把社会不同领域的精英组织起来，采取投资硬件设施建设、组织社区进步协会等措施，以经济为突破口，实现了克利夫兰的复兴。

美国社区协会的蓬勃发展同样离不开经济组织。房地产开发商在建成大楼或住宅区后，便分阶段为后来的社区协会做好准备。当有 1/4 的住户入住后，建筑商就开始向他们介绍情况，并着手组织由住户参与的各种委员会，如预算、联络与章程、社区公约等机构；在住户达到 35%～45%时，建筑商又组织住户选举居民中的至少两人与建筑公司共组董事会，之后又组织有专业背景的居民成立工程保修特别委员会，并由该委员会挑选建筑质量评估公司，同时建筑商要与住户代表协商储备金事宜，建筑商需要移交部分收入给将来的社区协会；当住户达 50%～75%时，建筑商将依据法律，组织选举完全由住户组成的社区协会董事会。

而在加拿大的魁北克省，致力于社区经济发展的组织有社区经济发展公司和社区发展公司。其主要功能是帮助社区居民寻找工作、进行职业训练和商业技术协作等。这类经济组织的实际作用绝不仅限于经济上的，社区在经济和社会活动中取得的进步实际上加重了自己作为一种政治力量的砝码，使社区获得相应的政治权利，这对维护社区及其成员的利益、实现民主和社会正义都是有利的。

英国有一种被称为免费专业援助（free professional help）的传统，通过它可以实现对社区居民提供从法律援助到传媒、策划以及信息技术的专业援助。主要的免费专业援助一般由大的专业性公司，特别是伦敦和其他大城市的专业性公司提供。其形式包括完全免费的专家援助，也包括只付给少量津贴或以打折的形式提供的专业服务。这些大企业、大公司提供免费专家服务的原因很复杂，或者只是为了做些公益事业，或者是为了提高公司知名度，塑造公众形象，或者是为了培训员工，或者是为了开发潜在的商业机会等。[①]

德国的基层社区管理机构——以北威州为例

德国是一个联邦制国家，由 16 个州组成。依照德国《基本法》（The Basic Law）确立的基本原则，州（federal states）并不是隶属于中央的地方政府，其本身是具有国家权力的政体。各州均有权制定自己州的宪法，但必须与国家《基本法》所确立的共和制、民主制、法治和福利社会等基本原则保持一致。在国家和州的权力划分方面，除外交、国防、货币、金融、部分税收、铁路、航空的立法权归属联邦之外，其他方面的立法权均属于各州。只要联邦不曾对某一事务进行立法，各州就有权对此立法。由于历史原因，各州立法不会全然相同，但是各州地方行政管理的方式方法基本相同。州以下建立有两级地方管理机构，也就是州一般划分为县（districts），县又划分为市镇（towns）。但是，较大的市镇（一般人口达到 10 万人）也具有县的地位，成为独立的自治市镇（boroughs），不再作为县的组成部分，也不再接受县的监督。市镇则是最基层的自治组织，虽然其承担着一些法定行政管理职能。而许多小市镇也会因为各种原因联合成为市镇联合体，提供跨市镇的服务。目前，德国共有 543 个县，16 128 个市镇，117 个县级自治市。

德国的县、市镇和自治市镇都是根据州的法律建立的，基于各州宪法的差异，各州市镇体制有所不同，因此地方政府的多样性表现得尤其明显。从其权力运行机制以及组织机构来看，市镇自治体制大体有四种类型，即德国北部市镇议会架构、德国南部市镇议会架构、莱茵市镇社区架构和市镇经理型架构。其中，德国北部市镇议会架构是一元的，市镇的主要权力都在议会。议会由居民直接选举产生，议会选举产生市镇长、议会工作委员会，并任命市镇主任。其中，市镇长是社区代表，是议会的议长，负责召集议会，而市镇主任则是市镇管理机构的首脑，但他不能按照自己的意愿行事，必须接受议会的命令，并领导整个市镇管理机构开展工作。德国南部市镇议会架构则是二元的，它有两个权力核心，即议会和市镇长，而议会和市镇长都由居民直接选举产生。其中，议会制定管理规则，监督管理机构，并决定所有重大事件，而市镇长是议会议长和社区代表，有权否决议会不合法的决策，同时他也是市镇管理机构的首脑，领导整个市镇管理机构开展工作。莱茵市镇社区架构也是二元的。其中，议会由居民直接选举产生，但市镇长由议会选举产生。市镇长是议会议长和社区代表，同时也是市镇管理机构的首脑。议会有权决定所有的地方自治事务，除非有法律将其决定权转移给了市镇长。在市镇经理型架构中，议会由居民直接选举产生，市镇长由议会选举产生。议会和市镇自治机构有明确的职能分工，以确保政治和行政管理的区

---

① 参见 http：//homeoffice. gov. uk/acu/freforall. pdf。

别。市镇自治机构由市镇长和市镇名誉咨询员组成，市镇长是自治机构的主席和市镇管理机构的首脑，但他不是乡镇议会领导人。

在德国，《基本法》规定了地方自治的基本原则，却没有界定地方自治机构——市镇的权责。作为补充，各州宪法和有关法律则都对地方自治机构的权责作了规定。这样，各州法律在成为市镇自治职权法律依据的同时，也就带来了这样一种现象，即在不同的州，市镇实际享有的自治权和职责也是不同的。

在北莱茵-威斯特法伦州，一般说来，地方自治机构的职责可以划分为两部分，一部分是法律义务职责，即根据法律规定必须承担的义务，主要包括建立幼儿园、学校等教育设施，负责废水处理、垃圾处理、儿童福利、社会福利、人口登记、办理身份证件等工作。其中有的职责会有一定的配套经费，有的则没有经费；而且总体而言，从上层转移下来的职责在增加，但是配套经费的增加与此不成比例。因此地方自治机构承担职责时面对的压力和挑战在逐渐增加。另一部分是自愿承担职责，即地方自治机构根据自身财力状况、居民的需要等可以承担的职责，例如体育场、图书馆、博物馆、公园等的建设，街道绿化整洁等。这些职责大多属于提供休闲娱乐健身设施一类，地方自治机构没有特别义务承担这些职责，可以根据实际情况来选择是否承担这些职责及如何来承担这些职责。

但是，地方自治机构的职责并不都是由其机构本身所承担的，根据补偿性和补足性准则，县有义务帮助市镇或者自治市镇通过各种方式承担超过市镇本身承担能力的各种职责，县或者自己承担这些职责，或者通过支持自治市镇、独立机构，或者通过协助建立联合会等方式来协助市镇承担这些职责。当然，职责的让渡也就意味着权力的让渡。例如，如果一个市镇不足以建立自己的学校，它可以将建立学校的职责和权力移交县或者邻近的自治市镇，也可以通过和附近市镇共同出资建立学校等途径来履行自己的职责。这也就是说，实际上，县与市镇联盟在和市镇一起履行市镇承担的职责。

资料来源：中国—欧盟村务管理培训项目专家组：《德国瑞典学习考察报告》，2004。

10.1.3 社区民众——社区管理的参与者

随着社区运动和公民社会的发展，越来越多的国家意识到，要实现社区的可持续发展，单靠政府和第三部门的推动是不行的。社区发展的主体是广大社区民众，离开了社区民众的支持和参与，社区发展就失去了民众基础，就没有了生命力。所以，要特别关注社区居民的需求，以利益机制为驱动，激发民众深层的社区参与精神，激发其政治心理的转向和回应，消除其政治冷漠或恐惧的心理障碍，重新唤起民众的激情，培养其民主意识和自治精神，锻炼其组织和参与能力。唯有如此，才能从根本上确保社区的可持续发展与平衡发展以及合理合法发展。

事实上，近年来，欧美发达国家相继进入了后工业社会，现代化的完成使整个西方的社会结构发生了根本改变。在资产阶级和无产阶级之间生长出一个人数众多、社会地位复杂的中产阶级（白领阶层）。他们拥有技术和知识这两大社会资源，成为了公民社会的中坚力量。他们具有的中庸主义政治心态，成为国家与社会二元对立关系的缓冲地带。他们虽不是决策者，但在一定程度上可以影响政府的价值取向。日趋增多的由民间社会团体、中产阶级个人（特别是著名人士）和政府有关部门共同组成的咨询协商组织已经开始影响政府的决策过程和社会资源分配取向；同时，以中产阶级为代表的“合格的现代公民”积极参与原本由政府承担的社会管理事务，使得政府有能力不断发展其服务于公民社会的职能，从而使政府与公民从原来的制衡关系开始向相互依赖的一体化方向发展。这就为社区发展提供了一个更为广阔的发展平台和更为强大的发展动力。

在英国，公民参与社区活动或志愿者活动的比例相当高。内政部的一份调查报告显示，被调查者中至少有22%的人参加过签名请愿，15%的人曾与官员联系过，与议员联系过的比重为9%，有7%的人曾参与公共会议或者集会，有33%的人曾参与社团类体育活动，有28%的人参加过休闲娱乐艺术俱乐部，18%的人参加过宗教活动，16%的人参与过子女教育问题的讨论，12%的人参加过成人教育。被调查者为其他个人和团体提供的不计报酬的劳动按时间计算分别为66.4小时和110.5小时。[①]

美国的社区居民也表现出了很高的参与热情。1999年全国独立部门所作的关于“美国义务捐献和志愿者行动”的调查显示，1998年，美国18岁以上的成年人中，将近56%的人加入了志愿者行列；有1.09亿志愿者贡献了199亿小时，相当于900万全职工人一年的工作量，每年捐献时间的价值约2 250亿美元。众多的美国人认为，志愿活动不仅有利于社区，而且有利于志愿者自身的发展。20世纪80年代中期，志愿活动形成了一种思潮，布什总统对此给予充分的肯定。此后，全美1/4的公立高校规定，大学生在校期间必须参加一定时数的志愿活动。另外，美国82%的大公司、企业集团有对志愿者行动进行捐助的计划，26%的公司给予其职员带薪从事志愿服务工作的时间。[②]

10.2　国外社区的发展与管理

10.2.1　国外社区经济的发展与管理

可以说，没有社区经济的繁荣，就不会有社区发展的辉煌。各式各样的企业是社区中最活跃的因子。政府全盘包揽一切的局面如今已经一去不返，企业一跃成为社区经济新格局的主体，尤其是私人企业，还有一些股份制企业。一些国家所承担的低收入家庭的医疗补助、住房补助、能源补助也通过社区的社会化服务，通过挖掘社区自身的潜能兴办各种经济服务实体来解决。国家的大部分社会福利项目转向社区，一些社会保障的项目也转移到社区。政府转而灵活运用政策手段如给予工商免税政策，扶持社区经济发展。

总的来讲，国外社区大都设有社区经济发展机构，它们采用企业的方式运作，和企业是一种合作伙伴的关系。社区经济的发展离不开大量资金的支持，国外的社区主要依靠社

① 参见 http：//homeoffice. gov. uk/acu/acu. htm。

② 参见侯钧生编著：《发达国家与地区社区发展经验》，43页。

区发展合作组织争取到的工商企业、各种基金会的捐助以及银行的优惠贷款来保障社区经济发展资金。这些社区经济组织与政府、企业、银行保持紧密联系，筹措资金、组织低息贷款，帮助和扶植社区发展集体、股份、私营等多元经济成分。另外，相对于国内社区行业所及范围狭小，国外社区经济领域非常宽泛，不仅包括社区服务业，而且涉及房地产、小型加工制造、商业、私人诊所、律师事务所甚至学校、消防等行业，这跟国外的市场经济发育的成熟程度有很大关系。

在美国，社区通过发展合作组织，较好地解决了诸如居民就业、贫富分化等社区发展的难题。在社区经济发展过程中，工商企业、各类基金会、银行等提供了大量资金援助和贷款。政府作为社区发展资金的提供者之一，不仅提供资金支持，而且制定优惠政策，特别是向经济不发达社区倾斜的政策，对这些社区的发展起到了至关重要的拉动效应。

加拿大在社区经济发展方面与美国大体相同，社区发展资金往往依靠政府财政提供，工商企业也捐助一部分。由于20世纪90年代初，加拿大经济出现严重衰退，加上政府因财政资金紧张，福利经费吃紧而大幅削减社区服务预算，引发居民的失业率增加，生活水平下降，经济的萎缩导致了社区秩序的不稳定。基于此，“社区组织与企业合作”这种新的发展模式应运而生。社区成立了社区经济发展机构，调动一切可以调动的社区资源，争取一切可能的支持，投身于社区的可持续发展项目。社区经济发展机构与地方企业打成一片，力争实现“双赢”，即既有较高的社会效益，又有较高的经济效益。一方面，企业通过参与社区经济获得更多收入并在社区中塑造良好的企业形象，同时也在政府中提高企业的信誉，为以后争取好的发展机会创造条件；另一方面，社区与企业合作，有利于充分利用社区资源，提高居民就业率和生活水平，促进社区的经济增长，实现社会的全面进步。

英国自20世纪70年代“从摇篮到坟墓”的福利体系解体后，便开始对原有福利制度进行调整和改革，逐步削减政府责任，强调个人和社会的责任，推行社会福利市场化。90年代，英国政府又颁布了《国家健康服务和社区服务法》，提出了多元化经济发展的原则，并强调了地方政府的服务义务。这样，社区经济资金供应的主体就由中央转移到地方，更多的营利组织瞄准了社区这块大市场，非营利组织和志愿者也积极投身于社区经济中。据英国经济学家统计，各种各样的志愿者组织每年对英国国民生产总值的贡献约为58亿英镑，加上创造的间接经济效益，志愿者活动的总经济价值约为150亿英镑。

法国、德国在第三领域经济中的表现也很突出。目前，法国已有占就业人数6%以上的人在第三领域就业，与全国整个消费产品工业的就业人数相当。德国在80年代末从业于第三领域经济的人数就达总就业人数的4.3%，多于农业部门，收入占整个国民生产总值的近2%。

10.2.2 国外社区卫生医疗保健体制的发展与管理

社区卫生医疗保健体制是国家社会保障制度的一项重要内容，与民众的健康状况密切相关。随着世界人口老龄化的趋势日益明显，民众对个人健康的关注程度提高，对医疗保健服务的需求增加。各国政府都加强了对社区卫生、社区医疗保健体制的调整和完善，以下仅以加拿大和新加坡为例，对其社区卫生与医疗保健体制进行比较。

在加拿大，社区卫生服务主要是由私人医生开业诊所、社区卫生服务中心和社区医院提供。由于加拿大是英联邦成员国之一，国家的管理体制和英联邦国家较为相似，在运作方式上也具有西方国家的特点，如家庭医生首诊制、社区卫生服务纳入健康保险等。在筹资方面，加拿大卫生体制的国家化程度仅次于英国。但加拿大根据自身的社会经济文化特点和居民的具体健康需求，在社区卫生服务的提供方面以私人开业的家庭医生为主，病人就诊自由选择医生，这是加拿大的特色，可概括为在国家卫生服务系统内的私营社区卫生服务系统。这种卫生服务模式把居民对卫生保健的需求放在了第一位，因此也更受广大居民的欢迎。

加拿大社区卫生服务筹资的基本形式是健康保险，包括国家（或全民）健康保险和私人（或商业）健康保险。通过国家健康保险，人们能获得免费的卫生保健服务。不过，由于健康保险在卫生服务项目上有诸多的规定和限制，致使一些居民无法享受个人所需的服务。此时，私人健康保险作为国家健康保险的补充，很受居民的青睐，因此得到了迅速的发展。通过这种运行方式，加拿大政府在通过公共卫生部门直接提供卫生保健服务的同时，也为私立卫生机构的发展提供了一个很好的市场。

家庭医疗服务、社区护理、预防保健服务构成了加拿大社区卫生服务的主要内容。在加拿大，家庭医生是一个备受人们尊敬的职业，也是开展社区卫生服务的重要角色，这与国家采用家庭医生首诊制不无关系。所谓家庭医生首诊就是说，病人与家庭医生最初接触，在家庭医生的同意下才能转诊进入医院接受诊治。这种面向个体的“点对点式”服务，是建立在相互信任基础上的，而且一般情况下，病人会自主选择与自己熟悉的家庭医生，这样就确保了一种相对稳定的医患关系。这样，客观上就要求家庭医生要具有相对较高的专业知识和专业素质，不但要精通常见病的诊治，还要对家庭探访、健康教育、卫生心理、咨询技术以及预防保健等非常熟悉。为了减轻压力，提供更高层次、更专业化的服务，现在，家庭医生提供服务的方式由以前的单独开业，逐渐转向多种专业人员联合开业。社区护理中的家庭护理主要由社区护士负责，这种方式只需居民个人负担很少部分的费用，因而得到居民的偏爱，使得居民卫生服务系统的利用程度极高。加拿大政府和民间组织不满足于所取得的成绩，正在积极完善整个社区卫生服务体系，以便建立一种方便、快捷、居民随叫随到的家庭保健服务系统。

对居民满意度，服务的可及性、可获得性和公平性等指标的测度表明，加拿大社区卫生服务是较为理想的。不过，按服务项目收费的支付方式，使一些家庭医生和医疗机构有过度提供服务的倾向，从而使国家浪费了很大一部分卫生经费，导致投入—产出比较低，且卫生费用昂贵。对此，加拿大政府正在进行社区卫生服务改革，试图通过按人头付费的方式对上述趋势加以遏制，以达到降低成本而使服务健康、有效地发展的目的。

新加坡的社区医疗保健体制也极具特点。政府提倡和推行积极的社区医疗保健体制，提倡人人关心自己的身体健康，承担力所能及的自身保健责任。政府努力为市民提供良好的和支付得起的基本医疗服务，并且不断寻求更完善的医疗服务，同时依赖竞争与市场，以改进服务和提高效率。与我国香港的医疗体制不同，新加坡实行的是“使用者付费”的原则，以收费价格为杠杆，把广大医疗服务消费者分类引导到最合适的医疗机构中诊治疾病，并且合理开发、运用社会医疗资源，在一定区域内科学配置或改组各类不同所有制和不同保健功能的医疗机构，使其通过沟通和优势互补共同进步，实现医疗市场的良性循环。

具体来说，新加坡社区医疗卫生体制具有如下特点：一是在理念上鼓励保健，教导人们强化保健意识；二是提倡人人关注个人的健康而不过于依赖国家福利或医疗保险；三是提供良好而又承担得起的基本医疗服务给全体公民；四是依赖竞争与市场，以改进服务和提高效率；五是在医疗卫生市场失控或者失灵时，政府可以直接进行干预；六是鼓励私人或者志愿团体开办医疗机构，并组建不同类型的政府公立医院供民众选择；七是宏观控制医疗资源的开发使用及供求平衡；八是建立有效的分类服务体系，如公立医院主要是为低收入者和中等收入者提供医疗服务；九是建立公立医院的补偿机制，即重组后的公立医疗机构实施“吃饭靠自己，发展靠政府、靠社会”的自主经营管理，自负盈亏，政府对政策性亏损给予有限的补偿；十是重视预防疾病及建立一整套健康教育体系；十一是构造一个医药相互协调发展的环境；十二是营造一个和谐相处、相互信任、相互促进的医患关系。

10.2.3　国外社区照顾与服务的发展与管理

社区服务与社区照顾，虽然概念不同，但是内容基本上大同小异，只是社区服务的外延要比社区照顾稍宽泛一些。不同的国家有着风格迥异的社区服务内容和形式。在英国和我国香港地区称之为“社区照顾”，在美国、日本、澳大利亚、新西兰等国家则称之为“社区服务”。荷兰所谓的“社区照顾”，提供了远远超过照顾范畴的诸如帮助购物、维护交通秩序、送餐、慰问老人等内容，应该是名副其实的“社区服务”。

英国的社区照顾有着较为成功的经验，并且是英国社会服务中分量很重的一项内容。它作为一种运动起始于20世纪50年代，最初是针对“院式照顾”提出来的。至20世纪70年代，社区照顾在英国各地已经相当普及。1987年英国政府发表《公众照顾》白皮书，并开始为之努力。主要包括：对个体需求者提供灵活、灵敏的服务；所提供的服务允许消费者有一定选择的范围；为领养者提供必要的服务；重点为那些急需服务者提供服务。社区照顾包括双层含义：社区内的照顾和由社区提供的照顾。社区内的照顾是采用各种方式来避免被照顾者离开其所熟悉的社区，社区通过动员本社区的人力资源，运用社区支持体系来开展照顾服务。社区照顾的提供者既包括政府官员及其下属工作人员，也包括非正式的照顾者，如家人、亲友、邻里、义务人员等。通过政府提供和社区内居民提供两种方式的结合，实现社区照顾的多元化。1989年，政府开始鼓励卫生保健部门和社会照顾管理部门购买服务，把竞争引入社会照顾领域，在社区照顾领域里实行“委托制”和“契约制”。

英国社区照顾的目标是改善社区服务质量，给予个人更多符合其需要的照顾服务，解决被照顾者生活的困难，以保证其基本生活能力，同时又克服了“机构照顾”的缺陷。社区照顾的根本宗旨是通过发展非正式照顾，弥补或矫正正式照顾的缺陷与偏差，在合理分配资源或资源重新分配的基础上，依靠社区自身力量，发挥社区网络作用，以民主和参与的精神发展社区照顾事业，使受照顾者的权利和尊严得到体现，需要得到满足，价值和人格得到尊重。因而，它既体现了社会工作“助人自助”的价值观和福利理想，也作为一种社会服务的模式被大力推广。

德国的社区照顾实行“辅助者原则”，因而，虽与英国的社区照顾有着惊人的相似之处，但却充满着极具德国保守主义特色哲学的味道。德国是非常强调自主自强的社会，“辅助者原则”本身即是这种思想的表现。“辅助者原则”之一就是，需要照顾的人必须为之付款，或者政府责成他们的亲属为这种服务提供资金或者筹措资金。政府照顾只在志愿者组织失效的地方实行，也就是说，一个人在尚未得到政府的社会援助资格时，必须努力改变自己的环境，争取家庭或者周围志愿者的支持。这样，受助者的压力比其他国家要大，因为其必须要先尝试用自己的能力解决自己的问题，先要最大限度地挖掘个人的潜力以及自己家庭的帮助，然后再转而求助其他帮得上忙的社会团体，责任逐级外推，最后是政府的照顾。[①]

从以上描述中我们可以感觉到德国的社会哲学，正如罗马教皇在《四月斋的第一个星期日通谕》中指出的：“一个人不应该丢掉自己，不应该把自己和企业能够完成的事情交给社会；不应该把较小或次一级的团体能够完成的功能，移交给更大、更高级的团体。”基于此，在德国的社区照顾中，政府只负责为社区照顾制定详细的计划、决定海外资助的使用和颁布社区照顾的标准，具体服务只是交由志愿者、非营利机构、教会组织、社区组织和与服务计划委员会有关系的劳工组织。

美国的社区服务和英德两国的社区照顾又有不同。就社区服务提供者主体而言，美国的社区服务分为政府提供的服务和由社区志愿者提供的服务。政府提供的社区服务只限于居民需要中最基本的部分，诸如水电、煤气、通信设施以及绿化、保洁和照明等，服务采取政府出资、公司办事的方式。在美国，完备的法律赋予了居民较强的维权意识之后，当居民反映的任何有关水电、交通等市政问题得不到及时解决时，市民有权对专业公司提出诉讼，从而对政府委托的公司形成约束和压力，居民也因此得到快捷、高质量的服务。社区服务的另一大提供者是无处不在的志愿者组织。这些庞大的志愿者队伍由专业技术人员、退休人员、政府官员、普通市民、艺术家、大学和中学学生组成，他们各展所长，为社区提供各种各样的社区服务。在美国，志愿者服务活动蔚然成风，大约有一半多的美国成年人参加过社区志愿者服务活动。政府对此也特别鼓励，希望他们能“把美国带回充满互爱和志愿者行动的黄金时代”。不过眼下，单靠政府部门有限的补贴，一些志愿者服务机构是无法维持的，它们不得不提高部分商业性服务的收费，也因此面临其他非营利社会服务业的挑战。

荷兰现行的社区服务提供主体是志愿者组织。这些志愿性组织分为常设代理机构、自创的基层组织和志愿者组织。常设代理机构提供的是标准服务，专业化水平很高，大部分家庭照顾的服务都是由受过专业训练的人进行的有偿服务，即向委托方收取小部分的费用。常设代理机构人员的收入来源由地方政府补贴、社会保险以及对委托方收取的费用三部分组成。自创组织是全国性的小型服务机构，提供常设代理机构所未满足的服务，如对艾滋病患者的照顾和临终关怀等。其收入来源主要是地方和中央政府补贴、筹措的基金、公积金以及收取的服务费用。受社会宗教多元性影响，荷兰的志愿者组织分别为其各自所属的教派服务，不过，如今随着民族文化的日渐融合，社会的世俗化进程加快，许多志愿

① 参见侯玉兰主编：《国外社区发展的理论与实践》，158 页。

者组织放弃了原来的做法，开始为所有教派的人服务。①

在澳大利亚，多民族国家的历史特点使得其社区服务的特点是实施为少数民族服务的项目。开展社区服务主要是为帮助非英语背景的移民适应环境，使他们既保持自己的文化传统，又能进入主流社会。国际社会认为，澳大利亚是兼收并蓄的多元文化发展最成功的国家之一。在社区中，服务项目涉及方方面面，可以说是无微不至的。各种专业咨询机构为新来的移民提供各种免费咨询，许多政府机构也设有民族咨询部。如警察局设立了民族咨询处，主要是了解少数民族的文化特点，使司法机构与之沟通，并向他们讲解、宣传各种法律，以避免因不懂法而违法。志愿者服务在这里也受到相当重视，政府会对经常参加志愿者服务的人颁发证书，并优先介绍就业。负责社区服务和社区建设的不仅有政府在社区成立的专门机构，也有半官方的由社区居民选举产生的社区委员会，这样，通过健全的社区服务组织，从不同角度和不同层次为居民提供各种服务。

10.2.4 国外社区教育文化事业的发展与管理

1. 传统的社区教育

国外传统的社区教育服务对象主要是成人、学生以及特殊儿童。出于成年人的生活需要，社区给他们开设职业培训和能满足社区居民实用性教育需求的课程。如第二次世界大战结束后，美国对大批复员军人的培训，20 世纪 60—80 年代成人的继续教育、职业教育以及发展教育。至于学生，一是帮助那些成绩不理想的学生补习功课；二是接替学校没有完成的教学任务，使他们具备一种或几种技能，从而为他们即将踏上社会做好准备；三是为在校学生创造更多的学习和成才机会。对于特殊儿童，主要是对天生残疾儿童实施特殊教育，满足他们的特殊需要。80 年代末终身学习运动开展后，西方发达国家社区教育服务对象进一步扩大，除成人和学生外，老年人也开始参与社区教育。80 年代后期，西方发达国家相继进入老龄化社会，老年人寿命的延长使得他们对学习的需求增加。许多老年人想学习一些有助于他们保持健康、完善自我和娱乐身心的内容，也有一些退休老年人仍想参与就业。因此，满足他们的需求成为社区教育改革的重要目标。同时，随着西方女权运动的开展，关注妇女教育和就业的需求、促进女性发展也成为社区教育关注的一大热点。社区教育中妇女人数有了大幅增长。例如，美国妇女从原来的受教育人群中的少数（1950 年为 32%）转变为大多数（1990 年为 55%），而且 35 岁以上参与社区教育的妇女是同龄男性的 1.5 倍。

德国北威州的地区政治教育中心

第二次世界大战后，德国各联邦州均成立地区性的政治教育中心，其根本目的是以一种更为接近公民的方式来加强公民的民主意识、促进德国的民主化进程，以避免纳粹式独裁专制的再度出现。北威州的地区政治教育中心位于杜塞尔多夫，成立于 1946 年，是全德成立最早、历史最为悠久的同类政治培训中心。

---

① 参见侯玉兰主编：《城市社区发展国际比较研究》，172～173 页。

该中心坚持政党中立原则：除了受访的地区政治教育中心外，北威州另有约50个政治培训机构。这些培训机构有很多是各政党、各类协会、工会所建立的，它们更多地从自己的政治利益出发来开展政治培训。地区政治教育中心与上述机构一个最大的不同，在于坚持政党中立原则，以传播民主思想、培养民主意识和推动民主进程为自己的核心工作。中心的主要工作方式是培训，包括：

（1）独立开展的培训活动。有两种基本方式，一是组织开展培训活动，主要向与政治工作有关的人员、社会福利工作人员以及教师提供直接培训；另一种是制作出版各类培训资料或宣传材料（包括网站、小册子、宣传画、音像等），会根据不同受众设计不同的材料，有针对年轻选民的，也有针对成年而有经验选民的，其中培训资料会向各培训机构和公共学校推荐使用，而宣传材料则通过征订、邮寄、图书馆等方式发放。这些材料都是非营利性质，此前都是免费发放，但从2005年起收取工本费用。

（2）资助其他机构开展培训。该中心经费中的很大部分用于资助其他的政治培训机构开展培训，另有一部分则提供给一般公共教育机构（主要是学校）以支持其开设更多的政治教育课程。在选择受资助机构时，主要依据《继续培训法》，从是否是得到认可的正规培训机构、是否是一个民主的机构以及是否拥有足够的师资三个方面来决定，一旦决定资助之后，只要在推动民主进程基本框架之下，这些机构可自主地决定如何使用这些资金。

由于地方选举中，本州参选率降到历史最低，只有55%，目前该中心的工作重点就是放在对选举的宣传和培训上，制作了一系列的培训与宣传材料，并进行了一些培训活动，希望能有助于改变目前本州参选率过低的情况。此外，定居于北威州的外国人比重很大，其中以土耳其人最多，许多大城市里已经形成了不少土耳其人聚居区。但这些外国移民长期被排斥于本地选举之外，即使有些人已经在此生活了好几代，都没有参加选举的权利。为帮助外国移民更好地融入德国，已成立了一些机构，该中心也在资助其中的一些机构开展这方面的工作。

资料来源：中国—欧盟村务管理培训项目专家组：《德国瑞典学习考察报告》，2004。

2. 西方发达国家现代教育概览

如果说传统的社区教育主要还在于弥补学习者由于种种原因所受教育不足的遗憾的话，那么现在对越来越多的人来说，学习已经成为他们在现代社会生存的一种手段和生活方式。因此社区教育关注的对象由过去的少数人向社区全体居民转移。

（1）社区教育的开放性。这种开放性首先表现为时空开放。作为当代高新技术核心的信息技术为社区教育拓展了新的前景。信息技术的发展使得越来越多的人可以在家里通过计算机方便地进入国际互联网获取信息，方便地学习网上课程，可以在更大范围内和更高程度上共享学习资源。这种不受时空局限的社区教育，能够把学习机会送到每个家庭、工作单位以及边远山区或海上孤岛等，同时也可以面向老幼病残、各个不同行业和不同年龄的人们。成人学习者可以不必拘泥于特定的场所和固定的时间表，随时随地自由地参加学习。

在北欧，民众教育无处不在，从北极地区人烟稀少的小村庄，到沿海星罗棋布的小岛屿，都有民众教育的足迹。在日本从事社会教育的专门机构有公民馆、图书馆、博物馆等，它们开展的活动包罗万象、丰富多彩，吸引了大批社区居民参加。总之，发达国家社区教育想尽一切办法，创造良好的环境，努力达到“人人有机会，时时有机会”的终身学习目标。

在美国，政府十分重视现代科技在成人学习中的应用。1993 年美国就提出实施一项“永久改变美国人生活、工作和互相沟通方式的”全美资讯基本建设计划，即所谓的信息高速公路，目的是运用现代技术增加人们的学习机会，改善人们的生活质量。人们接受文化服务的场所大多是文化公共设施，如公园、图书馆、文化中心、体育场馆等。在社区文化建设上，美国并没有什么特定的法律对社区文化建设进行硬性规定，美国重视社区文化的主要原因在于选民的需要。美国的各级选举都是选民直选，因此，与选民利益直接相关的社区文化建设，显然成为地方官员的主要政绩指标。在美国社区中，社区图书馆和文化中心的所有活动都制定了免费的标准。人们普遍认为，这些公共设施都是用纳税人的钱建立起来的，所以他们觉得这些机构当然有义务为社区纳税人服务。

（2）资源共享性。在西方发达国家，社区教育的资源是指一切可资社区教育活动所利用的精神和物质存在的总和。具体来说分为人力资源、物质设施资源和文化资源。全体社区成员都是社区教育的丰富人力资源，特别是那些高新科技生产管理部门中拥有高新科技生产管理知识与技能的科技人员和专业文化工作者，更是社区教育人力资源的主体部分和生力军。在英国和北欧，有许多这样的志愿者及组织，积极参与社区教育活动，传播知识和科学技术，提高社区居民素质，担负社区通用性培训工作。社区内的各种家庭、邻里街区、工矿企业、部队学校、商贸广场、文化体育等场所设施以及山河湖泊等自然人文景观都是社区教育重要的物质设施资源，它们承载着丰富的现代生产设施、工艺技术、系统的文化科学理论知识和现代文化生活内容，往往是社区教育最坚实可用的活动场所、载体、依托和手段。文化资源是指社区在长期发展过程中形成的精神氛围，它体现在社区人际关系的氛围、社区制度、社区意识形态和社区风气等方面，与上述物质资源相比，它更多的是一种潜在的、无形的教育因素。美国社区教育突出与学校的关系，努力建立一个共生的、多元的、持续的、不可分的整体，形成平等、协作基础上的社区对话和交往。日本社区教育强调图书馆、公民馆和博物馆的文化熏染作用，通过这些机构，有助于公民良好意识的形成及文化修养的提高。

（3）课程的互动参与性。长期以来，由于“研究—开发—推广”课程模式的根深蒂固，课程专家和教育行政部门处于课程开发的中央，而课程的直接实施者——教师和学生，以及家长、社区则处于边缘。然而 20 世纪六七十年代的课程开发集权化的“静课程运动”的失败，使人们对其进行了全面的反思，发现了这一课程模式的严重缺点，即它忽视了社区具体的特点和要求，也否定和闲置了社区文化、人文及物质环境等资源对课程开发的价值和限制作用，使得社区教育课程单调、缺乏灵活性，降低了课程开发对社区教育质量的实际效果，不能很好地适应社区居民对教育的需求。因此，80 年代以来，非集权化的课程开发模式进一步受到重视，总体上要求更多的人参与课程决策，教育目的应满足社区、学校、学生个体的特定需要。因此，以社区为本的课程应运而生，这种课程往往由社区民众根据社区发展的问题提出，由社区代表和课程专家共同研究设置，充分考虑社区可供利用的资源优势，最大限度地满足社区及其成员发展的需求，因而受到了社区的欢迎。

3. 各国的社区学院

社区学院在美国终身学习的发展中起着重要的作用，已经形成了形式多样、内容丰富、结构健全的针对全体社区居民的社区学习发展计划，能够满足各地、各类人群对终身学习的需求，并能够根据他们的需求提供个性化的服务。美国的社区学院有公立和私立之分，每所社区学院都带有它所服务地区的文化及地理特性，同时它们又具有许多共同点。大多数社区学院提供三种类型的课程：学士转学课程、生计教育（职业技术教育）课程及社区服务课程。生计教育（职业技术教育）及社区服务包括成人继续教育和工商业的培训与再培训。美国公立的社区学院是被美国各州认可的高等教育机构，社区学院颁发的最高学位是学士学位。此外，除了二年制文科副学士、理科副学士和应用科学副学士学位以外，还颁发一年制生计教育证书。社区学院的财政支持主要来自公共税收，学院主要招收走读学生。

美国社区教育的最重要特征是实用性、适应性、便利性和前瞻性。20 世纪末，随着经济全球化、知识经济和信息技术革命的兴起，竞争加剧，美国社区学院面临新的压力和挑战，各社区学院纷纷进行改革，以应对形势的发展。与 60—90 年代声名卓著的职业主义不同，90 年代，一种新的职业主义主导着社区学院的使命。新职业主义满足中产阶级的要求，强调为未来的工作做准备，将课程重心放在获取“新经济技能”、“任职能力”和“应用技能”的教育上。也就是说，社区学院的行为代表了私营工商界的利益，通过竞争寻求资助金，越来越多地依靠私营工商界获得财源，把教育和服务私人化，同时与工商界签订合同，社区学院日益成为未来劳动力的预备所。这样，传统的转学教育再也不是社区学院的主要职能，财政收支的压力和诱惑使其不断向市场化、功利化的目标发展。90 年代社区学院的使命更强调培训而较少重视教育，较多重视工商界的经济需要而较少重视社区的社会需要，较多重视劳动力的储备和再培训而较少重视个体的发展。社区学院使命的变化，一方面体现了社区学院适应经济发展、与社会联系紧密的特点，但同时也引起民众对社区学院的职能和作用的批评与质疑，尤其是对其过分市场化、商业化和缺乏学术性、忽视基础教育的严厉批评。

加拿大的社区学院教育也是加拿大社区发展中非常有特色的一个环节。社区学院的办学模式自 20 世纪 50 年代自美国引进，已经在全加拿大 10 个省和 2 个地区得以建立。加拿大的社区学院教育属于高等教育，但不授予学位，这与学位制的大学教育不同，应属于高中后教育。学制一般为 2 年，也有 1 年或 3 年的。加拿大的社区学院不像普通大学有较大的自主权，它是由省政府直接领导，不但受社区经济的制约，而且受到学生求职需要的制约。因此，在课程设置上，学院必须考虑社会职业和岗位的要求，强调适用性与应用性。学院采取多层次、多规格、多形式、多功能的办学模式，既有全日制的学历教育，也有短期培训，既招收应届毕业生，也招收成人和在职人员，甚至对大学生也进行就业培训。加拿大的社区学院其实承担了像我国职业大学、职工大学、技工大学、教育学院、中等专业学院、高等专科学校、干部管理学院的教育与培训任务。公民就业前的职业培训，政府一概不负责任，而由社区学院承担。这样，就使得社区学院的培训任务十分繁重，从另一个角度看却能使教育资源得到更有效的利用，提高办学效益。社区学院的出现和发展使加拿大高等教育在实现大众化、民主化上取得了重大的成绩。

10.2.5 国外社区警务与社区治安的发展与管理

社区治安问题一直是社区居民最关心、最敏感的问题。一个社区的治安工作直接关系到社区民众的生产和生活质量，影响社区民众的彼此信任与依赖。社区警务不同于一般的警务，因社区在其活动中的平台效应和核心地位，也称之为社区导向警务，它是社区与警方在社区治安上的能动协作。社区警务的改革不仅是行为上的规范，而且是在社会关怀、社会整合和社区重建背景下，拓展社区资源，强化社区人文警务力量，从而获得社区治安持续安定的发展平台。

1. 美国：从007战士到社区服务警察

美国警务发展可分为政治警务、改革警务和社区警务这三个历史时期或三种发展模式。在政治警务模式时期，警察与政治有紧密联系，腐败现象严重，警察效率低下；在改革警务时期，警察实现了专业化，但与社区的关系疏远，并变得极度紧张，在强化打击犯罪的同时，不能适应日益动荡的社会形势和迅速变化的社会关系；在社区警务时期，在新的基础上，警方和社区的联系又回归到紧密状态。在前社区警务阶段，专业化的警察大大提高了打击犯罪和巩固政权的能力，同时也导致了警察相对独立和封闭的管理。警察对自身能力的过于自信，使得警察与公众的关系日渐疏远。20世纪60年代，犯罪率居高不下，这使政府机构甚至警察管理者本身也开始怀疑高度专业化的警察制度对于调控社会是否真正有效。不断上升的犯罪率，日益恶化的警民关系，这些都酝酿着一场新的警察变革运动。这场警察变革运动的目的是要重建警察与社区民众的关系。从20世纪60年代末开始，警察、警察的领导层以及研究者们开始承认专业化警察存在的问题和局限，汽车巡逻和对犯罪分子的快速打击并不能增强公众的安全感和警察控制犯罪行为的能力。警察认识到预防犯罪和打击犯罪，对市民来讲同样重要。警察应该为公众提供更好的服务以增加公众的社会安全感。自此，一度被打击犯罪职能所遮盖的警察的社会服务功能重新变得重要起来。

在社区警务阶段，美国社区警务的核心是密切警察与社区居民的关系以及完善解决问题的机制。社区警务要求警察必须和社区居民保持良好的伙伴关系，社区和警察部门要联起手来，共同解决社区内的犯罪问题、毒品问题，为社区居民创造一个安定的居住环境，提高社区的生活质量。这一时期警察工作的重点是努力改善公众的生活环境，从而达到预防和阻止犯罪的目的。犯罪控制仍然是警察的一项重要但并非唯一的职责。据统计，在进入社区警务阶段以后，警察有75%的时间是用在与犯罪活动不直接相关的社会服务上的，包括调解家庭纠纷、照顾老人儿童等。

2. 英国：分散化治安

英国的社区警察类似我国的片警，面积不大、遍布全国的警备区是其活动地点。他们固定在一个警务区步行巡逻，综合执法，是改善警民关系的枢纽。英国警察科学理论家安德逊做过一个独特的比喻——“社区警务树”比喻，即树干是警察机关，树枝、树叶、果实是警察机关各部门和各警种；树下的土壤是社区，警察这棵大树的根扎在学校、工厂、企业、居民区之中。“社区警务树”所体现的关系是：警务的成效依赖于社区，社区是抑制犯罪的主体，也是警察工作的源泉，所有警察工作都离不开社区。

英国的社区警务经历了与美国大致相同的发展阶段，自 20 世纪 80 年代以来，社区警察把社区居民真正地视为社区的主人，增加了依靠社区公众、服务于社区公众的自觉性；由于社区内的居民有更多的时间同社区警察一道工作，公众对社区警察有了更多的了解，增进了感情，密切了关系；由于深入宣传社区警务，社区居民把社区安全视为自己分内的事情，提高了关心治安、主动参与治安的积极性，出现了警民携手共创良好社区环境的氛围；由于警察同社区居民一起商讨治安大计，共同对付不安定的各种因素，接触增多、耳濡目染，居民逐渐确信警方是关心公众安全的，增加了居民对警方的信任，导致了居民对警方更大的支持；由于警民齐心协力共创社区安宁环境，改变了以往警察孤军作战的被动局面，警察的信心大为增强；由于社区警务迅速地改变了社区治安面貌，取得了明显的成功，公众参与、社区警察及多机构齐抓共管的局面逐渐形成。

3. 澳大利亚、新加坡：邻里守望制

邻里守望制，源于 20 世纪 70 年代的美国。它以燎原之势迅速传遍加拿大、英国以及荷兰，现以澳大利亚和新加坡发展最为完善。它是由警察、预防犯罪专家发起并有公众组织参与的。警察与预防犯罪专家是邻里守望的骨干，他们的责任是帮助疏通公众与其他公共机关的关系，帮助解决基层的冲突。

新加坡自 1989 年全面推行邻里警察站制度，标志着新加坡开始全面实施社区警务战略。新加坡建立邻里警察站制度有双重目的：一是改善警民关系；二是通过社区的合作和支持来预防和控制犯罪。为此，邻里警察站设在居民易接近的地方，由 30 名警察轮换，昼夜为社区居民服务。一个区派出所要为几万人提供服务，而一个邻里警察站仅为30 000名居民提供服务，就像一个小派出所。他们除提供常规服务外，还是居民们的信息中心和犯罪预防中心，经常为居民举办预防犯罪展览和座谈会；同时，他们还负责本区巡逻，并对居民进行家访。新加坡邻里警察站制达到了其预定的双重目的。政府支持、符合国情、具有良好社会纪律的人民、有效的行政体制改革和拥有一支比较廉洁的警务队伍是其社区警务的经验。

澳大利亚自 1986 年第 2 期《澳大利亚警察杂志》刊发了《目前社区警务的发展状况》一文后，昆士兰、新南威尔士州警局开始推广实施“邻里守望”计划。昆士兰警察总部为此特设了邻里守望处，负责规划全盘计划及实施办法。到 1990 年全州共有 155 个社区实施了邻里守望计划，涉及 27 万个家庭，并由城镇邻里守望计划逐步推广到乡村守望、海上守望和商业区守望。为了适应形势的发展，原邻里守望处易名为社区守望处。1990 年，社区警务处正式成立，不久又易名为社区警务援助部，负责制定全面计划，指导社区警务工作，评估计划实施效果等。通常，邻里守望制度设一名地方联络员，邻里区内各住宅选派代表，直辖居民与联络员的工作。其通常做法是定期召开会议，编印邻里新闻报，张贴邻里守望标志牌，竖立邻里守望路标，宣传本地区已实施了邻里守望制。

4. 日本：交番制度[①]

日本警方十分注重警民关系，把建立良好的警民关系、树立警察形象、赢得民众信任作为开展社区警务的重要内容和先决条件。日本警力虽少，但却被誉为世界上犯罪率最低的国家之一。究其原因，至少部分地归功于在日本广大城乡地区普遍推行的一套独特的社区警务制度。

这种制度被称为“交番制度”，在日语中，“交番”（koban）的本意是“设在岔道口的警察岗亭”。从1881年日本明治维新后交番、驻在所制度逐渐形成，发展至今已有100多年的历史。交番和驻在所警察以前被叫做“巡逻警察”或“外勤警察”，从1993年起开始被称作“社区警察”，以表明他们的主要任务不仅仅局限于巡逻和对案件的先期处置上，更重要的是为当地居民提供警务服务。截至1997年4月，日本有6 500个交番，8 300个驻在所，共有11.3万余名社区警察，占全国28万余名警察的40%。

日本整个治安系统的管理方式很科学，在一个社区内，尽量将职责任务相同或相近的人员纳入同一指挥官的统一领导之下，以便有效利用现有的人力资源。上级机关对下级机关的工作一般不进行干涉，一线指挥官在职权范围内有权自行做出决策，上级指导机关更像一个研究所，通过数字分析、实地调查、听取反映等方式监测一线机关的工作，并给出具体的建议。上下级之间的中层组织机构比较简单，除刑事侦查部门人员较多之外，其余部门只有几个人。

日本的基层警务机构是派出所和驻在所。派出所设于都市地区，驻在所设于都市外的乡村地区。日本派出所的勤务主要有守望、值班、巡逻、巡回联络等。守望勤务的工作项目有：犯罪预防与情报搜集、交通指挥与缉查取缔、青少年辅导、对醉酒者及迷路儿童的保护、受理遗失物和拾得物的申请、解答各种疑问、提供问路服务等。日本民众称呼警察为“行走先生”，意思是步行巡逻之人，因民众经常看到警察步行巡逻故有此尊称。巡逻的主要目的在于对居民日常生活中可能发生的危害加以预防，在事件或事务发生时快速反应并处置，了解居民的愿望与意见并与市民保持密切接触，确保居民日常生活的安全。

5. 丹麦社区治安的法宝：SSP方案[②]

SSP方案是丹麦推行的一项社区治安计划，以其简单易行和卓有成效而著称。1996年，丹麦防止犯罪委员会下属的SSP委员会发表了一份声明指出，SSP方案的中心目的就是建设一个社区网络，把儿童和青少年日常生活里的犯罪因素消灭在萌芽之中。丹麦全国划分为275个城市化社区，它们都对SSP方案给予了高度重视。社区SSP方案是在管理、协调及贯彻实施这三个层面上展开的，根据社区的大小、人口的多少等条件，制定不同的组织方式和活动计划。

在管理方面，社区的任务是建立起总体框架，即明确制定完成SSP方案的目标，确定目标对象，明确职能部门责任，安排专门人员负责，并给予资金保障，从而保证高效率地完成计划。社区为加强各有关部门间的合作，通常设一名SSP顾问，专门负责各部门间的

① 参见文海：《“交番”与“邻里警岗”——日本、新加坡的社区警务》，载《人民公安》，1999（6）。

② 参见杨叙：《丹麦社区治安的法宝——SSP方案》，载《社区》，2003（6）。

联络。社区还成立了 SSP 委员会，由社区负责相关事务的官员担任主席，并从社区教育机构、社会服务部门和社区高级警官中抽调人手担任 SSP 委员会的高级官员。

在协调方面，最重要的任务是建立防止犯罪的工作网，并收集社区内犯罪案件发生的情况以及儿童和青少年生活学习的整体状况，包括青少年使用酒精和毒品的情况，以及社区为儿童和青少年开展业余活动提供了哪些条件等，然后把收集到的信息整理归纳，提供给 SSP 委员会，以便及时调整计划。经验证明，为了更好地进行协调，建立一个协调委员会是非常必要的，协调委员会的成员从学校、社会服务部门和警察机关抽调。为了保证收集来的信息及时传达给上级委员会和其他社区，SSP 顾问也应该是这个委员会的成员。

在贯彻实施方面，社区的任务是具体负责防止犯罪计划的实施，这是保证 SSP 计划成功的决定性条件。社区要把防止犯罪列为学校、社会服务部门和警方工作的首要任务之一，把眼睛牢牢盯在学校、青少年活动中心、体育俱乐部和住宅区里，与孩子及家长保持经常性的联系。通过环环相扣的互动机制，实现“预防比治疗更重要”的社区治安治理理念。

本章小结

1. 世界各国的社区管理大都有自己的特色，现代社区管理模式的差别往往取决于社区管理主体，即政府、社区民众以及社区服务机构之间的权能配置方式。社区运动正在全球范围内蓬勃发展，各国纷纷制定一系列全国性、地方性的社区规划，鼓励并支持社区公众广泛参与，努力实现政府与社区之间的良性互动。

2. 各国社区管理的组织体系是趋同的，主要由政府、社区服务组织、社区民众三部分组成。其中，政府是社区管理的组织者，社区服务组织是社区管理的提供者，社区民众是社区管理的参与者。

3. 非营利组织是一种既非政府又非企业的机构和组织的总称，又称为第三部门、独立部门、慈善机构、志愿者组织，其含义是指不以营利为目的、主动承担社会公共事务和公共福利事业的社区中介机构，它在社区发展中起到了极其重要的作用，是社区服务和福利的提供者，同时也是社区经济的助燃物和催化剂。它作为社区组织的政府、市场和非营利组织三大板块之一，是社区服务、管理的提供者，在社区发展中发挥的作用越来越受国际社会的重视。

4. 国外传统的社区教育服务对象主要集中在三类人身上：成人、学生以及特殊儿童。对于成人，为了满足其生活需要，社区给他们开设职业培训和能满足社区居民实用性教育需求的课程。对于学生，一是帮助那些成绩不理想的学生补习功课；二是接替学校没有完成的教学任务，使他们具备一种或几种技能，从而为他们即将踏上社会做好准备；三是为在校学生创造更多的学习和成才机会。对于特殊儿童，主要是对天生残疾儿童实施特殊教育，满足他们的特殊需要。

5. 社区警务不同于一般的警务，因社区在其活动中的平台效应和核心地位，也称之为社区导向警务。它是社区与警方在社区治安上的能动协作。社区警务的改革不仅是行为上的规范，而且是在社会关怀、社会整合和社区重建背景下，拓展社区资源，强化社区人文警务力量，从而获得社区治安持续安定的发展平台。

关键术语

社区组织体系　社区管理主体　非营利组织　社区照顾　社区文化　社区治安

复习思考题

1. 国外社区组织体系由哪三部分构成？社区管理的主体是什么？
2. 分别举例说明社区自治型、半自治型、政府主导型的管理体制有何不同？
3. 在欧美等国家，社区民众是如何参与社区管理的？
4. 国外社区照顾各有特点，请举例说明其运行方式（政府、社区、民众）。
5. 思考国外与我国社区治安的不同点。

阅读材料

克林顿政府的“授权区和事项社区”项目

20世纪末克林顿政府的“授权区和事项社区”（Empowerment Zone and Enterprise Community，EZEC）项目在处理政府和社区关系上的做法值得我们借鉴。EZEC项目有三个相互关联的目标——再创政府、复兴美国和福泽人民，即它具有政治上的、经济上的和社会福利上的三重目标。从政治方面来说，该项目通过重新界定联邦政府和地方社区的关系，激发美国人民广泛参与的政治热情，复兴地方社区，保护美国的民主和法制；从经济方面来说，该项目通过投资于人民、投资于他们的工作和未来，为人民创造更多的工作机会，激发内部需求，从而振兴美国经济；从社会福利方面来说，该项目通过帮助人民自助，授人以渔而不是授人以鱼，使贫困社区、贫困人民、贫困群体获得自我发展和自我增值的能力，破除过去“只求向政府和别人免费索取的恶习”（克林顿语），使享受社会福利的人数大为减少，从而达到社区增权的目的。

1999年5月25日，在得克萨斯州爱丁堡举行的白宫社区授权会议上的讲话中，克林顿回顾了EZEC项目的由来和方法。在1991年和1992年，当他穿越美国考察的时候，他看到不仅已陷入泥沼中的整个国家在衰退，而且一些特殊区域长期以来一直没有发生任何有意义的经济进步。克林顿深感重任在肩，他感到国家政府必须做得更多，但是做事的方法应该有所不同，因为资源有限，赤字又如此巨大。他认为必须要把整个经济从低迷中拉回来，必须要把美国最贫穷的社区从深陷的泥沼中拉回来，但是到底应该怎样做呢？克林顿说：“因为我们需要说服落后区域的具有才干、智慧、能量和技巧的人民把他们的社区拉回来，所以我们必须向他们提供他们能够在其中开展工作、我们也能在其中发挥作用的工具和架构。这基本上就是我们的方法所在，不要让我们的社区落后，不要用不能使用的财政预算来保证联邦项目，而要采取第三种方法：向社区授权以便让他们自己翻起身来。”

自从华盛顿和美国社区建立起一种新型伙伴关系以来，美国人民就开始了这种有机会掌握他们自己命运的、自下而上的伟大复兴。在这个过程中美国政府向退化的都市和农村区域提供 25 亿美元的联邦税收增值投资和 13 亿美元的灵活拨款援助，受惠目标包括 42 个州的 105 个社区，并且成立了以戈尔副总统为主席的社区授权委员会，以便联邦政府能够直接领导和指挥这一社区授权和美国复兴的全国性变革运动。关于 EZEC 项目的实施效果，克林顿 1998 年 7 月 15 日在华盛顿白宫授权区招待会上的讲话中有如下总结：“在不到 6 年的时间里，我们创造了1 600万个工作岗位，是 28 年中失业率最低的时期，是 25 年中犯罪率最低的时期，是 29 年中我们的人民享受福利百分比最低的时期，是在 29 年中第一次平衡预算并有盈余的时期，是 32 年来通货膨胀率最低的时期，是历史上家庭所有制身份最高的时期，几百万人利用家庭许可法，获得了他们以前不能取得的养老金，通过希望奖学金，大学对所有美国人打开了大门，并且我们用 35 年来美国最小的联邦政府做了所有这一切。”

第11章

国外社区管理的发展趋势

国外社区管理对我国社区建设具有重要借鉴意义，了解并掌握国外社区管理的发展趋势，从中汲取有益经验为我所用，对于加强我国社区制度建设及功能完善大有裨益。本章从微观与宏观两个层面介绍了国外社区发展的趋势，总结了其演进的主要特征。

◆ 预习案例 ◆

预习案例：德国老龄者继续教育的基地——“叙述咖啡馆”①

“叙述咖啡馆”这种老龄者教育形态，是指老龄者在轻松愉快的气氛中，探讨及分享彼此的生活经验与生活史。这也被视为一种文化工作的推展。“叙述咖啡馆”的兴起，主要希望借此满足并促进老龄者的社区参与，让他们在继续学习的情境中，避免被社会隔离。老年人在不同生涯阶段有不同的经历，这种教育方式主要在于唤起并回顾他们的生活经验，借此达到经验交流与分享的功能。因此，参与者从儿童期历经青少年期到成年期各个生命阶段的生活情况、体验及其成就等，是探讨的核心主题。此外，对高龄者感兴趣的其他话题也有涉及。通过丰富而多样的生活经验讨论，“叙述咖啡馆”的参与者不仅扩展了本身的知识与经验领域，也促进了社区良好的沟通。

目前这种教育形态在德国较为普遍，如亚琛及柏林已累积了不少成果。在科隆，为了促使社区学习内容更多元化，以拓展参与者的生活视野，增进不同生活背景的人的相互了解，在“叙述咖啡馆”的基础上，又发展出了“文学咖啡馆”这一形式。

---

① 参见吴明烈：《欧盟高龄者教育实施概况及其对我国的启示》，见 http：//www. adumlw. ccu. edu. tw/Document/paper/12. doc。

11.1　国外社区管理微观层面的发展趋势

从微观层面上看，国外社区管理呈现出以下三个特点：一是社区管理组织体系趋于自治化、公众化；二是社区经济管理趋于市场化、多元化；三是社区管理日趋法制化、规范化。

11.1.1　社区管理组织体系趋于自治化、公众化

在社区发展中，政府、社区民众和社区服务组织以及其他社会力量各有分工，缺一不可。政府负责从宏观角度对社区的全局发展进行战略性的规划，并提供必要的技术指导、资金支持和其他支持；社会性团体则在激发社区民众积极参与的热情，增强社区凝聚力方面有所建树。但无论如何，这两者在整个社区的管理组织中还是处于次要的辅助地位，关键的还是居民的自治精神。

社区居民自治主要是指以社区居民为核心，联合社区内各种主体组织、机构，共同参与社区事务的管理，实行真正的民主自治管理的一种模式。其优点是能够调动社区内居民广泛参与社区事务的积极性，使社区居民真正成为社区的主人，管理自己的事务，有利于形成社区居民对社区的认同感、归属感，有利于形成良好的社会风尚，分担“全能政府”不应承担的职责，有效弥补市场的“失灵”。随着非营利组织的兴起，民主意识深入民心，越来越多的民众意识到了自觉、自主、自治的价值，愿意投身社区，协商处理本社区的问题，从而唤醒了社会民众的自治意识和自主意识。此外，从经济的角度来看，社区居民自治还是一种成本较低的管理模式；从政治的角度看，社区居民自治有利于推进基层的民主建设，有利于提升公民的政治参与度。在重视社区自治、自我发展的同时，国家的统一规划和政府在社区发展中的“舵手”作用同样不容忽视。政府逐渐认识到，通过社区服务这一有效的社会服务方式，可以将社区治理的主动权还之于民。

公众参与是所有民主社会的基础。社区成员的自我服务、自主管理、自我发展是社区建设的核心。居民自治从民众的切身利益出发，是确保社区居民实现基本的生存权和发展权，进而实现对国家政治经济生活的参与权的有效途径。虽然实体意义上的社区只是一种地理区域，但它在深层上包含着一种共同利益或者利益的结合。在社区中，社会关系的基础是包括感情、传统和共同联系在内的自然意愿，它强调的是生活、工作在同一地方的成员共同的兴趣、彼此的相似之处和区域的自治性质。所以，这种情感交流需要的满足不能由外力强行推动，而必须通过内在心理机制的作用，以实现社区的健康持续发展。尽管各国自治活动的组织模式、开展背景不尽相同，但居民自治无疑是社区发展的内在要求，是低成本的管理体制创新，有利于扩大公民的政治参与和加强基层民主。

从现行社区发展管理模式可以看出，欧美国家基本上都采取了“政府负责规划指导、给予资助，社区组织负责具体实施”的社区管理模式。西方不少发达国家的政府已经下放和分散权力，由最初的政府资金投入发展到后来的通过“政府采购”方式购买服务。在社区居民自治的国家里，社会服务全面市场化可以通过健全完善的法律体系下的政府宏观调控来实现。

11.1.2 社区经济管理趋于市场化、多元化

社区经济作为一种经济形态，其经济性是不言而喻的。市场经济在一定程度上是一种公平经济。一方面，在社区经济发展过程中，工商企业、各类基金会、银行、非营利组织、其他社会团体都作为相对独立的经济主体参与市场竞争；另一方面，在世界经济一体化、全球化的大潮之下，社区的开放性日益增加，一国的社区组织不仅服务于本社区，而且向全国性社区发展，通过融合进而向国际性社区的目标迈进。在这一过程中，逐渐形成社区经济的多元化、社区管理手段的多元化和市场化。

根据供给—需求理论，随着经济发展及人民生活水平的日益提高，公众的需求不断增加。与之相伴的是，各种生活服务、文化娱乐服务、医疗护理服务、初级教育等社区的各类有偿性服务的供给必然逐渐增加。社区居民需求的多元化，客观上要求将市场机制引入社区服务领域。社区服务将日益呈现多元化、市场化、专业化和协调化的特点。由于其在资源配置方面的有效性，市场以丰厚的利润作为回报，激发出人们的积极性，从而推动市场经济的发展。因此，市场机制是社会解决供需矛盾，谋求更快、更好发展的战略选择。

但是，另一方面，社区经济更是“社会经济”的重要组成部分，具有鲜明的社会性。可以说，社会性是社区经济的前提条件，是其最重要的本质规定。社区经济具有社会经济的一切属性，因此，在构建社区经济的时候，居民社会福利最大化就成为它追求的最核心、最重要的目标，从而从根本上有别于市场经济的利润最大化目标。社区发展必须以社会机制作为主导性的配置方式，社会配置的原动力是社会的公正意识、爱心以及能够代表社会意愿的政府责任感。

根据马斯洛的需求层次理论，我们可以更好地理解社区经济的发展趋势。物质生活是人类生存所必需的，它处于人类需求层次的最底层。而“社区居民社会福利最大化”的需要则居于人们需求层次的塔尖上。根据这一事实，政府作为国家和社会的代表，必须建立强有力的推动、督促、鼓励机制，促进社区资源的有效配置，在保证社会经济以及社区经济持续、健康发展的基础上，应该更加关注社区居民满意度的提高。如果居民的一般性需要及心理上和精神上的需求都得到健康、积极的满足，那么，社区居民就能够生活在一个人际关系和谐、环境优美、充满人文关怀的氛围中，心情愉快，安居乐业。

11.1.3 社区管理日趋法制化、规范化

只有通过及时的立法和严格的执法，才能妥善解决社区服务发展中存在的难题。立法滞后、法制教育松散、执法力量薄弱是制约社区服务发展的主要因素，只有对此高度重视并采取相应的对策，不断提高社区服务的科学性、高效性和开放性，才是解决问题的根本途径。

市场经济为社区服务的发展开辟了新的领域，增添了新的内涵，也带来了许多新情况、新问题。诸如立法工作滞后、法制教育不力、执法监督不严等问题，势必困扰和阻滞社区服务事业的整体推进，制约和影响社区服务的健康有序发展。另外，社区服务任务繁杂、涉及面广，这种多元性的特点，要求提高社区的规模化和法制化。随着市场经济的进一步发展，经济活动的日益频繁和社会化大生产程度的提高，原有社区服务方面的法律法

规已经难以适应社区工作的需要。大量的社区发展实践表明，涉及社区建设的法律法规有的太抽象，基本上是有法难依；有的不配套，给执法工作带来不便；有的不健全，使实际工作部门无法可依。社区法制建设的中心任务，就在于充分发挥社会稳定机制的作用，追求社区服务发展的相对平衡，从而不断提高社区服务发展的科学性、高效性和开放性，最终实现社区服务的规范化。

11.2　国外社区管理宏观层面的发展趋势

从宏观层面上看，国外社区管理呈现出以下三个特点：一是社区管理日益全球化、国际化；二是社区管理逐步转向可持续发展战略；三是社区发展与社会发展日渐趋向融合。

11.2.1　社区管理日益全球化、国际化

社区管理全球化、国际化的趋势日益凸显，主要体现在两个方面：一是整个“社区运动”从发展中国家向全球扩展。在传统社区发展规划的制定中，人们更多地把注意力放在发展中国家，甚至认为社区发展只是发展中国家的事。然而，20 世纪 80 年代以来，随着全球化的迅速扩展和深化，世界的整体性和相互依赖性日益增强，越来越多的人已经认识到，发展中国家的贫困也是影响世界安定的重要原因。可以说，即使是发达国家也依然存在不断完善自身、发展自身的任务，美国政府所制定的“反贫困作战计划”就是一项致力于社区发展的“行动方案”。当前，对社区发展的重视已成为世界各国的共识。二是社区的服务组织越来越趋于联合，朝着国际化的方向发展。社区内的一些大型的非营利组织、志愿者组织、慈善团体等，越来越表现出相同或类似的利益需求与发展目标，从而使得它们之间的联系越来越紧密。由于常常面对同样的社区事务问题，因此组织间的合作和交流日益必要且非常重要。这样，这些社区服务组织不仅跨地区、跨行业结成全国性联盟，互通信息、沟通有无，扩大本组织的影响力和服务范围，而且随着服务项目的扩大及范围领域的交融，跨国大型社区服务组织、志愿者组织也逐渐形成。如反家庭暴力组织等国际性的社区组织通过对话与交流，共同在社区管理与服务中发挥着不可替代的作用。

11.2.2　社区管理逐步转向可持续发展战略

社区发展初期，大多数管理者都只是把社区组织看成解决现实困难、摆脱贫困和失业以及为社会和经济发展服务的应急性机构。而今天，随着社会的不断进步，可持续发展观已成为世界各国普遍接受的观念，在社区发展中也得到了相应的体现。社区发展立足于地方基层政府，依靠当地居民的积极主动参与，谋求本地发展，促进社会整体进步，既保留了社区这一传统形式中的有利因素，更为整个社会长久持续发展打下坚实基础，有效地保障了社会发展步入“以人为本”的可持续协调发展的轨道，整个社区的管理也将从应急性管理逐步转变为协调的、可持续的社区管理。

11.2.3　社区发展与社会发展日渐趋向融合

社区作为一种地域性社会，是连接公民个体与社会的桥梁与纽带，是微观社会的重要

组成部分。同样，社区发展作为社会发展的一个重要组成部分，也与社会发展有着内在的融合性和协调性。从人类社会发展的历史进程来看，社区发展不论是对社会经济发展，还是对人本身的发展，都具有十分重大的意义。正是通过将整个社会的发展牢固地建立在一个个社区的发展之上，并不断地保持它们之间的一致性、协调性，整个人类社会才会走向良性且持久的发展之路，这已成为当今世界各国的共识。

本章小结

1. 社区居民自治主要是指以社区居民为核心，联合社区内各种主体组织、机构，共同参与社区事务的管理，实行真正的民主自治管理的一种模式。其优点是能够调动社区内居民广泛参与社区事务的积极性，使社区居民真正成为社区的主人，管理自己的事务，有利于社区居民对社区认同感、归属感的形成，有利于形成良好的社会风尚，避免了“全能政府”的难以为继和市场的间或“失效”。

2. 公众参与是所有民主社会的基础。社区成员自我服务、自主管理、依靠自身的力量来发展社区是社区管理和发展的核心。从民众层面出发，在社区中实现居民自治是一种确保其实现基本的生存权和发展权，以及对国家政治经济生活的参与权的有效途径。

3. 市场经济在一定程度上是一种公平经济。一方面，在社区经济发展过程中，工商企业、各类基金会、银行、非营利组织和其他社会团体都作为相对独立的经济主体参与市场竞争；另一方面，在世界经济一体化、全球化的大潮之下，社区的开放性日益增加，一国内的社区组织不仅服务于本社区，而且向全国性社区发展，并日益融合，有向国际性社区组织发展的趋势，诸如某些跨社区的志愿者组织。

4. 要妥善地解决社区服务发展中存在的难题，只有通过及时的立法和严格的执法，才能收到实质性的成效。立法滞后、法制教育松散、执法力量薄弱是制约社区服务发展的主要障碍，只有对此予以高度重视并采取相应的对策，不断提高社区服务发展的科学性、高效性和开放性，才是解决存在问题的根本途径。

5. 社区管理全球化、国际化的趋势日益凸显，主要体现在两个方面：一是整个“社区运动”从发展中国家扩展到全球；二是社区的服务组织越来越趋于联合，朝着国际化的方向发展。

关键术语

社区管理发展趋势　　社区居民自治　　可持续发展

复习思考题

1. 你是怎样理解社区居民自治的？
2. 社区法制建设的中心任务是什么？
3. 社区管理日益全球化、国际化主要体现在哪几个方面？

阅读材料

国外社区发展的主要特点①

综合西方社区发展的特点，总结如下：

一、社区组织体系完整

发达国家的社区组织体系都比较完整，一般包括以下几个层次：第一层次负责对社区的管理工作进行指导，提出社区建设的方针原则，派出专家对工作方向进行指导；第二个层次负责社区各个方面的建设工作和各种机构的设立，比如建立、配置各种教育机构、医疗设施、基础设施以及环保设施等；在第二个层次下面还有各种具体的分支机构，分管各项专门工作，比如治安工作、环卫工作、社区青少年教育工作等。

二、社区设施比较完备

国外较为成功的社区中的生活配套设施以及基础设施都比较齐全，社区中水、电、煤以及暖气供应充足，通信畅通，各种生活垃圾有专门的物业员及时清除处理，交通快捷，医疗保健设施齐备先进，一般的小病、常见病和各种防疫工作都可以在本区得到迅速、有效的解决。各种公共活动设施配备齐全，社区中设有生活活动中心、幼儿园以及老年人的工作或活动场所等，以便于社区居民加强交流。

三、社区管理中公众积极参与

在西方发达国家，社区居民参与管理已是一种传统，居民对行使自己的权利和承担相应的责任都有较高的积极性。比如在美国，涉及社区建设的城市规划的编制、土地使用法规的审批，都要召开听证会，听取市民的意见，并通过媒体向大众公布。又比如在日本，町内会根据区内居民的要求与政府沟通，在涉及社区的重大问题时，向政府提出建议，以维护居民权益。社区中的居民完全以"社区人"的角色处于社会中，积极为自己的权益进行各种工作。

四、依法管理社区

西方国家的城市管理比较成功，主要是通过各项法律法规调整社区中各单位、各集团、各家庭以及个人在城市中发生的各种关系及其间的矛盾与冲突。社区内的公民行为受到法律的约束和保护，这与西方发达国家整个社会的法制性较强有直接联系，社区内的工作严格依照法律法规运行。社区活动经费来源渠道较多。由于各个国家的历史、经济以及文化上的不同，社区活动经费来源也有所不同，大致可以分为几种情况：一是由政府拨款，也就是社区内部公共设施的日常经费由政府提供；二是来源于个人和组织捐款，在有些国家的社区中，活动经费很大部分来源于捐款和税收，比如宗教组织和慈善机构的资助；三是来源于自筹经费。欧洲国家完全自治性组织的活动经费一般由组织成员自筹，社区组织的领导人基本上是志愿者，许多人的工作是兼职的、义务的，因而可以节省一些费用。

---

① 参见谢守红、谢双喜：《国外城市社区管理模式的比较与借鉴》，载《社会科学家》，2004（1）。

第5篇

当代中国社区管理的创新与发展

社区管理既不同于政府组织的行政管理，也区别于企业组织的商业管理和社会组织的事业管理，它是建立在社区自治基础上的政府与社区、社区与社区居民合作的一种全新的管理模式。因此，社区的自治、社区非营利组织的发展、社区居民的广泛参与是社区管理的基础。

第 12 章

当代中国社区管理的创新实践与模式比较

自 20 世纪 90 年代中后期开始，我国大、中城市掀起了社区建设的热潮，民政部首先选择在北京、上海、天津、沈阳、武汉、青岛等城市设立了 26 个“全国社区建设实验区”。通过十余年的实践总结和经验概括，形成了几种有代表性的城市社区治理模式。本章在经济发达的“长三角”区域和“珠三角”区域选取上海模式与深圳盐田模式，在老工业基地东北区域选取沈阳模式，在发展中的华中区域选取江汉模式，作为代表性模式进行研究，通过资料收集与实地调研，对城市社区管理体制改革的经验与利弊加以比较与分析，以作为中国城市社区管理体制改革的参照系。

◆ 预习案例 ◆

深圳盐田区的社区自治探索

深圳盐田区 2005 年社区管理体制改革呈现出两个亮点：一是标志着“政社分离”的“一会（分）两站”的社区治理模式的创新；二是在全区范围内实行把提名权交给居民的真正的社区居民委员会直接选举。这两个亮点体现了“强国家—强社会”的理念追求。

“一会（分）两站”社区治理模式的具体内涵，就是把社区居委会与社区工作站（社区自治组织）和政府机构从组织结构、职能、人员、经费、场地等方面一一分离。按照盐田区社区管理体制改革的设想，新一届社区居委会将按照“议行分设”的原则回归到其自治组织的法律原位，真正实施“自我管理、自我服务、自我监督、自我教育”的功能，以实现“还权于社区、还利于社区、还位于社区”。社区工作站实行公开的雇员招聘制度，并从社区居委会剥离出去。社区居委会、社区工作站、社区服务站等社区组织都要在社区党组织领导下开展工作，社区居委会与社区工作站是平行、合作的工作关系。同时，社区居委会代表居民对社区工作站工作进行检查、监督。社区服务站在社区居委会指导下开展工作。

12.1 行政侧重型模式：以上海市卢湾区五里桥街道为例

上海模式的特色是把社区建设与“两级政府、三级管理、四级网络”的城市管理体制改革相结合，强化街道办事处的权力、地位和作用，将社区定位于街道，形成“街道社区”，注重政府在社区发展中的主导作用，强调依靠行政力量，通过“街居联动”发展社区的各项事业。上海市卢湾区五里桥街道按照“两级政府、三级管理”的要求，形成了“以块为主、以条为辅、条块结合”的管理机制和三个层面的组织管理系统，即领导系统、执行系统和支持系统。

12.1.1 上海模式的实践结构

上海市在实行“两级政府、三级管理”改革的过程中，将社区定位于街道范畴，构筑了领导系统、执行系统和支持系统相结合的街道社区管理体制。

1. 社区管理领导系统：由街道办事处和城区管理委员会构成

在“两级政府、三级管理”体制下，街道办事处成为一级管理实体的地位得到明确。随着权力下放，街道办事处具有以下权限：部分城区规划的参与权、分级管理权、综合协调权、属地管理权。街道办事处成为街道行政权力的中心，“以块为主、条块结合”。与此同时，为有效克服“各块分割”，建立由街道办事处牵头，派出所、房管所、环卫所、工商所、街道医院、房管办、市容监察分队等单位参加的城区管理委员会。城区管理委员会定期召开例会，商量、协调、督查城区管理和社区建设的各种事项，制定社区发展规划。城区管理委员会作为“条”与“块”之间的中介，发挥着重要的行政协调功能，使“条”的专业管理与“块”的综合管理形成了有机的整体合力。

2. 社区管理执行系统：由四个工作委员会构成

上海模式在街道内设定了四个委员会：市政管理委员会、社区发展委员会、社会治安综合治理委员会、财政经济委员会。具体分工是：市政管理委员会负责市容卫生、市政建设、环境保护、除害灭病、卫生防疫、城市绿化。社区发展委员会负责社会保障、社区福利、社区服务、社区教育、社区文化、计划生育、劳动就业等与社区发展有关的工作。社会治安综合治理委员会负责社会治安与司法行政。财政经济委员会对街道财政预决算负责，对街道内经济进行工商、物价、税收方面的行政管理，扶持和引导街道经济。以街道为中心组建委员会的组织创新，把相关部门和单位包容进来，就使得街道在对日常事务的处理和协调中有了有形的依托。

3. 社区管理支持系统：由辖区内企事业单位、社会团体、居民群众及其自治性组织构成

社区管理支持系统由辖区内企事业单位、社会团体、居民群众及其自治性组织构成，它们通过一定的组织形式，如社区委员会、社区事务咨询会、协调委员会、居民委员会等，对社区管理提供有效的支持。上海模式还将居民委员会这一群众性自治组织纳入"四级网络"，抓好居民委员会干部的队伍建设，充分发挥居委会的作用，推动居民参与社区管理，维护社区治安稳定，保障居民安居乐业。

上海市经济发展水平较高，改革力度相对较大。社区建设一方面强调党和政府的指导作用，以保持政治经济生活的稳定发展；另一方面，它没有忽略高度经济发展之上的政治民主生活水平的提高，重视社区的行政支持力量，即社区内社会性组织的发展。这是一场自上而下的改革，它依靠行政力量推动社区建设，在居民的内生需求和共同体意识尚处于发育阶段的情况下，在短期内迅速取得成效。

12.1.2　上海模式的缺陷

1. "上面千条线，下面一根针"的格局并未改观

居委会主任属事业编制，通过公开招聘由非本社区的人员来担任，社区行政性负担很重。由于社区建设时间不长，居民尚未摆脱单位体制的影响，只把社区当成居所，没有很强的归属感和认同感，导致社区建设的动力支持不够。同时，居民委员会行政化色彩浓厚。"两级政府、三级管理"的体制强化了"街道办"的管理职责，"街道办"逐步将居民委员会纳入行政组织的基层网络中，即"四级网络"。"街道办"将相当多的行政工作往下转移到居委会的身上，从老年、失业、优抚、卫生、治保、计生、调解，到精神文明建设、党建等事务，居委会承担的行政职能越来越多，实际功能也逐渐向行政组织靠拢。随着居委会行政性的加强，"街道办"对其的控制也逐步加强，居委会在很大程度上接受"街道办"的指挥和考核，实质上成为"街道办"行政领导的下属机构。

2. 居民社区参与度不足，社区意识不强

居委会过度行政化导致的后果就是，它对城市基层社会的代表性不足。与居委会行政管理职能的增强相应的是其自治职能的减弱。居委会过多承担国家管理的职能，必然影响居民的认同感。居民社区参与是社区发展的动力之所在，但在全国城市社区建设中普遍存在居民参与程度低的状况。上海市社会科学院社会调查中心 2000 年 6 月的一次大型调查结果显示，只有 25%的居民表示"乐于参加"或"愿意经常参加"社区内各种活动或事务。从年龄层次来看，参与社区活动的主要人员是"一老一少"，"老"是指离退休人员，"少"是指中小学生。据统计，参与社区活动的人员中将近 70%的人是离退休人员，中小学生占了 10%左右，中青年仅占 20%（见图 12—1）。如果没有单位强制性组织参与，中青年的比例将会更低。从收入、文化程度来看，居民收入、文化程度越高，社区参与率越低。

3. 政府力量过于强大，社区自治组织和中介组织比较虚弱

行政推进在部分地区变成了行政包办、长官意志，压抑了社区内生的自我调控机制的发育和成长，影响了居民的民主参与和自我管理。行政操作的工作方式在实际工作中重新将社区纳入国家系统之中，阻碍了政府职能转变，增加了政府负担。社区以及其他社会中介组织缺乏足够的资源和权威，没有足够能力代替政府部门管理公共事务。街居一体化使街道成为社区，模糊了行政组织与自治组织的行为边界，不符合社区自治的总体发展方向。

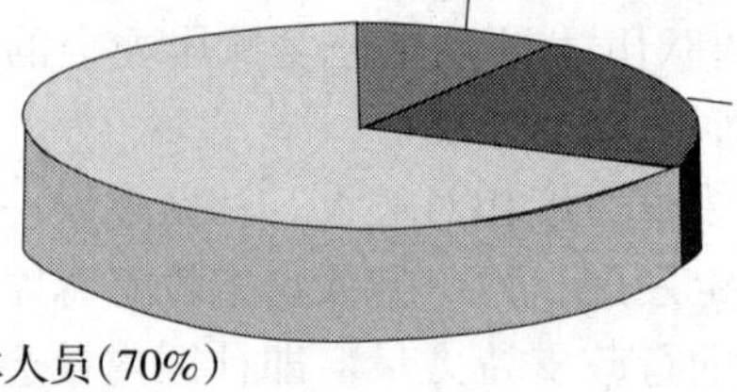

图 12—1　上海市参与社区建设的居民构成

12.2　自治型模式：以沈阳市春河社区为例

沈阳市在社区体制改革中建立了“沈阳模式”。按照沈阳市相关领导的说法，沈阳社区建设的目的，是把城市管理从以行政管理为主的模式逐步过渡到以社区自治管理为主的模式，还权于民。该市春河社区由原来的 5 个居委会、2 700 多户居民合并而成，打破了原来由街道行政区所划分的社区界限。社区成员代表大会为社区最高权力机构，讨论决定社区的重大事项。社区管理委员会是完全由居民自主投票选举产生的社区“管家”，它代替了原有的居民委员会，负责社区教育、服务、管理和监督工作，对社区成员代表大会负责。社区协商议事委员会由社区内的人大代表、政协委员、知名人士、居民代表等人员组成，对社区管理委员会提出建议，进行监督。社区党委保障和支持社区自治。按照“小政府、大社会”的原则，政府将社区管理职权（包括自治权、初审权、协管权和监督权）交给社区。为解决社区经费，政府对属于职权范围内，确实需要社区组织协调处理的事务，实行“有偿服务、费随事转”的制度。“沈阳模式”的改革焦点落在了社会性组织这一层面。社区的社会性组织具有法定地位，拥有相应权力，在社区建设和发展中具有主导性和创造性。政府主要采用法律和制度来规范社区运行机制，社区组织机构由居民选举产生，社区内权威人士和代表人士还通过专业咨询机构，表达社区的社情民意，并对政府决策施加影响。

12.2.1　沈阳模式的实践结构

从 1998 年下半年起，沈阳市在和平、沈河两区试点的基础上，开始在全市展开社区体制改革，重新调整了社区规模，理顺了条块关系，构建新的社区管理组织体系和运行机制，形成了颇具特色的沈阳模式。主要措施包含以下几个方面：

1. 明确社区定位

沈阳将社区定位在“小于街道办事处、大于原来居委会”的层面。由于原有居委会规模过小，资源匮乏，若将社区定位在居委会，则不利于社区功能发挥。街道办事处是政府的派出机关，若在街道层面上组建社区，则又影响社区的自治性质。因此，将社区确定在街道与居委会之间的层面上，既可克服这两方面弊端，又有利于社区资源的利用与功能发挥。

2. 合理划分社区

沈阳市将社区主要分为四种类型：一是按照居民居住地和单位的自然地域划分的“板块型社区”；二是以封闭型的居民小区为单位的“小区型社区”；三是以职工家属聚居区为主体的“单位型社区”；四是根据区的不同功能特点，以高科技开发区、金融商贸开发区、文化街、商业区等划分的“功能型社区”。

3. 建立新型的社区组织体系

这个组织体系由决策层、执行层、议事层和领导层构成。“决策层”为社区成员代表大会，由社区居民和社区单位代表组成，定期讨论决定社区重大事项。“执行层”为社区管理委员会，它与规模调整后的居委会实行一套班子、两块牌子，由招选人员、户籍民警、物业管理公司负责人组成，对社区成员代表大会负责并报告工作，职能是教育、服务、管理和监督。“议事层”为社区协商议事委员会，由社区内人大代表、政协委员、知名人士、居民代表、单位代表等组成，在社区代表大会闭会期间行使对社区事务的协商、议事职能，有权对社区管理委员会的工作进行监督。“领导层”为社区党组织，即根据党章规定，设立社区党委、总支和支部。

沈阳市作为老牌重工业城市，在经济体制转轨中，把社区作为改革后的“生存空间”，实现社区自治建设的重大突破，是其制度变迁的重要动力。沈阳模式体现了“社区自治、议行分离”原则，符合现代社会民主政治的发展方向。沈阳模式的最大特点是社区组织体系的建设，按照类似于国家政权机构的设置，创造性地构造社区决策层（社区成员代表大会）、执行层（社区管理委员会）、议事监督层（社区协商议事委员会），从而形成“议行分离、相互制约”的互动运行机制。

12.2.2　沈阳模式的缺陷

1. 政府角色的“越位”

在社区建设和社区发展的实践中，政府特别是街道办事处仍存在着“职能越位”。突出表现于：第一，“以政代社”，承揽了过多的应由非政府组织承担的职能，如直接组织和承办社区的文化活动、公益性慈善活动、志愿者活动、科普活动等。第二，习惯于计划经济时代的传统做法，自觉或不自觉地将非政府组织作为依附于政府的附属单位，将对居民委员会的指导责任变成了领导责任，直接任命居民委员会的有关工作人员，直接管理居民委员会的日常活动。第三，在财政安排上的“过度投入”，社区服务中心、社区文化馆、社区图书站的多数工作人员完全可招募志愿人员来担任，但现实情况却是，这类人员多为在编的事业性单位职工，导致政府有限财力的过度投入。

2. 政府角色的“缺位”

在社区建设和社区发展的实践中，政府的“缺位”表现为：第一，对社会中介服务机构、专业化的社会工作机构等第三部门的培育还不到位。第二，多数基层政府官员不习惯或不善于对社区自治性组织进行政策指导。第三，政府对介入社区建设的专业性社会团体和社会工作机构的“资助性投入”不到位。

3. 社区组织及其运行机制尚不健全、不完善

在沈阳市社区的建设过程中，社区内既要体现自治，又要坚持党的领导；既要避免行政化的倾向，又要避免完全市场化，社区管理委员会如何协调党、政府、企业等主体之间的关系是一个难题。随着市场经济的发展，社区利益主体的多元化，如何培育社区意识，如何增强社区的认同感和归属感也是社区管理者的重要课题。

4. 资金供给与运行机制不完善

在沈阳市社区服务事业发展的进程中，存在着服务需求和服务资金短缺的矛盾，一是政府对社区服务的资金投入不足；二是社会捐助形成的资金投入少；三是有奖募捐资金投入少；四是社区服务自身产出资金再投入的积极性不足。

5. 社区居民主动参与管理程度不足

社区服务是社区全体成员的一种活动。但目前绝大多数社区的志愿者人数还不足，仅占社区成年居民总数的10%，而且以老年人为主，初中以下文化程度的居多。优化、壮大志愿者队伍是深化社区服务的关键。

12.3 混合型的江汉模式

“混合型模式”是政府对社区工作和社区建设加以规划、指导并划拨经费，但政府对社区的干预较为宽松，社区建设以自治为主，这是武汉市江汉区社区实践的经验。江汉区在学习借鉴沈阳模式的基础上重新将社区定位为“小于街道、大于居委会”，通过民主协商和依法选举，构建了社区自治组织，即社区成员代表大会、社区居委会和社区协商议事会。与“沈阳模式”不同的是，“江汉模式”没有把社区协商议事会作为社区成员代表大会的常设机构，但明确提出了社区自治的目标，实现这一目标的路径选择是转变政府职能和培育社区自治。

12.3.1 江汉模式的实践结构

1. 理顺社区居委会与街道、政府部门的关系，明确职责，保障社区居委会的自治性

明确居委会与街道办事处的关系是指导与协助、服务与监督的关系，不是行政上下级的关系。重新界定街道各行政部门与社区组织的职责，街道负责行政管理，承担行政任务；居委会负责社区自治，不再与街道签订目标责任状，并有权拒绝不合理的行政摊派工作。同时建立“社区评议考核街道各职能部门”的制度，并以此作为奖惩的重要依据。

2. 政府职能部门面向社区，实现工作重心下移

区、街政府部门要做到“五个到社区”，即工作人员配置到社区，工作任务落实到社区，服务承诺到社区，考评监督到社区，工作经费划拨到社区。

3. 责任到人、监督到人

“责任到人、监督到人”主要是为保证区、街政府部门职能转换到位，不走过场，根治“遇见好事抢着做，遇见麻烦事无人做，遇见责任‘踢皮球’”的顽症而建立的实施机制。通过这些措施，江汉区力图建立一种行政调控机制与社区自治机制结合、行政功能与自治功能互补、行政资源与社会资源整合、政府力量与社会力量互动的社区治理模式。

江汉模式是在沈阳模式基础上的发展，它以转变政府职能为核心，在体制创新中体现“小政府、大社会”的理念。在制度上主要体现在：完成了社区调整划分，社区组织体系得以重构；社区主体组织日趋健全，民间组织逐步发育；社区基础设施逐步完善，空间配置趋于合理；社区服务范围得到拓展，社区服务方式更加多样；社区工作者队伍不断壮大，工资待遇不断提高；政府与社区关系逐步理顺，合作共生的机制逐渐形成。这些迹象为建设和谐社区奠定了良好基础。江汉模式不仅重构了社区微观组织体系及其运行机制，而且转变了区、街政府部门的职能和行政运行机制，建立了社区自治系统与政府行政系统的共生机制，形成了政府自觉依法行政、社区组织自主管理、社区民众自愿参与相结合的治理模式。

12.3.2　江汉模式的缺陷

1. 行政化倾向

江汉区在社区管理体制改革方面进行了卓有成效的探索，但仍然存在社区行政化、政府职能转变不到位等诸多问题。少数政府职能部门没有做到费随事转，部分街道还与社区签订目标责任状等，无法适应快速发展的社区建设的需要。

2. 低社区居民参与度和社区发展要求不相适应

社区是居民生活的共同体，社区建设是社区居民与政府密切配合，共同推进社区各项工作的过程，因此，扩大社区居民的参与度，是社区建设的内在要求。虽然计划经济体制下形成的“单位制社会”正在解体，但在转型期，由于“路径依赖”的影响，各种资源仍掌握在各种类型的单位手中。江汉区社区建设基本上仍处于政府主导阶段，社区居民和社区单位大多游离于社区公共事务和公共活动之外，参与社区建设的广度和深度都不高，成为社区建设向纵深推进的瓶颈。

3. 低配套率的社区公共服务设施与日益增长的居民需求不相适应

伴随着社区居民经济收入的显著提高，居民的需求结构和生活方式也随之发生重大转变，已不再满足于吃饱穿暖等基本物质需求，更加注重生活质量的改善，对社区生态环境、公共安全、健身娱乐等精神方面的需求不断增长，这对社区公共服务设施提出了更高要求。由于江汉区基本属于老城区，社区公共服务设施陈旧，致使社区公共服务总体仍处于短缺状态，存在覆盖率、拥有率、配套率低等问题，无法有效满足社区居民的需求，削弱了居民对社区的认同感。

12.4　“一会（分）两站”之盐田模式

深圳盐田区 2005 年社区管理体制改革呈现出两个亮点：一是标志着“政社分离”的“一会（分）两站”的社区治理模式的创新；二是在全区范围内实行把提名权交给居民的真正的社区居民委员会直接选举。这两个亮点体现了“强国家—强社会”的理念追求。根据对深圳盐田模式的实地调研，其组织架构如图 12—2 所示。

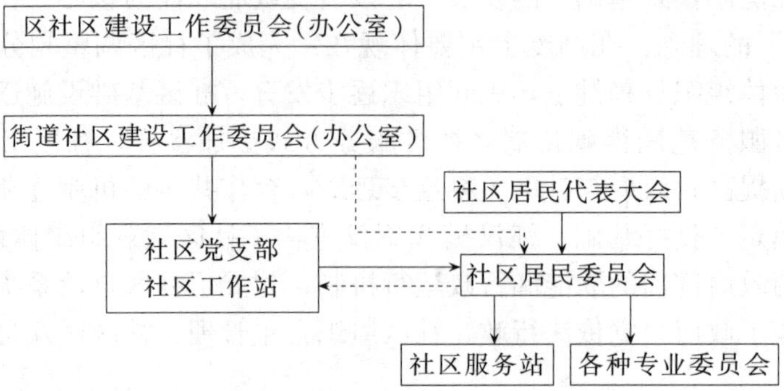

注：实线连接表示领导与被领导关系，虚线连接表示指导与被指导关系。

图 12—2 “一会(分)两站”的社区管理体制组织框架

12.4.1 盐田模式的内涵与实践结构

“一会（分）两站”的盐田模式的内涵是：根据“议行分设”理念，把原来长期由居委会承担的行政、自治和服务三种功能进行分化，把政府行政职能和公共服务功能从居委会中剥离出来，赋予社区工作站（与社区居委会平行的政府组织）；把自治职能交还给社区服务站，同时由居民直接选举产生宪法规定的基层群众性自治组织——社区居委会来履行社区自治职能，以此来理顺政府与社区的关系。社区工作站隶属于街道办事处，属性是政府派出的工作机构，工作人员实行雇员制，享有编制和财政工资，承担所有原来由居委会承担的及任何政府随时下沉的行政职能。社区服务站隶属于社区居民委员会，是为社区居民提供各种社会服务的功能性的民办非企业组织。2005 年 5 月盐田社区居委会的直接选举，不但体现出真实性、公平性、创造性、竞争性的特点，而且在程序和实质两个层面彻底还原了社区居民委员会的法定地位和功能。

“一会（分）两站”社区治理模式的具体内涵，就是实行把社区居委会和社区工作站也就是社区自治组织和政府机构从组织结构、职能、人员、经费、场地等方面相互分离。按照盐田区社区管理体制改革的设想，新一届社区居委会将按照“议行分设”原则，回归到其自治组织的法律原位，真正发挥“自我管理、自我服务、自我监督、自我教育”的功能，以实现“还权于社区、还利于社区、还位于社区”。社区工作站实行公开的雇员招聘制度，并从社区居委会剥离出去。社区居委会、社区工作站、社区服务站等社区组织都要在社区党组织的领导下开展工作，社区居委会与社区工作站是平行、合作的工作关系。同时，社区居委会代表居民对社区工作站的工作进行检查、监督。社区服务站在社区居委会的指导下开展工作。

1. 社区居委会

社区居委会在性质上是由居民依法选举产生，实行民主选举、民主决策、民主管理、民主监督的社区居民自治组织。社区居委会在社区党组织的领导下，充当居民权利的表达者和维护者，是居民权益保护性机构。其主要功能是充当政府组织、社会中介组织与居民之间的桥梁，将居民的权利要求转达给政府组织和社会中介组织，并代表居民对政府组织、社会中介组织的行为进行监督。

社区居委会的主要职责包括如下七个方面：（1）协调社区有关组织和单位，通过开展各类活动，培育社区居民“团结、公平、互助、责任”的社区精神，逐渐在社区形成“关心、支持、参与”的良好风尚；（2）对社区各项重大事务进行调研、评议、决策和监督；（3）收集并反映社情民意，对居民权利进行表达和维护；（4）进行宣传教育，发动居民参与社区公共事务和公益事业，监督社区公共服务设施的使用情况；（5）就社区重大事项向政府组织和社区居民代表大会报告，协商并参与向居民提供社区服务的项目及其财政预算，接受居民及居民代表大会的监督；（6）按照“费随事转”或自愿原则，协助社区工作站做一些临时性、突发性、需居民协助完成的有关工作；（7）组织残疾人、妇女、职工、青少年、业主、志愿者等各类专业委员会及其活动。

社区居委会的工作方式包括五方面内容：（1）社区居委会成员由居民依法选举产生，一般根据社区人口数量，由 5～9 人组成。逐步实行兼职化、属地化管理，主要工作是通过召开议事会议和开展各项活动来进行。（2）各社区居委会要制定各种有利于增强自治的规章制度，如居务会议，居民代表大会，居务、财务公开，调研、议事、决策、监督、公示，调动居民参与社区活动及与各方协调等方面的制度；约束和规范自身代表居民利益的行为，在上述规章制度报经居民代表大会同意后，依照各项国家法律、社区制度和居民同意的原则，独立自主地开展各项工作。（3）对社区工作站等政府组织和社会组织完成交办工作的情况进行监督。（4）每年至少召开一次社区居民代表大会，对社区居委会的工作进行考核。（5）探索建立社区“评议会、协调会、听证会”的三会制度，即由社区居委会负责召集、街道办事处和各有关职能部门进行指导，对事关社区建设和居民群众利益的有关工作进行考核评议；对社区成员之间的公益性、社会性事务和一般矛盾、利益冲突进行协商解决；对政府有关部门或社区居委会在社区实施的项目和涉及群众性、社会性、公益性的重大工作在决策前进行听证，提出具体意见，使社区居委会由“听命令做动作”转向“听民意做决策”。

2. 社区工作站

社区工作站在性质上是区政府社区建设委员会通过街道办事处设在社区的工作机构，是政府在社区的服务平台。它行政上由街道党工委（街道办事处）管理，业务上由区民政局及各相关职能部门指导。社区工作站的主要工作职责包括如下五个方面：（1）在街道党工委（街道办事处）领导下，协助完成政府各职能部门交办的各项需社区协助的行政事务，主要包括社区组织、社区卫生、社区环境、社区治安（社区安全）、社区文化和社区计生等 6 大项 22 小项工作及所有政府常规性和临时性及突击性的各类下沉到社区的工作；（2）实行“一门式”服务，为辖区居民提供政务服务；（3）结合本社区实际，开展创建特色社区活动，探索具有特色的社区发展道路；（4）对本社区公共事务进行日常管理；（5）协助社区居委会处理各项居民公共事务。社区工作站的运作方式是按照区政府相关职能部门的要求，参照事业单位和政府工作部门的工作模式，依法、规范运作。

3. 社区服务站

社区服务站在性质上是民办非企业单位，属于非营利机构，利润只能用于本社区的公益事业和事务。社区服务站的主要职责包括三方面内容：（1）根据居民的需求和就近原则开展便民利民、提高居民生活质量的低偿服务；（2）按照政府购买服务项目的方式为群众提供社会福利、社会保障、社区残疾人服务、社区老人服务和其他社会公益性服务等无偿服务；（3）指导社区安老、助残、文体等各类社区服务组织和队伍开展活动。社区服务站的经营范围包括图书室、健身室、棋牌室、培训室、星光老人之家、家政服务、中介服务、治安保卫、卫生环境等各类满足社区居民需要的服务项目。

12.4.2 盐田模式的绩效评估

1. 政府层面的绩效评估

“盐田模式”的社区治理体制，在政府层面的绩效具体表现为两个方面：一是政府提高了执行能力，二是政府降低了行政成本。

（1）政府提高了执行能力。

盐田区创新社区治理体制是以政府主导和社会主导相结合，培育公民意识和组织，建立起从“政府一元管理”到“政府、社会组织、公民共同治理，构建和谐社会”的模式。新的社区工作站“拿政府的钱，做政府的事”，统一管理和配置资源，解决政府下沉社区的工作、经费、人员的多头和不规范的问题，承接了政府下达的30多项工作任务，政府的各种职责、任务、资金、人员等一个口子向下到达工作站，这有利于政府政令畅通，责任到岗，任务到人，提高了工作效率。社区工作站人员参照事业单位雇员办法管理，实行公开招考聘任，由街道办事处三年一聘。社区工作站工作业绩由街道办事处参照公务员标准进行量化考核，工作站人员不像过去既要对政府负责，又要对居民负责，现在只需对政府负责，所以责任感明显增强。

（2）政府降低了行政成本。

第一，降低了社区行政工作的财政支出。社区管理体制改革以前，行政化的社区居委会人员结构复杂：有成员、有委员、有各职能部门派到社区的工作专员，还有大批临聘人员，平均每个社区有近90个人（包括治安和保洁人员），他们的收入基本上都是区财政拨款，且多头和重复拨款并存，“明的”和“暗的”同时拨款，每年至少需市、区财政下拨经费大约1 836万元。社区体制改革后，原社区居委会中属于行政工作的归并社区工作站，并给社区工作站明确职责，每个社区工作站平均配备6个雇员编制，若干个临聘人员，规定不准工作站收取任何费用，经费纳入办事处的部门预算，由区财政一条管道统一拨款，工作人员数量大为减少，个人收入水平明显提高，但财政拨款人员的经费整体水平仍然降低了（见图12—3），而且现在向社区工作站的各种经费拨款，一个口子向下，透明公开。更重要的是，这种体制运作牵引了街道办事处和各职能部门之间新型的工作关系和行政成本、行政管理及行政效能的评估方式改革，建立了新型的政府管理的垂直链条，提高了同等成本标准下的行政效率。

第二，社区居委会的工资成本明显降低。盐田区有关政策规定，被居民选为社区居委会成员的人，社区工作站不再聘用其为工作站雇员。当选的社区居委会成员，一般实行兼职化、属地化，各成员由于不直接完成政府交办的行政事务，也不再领取工资，只领取相当于原居委会成员工资标准1/5的补贴，仅这一项，一年社区居委会就降低行政成本大约344万元。

第三，培育了新的社会组织，间接降低了行政成本。“盐田模式”社区治理体制的一大特点是使社区组织分化、社会事务细化，催生了新型社会组织——社区居委会和社区服务站。由于政府行政事务和社会事务有了界分并由相应组织来进行专业管理，使政府能够逐步地从市场机制和社会自治可以解决的事务中解脱出来，从而间接降低了行政成本。

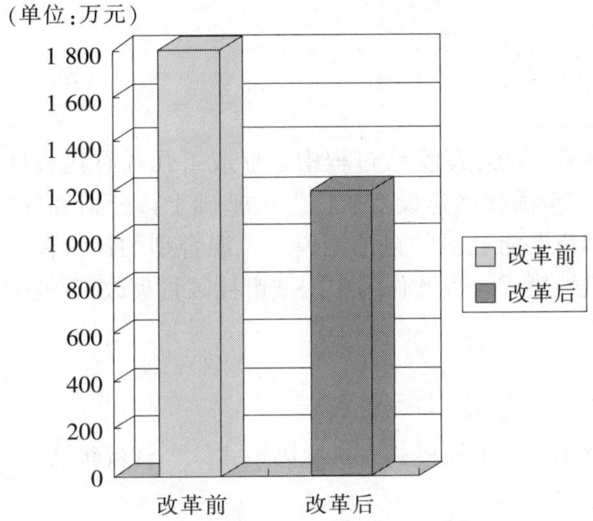

图 12—3　盐田区社区治理体制改革前后政府行政成本的对比

2. 社区层面的绩效评估

"盐田模式"的社区治理体制在社区层面的绩效体现在两个方面：一是社区居委会增强了自治能力，二是居民民主意识增强与民间组织得到培育。

(1) 社区居民委员会增强了自治能力。专门承担社区行政职能的社区工作站从社区居委会剥离出来后，社区居委会超负荷运作的抱怨没有了，转而担心被"边缘化"和"空心化"。为此，盐田区在制定"还位于社区"政策的基础上，制定了"还利于社区、还权于社区"的政策。从"还权于社区"的角度考察，盐田区通过 2005 年社区居委会换届海选和会站分离，将选举权和自主治理权还给了社区。从"还利于社区"的角度考察，盐田区 2002 年出台的政策规定，社区居委会作为法人组织可以举办社区服务站，并对其进行民办非企业单位登记、管理，根据居民需求开展低偿服务。

(2) 居民民主意识增强与民间组织得到培育。"盐田模式"的制度设计注重培育社区参与意识，增强了社区居委会的自治功能。盐田区社区居委会充分利用民间组织，积极为辖区群众提供便民、利民服务和举办各种文体活动。目前，盐田区社区服务"三级网络"开设了向居民提供教育培训、保洁、物业管理、家政、中介、文体活动等 100 多项福利和服务的公共产品，提高了全体居民特别是弱势群体的生活质量，近一半的失业人员通过"社区就业基地"实现了再就业。通过为辖区居民提供不同层次、丰富多样的社区服务，社区服务站基本实现了收支平衡、略有盈余，基本满足了居民日益增长的生活服务需求。

这一模式亦存在一定不足，即政府在社区仍然保留着行政末梢。由于政府组织的资源垄断，社区自治组织和中介组织相对比较虚弱，居委会过分依赖于街道办事处等政府组织，使得自治功能不能得到充分实现，不能真正体现居民的主体意识和参与意识。社区中的其他社会中介组织缺乏足够的资源和权威，没有足够能力代替政府部门组织居民管理公共事务。但制度设计者认为采取这一措施是一种比较稳妥的方式：在社会转型期，当社会自治组织的能力尚未达到较高水平时，仍然需要地方政府主导并推进改革。随着市场经济的完善与社会自治的增强，当社区管理通过实践逐步具备了成熟的治理能力时，国家权力自然得以逐渐退出。

本章小结

在当代中国社区管理的创新实践过程中，形成了几种有代表性的城市社区治理模式。本章在总结了26个“全国社区建设实验区”的基础上，分析和比较了上海市卢湾区的行政侧重型模式、沈阳市春河社区的自治型模式、混合型的江汉模式和“一会（分）两站”之盐田模式四种代表性模式，以此作为中国城市社区管理改革的标杆与探索。

关键术语

社区管理体制改革　　上海模式　　沈阳模式　　江汉模式　　盐田模式

复习思考题

1. 简述上海模式的内涵与利弊。
2. 简述沈阳模式的内涵与利弊。
3. 简述江汉模式的内涵与利弊。
4. 简述盐田模式的内涵与利弊。

阅读材料

北京市海淀区政府社区管理体制的调研报告[①]

一、加强社区建设，增强社区民主自治功能

海淀区目前共有社区610个，社区规模一般在1 000～3 000户，规模适当，便于管理。海淀区在理顺社区与上级主管部门之间关系，完善社区服务职能方面，已经取得了不少成就。2002年出台的《海淀区关于进一步理顺社区建设管理关系的意见》，明确了社区居委会与区政府职能部门、街道办事处之间的基本关系。社区服务方面，海淀区目前有区级社区服务中心1个，街道级社区服务中心22个，开设了社区教育、社区文化、社区医疗、社区体育、法律援助、便民利民、时尚休闲等8大系列40多个服务项目，为社区居民提供全方位的服务。

但是，现阶段社区建设依然存在许多困境和难题。社区居委会仍然没有摆脱作为政府部门“腿”的状态，行政事务负担过重；社区居委会的自治意识不够，自治能力薄弱，居委会对街道存在一定的依赖习惯；社区自治的办公经费不足，财政状况需要改善；社区服

---

① 此报告来自北京市海淀区社区管理体制的实地调研，即谢庆奎教授主持的海淀区“十一五”规划前期课题“海淀区‘十一五’期间推进政府管理体制改革和职能转变研究”。

务发育还不够；居民对社区认同度不够，参与社区建设的积极性还没有充分发挥出来。

首先，海淀区目前的工作任务，是要进一步理顺社区民主自治与政府行政管理之间的关系，探索建立和完善社区工作准入制度。目前海淀区已经制定了《海淀区社区建设工作准入办法》。以后政府职能管理部门的工作如果要进入社区，必须首先向海淀区社区建设工作领导小组提出书面申请和实施方案，阐述进入社区的政策依据，明确进入社区的工作目标、具体任务、期限和落实措施。海淀区社区建设工作领导小组办公室接到申请后，要根据相关政策规定、法律法规及社区居委会的承受能力进行初审，并与街道办事处共同研究，召开社区建设会议，对申请及实施方案进行讨论，广泛征求意见，提出初步建议。同时召开区社区建设工作牵头单位会议，对初步建议进行研究、审定。未经审定的工作擅自进入社区，居委会有权拒绝。

社区工作准入制度是特别针对社区行政性工作负担过重而提出来的一条对策性措施，旨在减少和规范政府职能部门给社区居委会分派行政工作的行为，摆脱社区是上级政府部门的"腿"的现状。社区准入的制度构建基本已经完成，具体的实施应用还有待时间的进一步检验。今后一段时间，海淀区要对这一制度的实施状况、经验教训及时进行总结和归纳，探索和完善这一制度，建立有效的社区建设制度和方法。

其次，针对目前社区民主意识薄弱，自治功能比较差的状况，海淀区政府应当完善社区的公民参与机制，增强社区民主自治功能。建立民主选举、民主决策、民主管理、民主监督的机制，发挥社区居民和社区单位在城市管理中的主体作用。充分发挥社区代表会议的作用，建立正常的民主诉求机制、征询机制、评议机制、决策机制、参与机制，进一步增强社区的凝聚力和居民的责任感。

再次，加快社区公共服务体系建设，培育社区服务组织。充分调动社会力量兴办社区服务组织的积极性。在正确引导营利性社会服务组织参与公共服务的基础上，积极培育非营利组织和社区服务民间组织，建构以社区义工为主体的社区服务参与机制，促进社区公共服务的多样化。目前全区登记注册的义工近10万人，在提供社区公共服务方面发挥了很大作用。今后应进一步完善社区义工管理和激励机制。一是探索建立义工服务时间"储蓄制度"和义工资格认证制度；二是参照国外义工管理和激励体制，探索建立符合海淀区区情的义工管理激励机制。

二、北部新区城乡结合部的管理，以及农村城市化以后乡镇职能的转变

海淀区北部新区由于历史和自然的原因，经济发展水平比较薄弱，生产力相对落后，农民人均收入较低，与城区相比差距很大。新区范围内市政基础设施、教育、文化、体育和医疗设施相对比较落后，特别是农业人口尚未纳入社会基本养老保险、基本医疗保险和失业保险的覆盖范围。北部新区城乡结合的环境特点，造成新区社会保障系统比较薄弱，社会治安相对较差等问题，新区政府应当大力开展城乡结合部地区环境整治，拆除违法建筑，取缔乱设摊点等，这些工作对新区的政府治理提出了较大的挑战。

今后几年，北部新区将作为海淀区的一个战略重点加以扶持。2004年，海淀区组建了北部地区开发建设委员会办公室，对北部新区开发建设实施统一组织和协调，试行了政府雇员制。目前，海淀区将城市化作为解决"三农"问题的根本途径来抓。截止到2008年，全区6.78万农民全部转为城镇户口，彻底打破了城乡二元户籍制度。随着城市化进

程的加快，相应的户籍管理体制、社会保障体系等也要进行调整和完善。这对乡镇政府的职能转变也提出了新的要求。

北部新区乡镇不仅面临着城乡结合处的治理难点，而且要在城市化进程中，努力探索适应城市化发展的管理体系和运行机制，实现农村与城市的接轨。北部地区开发建设委员会办公室是负责新区开发建设的领导机构，在新区建设过程中，要切实发挥“总揽、协调、督促、推进”的作用。政府相应的农村工作管理职能要取消，乡镇政府的职能要转化，相关的社区建设指导、社会保障、公共服务等职能要强化。

三、大院的管理与协调问题

海淀区有一种特有的城市微观布局，就是由大型的党政军机关、事业单位、高等院校、科研院所等相对独立区域所形成的半封闭性质的社区结构。这种社区结构不仅对海淀区城市形态有重大的影响，而且对城市规划、城市管理、社区建设也有深刻的影响。

因为历史原因，大院处于一种相对独立的自治空间，海淀区政府对大院内部事务基本上持放任态度，只要它们不向政府部门提出申请，一般不予介入。因此，大院与政府之间的社会管理工作一直以来没有很好地衔接，这造成部分社会管理职能的不到位。现在校园周边环境等问题，已经受到民众的普遍关注。海淀区政府在未来的工作中，面临着政府与大院之间工作的衔接与协调问题。建议采用大社区制，将大院作为一个大的社区进行管理。

第 13 章

中国特色社区管理体制的构建

城市基层社会管理体制变迁正从单位制、街居制逐步走向社区制，以重构基层政权建设与社区自治之间的关系。社区管理体制改革应依据我国各城市中社区自身的特定资源，在政府行政管理与社区自治之间实现权能的均衡配置。社区管理不应是国家的单中心主导，而应是国家与社会之间有分工的双中心互动，政府应履行社区建设的“掌舵”功能，社区则应逐渐履行社区建设的“划桨”功能，两者形成互动体制。

预习案例

深圳市南山区和谐社区建设制度创新

深圳市南山区地处深圳经济特区西部，东临深圳湾，西濒珠江口，南连香港，北连东莞，和珠海、中山隔海相望，是将香港、深圳、东莞、广州联系在一起的最重要的枢纽。南山区社会经济发展是中国 30 多年改革发展的一个缩影。观其现状，有四个特点：一是社会分化特别突出；二是社会结构特别复杂；三是社会要素特别活跃；四是利益关系特别复杂，主要有四对关系，即贫富关系、劳资关系、本地人与外地人的关系、本国人和外国人的关系。正是由于如此复杂的社会利益关系，南山区自新世纪以来进入了多元化的矛盾凸显期。其中，比较突出的有三大矛盾：劳资纠纷、市政建设纠纷和物业管理纠纷。这三大矛盾基本上都直接涉及民生问题。

南山区和谐社区建设制度创新起步于 20 世纪 90 年代末，共分为四个阶段：

- 第一阶段，健全组织、完善制度（1998 年年底—2001 年 6 月）
- 第二阶段，规范管理、优化服务（2001 年 7 月—2003 年年底）
- 第三阶段，全面开展和谐社区建设（2004 年年初—2006 年年底）
- 第四阶段，提升品质、树立品牌（2007 年至今）

在南山区和谐社区建设的过程中，党和政府整合了各方面的资源，通过在制度创新设计、统筹和协调政府与不同群体及其成员的关系、沟通各种利益群体的关系等方面发挥关键作用，最终达成社会共识，使各利益群体之间的关系得到协调和规范，从而很好地维护了社会的和谐稳定。

13.1 当前中国城市社区管理体制存在的问题

新中国成立以来，城市基层社会管理体制的变迁已经从单位制、街居制逐步走向社区制。“社区”一词在20世纪30年代被引入中国，而作为一个广泛使用的名词始于1986年。当时，民政部为推进城市社会福利工作改革，争取社会力量参与兴办社会福利事业，并将后者区别于民政部门代表国家办的社会福利，就另起了一个名字，称之为“社区服务”，由此引入了社区概念。1991年，民政部为了开拓民政工作又提出“社区建设”的概念。1998年，国务院确定民政部在原基层政权建设司的基础上设立基层政权和社区建设司，意在推动社区建设在全国的发展。2000年11月，国务院办公厅转发了民政部《关于在全国推进城市社区建设的意见》，由此带来了社区建设在全国各大城市的广泛推行。

20世纪80年代晚期开始，对计划经济下的控制型社区管理模式进行反思和改革，对市场经济制度为基础的民主自治型社区治理体制进行探索，逐渐成为各级政府、学术界和基层社会共同的探讨方向。1999年，民政部在10个城市确定了11个城区为“社区建设实验区”，经过几年探索，出现了各具特色的社区管理新模式，如北京九道湾模式、哈尔滨南岗模式、上海卢湾模式、沈阳模式、江汉模式、杭州模式、深圳莲花北模式和武汉百步亭模式、成都锦江模式等。从国家与社会关系的角度考察，这些模式可概括为：行政主导型、半行政半自治型、企业主导型、自治型等。与传统控制型社区管理模式相比，这些模式在提高社区自主性方面有了很大进步，但在制度创新的深度上尚有欠缺。

当前中国城市社区管理体制改革中出现的问题，归根到底，在于社区管理体制难以适应社会转型对政府执行力、社区自治能力的需求。

（1）政府职能转变滞后于社区自治的发展。社区自治组织行政化，偏离了社区自治的法理精神。传统的城市管理体制下，社区自治被虚化，社区沦为执行行政管理任务的“腿”，社区自治职能和服务职能未能成为社区工作的主体内容，而是被搁置和虚化。社区、街道、区政府管理职责不清，政府职能“越位”与“缺位”并存，挫伤了居民的自治热情。

（2）在当前社区自治的实践过程中，一方面，逐步确立了社区自治地位，但另一方面，随着大量行政职能的上交，城市管理体制下的许多权力、经费和资源政府也一并收回，社区服务工作面临着缺乏资源的尴尬局面。

（3）政府职能部门在传统管理体制下已习惯于把工作任务下放给社区，如今大量的行政管理职能被上交，工作量骤然增加，市区政府职能部门对这种新的工作局面表现出不理解、不适应现象。离开了基层社区这条“腿”之后，市区政府客观上也面临着城市管理幅度大为拓宽、管理手段明显不足、管理能力相形见绌的考验。当前，城市社区管理体制的研究具有重要的社会价值与学术价值。随着公民参与水平和基层自治组织自治化程度的不断提高，公民和非政府公共组织在社区公共事务管理中显示出越来越明显的作用。社区公共管理实践已成为中国公共管理实践的重要课题。

13.2　理论建构：行政与自治的均衡

13.2.1　社区改革的理论基础

第二次世界大战后，许多新兴发展中国家面临着贫困、失业与经济发展缓慢等各种社会和经济难题，在此背景下，联合国提倡开发各种社区资源，发展社区自助力量，通过建立社区福利中心等措施来推动经济和社会发展，启动了世界范围内的“发展社区”运动，并取得了较大成功。世界社区发展已经从农村扩展到城市，从发展中国家扩展到发达国家，社区建设的研究在 20 世纪越来越成为理论热点。学界对社区的内涵存在不同理解。它可以指一定地域内共同生活并形成一种友好关系的共同体，也可以指家庭、宗教团体等。从社区的形成方式看，有自然社区和法定社区。自然社区指的是人们在共同生活的基础上自然形成的社区，其中包含着人与人之间相互熟识、相互关怀及相似的文化背景和价值取向等关系。法定社区则是人为划定的，注重管理。社区管理基本以这个层面的社区作为研究对象，是一定地域范围内的人们所组成的社会生活共同体。不同的学者对社区的理解也存在很大歧异，概括起来大致有三个理论范式：滕尼斯的社区社会二元论、麦基文的地域社区论、桑德斯的综合论。三个范式虽然存在着概念界定的分歧，但主要含义相对一致，即地域、共同关系和社会互动。

20 世纪 80 年代倡导社区建设以来，社区一词在我国逐渐成为一个热点术语。从 80 年代以来出版的有关学术文献看，国内学者对社区概念的理解趋于一致，社区具有一些基本的构成要素：具有一定数量的、以一定社会关系联结起来的、参与共同社会生活的人群；有一定界限的地域，界限一般来说是比较明确的；有一套相对完善的生活设施；有一套相互配合的生活制度和管理机构；生活在其中的社会成员在情感和心理上具有一定的认同感和归属感。

社区管理体制背后透视着国家与社会关系的变迁。中国城市基层的社区管理体制改革，反映着政府包办社会的一元管理体制转向多元社区治理体制，国家自上而下的单向管理逐渐改革成为政府与社区相协作的双向管理模式。不同的社会事务和公共物品由不同的组织承担和处理，体现国家—社会—公民三者的良性互动，社区自治真正让社区居委会还原为法定的自治属性，给公民社会更大的发展空间，最终有利于形成国家与社会的和谐互动。在国家与社会关系上，人们常常以对立的眼光来看待两者关系，于是产生了所谓的“强国家—弱社会”或“弱国家—强社会”的理论模式。这两种模式都强调国家与社会的对立、冲突、矛盾。一方强大就意味着另一方弱小，一方的增长便会带来另一方的削弱。但若以统一的立场来审视国家与社会关系，就会发现国家与社会具有互为因果、相互平等、相互协作、相互制衡、互利互惠的一致性。当把国家与社会关系放到政治现代化历史中考察时就会发现，在这一进程中，虽然国家与社会之间存在着对立的一面，但它们又是互为条件、互相依存、互相塑造的，其最终目标是实现国家与社会的共同发展。

社区管理体制也体现治理变革。治理意味着“统治的含义发生了变化，意味着一种新的统治过程，意味着有序统治的条件已经不同以前，或是以新的方法来统治社会”[①]。治理理论的主要创始人之一罗森瑙在代表作《没有政府统治的治理》《21 世纪的治理》等书中将治理定义为一系列活动领域里的管理机制。与统治不同，治理指一种由共同目标支持的活动；这些管理活动的主体未必是政府也无须依靠国家的强制力量来实现。治理强调以多元的调和为基础。这种多元性，不仅表现在政府与社会、市场之间的分权，权威分散于政府与非政府的各个领域，而且表现在政府本身各个层级之间的相对独立和自主。总而言之，现代政府正日益从统治（government）走向治理（governance），从善政（good government）走向善治（good governance），从政府的统治走向没有政府的统治。统治追求的是统治利益的最大化，而治理的目标则在于最大限度地追求公共利益。统治权威是政府，施威方式通过自上而下的发号施令，施威领域是在国家界限之内。治理通过由公民社会组织、NGO 与政府部门、私营经济部门等多元治理主体间建立合作、协商、伙伴关系来共同实现对公共事务的更有效率的管理。

13.2.2 行政与自治的两元均衡

社区管理体制的核心问题在于结构（机构）—职能的调整、重配、优化，即如何才能在三大组织结构之间实现职能的最优配置。作为公共权力的政府主要职能在于提供公共产品与公共服务，实现特定的经济管理与社会管理职能。尽管政府职能的范畴与方式伴随着我国审批制度改革的推进在不同历史时期不断变化，但在特定历史时期，政府职能的“总盘子”总是一定的，如何将职能的“总盘子”最优配置，使区政府、社区、街道各自的“天然优势”能得到充分发挥，以达到资源配置的帕累托最优与最高制度绩效，这是问题的实质与核心。

无论是哪种模式，核心问题都在于如何处理政府及派出机构“街道办”与社区的职能配置及关系。各种方案试图从不同角度，解决城市基层政权建设与社区民主自治之间的关系。笔者反对社区行政化的传统思维，也不认同完全排斥政府参与，不顾社区自治能力推行社区自治。当前社区管理体制改革的基本思路应是：依据我国各城市中社区的特定自身资源（经济发展水平、社区自治能力、政府公共管理能力），在政府行政管理与社区自治之间实现权能的均衡配置。社区管理不应是国家的单中心主导，而是国家与社会之间有分工的双中心互动，政府应履行社区建设的“掌舵”功能，社区则应逐渐履行社区建设的“划桨”功能，两者通过沟通形成双中心互动的复合体制。政府管理功能与社区自治服务功能两者间的比例，随着经济发展水平与社区自治能力而动态变化，政府与社区权能分配

① ［美］罗茨：《新的治理》，载《政治研究》，1996（154）。

的黄金分割点，随着差异性的社区资源结构而动态位移。当社区不完全具备自治能力和条件时，政府应当在社区建设中承担更多的权能，并培育社区自治能力生长；当社区建设在实践中逐步具备了成熟的治理能力时，国家权力自然得以逐渐退出。

13.3 体制建构：行政与自治双中心互动体制

政府、街道、社区三者职能的"总盘子"包括五大核心职能：政治控制职能、行政管理职能、公共服务职能、统筹协调职能、自治职能。从区政府、街道、社区各自的"天然优势"出发，职能"总盘子"配置如下：区政府职能定位于政治控制职能、行政管理职能、公共服务职能；在职能运作上采取一插到底的垂直管理方式，把管理和服务送上门，在操作上可依据管辖区域大小，选择性地在区、街道、社区三个层面建立起职能部门独立承担行政职能的新方式，使社区从"行政的腿"中摆脱出来。街道的主要职能定位于统筹协调职能。社区的职能定位于自治职能。

13.3.1 行政：一竿到底

社区自治并不意味着政府对社区撒手不管，社区自治虽然体现为自我管理、自我服务、自我发展，但政府对社区仍然负有掌舵的功能，即支持、指导和协助社区建设的责任，承担社区公共产品生产的一部分费用。政府应该把社区自治和社区公共服务的支出纳入国家财政预算，以专项财政支出来支持社区自治发展。

在社区管理体制改革中，一个重要的问题是：政府在离开了社区的"腿"之后，如何解决城市管理的有效性？建议如下：

● 政府职能部门可直接向社区派出机构或人员，受理和处理行政事务，采取一插到底的垂直管理方式，把管理和服务送上门。

● 政府职能部门在街道设立分支机构或派出人员，或者在街道设各职能部门人员集中办理业务的社区服务大厅。

● 在区一级建立各部门集中办理业务的政务中心，并与职能部门开门办公相结合，有些事务可以让居民直接上政务中心去办理，有些难以集中的事务则留在职能部门让居民上门来办理。

● 把政府行政职能和公共服务功能从居委会中剥离出来，创建与社区居委会平行的政府派出组织——社区工作站。

这样，在区、街道、社区三个层面，都可建立起职能部门独立承担行政职能的新方式，使社区从"行政的腿"中摆脱出来，这是社区自治的前提。

13.3.2 社区自治

政府应履行社区建设的"掌舵"功能，社区则应逐渐实践社区建设的"划桨"功能。社区自治并不是对政府的排斥，两者之间应是新型合作关系而非对立关系。新型合作关系就是在"行政归行政，自治归自治"的前提下，分工协作，相互配合，相互支持，共同实现“良治”。即使在社区自治下，政府依然要履行社区建设的“掌舵”功能，主要包括指导社区工作、拨款支持社区自治、培育社会自治组织。

1. 建立社区工作队伍的专业化保障机制

在“议行分离”的社区治理结构下，社区居民大会或社区代表会议反映社区居民意志，是社区的决策组织。社区居民委员会是社区的执行组织，负责执行社区决策组织的决定和决议。为更好地承担起社区管理和服务的职责，需要建设一支职业化的居民委员会干部队伍和一支专业化的社区工作者队伍。前者是经法定选举程序进入居民委员会工作的人员，后者则是经过招聘上岗、承担居民委员会具体工作任务的人员。

2. 按照“政社分开”原则，将属于社会管理的事务交给社区管理

社区受政府指导，拥有在国家法律、法规和政策范围内自主决定社区内部各项事务的职责。社区自治职责主要包括民主选举、社区决策、日常管理、财务自主、拒绝摊派、内部监督等。社区服务职责主要包括：组织开展面向社区居民的各种社区服务和文化娱乐、体育活动，发展便民利民的社区服务业，发展志愿者队伍，开展群众性的互助、互济活动，组织多种形式的精神文明创建活动。

公众参与意味着社区居民对社区责任的分担和成果的共享。要使社区工作从政府管理转变为广大居民的自我参与和管理并最终形成社区自治的管理模式，必须切实提高社区居民的民主参与意识和自治意识。要做到这一点，就必须积极拓宽居民参与的渠道和途径，如通过“业主管理委员会”“社区事务咨询委员会”等机构，让居民表达自己对社区建设的要求和建议，加强对政府政策的支持与合作；通过社区的娱乐设施与文化活动来丰富居民的精神生活，陶冶居民的情操，增进居民之间的交往，提高居民的素质；还可以通过建立社区服务志愿者队伍，加大社区人力资源开发的力度，提升居民的公益精神和奉献精神。我国城市社区组织建设不仅要体现民众自治、自助、自为的一面，还要体现党的领导与影响力。具体说来，可以通过党组织的属地化管理和党员精英的社会感召力来发挥作用，同时可以考虑建立社区与选区实质性的联系，如实行按社区区域人口配额产生人大代表的方法，真正使人大代表能代表社区单位和居民的利益参政议政。总之，城市是国家政治、经济、文化管理的中心，加强城市社区组织管理的体制建设，走有中国特色的社区自治发展的道路，可以让社区更有效地承载社会转型与城市功能转换所分解和新增的社会性功能，为经济良性运行、社会和谐发展、人民安居乐业提供日趋完善的保障与服务。

3. 政府管不过来、需要社区协助管理的行政事务应转移给社区，由社区协助管理

政府管不过来、需要社区协助管理的行政事务包括对树木、绿地、道路实行养护管理，参与住宅小区竣工验收；协助城管、环卫部门对社区内的环境卫生进行监督、管理等。社区协助管理赋予社区组织更多的权力与影响力，使行政力量与社会力量得以互动与平衡发展。

为此，应加快社区公共服务体系建设，培育社区服务组织，充分调动社会力量兴办社区服务组织的积极性。在正确引导营利性社会服务组织参与公共服务的基础上，积极培育非营利组织和社区服务民间组织，建构以社区义工为主体的社区服务参与机制，促进社区公共服务的多样化。

4. 建立社区建设的财政保障机制

目前，我国城市社区的发展基本上处于起步阶段，社区自治组织的办公条件较差，社区服务设施严重缺乏。城市政府应把这个问题的解决提上议事日程，以专项经费方式投入社区办公条件和社区服务设施的建设，为社区自治奠定一定的物质基础。

结合已有经验，对我国社区自治的财务建设，建议如下：

(1) 政府按社区规模拨给的费用，应当列入政府的财政预算。各级政府建立社区建设专项资金，列入当年财政预算，并根据经济增长比例逐步增加。省级社区建设专项资金，可用“以奖代补”的方法，加大对社区基础设施建设的支持，市、区两级社区建设专项资金主要用于社区工作者的生活补贴、办公经费和基础设施建设经费。办公经费按小区居民户数制定统一标准，由市、区两级拨付，并且每年有适当增加。

(2) 权随责走，费随事转。区街政府部门需要社区居委会协助处理“与居民利益有关的”工作时，征得社区组织同意后，区街政府部门必须同时为社区组织提供协助所需的权力和必要的经费；区街政府部门做不好也做不了的社会服务性职能向社区转移时，必须同时转移权力和工作经费，做到“谁办事、谁用钱，谁负责、谁有权”，从而保证社区在协助工作时或在承接社会性服务职能时，做到“有职、有权、有钱”。

(3) 居民委员会兴办公益事业所需费用，经居民会议决定，可以根据自愿原则向居民筹集，也可以经受益单位同意，向本居住地区的受益单位筹集。

(4) 实行税收增量比例返还制度。即以街道为单位，以目前提供的税收为基数，按每年新增税收的一定比例由市、区财政返还给街道办事处专项用于社区建设。同时完善税收协管制度。对税收协管实行奖励，提高街居护税的积极性。

(5) 居民委员会可以接受募捐和馈赠。

5. 健全社区组织管理法律制度

第一，以法律形式确立社区管理委员会等执行组织的法人地位，赋予其相应的权利和义务，特别是要依法划定其与政府行为的边界，否则，它很容易被行政部门再次变为“腿”。第二，通过法规和规章，赋予社区各类执行机构一定的权力。如在社区的治安、卫生、公共设施保护等方面建立法制，使相应的职能机构能行使管理、检查、监督、处罚等权力，再也不能出现过去居委会那种“看得见，摸得着，管不了”的状况。第三，明晰各组织相互之间的职权范围，特别是要建立对各组织机构工作的内外监督制度，使社区组织一方面开展工作时具有制度保障，另一方面也受到合理的限制与约束。

在出台全国性的法律之前，可以先根据各地的特点和发展情况制定一些地方性法规作为起步；也可先由社区在不违背国家法律的前提下，自行制定一些具体的社区管理条例与规章制度，确立居民共同遵守的规范，同时加强执法力度，维护大多数居民的利益。

13.3.3 街道办事处的改革思路：保留、精简，剥离专业管理职能，塑造统筹平台

随着社区自治组织的完善和自治能力的增强，街道组织体系和管理体制改革提上日程。“街道办”的改革主要有三种设想。

第一种主张将“街道办”建成一级政府。理由是：目前“街道办”事实上已经承担了一级政府的工作，不如从法律上明确规定，从而结束现实中“街道办”之行政于法无据的现象。赞成这一观点的人比较少，他们反对的主要理由是，若“街道办”明确为一级政

府，则城市的社区管理就变成“三级政府、三级管理”，政府管理的纵向层次太多，不符合城市政府管理职能转变和提高效率的要求。在传统体制下，作为区政府派出机构的“街道办”不得不承担大量与其本身定位无关的工作，并不意味着“街道办”的这种存在方式就是正常的；不改变由政府包揽一切社会事务的现行体制，即使把“街道办”变为一级政府，实行市—区—“街道办”的三级管理体制，也仍然是“管不了、管不好”。因此，多数研究者认为，“街道办”没有必要改为一级政府。有学者建议，可将现有的“街道办”适当合并，减少数量，扩大辖区，然后改为一级政府；同时将现有的区政府改为市政府的派出机关，负责指导、联系、监督“街道政府”。复旦大学的浦兴祖教授将这种新的“两级政府”体制称为“虚区实街”。此方案的长处在于：既可防止城市行政管理的层次过多、行政权力过于分散，又将城市基层政府下移，使之更贴近市民、贴近社区。由于“街道政府”的数量多于区政府的数量，又少于现有的“街道办”的数量，故会有更多的基层政府来有效地分担日益繁重的城区管理任务。但将“街道办”升格为一级政府需经国家立法机关修改宪法和地方组织法，短期内难以实现。

第二种主张建议取消“街道办”的建制，希望借此减少政府的管理层级，真正实现“二级政府、二级管理”。这种主张的方案之一是把区的管辖范围划小，由区政府直接指导“居民委员会”。目前中国的大城市里，市政府所辖之区数量较少，而每个区的面积和人口又非常大，有的甚至相当于一些国家的中等城市。要取消“街道办”，减少管理层级，最佳办法是适当增加区的数量，缩小区政府的管理范围，将其降为基层政府，面向居民直接管理。这种管理幅度与管理层级的科学化、合理化设置符合现代城市管理高效率的要求，但长期以来区政府已习惯于担当城市管理的中间层次角色，一时难以改变。另一种方案是，不改变市区两级政府的设置，直接改革“街道办”，以社区制逐渐取而代之，建立政府管理与社区自治相结合的城市管理新体制。目前全国有很多城市（如青岛、北京、南京、武汉等）开展了这方面的试点工作。

第三种主张是维持现状、稍加调整，其理由是，将“街道办”改成一级政府，不符合国际上城市管理的规律，而目前全面取消“街道办”建制又不太现实，因此还是维持“街道办”派出机构的性质为好，但也要在职能和管理方式上作一些调整。持这种主张的人认为，可以适当扩大“街道办”的权限，适度加强“街道办”的职能，但不应该把“街道办”的权限（职能）加强到“相当于一级政府”的程度；应当克服“全能政府”“万能政府”的传统观念，突破“在政府上下级之间放权”的思维框架，将视野拓展到政府与社会的关系上，引进“小政府、大社会”的思路；政府在承担必要的职能时，应尽可能地培植社会的自我管理能力，让“街道办”从繁杂的社会事务中解放出来。

我们认为，街道不应再作为一级准政府组织，但也不宜取消，否则，区政府要直接面对的社区数量过多，管理幅度过大，必然制约管理效率。基本思路是保留街道这一级组织，改革街道管理体制和组织体系；剥离街道办事处专业管理职责，推进政府部门专业管理到位。

1. 保留街道办，改革街道管理体制和组织体系

街道不再作为一级准政府组织，而定位成市区政府与社区之间沟通联系的平台——市区政府进行城市综合治理的一个整合资源、联合行动的平台。一方面，在目前城市社区自治不断推进的情况下，为继续发挥党和政府对社区自治的引导和支持作用，需要街道代表市区政府对下辖社区进行工作指导和信息沟通，及时把情况反映给市区政府作为决策依据；另一方面，在社区上交了大部分行政职能，而市区职能部门由于人力有限，不可能对所有社区管理一插到底的情况下，很容易出现城市管理的空白地带，这需要街道作为一个层级，加强其对辖区范围的城市管理事务进行统筹协调、联合执法的作用。

2. 剥离街道办事处专业管理职责，推进政府部门专业管理到位

坚持街道办事处作为政府派出机构的职能，进一步明确街道办事处的职责定位。街道办事处的主要职责是：根据区政府的授权，统筹辖区发展，监督专业管理，组织公共服务，指导社区建设。街道办事处要坚持区政府派出机构的职能，逐步剥离专业管理事项，切实加强综合管理和对公共服务的组织工作。一是清理街道办事处目前承担的行政管理事项。按照综合管理、专业管理、协助管理等类别进行分类。二是进行街道层面的政府管理机构整合。一方面，根据基层管理的需要，市区政府专业管理部门建立必要的工作机构或工作机制，将原来设在街道办事处内部的科室改为站所，切实负起基层专业管理和服务的责任；另一方面，街道办事处要在剥离专业管理职责的前提下，根据自身承担的职能，进行内设机构的调整，减少与专业管理部门对应的科室，实行“大科制”，加强综合管理和组织公共服务的部门。街道不再设立市区职能部门的对口机构，只保留街道党工委和街道办事处领导职数、办公室、城市综合治理委员会以及社区服务委员会等机构和人员即可。

本章小结

社区体制改革的关键在于：如何实现职能在区政府—街道办—社区之间的最优定位，形成和谐—高效关系，从而使区政府、社区、街道各自的“天然优势”能得到充分发挥，以达到资源配置的帕累托最优与最高制度绩效。政府、街道、社区三者职能的“总盘子”包括五大核心职能：政治控制职能、行政管理职能、公共服务职能、统筹协调职能、自治职能。从区政府、街道、社区各自的“天然优势”出发，职能“总盘子”的配置如下：区政府职能定位于政治控制职能、行政管理职能、公共服务职能；在职能运作上采取一插到底的垂直管理方式，把管理和服务送上门，并选择性地在区、街道、社区三个层面，建立起职能部门独立承担行政职能的新方式，使社区从“行政的腿”中摆脱出来。街道的主要职能定位于统筹协调职能；社区的职能定位于自治职能。社区自治并不是对政府管理的排斥，两者之间应是新型合作关系而非对立关系。新型合作关系内涵体现为：在“行政归行政，自治归自治”的原则下，分工协作，相互配合，相互支持，共同实现“良治”。

关键术语

行政　　自治　　统筹　　均衡

复习思考题

1. 当前我国城市社区管理体制存在哪些问题？

2. 在我国社区管理体制改革中，如何理解与调整街道与社区间的关系？
3. 基于实践，思考并论述中国社区管理体制的改革之路。

阅读材料

嵌入与吸纳：基层社区建设的双向互动模式[①]
——深圳市南山区和谐社区建设制度创新研究

一、引言

深圳市南山区辖区总面积182平方公里，下辖8个街道98个社区。全区总人口138万人，其中户籍人口38万。在中国改革开放的历史画卷中，深圳市南山区拥有浓墨重彩的一页。1979年，中国改革开放的第一声炮响在南山区蛇口打响，中国第一个工业区在这里建立，“时间就是金钱，效率就是生命”的新型价值理念从这里首倡。

城区建立之初，深圳市将其发展目标定位为工业区和危险化学品储存区，这表明南山区初期的经济结构是以含有大量劳动密集型企业的第二产业为主导的，这导致大量外来劳动力的进入。20世纪90年代中期以后，南山区逐步提升城区发展的目标定位，转换产业结构。《深圳市南山区分区规划》将南山区定位为“全市重要的高新技术产业、现代物流业、旅游业及教育科研基地，生态良好、环境优美、设施完善、富有特色的生态海滨城区”。经过30年的发展，南山区已经成为深圳市经济社会发展的强区、重区，深圳市的四大产业基地——高新科技产业基地、现代物流基地、旅游业基地、教育科研基地均在南山区。2006年，全区GDP总量已经超过1 200亿元人民币，人均GDP已近2万美元。到2007年，南山区GDP总量达到1 414亿元人民币，人均GDP达到14.92万元，辖区税收总规模达到193.4亿元，地方财政一般预算收入达到29.07亿元，成为一个市场体系完善、产业高度发达、人民生活富足的现代化海滨城区。

但是，南山区依然面临着经济结构继续转型和市场经济高速发展所产生的共性问题，与此同时还面临着其作为一个巨大的移民城区所产生的个性问题。发达的市场经济既促进了南山区公民社会的发展，也引发了大量新的社会矛盾，其中，比较突出的有三大公共纠纷：劳资纠纷、小区物业管理纠纷、市政管理纠纷。这些矛盾纠纷都直接涉及民生问题，常常引起基层社会秩序失范。

与此同时，传统的单位制的社会整合功能日益式微，而住房体制改革使传统的社区功能发生根本变化，社区日益成为社会成员生活和利益维系的新的公共空间，这使得社区在政治管理和行政管理中的重要性日益彰显。南山区委、区政府从夯实执政之基、强化基层基础、汇聚力量之源的角度出发，从2001年起，逐渐把执政依托和管理重心转移到社区，凭借其公共权威优势创新基层社会整合方式，在向社区嵌入公共资源的同时，又吸纳来自社区居民的公共参与热情和政治智慧，政府与社区在互动、博弈的过程中逐渐搭建起新的相互信任网络，及时消解新出现的社会矛盾，实现利益共赢。2007年，理论界开始以

① 参见唐娟：《嵌入与吸纳——基层社区建设的双向互动模式》，见中国政府创新网。有一定删减。

“南山模式”的术语概括这些制度创新举措。2008 年年初，“南山模式”获得了第四届“中国地方政府创新奖”，它的一些重要的制度实践经验目前正在被其他城区、城市复制和学习。

南山区所凸显的问题具有一定的先兆性，它们很可能就是中国未来经济社会发展中将会出现的问题，包括：如何应对经济转型和高度发展后的城市社会治理，如何巩固国家政治的合法性基础，如何提高地方政府的行政能力，如何保护公民的合法权益，如何保障公民利益诉求的有序表达及其公共参与，如何提供祥和的基层生活秩序，进而如何促进经济社会的进一步发展，等等。因此，解析“南山模式”制度创新的背景与过程、内涵和实质、属性和特点、创新绩效和依然存在的问题等及其对国家政治秩序建设的意义，显然既具有理论价值，也具有实践价值。

二、制度创新的现实背景：南山区情与基层秩序失范的表现

（本部分内容省略）

三、制度创新的过程和内容

（一）公共权威资源嵌入社区：自上而下

1. 南山区社区基本情况

南山区共有 98 个社区工作站，其中农城化社区 28 个。98 个社区全部设立党组织，其中社区党委 3 个，社区党总支 12 个，社区党支部 83 个，社区党组织书记与社区工作站站长“一肩挑”的 89 人，社区党组织负责人中具有大专以上学历的 63 人。全区组织关系属区委管辖的街道社区党员总数为 7 431 人，另外还有居住在南山区而组织关系不在南山区的党员 10 191 人、驻社区单位组织党员 19 402 人。全区共有住宅区 504 个，具备成立业主委员会条件的小区 349 个，其中已成立业主委员会的 218 个，未成立业主委员会的 131 个；全区共有楼栋4 922幢（不含农城化社区原村民私人住宅），配备了 1 330 名楼栋长，其中有 193 人属公职人员。

2. 制度创新的四个阶段

南山区和谐社区建设制度创新共分为四大阶段。

● 第一阶段：健全组织、完善制度（1998 年年底—2001 年 6 月）

从 1998 年年底开始，南山区对原有的社区管理体制进行新的探索，进入健全基层组织、完善各项新制度阶段，采取各项措施推进基层社区组织建设。在制定措施之前，南山区政府对街道社区党建、社区体制改革、人口管理体制改革等进行了调研，挖掘出了和谐社区建设面临的几个主要问题：一是基层组织建设问题，主要是居委会设置和管理混乱的问题；二是居委会人力资源管理中存在的问题；三是居委会建设的规范化问题。

为解决上述社区自治组织建设过程中存在的问题，南山区委、区政府采取了以下几项措施：(1) 统一规划，以街区、道路以及人群特点为主要标准，调整了各个居委会的管辖范围及其职能设置，协调居委会的管辖范围与公安派出所的管辖范围，规范各职能交叉点，初步建立了完善的基层组织体系。(2) 在全市率先实行区直机关与居委会挂钩结对，各挂钩单位发挥各自的职能优势，积极帮助居委会解决实际问题。同时，推进新型基层工作队制度，大规模开展居委会人员培训。(3) 推行以“四民主两公开”为主要内容的基层民主建设，修订居委会政务财务公开制度、干部岗位目标责任制、居民民主评议制度、干部廉洁制度等规章制度36个。(4) 实施“青少年文明工程”“普法工程”“科普工程”等十大文明工程，建立全区三级文化工作网络，制定《南山区创建文明社区标准》。(5) 以培育“家园意识”为目标，实行出租屋和暂住人口“常住化”管理，落实出租屋业主管理责任制，分层次对单身租住户实行重点管理，公开管理与秘密管理相结合，实行责任区民警负责制，确保管理到位。

上述措施取得了良好的效果，主要表现在：健全了基层组织，调整和规范了居委会的设置，落实居委会办公场地、经费及人员配备等一些基本问题，居委会组织建设得到加强。

● 第二阶段：规范管理、优化服务（2001年7月—2003年年底）

2001年7月，深圳市委、市政府以南山区为全市社区建设试点，进行基层管理体制改革。以此次试点为契机，南山区建立了“社区优先建设”战略，以强化社区管理、优化社区服务为重点，稳步推进社区建设，开展了基层经费管理、基层管理体制改革、农城化改革后存在的问题等方面的调研，主要解决了以下几个问题：一是社区资源整合问题，使全区资源力量向基层社区倾斜；二是社区党组织建设问题，消除党建“盲区”；三是城市管理问题，创建“生态南山”、“绿色南山”和“平安南山”。

在此阶段，南山区政府所采取的措施主要包括以下几项：(1) 开展社区建设试点工作，实行“居改社”改革。根据有利于服务管理、有利于社区自治和有利于社区资源共享的原则，并考虑地域性、居民认同感和归属感等社区构成因素，在保持原街道办事处行政区划的基础上，以分布管理为前提，保证管辖范围的整体性，防止交叉管理，合理调整居委会规模，以调整后的居委会辖区作为社区地域命名社区居民委员会，并统一社区工作标准。(2) 加强社区党组织建设，实现了“一社一支部”的目标，街道一级建立了党建工作协调委员会，各街道党工委加强社区流动党员的管理，成立了相应的流动党员党支部。(3) 按照“统一预算，费随事转，落到基层，实现低成本、高效益”原则，加大社区建设经费投入，并实行统一监督管理。(4) 整合社区资源，将社区居委会、安全文明小区、物业管理、无毒社区、辖区警务进行“一体化”管理，在街道设立社区服务中心、社区居委会，实行“一门式”服务。

通过该阶段的努力，南山区社区建设试点工作得到了广东省和深圳市两级政府的肯定。2003年8月，全省社区建设暨“星光计划”工作现场会在南山区召开，会议肯定了南山区社区建设的经验和做法，并在全省推广。

● 第三阶段：全面开展和谐社区建设（2004年年初—2006年年底）

在这一阶段，南山区调整了全区社会经济发展的战略目标，以落实科学发展观、建设社会主义和谐社会为统领，确立了建设和谐南山、创新南山、效益南山和最适宜创业、发展、安居的现代化海滨城区的目标。围绕该目标，2005年，南山区就基层建设问题开展了专题调研，并按照广东省提出的“管理好、自治好、服务好、风尚好、环境好、治安好”平安和谐社区建设标准，全面开展和谐社区建设。

该阶段的主要做法包括：(1) 在全市率先实现“居站分设”。在各社区居委会设立了社区工作站，构建由社区工作站承担政府管理、服务职能，社区居委会履行自治职责的工作新格局。(2) 创新群众利益诉求表达渠道，建立起人大代表与居民群众的沟通桥梁。

2003 年，招商街道设立人大代表工作室，以创新人大代表接访窗口为突破口，逐步形成了接访、走访、约访、代表全面参与、人大代表联络员专门跟进等五种行之有效的工作模式。(3) 实施社区干部人才“升级、优化、替代、置换和储备”五大战略，开展“大规模、全方位、多层次、高水平”的全员培训。(4) 探索社区司法信访工作模式，建立司法所与信访办合作办公制度，建立社区法律工作站和基层调解组织，推动信访工作进社区、进企业，通过运用“行政调解、司法调解、人民调解”三级调处机制，把绝大多数信访问题解决在基层、化解在萌芽状态，同时，把人民信访与人民调解相结合、把矛盾排查与矛盾化解相结合、把信访救济与司法救济相结合、把法制教育与法律约束相结合。(5) 创新社区服务机制，推行政府购买社会服务。南山区 15 大项公共服务项目采取了政府“购买服务”形式，该经验被广东省民政厅推广。

● 第四阶段：提升品质、树立品牌（2007 年至今）

在该阶段，南山区委、区政府在全面回顾和总结前三个阶段的社区建设经验教训的基础上，对全区 98 个社区进行了专题调研，形成了 11 000 多字的调研报告，就社区的不和谐因素概括出 37 个问题，并提出了 30 条对策。

具体做法包括：(1) 创新组织机构，成立了区和谐社区建设领导小组及办公室，由区委书记领导，副书记专管。设计了创建“六好”“十无”“两满意”平安和谐社区的指标体系及平安和谐社区建设“三年行动计划”。选择 8 个社区作为创建和谐社区的示范社区。(2) 初步建立了具有南山特色的和谐社区建设工作体系，出台了“1＋6”文件体系，从工作目标、工作任务、部门责任、工作步骤、落实措施、评价标准以及工作载体等方面，对和谐社区建设问题进行了系统的阐述和规范。(3) 扎实推进社区党建工作创新。按照南山区委实现社区党组织、党员管理和服务、党员作用发挥“三个全覆盖”要求，各街道、社区创新社区党建工作机制，切实把党组织建到基层各角落。(4) 强力推行携手共建和谐社区“十百千万行动”。2007 年 3 月南山区和谐办印发《关于在全区开展携手共建和谐社区“十百千万行动”的通知》，开展“十百千万行动”。(5) 构建社区和谐文化，做到“一社区一特色，一社区一亮点”。各街道突出地域特点、突出人群特点，以文化引领和谐。如粤桂社区着力于校园文化和本土文化的交融，创造性地把校园文化与社区文化结合起来，把社区建设成为“大学生文化园”，北头社区兴建了村史陈列馆，成为村民“致富思源、富而思进”的思想教育基地。花果山社区根据老年人多的特点，建设以“孝行天下”为主题的文化园，受到居民群众的好评。

（二）以制度化渠道吸纳民间参与

南山区在和谐社区建设过程中，除了公共权威资源自上而下嵌入社区、综合民意和表达民意之外，来自民间的自下而上的利益表达渠道也正在由非正式制度转变为正式制度。其中，月亮湾片区由社区业主担任工作人员的“人大代表联络工作站”即具有这种制度探索的意义。

月亮湾片区人大代表联络工作站的建立与该片区的公共环境问题密切相关。月亮湾片区地处深圳市南山区南山脚下，紧临深圳市重要集装箱码头妈湾码头。片区内有月亮湾花园、月亮湾山庄、太子山庄、南山花园、山海翠庐、山水情、观峰阁、丰泽园、青青山庄、太子苑等 12 个住宅小区，5 万多居民。由于历史原因，月亮湾片区存在大量污染工厂，同时由于其位于蛇口、赤湾、妈湾三大港口的疏港大道旁，随着近年来社会经济的日益发展，月亮湾片区成了一个集交通、污染、治安等多种难点问题于一身的问题社区。由于片区内居住环境的日益下降，片区居民不满情绪日益加深，多年来与周边工厂企业纠纷不断。但是，由于处地偏僻，社区外来人口多，群众有问题政府有时因客观原因不能全面了解，解决矛盾不及时，导致部分居民曾爆发过比较激烈的集体行动，加剧了社区问题的复杂性。2002 年 5 月，获悉原位于西丽的垃圾发电厂将搬迁到月亮湾附近，当地居民反应强烈，自发组织起来进行抵制，演化出了上访、明文抗议等对抗行为。南山街道办通过发动当地的人大代表到社区居民当中了解情况，通过人大渠道向有关政府部门反映问题，加强政府部门与居民的沟通等措施，多方开导，颇费周折才平息了事件。

2002 年年底，出于解决社区内各种公共问题的需要，借鉴当年 5 月人大代表在参与解决片区问题、沟通居民与政府部门、反映片区问题方面的成功经验，在南山街道办的支持下，以荔湾社区居民敖建南为首的 5 名热心人士当上了义务联络员，开始以月亮湾片区“人大代表工作站”的名义开展公益性活动。其主要功能是加强社区居民、人大代表、政府部门等的沟通，将社区居民的意愿反映给人大代表、政府部门，利用本社区人大代表的作用，向有关政府部门开展工作，以使政府部门决策有利于社区居民，同时也向居民传达政府部门的信息，帮助政府部门做好社区居民的工作。

自从以月亮湾片区“人大代表工作站”联络员的身份开展活动以来，以敖建南为首的联络员就社区内普遍反映的公共问题，经常到社区、居委会、物业管理处约见走访群众，认真听取群众的意见和建议，将群众所关心的热点、难点问题及时转交给人大代表，乃至政府的相关部门；并组织有关部门及人大代表多次视察现场，拓宽履职渠道，为人大代表知政、督政创建平台。在联络员的多方奔走下，“工作站”做了大量的工作，为居民解决了诸如道路交通、治安治理、环境保护、社区规划等大量问题，取得了明显的成绩，得到了各方面的认可。到 2005 年 4 月 25 日，南山街道办给“工作站”正式挂牌，作为街道办“人大代表工作室”在月亮湾片区的延伸，由敖建南担任“工作站”的站长。此举得到了南山区人大的默许。南山街道为其提供了办公场地、设施，联络员也增至 13 人。与此同时，一套较为完善的“工作站”制度规范也逐步建立了起来。

该工作站实行站长负责制，13 名人大代表联络员轮流值班，全天候向月亮湾片区 12 个住宅区的所有业主开放，业主可以随时前来反映问题，也可以通过电话、传真、邮寄信件、发送电子邮件等方式反映问题。工作站的责任包括：每月组织人大代表和居民交流；受人大代表委托把社区内一些公共问题提交政府职能部门解决，并追踪、督察办理进度；针对热点问题、重大问题，组织业主并联络有关组织、政府有关职能部门、公共舆论部门以及学术部门进行讨论协商，促使问题妥善解决。

2008 年 1 月，深圳市南山区以其在和谐社区建设中的制度创新举措，赢得了第四届中国地方政府创新奖，其中“人大代表工作站”是制度创新的重要内容。此后，深圳市和广东省两级人大常委会对人大代表工作站给予了高度肯定。2008 年 4 月，深圳市人大及六区人大在人大代表工作站创始地南山区召开会议，向全市推广人大代表工作站制度，市人大于 5 月完成人大代表工作站推广方案，6 月正式开始实施，每个区至少建立一到两个人大代表工作站。每个工作站设联络员一人，由居委会、社区工作站或业主委员会人员兼任，联络员属于义务工作，没有津贴。另外，市人大要求人大代表工作站必须对群众开放，而且每两个月至少集中接访群众一次；市、区人大常委会要定期举办询问会，或集体约见政府见面会，由代表向政府机关了解情况，不过，代表和联络员不直接处理问题。深圳市人大常委会的这一决定，是“人大代表工作站”制度发展历程中的一个质的飞跃。这标志着一个以新兴业主群体和业主组织为社会基础的、新的公共空间正式被纳入现行体制。

（三）小结

深圳市南山区通过近十年的社区建设探索和制度创新，已经确立了“一个模式”、实现了“两大创新”。一个模式就是“党委统筹、政府主导、双向互动、多元共治”的治理模式。所谓“党委统筹”，是指社区建设是在区委的统一规划、统一部署下展开的，体现了党对基层社会秩序的政治整合功能和策略。所谓“政府主导”，就是发挥政府的行政主导作用，加强政府的行政执行力。所谓“双向互动”，就是政府与社区居民之间的自上而下和自下而上的沟通、协商。所谓“多元共治”，即多种主体相互依存、公平竞争，创新多种方法在多种社区中共同发挥作用。

“两大创新”是指：第一，在社区内实现党对社会的领导方式创新。自2001年以来，具体采取了如下新的制度举措：实行党员属地化管理；党员和公职人员挂点社区；实行社区党建“三个全覆盖”；构建党员“四个负责”机制；实行携手共建和谐社区的“十百千万行动”。在这些制度创新中，最重要的就是让党员站出来代表社区居民的利益。第二，在社区内实现人大代表履职机制的创新。南山区于2002年创建了南山街道月亮湾片区人大代表工作联络站、2003年创建了招商街道人大代表工作室。联络站聘用热心公益事业的业主担任人大代表联络员，搜集社情民意，受代表委托对社区内的一些公共问题进行调研，通过代表形成提案，提交政府职能部门，并跟踪办理进度。工作室由区人大和街道党工委安排人大代表定点定时接访、走访社区居民，及时转办居民反映的问题。人大代表工作室和联络工作站，已成为南山区居民利益表达的一项基础性制度。

在上述制度创新的推动下，近年来，南山区的城区面貌、环境质量和公共服务水平均得到了极大改善，社会更加安定祥和。特别是各类矛盾纠纷自2005年以来逐年下降，连续三年获得深圳市维稳综治考核第一名。2007年6月，南山区委、区政府委托深圳大学对8个社区的居民进行和谐社区满意度调查，居民满意度平均达87.07%。

第 14 章

社区自治与社区发展

社区自治是社区管理的一个重要基础。本章首先介绍了自治的基本原理和理论基础，然后着重探讨了居民委员会的自治及相关问题。

预习案例

浦东新区居民委员会“三自”建设①

我国《宪法》和《城市居民委员会组织法》规定，居民委员会是人民群众实行自我教育、自我管理、自我服务的基层群众性的自治组织，居民委员会的自治性主要体现在这“三自”上。上海浦东新区居民委员会根据新区的实际情况以及居民委员会的发展趋势，制定了“三自”建设的试点方案。

第一，完善居民委员会的组织建设。进一步扩大基层民主，增强民主意识，增强自我管理的能力。主要内容包括：

进一步完善居民委员会的选举、任用制度；

拓展居民委员会的功能；

理顺居民委员会与社区其他组织的关系；

健全居民委员会的组织体制；

完善居民委员会的运作机制。

第二，建立居民委员会的会计标准，理顺居民委员会工作经费的管理、使用渠道。

居民委员会的经费管理和使用是试点工作的重要内容。为了拓宽居民委员会工作经费的来源，完善工作经费的管理和使用，计划为每个居民委员会设立独立的账户，制定居民委员

① 参见《社区组织与社区建设》，见《上海浦东新区研究报告》，上海，上海大学出版社，2000。

会会计标准。居民委员会的经费主要来源于：

政府用于支付专业人员的工作经费；

政府支持居民委员会的工作、活动经费；

社区成员提供的支持经费；

社区工作者向居民提供服务的代办经费；

政府或居民提供的奖励经费。

居民委员会单独账户的日常会计事务考虑委托专业的社会中介财务机构进行监督、管理，做到“账户专列，集中管理，合理使用，有效监督”。

第三，探索社区社会工作者的职业化、专业化新机制。其重要内容为：

建立浦东新区社会工作者协会，负责专业社会工作者的管理、培训、资格认定等；

制定社区社会工作者职位说明书；

制定社区社会工作者工作评估体系；

妥善处理专业社区工作者与现有居民委员会工作人员的关系。

14.1 自治的基本原理与理论基础

14.1.1 什么是自治

自治（autonomy）源自希腊语的“autos”（意为“self”，即“自我”）和“nomos”（意为“rule”或“governance”，即治理）。因此，就字面意思说，自治就是“自我治理或自我做主的状态”（the state of being self-sovereign），换言之，自治就是依照自己的方式而生活的权利。

根据《布莱克维尔政治学百科全书》的解释，“自治是指某个人或集体管理其自身事务，并且单独对其行为和命运负责的一种状态”①。

与自治一词相对应的是“他治”（heteronomy），“他治意味着自我或者我们的生活处于受他人控制的状态而不自主”②。

马克斯·韦伯认为：“一个团体可能是：自治的或他治的，自主的或不自主的。自治意味着不像他治那样，由外人制定团体的章程，而是由团体的成员按其本质制定章程（而且不管它是如何进行的）。自主意味着，领导人和团体的行政班子依照团体自己的制度任命，而不像不自主的团体由外人任命的那样（不管任命是如何进行的）。”③

自治与自主相近，但也有一定的区别。自治强调特定群体中人们之间的规则是由该群体中的人自己创设的，如社团章程由该社团成员制定；自主则强调特定群体领导人由谁决定，如果由群体以外的人决定那就是“他主”而非自主。

---

① 邓正来等编译：《布莱克维尔政治学百科全书》，693 页，北京，中国政法大学出版社，1992。

② ［奥］凯尔森：《法与国家的一般理论》，230～231 页，北京，中国大百科全书出版社，1996。

③ ［德］马克斯·韦伯：《经济与社会》（上卷），78 页，北京，商务印书馆，1998。

14.1.2 社会自治的法理基础

现代宪政实践认为，在一个共同体中，社会成员是充分自治的，这种自治关系表现在两个方面：

第一，仅就与他人无关的事情，个体享有充分的自主决定权。个体自治是人权理论的基础，即建立在主体“理性”的基础上，个体能够自主地决定自己的事务。从个人自治来看，个体能否自己决定自己的事情，直接涉及个体意志能力的有效性。对于无行为能力的人和限制行为能力的人，由于个人不能自治，其个人的事情就必须作为公共事务由他人来处理；对于有完全行为能力的个人而言，其个人自治是具有正当性和可能性的。

第二，仅就与其他共同体无关而与本共同体所有成员相关的公共事务，全体成员享有共同决定权，即一定的群体自治。如地方自治、社会自治等，前者是现代宪政理论下的个人权力及其运用，后者则是社会权力及其运用。社区自治属于社会权力的运用即“社会自治”。

在“社会自治”理念下，社会权力是逻辑上终极性的权力。即社会权力主体在实现社会权力主体利益的运作过程中可以直接运作，也可以间接运作。直接运作社会权力是指共同体中所有成员直接共同决定公共事务，实现社会公共利益；间接运作社会权力是指共同体中所有成员可以委托另外一个行为主体代为处理公共事务，从而实现公共利益。直接运作社会权力的逻辑形式有全民自决、自治等运作方式。间接运作社会权力的逻辑形式是代议制下的政府机关作为社会权力的被委托者。因此，在社会自治理论下，政府机关的权力是社会权力主体委托的产物，社会权力高于政府权力。自治权力是社会固有的权力运作方式，而政府权力是社会权力的委托和让渡。因此，社区自治权力来源于社会权力运作本身，而不是政府权力的让渡或者“恩赐”。

群体自治的正当性取决于两个要素，一是共同意志能力的有效性，二是公共事务和公共利益的现实性。共同意志能力的有效性，首先是要确定共同体成员的资格，如社区居民的资格问题；其次是如何将这些成员的意志在制度上组合在一起，即通过一定的制度和规范，能够使成员的愿望、意志在自治组织中得到体现。公共事务和公共利益的现实性是要解决共同体个体成员之间有无公共性的事务存在的问题。对于这一问题，可能的答案有三种：第一种是肯定有，必不可少；第二种是肯定没有；第三种是在一定程度上有。这三种逻辑对群体产生的影响是：公共事务存在，自治就有必要；公共事务不存在，自治就没有必要；公共事务一定程度地存在，自治就可以起到一定程度的作用。

由此可以看出，社区自治是建立在具有共同意志能力的居民对公共利益的追求上的。公共事务是否存在取决于人们对公共利益的需求程度，人们对共同关心的利益需求大，其所需要集体处理的公共事务就多，因此，自治的基础就巩固；反之，自治的基础就不巩固。

14.2 社区自治组织及其自治

社区自治是指社区居民有自我决定社区公共事务的权利以及权利行使的方式。社区自治是依靠社区内的自治性组织来实现的，除了能够代表社区居民整体利益的居民委员会以外，还有代表一部分利益，满足一部分社区居民需要的社会组织，例如代表社区一定群体利益的社区维权组织——业主委员会，社区群众组织——老年人协会，等等。由于社区业主委员会等自治组织在前面的章节中已有介绍，因此，本章主要介绍社区居民委员会及其自治。

14.2.1　居民委员会自治的依据

1. 居民委员会自治的法律依据

居民委员会自治的法律依据主要有三部分：一是宪法，即 1982 年的《中华人民共和国宪法》。二是居民委员会组织法，1989 年通过的《中华人民共和国城市居民委员会组织法》是以 1954 年通过的《城市居民委员会组织条例》为基础，并参照 1987 年通过的《中华人民共和国村民委员会组织法（草案）》来制定的。三是通则与条例，即 1954 年通过的《人民调解委员会暂行组织通则》（已废止）、1980 年颁布的《人民调解委员会组织条例》，以及《治安保卫委员会暂行组织条例》等。

我国《宪法》第一百一十一条规定："城市和农村按居民居住地区设立的居民委员会或者村民委员会是基层群众性自治组织。居民委员会、村民委员会的主任、副主任和委员由居民选举。""居民委员会、村民委员会设人民调解、治安保卫、公共卫生等委员会，办理本居住地区的公共事务和公益事业，调解民间纠纷，协助维护社会治安，并且向人民政府反映群众的意见、要求和提出建议。"

《中华人民共和国城市居民委员会组织法》对城市居民委员会的性质、任务、组成、选举办法、经费来源等都作了规定。

2. 居民委员会自治的理论依据

第一，人民自治是马克思主义学说的重要组成部分。自治是人民当家作主的最直接的形式。马克思认为，无产阶级取得政权以后，应当通过人民自己实现的人民管理制，即自治制，来实现人民的当家作主。马克思还指出，管理人民的情况应当逐渐为人民自治所取代；一切的争端和纠纷，都由当事人自己解决，在大多数的情况下，历来的习俗就把一切调整好了。

第二，人民自治是我党民主管理思想的具体体现。我国老一辈革命家毛泽东、周恩来、刘少奇、邓小平都非常重视和强调要实现人民当家作主，这些思想在我国的宪法和基本法律中都作出了明确的规定，尤其是邓小平把马克思主义的民主思想运用到改革开放的具体实践中来。实行农村联产承包责任制，把生产资料的使用权和经营权直接赋予农民，由他们自主经营，自我管理，这是邓小平经济民主思想的具体体现。农村推行家庭联产承包责任制后，人民公社这一组织形式就失去了其存在的基础。那么采取什么样的方式对农村基层组织进行管理呢？1982 年《宪法》明确规定，在农村实行村民自治，同时，在城市实行居民自治，并分别颁布了《村民委员会组织法》和《城市居民委员会组织法》，从而以法律的形式保障了村民和居民民主权利的实现。这是中国共产党人民民主思想在基层组织管理中的具体体现。

14.2.2 居民委员会自治性的具体体现

《城市居民委员会组织法》规定，居民委员会是居民自我管理、自我教育、自我服务的基层群众性自治组织。其自治权主要体现在以下几个方面：

1. 财产自治

居民委员会对自己的财产拥有所有权，任何单位和部门都不得侵犯。《城市居民委员会组织法》第四条规定："居民委员会管理本居民委员会的财产，任何部门和单位不得侵犯居民委员会的财产所有权。"依据《城市居民委员会组织法》第四条、第十六条、第十七条之规定，居民委员会的财产来源主要有三方面：一是政府拨付，用于行政开支；二是向本居住区居民和单位筹集，用于公益事业；三是明确居民委员会可以开展便民利民的社区服务活动，兴办有关的服务事业。

2. 选举自治

《城市居民委员会组织法》第八条规定："居民委员会主任、副主任和委员，由本居住地区全体有选举权的居民或者由每户派代表选举产生；根据居民意见，也可以由每个居民小组选举代表二至三人选举产生。"第十条规定："居民会议有权撤换和补选居民委员会成员。"

选举自治包括以下内容：第一，由居民或居民代表参加的居民大会是自治机构的最高权力机构，由它产生并有权罢免居民委员会主任、副主任和委员，其他机构没有这个权力。第二，选举是自治机构产生管理人员的法定途径。选举要符合法定的程序。只要是在本社区（不以户口作为判断的标准）居住两年以上，年满 18 周岁的居民，均具备选举人和被选举人资格。推举候选人的方式：（1）占本居住区总人口的一定比例的居民代表的推荐，或规定一定的人数，如 50 人的签名推荐即有效。（2）考虑到目前我国社区建设的具体情况，居民区的单位也有推荐权。（3）对选举出的居民委员会主任、副主任和委员进行监督和罢免的权力归居民代表大会，其他任何组织和个人都无权行使这一权力。居民委员会主任、副主任和委员要定期向居民代表大会汇报工作；也可以由居民直接进行监督，如由 50 位以上居民联名就可以对其进行撤换。

3. 组织与管理自治

居民委员会的组织机构，应当根据居民委员会的职能与任务来确定，而不能成为与政府机构一一对应的"小政府机构"。如北京市的有些居民委员会的机构就与街道办事处有对应的关系，街道办事处有十几个科室，而在居民委员会中也有八九个委员会，且是对应关系。例如：街道办事处的司法科对应居民委员会的人民调解委员会；街道办事处的民政科对应居民委员会的社会福利委员会；街道办事处的城管科对应居民委员会的公共卫生委员会；街道办事处的计划生育委员会对应居民委员会的计划生育委员会。居民委员会与街道办事处不仅组织机构对应，而且任务也对应。

居民委员会对本居住区内的公共事务进行管理。这种管理与政府的行政管理是不同的。首先，这不是一种强制性管理，不具备政府管理的权威性。因此，居民委员会对居民和社会单位不能强制要求其完成什么任务，或强制征集财物。其次，方式不同，居民委员会的管理方式主要是协商、说服、调解、教育等。最后，评价的标准不同，居民委员会的管理是由居民来评价，而不是由街道办事处来评价，更不能把街道的任务指标，下达给居民委员会，并作为考核与评价居民委员会的标准。

4. 服务自治

首先，居民委员会可以根据本社区居民的愿望和要求，以及社区的实际情况开展各种形式的服务居民的活动。开展服务活动首先要了解居民的需要。其次，举办大型的服务活动要经过居民代表大会或居民代表协商委员会的同意。再次，社区服务的目的是满足社区居民的精神和物质需要，而不是搞什么“政绩工程”。如现在有些城市大搞并不实用的社区服务中心，有些经济条件还很差的地方城市，花上千万建社区服务中心，结果由于每项服务都要收费，普通居民根本无法享受。

14.2.3 当前居民委员会自治发展中的问题与建议

自 1989 年《城市居民委员会组织法》颁布以来，我国城市基层群众的自治组织有了很大的发展，居民的自治意识有所增强。但是也应该看到，基层群众自治的现状离《城市居民委员会组织法》规定的内容还有很大的距离，还存在着这样或那样的问题。这主要表现在以下方面：

1. 居民委员会选举与人员组成上的自治问题

《城市居民委员会组织法》规定，居民委员会的主任、副主任、委员由居民选举产生，选举可以采取直接的方式也可以采取间接的方式。但是在居民委员会的选举中往往是走形式，不能充分体现居民群众的民主权利。这种情况在过去居民委员会的选举中带有一定的普遍性。

近些年来随着社区建设的开展，社区民主选举也逐步从间接选举向直接选举发展（如北京市在居民委员会的选举中抽出近 1/10 的居民委员会进行直接选举）。同时街道为了改变居民委员会成员年龄老化、知识水平不高的状况，对居民委员会成员的选举采取了“街聘民选”的尝试性改革，即街道办事处通过公开招考的方式，招聘社区居民委员会成员，这些人一般不住在本社区，他们被招聘以后，再参加社区居民委员会的选举，然后担任社区居民委员会的主任、副主任以及委员，享受事业单位人员的待遇，承担街道办事处指派的工作，接受街道办事处以及上级部门的监督和考核，街道对考核不合格的人员可以解聘。但是，改革中也出现了对居民委员会成员的法律地位等问题的争议，引起了各方面的关注。

2. 居民委员会与街道职责不清影响了其自治性的实现

近年来，城市政府的管理重心逐步下移，过去由市级政府或区级政府承担的职能逐渐转移到了政府的派出机构——街道办事处。而街道办事处又把任务下派到居民委员会，以至于居民委员会的任务不断增加；当政府确定了新的任务时，往往会将它们进行分解，并将其中一部分任务分派到街道、居委会头上。

当前，城市政府改革的重点之一是职能下移，而下级政府组织又无力承担这些任务，便只好把有些任务再下移给自治组织，并制定具体的指标来监督实施，这样，使本来就缺乏自治机制的自治组织更加缺乏独立性，从而成为变相的政府机构。照此下去，就会模糊居民委员会的自治性质，给其合法性带来危机。

3. 居民委员会财务自治中的问题及建议

居民委员会的经费来源有三种：第一，政府按社区规模拨给的费用，这是政府应当承担的职责，应当列入政府的财政预算。第二，政府委托社区所办的事务，费随事转，事终费结。第三，居民委员会兴办公益事业所需费用，经居民会议决定，可以根据自愿的原则向居民筹集，也可以经受益单位同意，向本居住地区的受益单位筹集；居民委员会还可以接受募捐和馈赠。

居民委员会并无任何财务管理权和支配权，其收入要交到街道办事处，支出均由街道办事处结合年度评议结果酌情拨给。这种状况直接影响到居民委员会独立地行使自治权力，也直接影响居民委员会开展便民、利民的社区服务活动。建立社区居委会独立财务制度，看似简单，只不过是把过去由街道掌握控制的居委会财务权还给了社区，然而，正是因为这一归还，彻底改变了新中国成立几十年来居委会无财务支配权的不合理的状况，使社区居委会在城市社区建设中的主体地位得到了实质性提升。其意义是：

第一，社区居委会财务独立是社区依法实行民主自治的首要条件。社区居委会要实现正常运转和功能充分发挥，必须具有独立的财务管理自主权。试想一个财务上没有独立自主权，经济上受制于人的组织怎么能够实施自主管理和自我运作？又怎么能够实行依法民主自治？各社区群众的服务需求千差万别，社区居委会只有具备可以由自己独立支配的财力，才能根据当地群众的需求有针对性地投入一定的资金，开展社区服务，才能使群众满意。

第二，社区居委会财务独立可以逐步转变居民委员会“拿了政府的钱，就要替政府办事”的错误观念。各级政府为社区建设投入一定的财力，是政府不可推卸的责任，也是世界各国政府都要承担的责任，很多国家的中央政府和地方政府都为社区投入一定的财、物来推动社区的发展，有些国家投入的力度还很大。但是，这些国家是政府投入资金，社区组织和社会组织来具体承担社区服务的任务，由社区自主开展活动。而我们国家由于居委会所有工资、福利、办公经费等开支都是街道办事处审批支付，因此，居民委员会的人员就认为“拿了政府的钱，就要替政府办事”。实际上，这种观念是错误的。一方面政府的财政收入主要来源于税收，政府的税收取之于民，用之于民，政府从财政收入中拨出一部分资金用于社区建设是政府的职责，因此，政府对社区投入资金也是理所当然的。另一方面，从社会管理成本来说，计划经济条件下，人们的很多福利服务和社会管理，都是由企事业单位承担的；企事业单位的运作成本很高，因而上交政府的税收较低。随着市场经济的发育，原来由企事业单位承担的福利服务和社会管理职能开始向社区转移，社区开始越来越多地承担大量的社会事务。由于企事业单位的福利服务和社会管理负担减轻，也就降低了运作成本，提高了单位经济利润，从而可以上交政府更多的利税，这实质是社会管理成本的一种转移。既然社区承担了企事业单位剥离的社会事务，企业通过税收间接转移到政府的社会管理成本理所当然地应当由政府调节拨付给社区。因此，政府从税收中拿出部分资金用作社区管理费用是必需的也是应该的。

第三，社区居委会财务独立有助于居委会针对社区群众的需要开展社区活动，有利于提高社区居民对社区的认同感。长期以来，城市居委会既无财力，又无财务自主权，为居民服务的能力受到极大限制。居委会在“夹缝”中求生存的状况在全国普遍存在。1999

年社区体制改革后，各地基层政府加大了对居委会的经费投入。但是，由于居委会没有独立的财务，经费不足、不到位的情况时有发生，居委会在社区建设中难以发挥主体作用。社区居委会财务独立后，保证了财政拨款的有效使用，从而更有利于解决基层群众的各类问题。

第四，社区居民委员会财务独立有利于疏通社会捐赠的渠道。居民委员会资金来源除了政府和单位以外，一个重要的来源就是接受社会组织和个人的捐赠。但是，由于居民委员会没有独立的财务管理权和支配权，财务制度又不规范，实际上不利于捐赠渠道的畅通。居民委员会财务独立后，通过规范化的管理和丰富多样的社区服务，可以吸引社会组织和个人为社区建设提供资金支持。

本章小结

1. 自治是指某个人或集体管理其自身事务，并且单独对其行为负责的一种状态。与自治一词相对应的是“他治”，他治意味着个体生活受他人的控制而不自主。社区自治是指社区居民自我决定社区公共事务以及权利行使的方式。

2. 居民委员会自治的法律依据主要由三部分组成：一是宪法。二是 1989 年通过的《中华人民共和国城市居民委员会组织法》。三是通则与条例，即 1954 年通过的《人民调解委员会暂行组织通则》（已废止）、1980 年颁布的《人民调解委员会组织条例》，以及《治安保卫委员会暂行组织条例》等。

3. 居民委员会自治的内容包括：(1) 财产自治。《城市居民委员会组织法》第四条规定：居民委员会管理本居民委员会的财产，任何部门和单位不得侵犯居民委员会的财产所有权。(2) 选举自治。《城市居民委员组织法》第八条规定：居民委员会主任、副主任和委员，由本居住地区全体有选举权的居民或者由每户派代表选举产生；根据居民意见，也可以由每个居民小组选举代表二至三人选举产生。第十条规定：居民会议有权撤换和补选居民委员会成员。(3) 组织与管理自治。居民委员会对本居住区内的公共事务进行管理。(4) 教育自治。居民委员会要教育居民遵守宪法、法律、法规和国家各项方针政策，教育居民履行依法应尽的义务。(5) 服务自治。居民委员会可以根据本社区居民的愿望和要求，以及社区的实际情况开展各种形式的服务居民的活动。

关键术语

社区　　自治　　居民委员会　　业主委员会　　自我教育　　自我管理　　自我服务

复习思考题

1. 什么是自治？自治的理论基础是什么？
2. 什么是社区自治？社区自治组织有哪些？

3. 居民委员会是什么性质的组织？
4. 居民委员会自治主要体现在哪些方面？
5. 社区业主委员会是什么性质的组织？
6. 业主委员会自治主要体现在哪些方面？

阅读材料

社区民主自治：理念、制度与机制创新研究①

——以北京市东城区北新桥办事处九道湾社区为例

一、九道湾社区民主自治的实践探讨

九道湾社区位于北京市老城区，社区以平房居多，社区居民有1 200户左右。它是北京市第一个以直接选举的方式选举产生社区居民委员会和社区成员代表会议的社区。从直接选举开始，社区在落实民主决策、民主管理和民主监督方面，在理念、制度和机制上有了新的突破。九道湾社区民主自治的经验，对于城市社区建设的发展有着重要的启示和示范意义。

（一）直接选举

2002 年 8 月九道湾社区进行了北京市有史以来第一次社区居民委员会竞争性直接选举。这一选举在北京和全国都产生了巨大的影响，引起了社会各界的广泛关注。这次选举由选民联合提名候选人，改变了由上级政府组织指定或推荐候选人的方式，充分体现了社区成员自治的要求和选举上的保障；采取差额和具有竞争性的选举，既体现出选举的公开性、参与性，又保证了由选举而产生自治组织领导者的实现；很高的参选率（达 95%）反映出社区民众中蕴藏着巨大的参与动力，这是社区发展的真正动力；社区选举过程有社会组织和政府组织的参与和引导，反映出社区民主自治与社区的合作治理是密不可分的，尤其是在社区发展的初期，必要的引导、动员和组织，是推动社区民主自治的基础。总之，社区直接选举的示范效应会逐步体现出来。

（二）制定自治章程

九道湾社区为了巩固社区直接选举的成果，真正把社区民主自治落到实处，制定了《九道湾社区自治章程》。由自治组织制定其章程是民主自治的重要体现。《九道湾社区自治章程》有以下明显的特点：

第一，明确社区成员的资格、社区成员的权利和义务。

社区成员以居住身份代替了户口身份，这不仅打破了长久以来城乡二元体制下的城市居民和农村居民的划分界限，同时从根本上保障了公民参与政治、参与社会管理权利的实现。社区居民不仅享有选举权、参与权、知情权，同时还有依法组织社会中介组织的权利，这是宪法规定的公民结社权的重要体现。如在 2002 年的选举中，33 岁河南来京做小

① 该资料是魏娜 2003 年作为北京市九道湾社区民主自治行动的专家所撰写的《北京市东城区北新桥办事处九道湾社区自治课题研究报告》的一部分。

生意的刘某某在进行竞选演说时曾激动地说："我作为外来人员，能参加竞选九道湾社区代表，感到非常激动。今天九道湾社区团结、民主的气氛感染了我、鼓舞了我，使我真正感到了平等和被尊重。如果我被选上，我将竭力为社区尽好我的义务！"（刘某某现已当选为社区居民代表。）

第二，确定了社区成员会议、社区成员代表会议、社区居民委员会的体制。

明确了社区成员代表会议是社区民主自治的决策机构，是居民依法行使自治权利的制度保障。它具有制定和修改社区自治章程、审议社区财务报告、审议居民委员会的工作报告、制定社区发展规划和各项制度、监督社区居民委员会以及社区中介组织的活动等权利。它是社区建设的实体组织。社区居民委员会是社区成员代表会议的执行机构。这样的体制创新，意味着真正由社区成员（通过社区代表）来掌握社区公共权力（人事权、资源支配权、决定权以及监督权）的行使。

第三，把监督的权利切实交给社区代表。这里有两个事例：

一个事例是，社区代表对一位居民委员会副主任的批评与监督。在居民委员会成立以后，社区代表对其中一位居委会副主任的工作不满意，于是，居民代表召开了四次会议专门讨论这件事情，最后，迫于压力，这位副主任主动提出了辞职。尽管居民代表没有启动罢免程序对这位副主任进行罢免，但是，这件事情本身反映了选举权与罢免权以及监督权的统一。随后社区代表会议又依照选举制度启动了补选程序，补选了居民委员会副主任，并报街道办事处备案。这件事情说明社区代表会议能够独立地行使对社区选举出来的人员的监督、罢免、补选等职能，并能够保证程序的公开、公正。

另一个事例是，居民委员会在2002年12月4日进行了一次民主监督评议活动，中央电视台对这项活动做了现场报道。该评议小组由23名社区成员会议代表，公开评议居民委员会成员（主任1名，副主任1名，委员5名）、社区民警1名、社区保洁员2名、社区劳动就业协管员2名。评议的程序是：提前三天把民主评议的意义、内容、范围、方法等内容在社区内张贴公布，社区成员可以把意见和要求反映给社区代表。12月4日，社区评议的对象要公开发表演说，向代表汇报工作，然后给各位代表发放评议问卷，代表就被评议人的工作态度、工作能力、服务的水平进行评议，并给每一位评议人打分，评议分为满意、基本满意和不满意三种形式。评议结果当场公布，并把结果张贴在社区。总的来看，社区代表对社区居民委员会、社区警务工作还是满意的，但对社区保洁工作和就业协管员工作的评议比较低，大家反映社区保洁工作还有进一步改进的必要。最后社区代表对社区工作提出了建议和要求。这种评议由于做到了公开、公正，所以对被评议人触动很大，使他们真正认识到自己的工作必须向社区群众负责，眼睛必须向下看，而不是只向上看。

（三）社区民主自治体制、机制上的创新探讨

第一，在社区自治章程中，强化社区代表会议的职能，加强社区代表的权利，并给予代表一定的工作补助。从章程上来看，社区代表会议既是社区公共事务的决策机构也是社区建设的发动机构，同时，又是社区居民委员会及其他社会中介组织的监督与协调机构。因此，社区代表的素质、能力以及投入社区自治活动的时间和精力就非常重要。给社区代表一定的工作补助（数量有限）是为了进一步调动社区代表的工作积极性，并有利于工作

的开展。

第二，把社区中介组织定为介于社区居民委员会和居民个体之间且在社区自治章程规范的范围内活动的社会组织。鼓励社区中介组织的发展，这实际上强化了社区居民委员会对社区其他组织的协调功能。

社区老龄协会是一个服务于老年人的民间群众自治组织。这个协会是社区98%的老年人（该社区目前60岁以上的老人277名，占社区人口的20%，是一个老龄化社区）通过直接选举的方式产生的。协会用2个月左右的时间进行走访，了解老年人的情况和需求，并有针对性地开展爱老和助老活动，受到老年人的欢迎。这种以志愿的方式为社区特定人群服务的社会组织，应当进一步得到政府组织的鼓励、帮助和引导。

第三，成立社区发展基金管理委员会，使社区在资金方面具有一定的自治权。社区资金主要来源于：政府资助；社会各界团体、个人捐助；其他合法收入。政府组织应该是社区资源的主要提供者，因为政府组织承担着社区稳定与发展的重要责任。成立基金会的目的应当是在明确政府责任的基础上，改变政府提供和使用资金的方式，由社区组织根据社区的实际需要，独立地使用资金，并受政府与社区民众的监督。同时，社区还可以根据社区民众的要求，兴办对社区发展有利的文化、教育、便民服务等活动，其经费可以向个人和其他社会组织募集。

（四）社区民主自治的制度建设

制度是社区民主自治的保障，九道湾社区从以下几个方面进行制度建设：

第一，选举制度。包括选举工作的机构设置，选民登记，候选人的产生，选举、罢免、辞职和补选程序等规定。

第二，会议制度。对社区成员会议、社区成员代表会议、社区居民委员会会议的职责、会议形式、会议决策方式等进行规定。

第三，财务制度。对包括社区资金的来源、财务预决算、财务审批制度、资金使用与报销制度、现金管理制度等进行明确的规定。

第四，公共决策制度。公共决策制度包括社区事务公开制度、社区成员意见反馈制度、公共听证制度、社区事务评议制度。公共决策制度实际上是保证社区民众的知情权、参与权以及决定权的实现，它在公共问题的反映、归纳集中、形成具体的方案和措施以及执行的效果这些主要的环节上都体现民主参与、民主决策和民主监督。

第五，社区居民委员会岗位责任制度。从制度上规范了社区治安与人民调解委员会、社区服务和社会福利委员会、社区医疗与计划生育委员会、社区文化教育科普与体育委员会、社区环境与物业委员会以及社区共建和协调发展委员会的基本职责。

二、九道湾社区民主自治的启示

九道湾社区民主自治在很多方面具有创新性，这种创新既是改革开放和社会发展的需要，同时也是我国公民、社会与政府组织关系调整的需要。其深刻意义不仅表现在制度、机制的调整与转化上，更重要的是以民为本的民主理念的树立。

（一）社区民主自治基本理念的树立是指导社区发展的理论和思想基础

1. 社区自治是社会权力运作的重要形式

根据《布莱克维尔政治学百科全书》的解释，“自治是指某个人或集体管理其自身事务，并且单独对其行为和命运负责的一种状态”[①]，既包括个人也包括集体。社区自治属于集体自治（团体）。

马克斯·韦伯认为：“一个团体可能是：自治的或他治的，自主的或不自主的。自治意味着不像他治那样，由外人制定团体的章程，而是由团体的成员按其本质制定章程（而且不管它是如何进行的）。自主意味着，领导人和团体的行政班子依照团体自己的制度任命，而不像不自主的团体由外人任命的那样（不管任命是如何进行的）。”[②]

在社会自治理论下，自治权力是社会固有的权力运作方式，政府机关的权力是社会权力主体委托的产物，社会权力高于政府权力。而政府权力是社会权力的委托和让渡。因此，社区自治权力来源于社会权力运作本身，而不是政府权力的让渡或者“恩赐”。

社区自治的正当性取决于两个要素，一是社区主体共同意志能力的有效性，二是社区公共利益的现实性。

共同意志能力的有效性，即具有社区居民资格的社区公民，在社区活动中具有共同的愿望、意志与要求，并能够把这种意志有效地体现出来。社区居民通过制定章程，并以一定的组织体制保证章程内容的实现，就意味着已经具备了自治的正当性。社区公共利益的现实性是指在社区共同体内，有关系到社区成员利益的公共事务的存在，社区公共事务存在，自治就有必要；公共事务不存在，自治就没有必要；社区公共事务处理能否有利于社区公共利益的实现又决定着是采取自治还是他治。

由此可以看出，社区自治建立在具有共同意志能力的社区居民对公共利益的追求上。公共事务是否存在取决于人们对公共利益的需求程度，人们对共同关心的利益需求大，其所需要集体处理的公共事务就多，因此，自治的基础就巩固，反之，自治的基础就不巩固。

2. 社区自治是人民民主思想的重要表现

人民自治是马克思主义学说的重要组成部分。马克思认为，无产阶级取得政权以后，应当通过人民自己实现的人民管理制，即自治制，来实现人民的当家作主。列宁认为，社会主义国家是以人民自治为基础的，因为委托人民代表，在代表机关中实行民主是不够的。

我国老一辈革命家也非常强调人民当家作主，尤其是邓小平把马克思主义的人民民主思想运用到改革开放中，通过经济民主的实现带动政治民主的发展。

3. 社区自治是新形势下我们党“三个代表”重要思想的体现

“三个代表”重要思想从根本上是代表广大人民群众的根本利益，让人民群众在一定范围内自我管理、自我服务和自我教育，是从根本上体现人民的意志和要求，从而更有利于广大人民根本利益的实现。

（二）社区自治是政府与社会协调发展，并实现“双赢”的重要途径

1. 城市社区发展是两种力量“互动”的结果

我国城市社区发展来源于两种力量的推动，一是经济发展以及经济体制的改革所带来的社会公共权力的转移以及治理方式的转变。我国改革开放的过程从本质上是政府还权于

---

① 邓正来等编译：《布莱克维尔政治学百科全书》，693页。

② ［德］马克斯·韦伯：《经济与社会》（上卷），78页。

社会、还权于民的过程，政府从包揽一切经济与社会事务的“全域”政府，向承担必要的社会公共事务职能的“有限”政府转变，在这一过程中“公域”与“私域”开始分化，基层民众的参与意识与民主意识逐步增强，社会与民间力量的推动是社区生成与发展的原动力。二是政府的推动，政府在城市社区建设中起到了不可忽视的推动作用。随着城市的发展以及城市经济和社会结构的变化，出现了大量市场解决不了、政府又解决不好的问题，这些问题又直接关系到城市居民的切身利益以及社会的稳定与发展。因此，政府通过社区建设，发挥政府的组织与资源优势，在社区居民广泛参与下，共同推动社区的建设与发展，从而达到社区的有效治理。这是社区建设的外部推动力量。

政府与社会组织（包括社区组织）在处理社会公共事务、维护社会的稳定与发展、提升公民的生活品质方面其目标是共同的。但是，在实现这一目标的过程中它们又具有任何一方所不可替代的功能。尤其是社区组织在整合社区资源、协调社区关系、开展社区成员需要的社区服务、满足社区特殊人群的不同需求、节约管理成本、培养和教育公民等方面具有不可替代的优势。这种优势是政府组织认识不到或经常被忽视的。社区民主自治有利于这种优势的发挥。

社区民主自治与政府组织的指导和协调是推动社区发展的重要力量，这两种力量形成一种“合力”，从而使政府和社会的发展达到“共治”与“双赢”。

2. 社区民主自治是政府与社会协调发展，从而达到“共治”的有效途径

政府与社会关系的调整，来自政府对自身职能的定位。在政府主导的计划经济体制下，政府通过单位体制来分配、占有资源，同时，也通过单位来管理、控制、教育公民，从而造成政府的力量强于社会的力量。政府过于广泛的管理职能和由此承担的无限责任，一方面促使政府不得不依靠强有力的手段来控制社会和控制公民，从而使社会组织和公民个人的空间越来越小，从而直接引发矛盾和问题；另一方面，政府长期包办社会事务，使民众对政府的期望值越来越高，依赖性越来越强，因此，政府组织的任何怠慢都会引发民众不满，从而产生一系列的矛盾，这种状况又促使政府强化对基层的管理与控制。因此，政府与社会的关系成为一个既敏感又复杂的问题。寻找一个政府与基层社会协调发展的机制，无论对政府还是对社会的发展都是有利的。在社区内实行民主自治是一条达到“共治”的有效途径。

3. 社会公共事务的复杂性和社会公共权力运用的特殊性，决定了政府管理与社会管理的差别性，因此，社区民主治理具有合理性

社会公共事务是指满足社会成员的需要，谋求社会公共利益实现的社会经济、政治、文化、教育、社会福利等事务。由于民众需求的复杂性和多样性，以及社会公共事务影响范围的差异性，因此，对公共事务的处理由不同层次的政府组织与社会组织来承担。社区公共事务是在社区范围内，与民众生活直接有关的事务，这类社会事务具有基层性、复杂性、直接性以及务实性的特点，因此，由最了解社区民众需要的政府组织和社区自治组织来对这些公共事务进行处理是最恰当的也是最有效的。

4. 从社会公共权力运用的有效性来看，社区民主自治是有效运用社会公共权力的重要途径

社会公共权力的运用具有两方面的特点，一方面是带有强烈强制性色彩的“硬权力”

（指军事、司法、法律、指示、命令等），另一方面还存在着社会自身的“软权力”（指教育、习俗、信任、习惯等）。在社区公共事务的处理上，采用民主自治的方式实际上是更好地发挥“软权力”的作用。恩格斯曾经说过：“一切问题，都由当事人自己解决，在大多数情况下，历来的习俗就把一切调整好了。”[①] 社区组织的非营利性、志愿性，社区组织者的亲和力、志愿精神和独到的解决与调解社区矛盾及问题的方式，都有着与政府组织的权威性不同的另一种“权威”力量。

三、社区民主自治的具体建议

1. 要明确社区民主自治机构之间的关系

搞清楚社区组织中社区成员会议、社区代表会议和居民委员会的关系十分必要。由于社区代表会议的代表和居民委员会的成员（包括主任、副主任以及委员），都是由社区成员会议同时选举产生的，那么他们在法律地位上就应当是平等的。但是，对社区居民委员会的界定中又指出“社区居民委员会是社区代表会议的执行机构，由社区成员会议选举产生”。这就出现了社区居民委员会到底向谁负责的问题。从理论上讲，被选举机构和人员应当向选举它的机构负责，不能向由选举它的机构选举产生的另一个机构负责。建议社区主体组织不要层次太多，社区代表大会在换届前三个月左右，产生选举委员会，由这个机构承担社区居民的登记、动员宣传、组织协调等工作，选举完成后，机构解散。这样，社区成员大会这一层次就可以取消，使社区成员代表大会成为社区的最高权力机构，社区居民委员会是它的执行机构。

2. 社区成员代表会议与社区内中介组织的关系

按照我国民间团体的管理规定，社区民间组织的成立要进行登记（国外也是如此，当然具体的登记方式不同），社会中介组织、非营利组织向登记机关负责，并接受指导和监督。社区内的中介组织也是如此，它不能归属任何一个社区自治组织领导和管理，因此，社区成员代表会议“对社区中介组织的工作进行定期与不定期的检查、评议”这种管理权限需要上级组织的授权，或者在管理制度上把这样的“草根组织”与一般社会组织（中介组织、民办非企业单位、社会团体）区别开来，采取有区别的管理，并鼓励、引导和扶植这类“草根组织”的发展。

3. 关于社区经费以及财务独立的具体建议

首先，社区的经费来源有以下途径：第一，政府按社区规模拨给的费用，这是政府应当承担的职能，应当列入政府的财政预算。第二，政府委托社区所办的事务，费随事转，事终费结。第三，居民委员会兴办公益事业所需费用经居民会议决定，可以根据自愿的原则向居民筹集，也可以经受益单位同意，向本居住地区的受益单位筹集；居民委员会还可以接受募捐和馈赠。其次，改变政府管理的观念。政府提供资金，由社区来具体来办事，一方面有利于政府职能转变，另一方面也有利于减少成本、提高效率。政府给社区的资金可以采取固定拨款和项目拨款两种方式。社区财务独立有利于疏通社会捐赠的渠道。社区资金来源除了政府和单位以外，一个重要的来源渠道就是接受社会组织和个人的捐赠。但是，由于社区没有独立的财务管理权和支配权，同时，财务制度又不规范，实际上不利于

---

① 《马克思恩格斯选集》，2 版，第 4 卷，95 页，北京，人民出版社，1995。

捐赠渠道的畅通。建议成立社区发展基金管理委员会，并给予其独立的财务账号，实行规范化管理。这样，通过规范化的管理和丰富多样的社区服务，可以吸引社会组织和个人为社区建设提供资金支持。

第 15 章

非营利组织与社区发展

近年来，世界各国的非营利组织得到了长足的发展，在国家生活中所起的作用越来越大，日益引起人们的关注和广泛参与。非营利组织是培育社区意识、构建公民社会的重要力量。本章首先介绍非营利组织的概念及其产生的理论基础，接着阐述非营利组织在社区建设中的重要作用及其运行机制，最后论述志愿服务这一非营利组织参与社区发展的主要形式。

◆ 预习案例 ◆

加拿大的“食品银行”——提供慈善与救助服务的机构

加拿大政府为民间活动“创造一个有利的环境，一个市民可完全拥有这种表达非商业性、非政府性利益的空间”①。在加拿大，社会服务中那些非商业性和非政府性的志愿者服务组织与协会被称为“第三部门”（the third sector）。在 20 世纪 80 年代初，加拿大注册的慈善机构为46 500个。据 1987 年加拿大统计局的一项全国性调查，有 500 多万成年人参加了非营利组织的志愿工作，工作时间总计达 10 亿小时，相当于 50 万人的全日制工作。他们在保健与福利、交通、家务方面对本地居民提供义务服务。

“食品银行”是加拿大民间一种志愿性救济互助组织。在加拿大城市的许多食品商店、教会，都可看到标有“食品银行”字样的食品捐献处，许多人将自己所购食品的一部分放到“食品银行”收集箱中。这些食品大都为罐装品或其他能够长期存放的食物，通过社会服务机构或教会慈善团体免费发放给社区中的失业者、无家可归者和低收入家庭。“食品

---

① ［加］约翰·布鲁因：《健康社区发展中非政府参与》，见李亚平、吴铎主编：《参与、分享》，上海，华东师范大学出版社，1997。

银行”最初出现于美国，后来在加拿大也广为流行。“食品银行”是政府食物供应服务项目之外的重要补充；同时可以及早收集生产、批发、零售企业中的“过剩”食品。1992年，加拿大约有372个已经形成特定运行机制的“食品银行”，每个食品银行通常有几十个食品收集和分发处。它们的服务对象达到200万人，其中45%是16岁以下的少年儿童，仅多伦多的“每日面包食品银行”每个月所救济的人就达15万。[①] 一些主要的“食品银行”也接受政府的支持，但大部分“食品银行”为保持非营利机构的社会服务性质，而不肯接受政府资金。“食品银行”基本上以志愿工作为基础，有些“食品银行”从地方“福利组织联合会”募捐协会获取支持。

15.1 什么是非营利组织

15.1.1 NGO、NPO、第三部门概念的界定

1. 什么是“NGO”

世界银行编写的《非政府组织的立法原则》将非政府组织（non-governmental organization，NGO）界定为：“非政府组织指在特定法律系统下，不被视为政府部门一部分的协会、社团、基金会、慈善信托、非营利公司或其他法人，且其不以营利为目的。即使赚取任何利润，也不可以将此利润分配。工会、商会、政党、利润共享的合作社或教会均不属于非政府组织。”

2. 什么是“NPO”

弗里德曼（Friedman）把组织分为政府组织（GO）与非政府组织（NGO），而非政府组织又以利益取向分为营利（商业性组织）与非营利两类。非营利组织又可分为慈善组织与公共服务组织。非营利组织（no-profit organization，NPO）是指“一个非政府且非商业性的组织，因此是一个独立的部门，且具有慈善及公共服务等特征”[②]。

3. 什么是第三部门

美国学者萨拉蒙（Salamon）用“政府部门—营利部门—非营利部门”的“三元模式”来描述美国的社会结构，因此，有别于政府部门和营利部门的就是“第三部门”。[③]

国内学者秦晖从“公益与私益”是“志愿”还是“强迫”的实现方式上来理解：私部门是以志愿求私益；国家是以强制求公益；第三部门是以志愿求公益。[④]

---

① 参见［加］约翰·罗伯特·科洛波：《加拿大国际年鉴（1993）》（*The Canadian Global Almanac 1993：A Book of Facts*），88页，多伦多，麦克米兰图书公司，1992。

② Franklin I. Gamwell (1984), *Beyond Preference*, Chicgo, The Unversity of Chicago Press , p. 28.

③ Salamon, L. M. (1987), “Partners in Public Service: The Scope and Theory of Government-Nonprofit Relations,” in W. W. Powell, *The Nonprofit Sector : A Research Handbook*, New Haven, Yale University Press.

④ 参见秦晖：《政府与企业以外的现代化》，17页，杭州，浙江人民出版社，1999。

霍奇金森（Hodgkinson）则认为，非营利组织，实际上涵盖了“邻里组织”（neighborhood organizations）、“社区组织”（community organizations）、“公益团体”（public goods groups）、“私人志愿组织”（private voluntary organizations）、慈善组织（philanthropic organizations）、独立部门（independent sector）、第三部门、基金会（foundation）、非政府（non-governmental）及非商业（non-commercial）的组织。①

慈善组织为弱势者提供慈善服务。沃尔夫（Wolf）认为：非营利组织是一种私有的法人组织，组织机构的宗旨是开展慈善活动，如佛教慈济慈善基金会。

志愿组织系由一群志趣相同的人组成，并以志愿人员为主（强调成员之志愿性）的团体，如基督教青年会、自然之友、绿色和平组织。

独立部门是由一些服务社会的专业性团体和非政府组织所组成的团体。这些团体虽然由政府和企业所支持，但其特性与贡献却是独立的，故此团体亦称为独立部门。

15.1.2 非营利组织的基本特征

沃尔夫归纳出非营利组织的五项特征②：第一，必须具有公共服务的使命；第二，不以营利为目的之组织结构或具有慈善性质的社团法人；第三，有一个不致令任何个人利己营私的管理制度；第四，本身具有合法的免税地位；第五，具有可提供捐助人减免税的合法地位。

萨拉蒙指出，非营利组织具有六个特征：第一，正规性。非营利组织必须具有正式注册的合法身份，同时，还要有法人资格，即民事责任能力。第二，民间性。非营利组织从组织上与政府组织分离。它不是政府机构的组成部分，其决策层也是不由政府官员控制的董事会领导。第三，非营利性。非营利组织不为其拥有者谋求利润。它在一定时期内积累的盈余，不得在组织缔造者之间分配，必须投入组织宗旨所规定的活动中。第四，自治性。非营利组织要能控制自己的活动，有不受外部控制的内部管理程序。第五，志愿性。在非营利组织的活动和管理中有显著的志愿参与成分。特别是形成有志愿者组成的董事会和广泛使用志愿人员。第六，公益性。即服务于某些公共目的和为公众奉献。非营利性和公益性使之区别于营利组织。③

15.2 非营利组织的理论基础

关于非营利组织的理论基础，江明修将其归纳为以下几个方面④：

---

① Hodgkinson，V. A.，Lyman，R. W.，& Associates (1989)，*The Future of the Nonprofit Setor：Challenges，Changes，and Police Consideration*，San Francisco，California，了 Jossey-Bass.

② Wolf，Thomas (1999)，*Managing A Noprofit Organization in the Twenty-First Century*，New York，Rockefeller Center.

③ 参见［美］莱斯特·萨拉蒙：《非营利领域及其存在的原因》，见李亚平、于海编选：《第三域的兴起》，上海，复旦大学出版社，1998。

④ 参见江明修：《非营利管理》，台北，智胜文化公司，2002。

15.2.1 志愿服务理论

非营利组织的建立基于志愿主义的精神，积极投身于社会福利、慈善救助工作。然而，志愿工作者，无论是个人、团体或组织，其动力并非来自有形的金钱或物质报酬，而主要是来自积极奉献的利他主义精神。自由意志与积极奉献的精神，以及社会责任感的激励，使志愿服务在动机与管理上都有别于政府和企业服务。

15.2.2 社群主义理论

在基本价值方面，社群主义（communitarianism）不同于自由主义（liberalism）的传统，社群主义是在利他主义的引导下，建立共同体成员之间的信赖关系，以及培养公民的社群意识，它是与个人主义和利己主义的原则相对立的，同时，也不赞同任由市场机制作为公共财产的分配手段。社群（community）问题的解决之道，无其他妙方，而必从社群里面找寻方法。①

15.2.3 市场失灵与政府失灵理论

由于市场结构本身的缺陷，产生了外部效应、信息不对称、公共产品失效等市场失灵的现象，换言之，当私部门运用市场机制无法满足消费者的偏好或需求时，非营利组织以其“不分配盈余”之属性，有助于提升民众对其服务品质的信赖度，这是非营利组织的存在与发展的主要因素。政府失灵（government failure）理论主要是指当人民对于政府的绩效，特别是公共产品的供给感到不满意时，在某些民众需求—回馈之间会因制度设计或运作上的扭曲出现松动现象，而非营利组织的特殊属性，恰好可填补这一公共服务上的漏洞。

15.2.4 第三方政府理论

由于对市场失灵与政府失灵理论的解释表示怀疑，萨拉蒙提出了“第三方政府理论”(third party government theory)②，指出非营利组织的出现有其历史渊源，并不是为弥补市场失灵与政府失灵而发展的，尤其当代政府在公共服务输送上，依赖非政府机构的事务繁多，而非营利组织在公共服务上较为多元、创新与弹性的做法，容易取得民众的信赖。政府于是扮演资源提供者与服务监督者的角色，相关的执行事项则委托民间执行，于是两者之间形成紧密的“协作关系”（partnership）。因此，非营利组织的存在，有其更为积极的功能与使命，而非扮演市场失灵或政府失灵下的补偿者角色。

---

① 参见 P. F. Drucker：《非营利机构的经营之道》，台北，远流出版公司，1996。

② Salamon，L. M.（1987），“Partners in Public Service：The Scope and Theory of Government-Nonprofit Relations,” in W. W. Powell，*The Nonprofit Sector*：*A Research Handbook*，New Haven，Yale University Press.

15.3 非营利组织与社区发展

15.3.1 世界各国（地区）非营利组织的发展情况

近几十年来，世界各国（地区）的非营利组织得到了迅速的发展，无论是数量还是在国家生活中所起到的作用，都越来越引起重视。表 15—1 就是最好的说明。

表 15—1　　15 个国家（地区）每万人拥有的非营利组织数

国家（地区）	非营利组织数量（个）	人口数（万）	每万人 NPO 数（个）
法国	650 000	5 885	110.45
日本	1 228 344	12 641	97.17
比利时	82 000	1 020	80.39
美国	1 400 000	27 030	51.79
匈牙利	35 915	1 011	35.52
德国	214 970	8 205	26.20
印度尼西亚	350 000	20 368	17.18
新加坡	4 600	316	14.56
巴西	210 000	16 587	12.66
印度	1 000 000	97 967	10.21
中国台湾	20 473	2 192.9	9.34
波兰	29 850	38 677.72	0.77
罗马尼亚	12 000	2 250	5.33
埃及	15 000	6 140	2.44
中国大陆	181 318	124 810	1.45

资料来源：

(1) Lester M. Salamon，“Global Civil society：Dimensions of the Nonprofit Sector”，1999 The Johns Hopkins Center for Civil Society Studies.

(2) 王绍光：《多元与统一——第三部门的国际比较研究》，杭州，浙江人民出版社，1999。

(3) 联合国开发计划署：《1999 年中国人类发展报告：经济转轨与政府的作用》，北京，中国财政经济出版社，1999。

表 15—1 给出了 15 个国家（地区）中每万人拥有的非营利组织的数量。从中可以看出，发达国家（地区）中每万人拥有的非营利组织数量明显高于欠发达国家（地区）。这些发达国家包括法国、日本、比利时和美国。德国是一个例外，但是这在预料之中，德国社会中政府力量比较大，公民的自由民主传统也不及其他发达国家。

中国大陆每万人拥有的社团数量为 1.45 个，这个比例同埃及比较接近，不仅远远低于发达国家，而且低于印度和巴西这两个发展中国家。

各个国家非营利部门的支出占GDP的比重也各不相同，详见表15—2。

表15—2　　18个国家非营利组织的支出规模

国家	NPO支出占GDP的比重（%）	国家	NPO支出占GDP的比重（%）
荷兰	15.30	匈牙利	2.80
以色列	12.60	哥伦比亚	2.10
美国	6.90	秘鲁	2.00
澳大利亚	5.20	捷克	1.60
阿根廷	4.70	巴西	1.50
日本	4.50	斯洛文尼亚	1.30
西班牙	4.00	墨西哥	0.50
德国	3.90	中国	0.46
芬兰	3.80	罗马尼亚	0.30

资料来源：

（1）Lester M. Salamon，"Global Civil Society：Dimensions of the Nonprofit Sector"，1999 The Johns Hopkins Center for Civil Society Studies.

（2）王绍光：《多元与统一——第三部门的国际比较研究》。

15.3.2　我国非营利组织的现状

我国非营利组织在数量上比较少，在支出比重上比较低，这是由于我国的社会结构以及政府与社会组织的关系都有其特殊性。转型时期我国非营利组织的发展也有其特殊性：

（1）非营利组织以其不同于政府组织和企业组织的方式提供着方便、实际和高效的公共服务。

从社区公有住房的提供、弱势群体的救助和社会福利政策的落实到社区环境的改善、社区文化的重构等，都被包括在这类服务中。

（2）非营利组织是培育社区意识、构建公民社会的重要力量。

非营利组织的"草根性"有利于社区民众间培养守望相助的情感和对社区的认同，从而有利于社区意识的培育。随着社区意识的增强，公民参与社区公共决策与公共事务的积极性和主动性就会逐渐增强，这是构建公民社会的基础。

（3）非营利组织提供的社区服务往往更能体现社区的需要，服务更直接，更具人文关怀特征。

对我国非营利组织的界定，要考虑到我国的具体情况。从其属性来看，目前非营利性组织可以分为两大类：一是官方的非营利组织，也称为公益事业组织（国际上有人称为GONGO），以及某些社会中介组织；二是民间非营利组织，包括民间社会团体、民间基金会和民办非企业单位。第一类组织的资金主要来源于政府组织，组织的领导者也由政府组织指派，其活动往往也是围绕着政府组织的活动来开展，缺少非营利组织的自主性。第二类组织是目前我国正在发展中的非营利组织，具有一定的独立性并带有较明显的社会公益色彩。目前这两类组织的发展非常不平衡，政府应当采取不同的政策：对第一类组织进行改造，使其在竞争环境中逐步摆脱浓重的“官”办色彩；对第二类组织要在法律、政策和具体措施上给予扶持和引导，使其具有较好的外部发展环境和持续发展的动力。另外，对这两类组织的发展，政府都要进行必要监管。对社区发展起推动作用的有各种文化、教育类非营利组织，也有慈善、社会福利、社区服务性组织，还有社区民众成立的专门服务于社区的各类非营利组织。

15.3.3 非营利组织在我国社区发展中的作用

我国非营利组织对社区的发展有着重要的推动作用，表现在以下三个方面：

1. 非营利组织是推动社区发展的重要力量

基金会、慈善组织、志愿团体、社区自治组织、业主委员会、邻里组织、老人协会等形形色色的非营利组织以其区别于政府和企业组织的章程、活动方式推动社区的发展。

2. 非营利组织提供着直接、具体和富有人性化的公共服务

如慈善组织为社会弱势群体提供的人道主义帮助，上海市慈善基金会三年内为1 020户社会孤老建立了温暖的家庭，为1.3万余户特困家庭提供资助，使2.5万户家庭受益。根据社区民众实际需要而提供的社会服务在某种程度上比政府专业组织和专业人员的服务更具有人性化。

3. 非营利组织对志愿者的吸引和动员能力，是充分利用人力资源激励民众参与社区发展的重要手段

近年来，我国的社区志愿服务有了很大的发展，政府组织在其中起了重要的作用。随着非营利组织的发展，它们应当成为动员和吸引志愿人员开展社区服务的重要力量。这种针对社区的志愿服务是培养社区意识、增强社区认同感和归属感的重要方式。

15.4 非营利组织的法律地位与政府的监管

15.4.1 非营利组织的法律地位

非营利组织的法律地位是指非营利组织在国家的法律体系中以何种法律名义出现。非营利组织在不同国家中的法律地位千差万别，同该国所采用的法律体系密切相关。世界上主要存在三种法律体系：大陆法系、英美法系和社会主义法系。大多数国家都主要采用三种法律体系中的一种，少数国家采用混合的法律体系。

在英美法系中，营利性组织同非营利性组织的区别比较小，非营利组织的民间性最强，法律地位更接近于公司。例如，美国的非营利组织采取三种法律形式：（1）非公司形式的社团；（2）公司形式的社团；（3）信托形式的社团。在英美法系的国家中，非营利组织从法律上讲是一种民间组织，民间组织同政府部门的法律地位平等，在法律上接受法院的监督，在业务上接受独立机构或者半独立机构的监督。目前采用英美法系的国家主要有英国、美国、澳大利亚、印度等。

在大陆法系的国家中，营利性组织和非营利性组织的区别较大。作为一种特殊的社会组织，非营利组织接受政府的严格监督。大陆法系的国家一般要求非营利组织到特殊的政府部门登记注册，在法律上接受登记注册部门的监督，在业务上接受相关主管部门的监督。目前，采用大陆法系的国家在数量上最多，例如法国、德国、日本、新加坡、韩国等。

在社会主义法系中，非营利组织同营利性组织的区别非常大，而同政府机构的区别非常小。在社会主义法系的国家中，非营利组织的法律地位类似于准政府机构，具有同政府机构类似的行政级别，在法律上和业务上都接受政府部门的监督。目前，世界上采用社会主义法系的国家不多，主要包括中国、越南、朝鲜以及东欧部分前社会主义国家。

在这三种法律体系中，社会选择程度最大的是英美法系，其次是大陆法系，社会选择程度最小的是社会主义法系。

15.4.2 公民成立非营利组织的难易程度

公民设立非营利组织的难易程度是指任何一个普通公民成立非营利性社团所需资金的多少和时间的长短。社团越难成立，社会选择的模式就越难以发展。在一些国家中，非营利性社团的成立必须经过严格的审查和漫长的登记注册过程；而在另外一些国家中，公民成立非营利性社团可以不经过登记。公民成立非营利性社团的难易程度主要取决于政府对其进行管理的体制。

有的政府采用一重管理体制，即成立新社团只需要向一个部门登记注册；有的政府则采取多重管理体制，成立新社团必须经过两个或者更多的部门批准。一般而言，在一重管理体制下成立社团比较容易，在多重管理体制下成立社团比较困难。

在社团登记方式上，有的政府采取备案登记制，即只要符合法律规定的明示条件，社团就可以登记注册；有的政府采取审查登记制，即政府登记部门需要对申请登记的社团进行审查，审查合格才允许登记。审查登记制赋予了政府部门更多的权力，在审查登记制下，公民成立社团的难度较大。

15.4.3 监督方式

政府对非营利组织负有监督职责，政府对非营利组织进行监督的目的是：（1）确保非营利组织从事的活动符合其所受到的特殊待遇，如许多非营利组织由于具有慈善组织的身份，而在许多国家获得免税或减税的优待；（2）确保非营利组织能够正确地使用其资源；（3）确保非营利组织的活动能够与政府机构保持协调一致；（4）政府必须监督非营利组织的活动不会威胁到国家与民众的安全。

各国对非营利组织的监督内容大致相同，主要包括：（1）财务监督，确保非营利组织的非营利性；（2）业务监督，确保非营利组织在自己的宗旨范围内活动；（3）内部监督，确保社团的内部运作依据民主的程序进行。例如，美国政府对非营利组织的监督有五道防线①：

● 第一道防线：政府部门的直接监督

立法部门即国会，负责有关非营利组织法律的起草工作，司法部门对有关非营利组织各种法律上的争议以及对指控违法的行为进行裁定。行政部门负责非营利组织的登记和免税事项，并对其进行监督与管理。

在美国，负责非营利组织免税资格审查的是国家税务局，免税组织必须符合的条件是：第一，该机构的运作目标完全是为了从事慈善性、教育性和科学性的事业，或者是为了达到该税法明文规定的其他目的；第二，该机构的净收入不能用于使私人受惠；第三，该机构所从事的主要活动不是为了影响立法，也不干预公开选举。

● 第二道防线：独立的第三方评估

基于政府监督的有限性，美国政府采取了第三方的监督机制来弥补政府监督机制的不足。如有影响的独立民间评估机构"全国慈善信息局"（NCIB）、"福音教会财务责任委员会"；现在这两个机构已经合并为"BBB 明智的捐赠联盟"（BBB Wise Giving Alliance）。NCIB 制定了《慈善组织的行为标准》，另外，公益咨询服务部（PAS）也制定了《慈善组织的行为标准》。这些标准对规范慈善组织的行为起到了重要的作用。

● 第三道防线：非营利组织的同行互律

为了维护会员的行为，联合会、全国性协会和行业性社团会通常制定一个共同遵守的道德标准和行为规范。如美国基金会理事会、美国红十字会、美国国家基金募集协会制定了《国家基金募集协会行业标准》。

另外，通过认证制度的实行来实现同行互律。例如，美国医生协会推行的医生资格认证制度；家庭和儿童服务认证委员会推行的家庭和儿童服务机构的认证制度等。

● 第四道防线：媒体与公众的监督与评估

公众可以通过投诉热线，互联网站等新闻媒体曝光或公开的批评，对非营利组织的违法行为进行揭露，以达到监督非营利组织的目的。

● 第五道防线：非营利组织的自律

非营利组织通过组织的内部制度与纪律以及组织的信念、使命等促成组织成员的自律。

15.5 非营利组织的管理与经营策略

非营利组织不同于政府组织和企业组织，它在特定的社会环境中以其特殊的组织管理方式为社会提供着大量的公共服务。

15.5.1 非营利组织的内外部环境与任务

非营利组织的内外部环境与任务可参见表 15—3。

---

① 参见邓国胜：《非营利组织评估》，96 页，北京，社会科学文献出版社，2001。

表 15—3 非营利组织内部公众与外部公众及其任务

内部公众	董事会	非营利组织董事会的主要职责是维护组织的经营，保持组织的内部稳定和谐，支持并指导管理者。负责组织与社会的交流与沟通，树立组织的公共形象，以确保外部资源持续不断地注入组织中，并降低外在环境对组织的限制，以争取组织最大利益和保持组织的发展
	内部员工	内部员工包括执行长与职工： 1. 执行长是董事会延聘来执行董事会的决策者，负责管理组织效率、职工士气、工作环境品质及建立组织形象 2. 职工是负责执行非营利组织基层工作的支薪人员，由执行长直接领导管理
	志愿者	志愿者是非营利组织最大的动力来源，而志愿者的投入可降低人力成本，同时带动组织士气，提升工作满足感和组织认同，更可扩大组织影响力与提高声誉
外部公众	社会大众	社会大众是非营利组织最主要的公共关系对象，可分为： 1. 捐赠者。因认同或信赖非营利组织的理念和宗旨而提供资源者。从资源发展的角度来看，非营利组织须与捐赠者之间建立与维持互动关系 2. 受助者（服务对象）。服务对象为非营利组织存在的最主要目的，非营利组织是借由对其提供服务或协助，以达成组织使命，由此可知，建立与服务对象的关系亦须重视 3. 一般大众。指社会中的公众。因为非营利组织倡导议题或推广理念都需要一般大众的支持，他们可能是非营利组织潜在的志愿者、捐赠者或受助者，通过有效的公共关系将会使他们进一步地影响组织的发展
	政府	政府的法令制度规范着非营利组织，对于组织的运作、服务的输送均有广泛的影响。另外，政府的补助有时亦为非营利组织的财源之一，而财务依赖与受控程度以及与政府的关系，便成为衡量非营利组织自主性程度的重要因素。此外，业务委托、公办民营也是政府与非营利组织常见的合作模式
	企业	非营利组织与企业的关系通常建立在资源支持的层面，一方面，企业能提供多元的捐赠形式，包括金钱、产品、服务或人力，对资源困窘的非营利组织无疑是有力的帮助；另一方面，非营利组织与企业合作（如目的行销、公益行销），也能为企业带来良好的公益形象，两者是相互依存并且相互支持的关系
	媒体	媒体力量是提升非营利组织知名度、推广理念及吸引资源的重要途径，若与媒体保持良好关系则能使捉襟见肘的非营利组织付出最低的成本，而得到最大的效果

资料来源：张英阵：《企业与非营利组织的伙伴关系》，载《社区发展季刊》（台湾），1999（85）。

15.5.2 非营利组织管理

首先，我们用“CORPS”来概括非营利组织的基本要素：

C（clients）指服务的对象是民众（顾客）；

O（organization）指组织运作与组织结构；

R（resource）指财力资源的来源与运用；

P（participants）指参与者，包括专职人员与志愿者；

S（services）指公共服务的提供。

由此可以看出，非营利组织的管理是“充分利用人力（P）、财力与物力资源（R），通过有组织的活动（O），为民众（C）提供有价值的公共服务（S）”。

非营利组织的组织结构既不同于政府层级节制式的官僚制组织，也不同于企业以利润为导向的组织模式，而是一种以"使命"为导向的组织。因此，建立以使命为精神的团队组织对于非营利组织来讲是非常重要的。

团队是具有高度信任的团体，成员之间相互支持、信任并合作，在发挥每一个人才能的基础上，发挥团队的整体优势。因此，这是一种有效率的组织形式。同时，这种组织形式又是与非营利组织的基本价值即尊重、沟通、参与、协调、奉献等相一致的。

此外，不同的非营利组织有不同的目标与任务，如：以救助失学儿童为目的的组织；以帮助贫困家庭为目标的组织；以慈善救灾为目标的组织；等等。

其次，我们来看看非营利组织财力资源的来源与管理。

1. 社会捐款

在美国，个人捐款在捐款总额中占有很大比重，约有 83%。1996 年美国个人捐赠给公益部门的资金是1 199亿美元。这是非营利组织的重要财力来源。决定个人捐款的因素既有社会的因素也有个人的因素。捐赠过程是关于潜在捐款人与接受者之间的一种需求及渴望的满足关系，实际上是一种"交换"。米克瑟（Mixer）认为"人类最伟大的行动是将他们的资源给予其他人类"①。给捐款人以回报，本质上并不是用物质衡量的，往往是捐款人内在动机或心理上的满足。因此，这种交换是建立在信任、非契约性、志愿等心理基础上的。

2. 政府补助

政府组织通过项目支持的方式为非营利组织提供赞助。有些国家政府通过固定拨款的方式补助非营利组织和社区发展。而财务依赖与受控程度以及与政府的关系，便成为衡量非营利组织自主性程度的重要因素。

3. 企业赞助

企业赞助非营利组织是出于企业的社会责任与企业自利两种动机。随着社会的发展，企业也逐渐承担起一定的社会责任，企业对社会责任的认识，直接影响着非营利组织的募款效果。美国福特基金会认为，当企业对社会责任的认知加强时，非营利组织募款和合作的机会才会增加，相反，若企业自利倾向较强时，则组织可能在募款过程中出现较多问题。有人认为，企业应当建立"长期自我利益"的意识，企业从事各种公益事业实际上也是为企业长期的发展创造有利的社会环境，这种有远见的自我利益的实现正是企业社会公益的本质所在。

4. 基金会捐助

许多基金会成立的目的就是为了捐款给非营利组织或个人，基金会资助的范围有文化艺术、慈善救济、医疗保健或生态环保等。美国的基金会有以下类型：家族式基金会、企业基金会、社区基金会、一般基金会。我国台湾的基金会分为官方和民间的。官方性质的基金会主要是当局捐助成立，经费与人员由原捐助机构管理与委任，实际上是当局的附属机构，如华航基金会。民间基金会主要是民间个人、团体、企业等捐助成立的，按性质又分为慈善救济社会福利类基金会，如佛教慈济慈善事业基金会；文化教育类基金会，如富

---

① Mixer，Joseph R.（1993），*Principles of Professional Fundraising*：*Useful Foundations for Successful Practice*，San Francisco，California，Jossey-Bass Publishers.

邦文教基金会；政治类基金会，如青年发展基金会；经济产业类基金会，如证券市场发展基金会；议题倡导类基金会，如21世纪基金会等。

非营利组织的资金管理以公开、透明、专款专用和接受政府与社会的监督为原则。

15.6 志愿服务与社区发展

15.6.1 志愿服务：理念与动机

志愿服务国际交流协会（International Association for Volunteer Effort）在其出版的《全世界的志愿服务》[①] 一书中认为，志愿服务是一种没有待遇和非责任的工作，以有组织性的方式来提供利于他人的服务，其范围可以是组织或整个社会。此定义将志愿服务限定为组织性的活动。

美国社会工作者协会认为：一群人为了追求公共利益，本着自我意愿与选择而结合成组织，称为志愿团体，参与这类团体工作者称为志愿人员。

1. 志愿服务的本质特征

（1）志愿非强迫的行为。志愿服务是志愿者发自内心、心甘情愿的付出，是个人意志的选择，即“喜欢做，甘愿受”，而不是任何机构或人员动员或胁迫的结果，这也是志愿服务动力的源泉。

（2）非经济性报酬的付出。志愿工作不是用于取得报酬的职业。许多志愿服务不仅没有报酬，甚至还要自己有经济的支出，如慈济委员到世界各地参加救灾工作，往往是自掏路费和生活费。当然有些志愿组织也会给志愿者一些交通和误餐补助。

（3）非本职工作。志愿是除本职工作之外的、有余力的付出。在做好本职工作的基础上，为他人和社会作出力所能及的贡献。

（4）个人内在价值与社会伦理的结合。志愿服务通过个人的努力，影响或有助于服务他人的社会伦理价值的实现。

2. 志愿服务的理念

美国学者艾斯利曾经对志愿服务进行大规模的访谈调查，归纳出志愿服务的理念有八个方面[②]：

（1）利他主义：意指对他人或社会进行服务的无私的承诺。

（2）承诺：志愿者对个人、组织或目标、理念的承诺，愿意去服务。

（3）自由意志：不受命运、他人、团体或组织的影响，有自行作决定的权力。

（4）学习：志愿者通过服务工作的需要和体验，去学习相关的知识、技术、态度、观念和公民意识等。

（5）没有财物酬劳：志愿者没有薪资，但可以领误餐费、补助活动注册费，免费使用

---

① Govaart, M.-M. & Associates (eds.) (2001), *Voluntdering Worldwide*, Amsterdam, Netherlands Institute of Care and Welfare.

② Isley, P. J. (1990), *Enhancing the Volunteer Experience*, San Francisco, Jossey-Bass Publishers.

设备或打折购物。

(6) 组织：志愿者可以个人或通过组织行动，但趋势上是以组织活动为主流。

(7) 心理的好处：志愿者的动机不只是利他主义，也能在工作中得到成就感及个人、事业的成长。

(8) 牺牲：志愿者服务别人，却可能牺牲自己的时间、个人生活、家庭生活、婚姻等，这种牺牲精神已成为志愿者行动的基础。

这八项要素超越一般志愿服务的认知，但也充分地将志愿服务的含义完全展现出来，因此将其加以组合成为新的定义：志愿服务是一种在自由意志下，对个人或组织给予服务的承诺，牺牲个人的时间、体力或生活，不以财务报酬为目的个人的或组织的利他行为，但其服务也带给个人学习经验和心理成就。

联合国志愿者团（United Nations Volunteers）认为：(1) 志愿服务不应为得到财物报酬而行动，虽然有时可领取生活津贴。(2) 志愿服务的行动是源于志愿者自己的自由意志所采取的志愿行为，虽然有时会有不是纯自愿的灰色地区，譬如学校鼓励、支持或要求学生参与社区服务。(3) 志愿服务应有利于他人或社会，虽然志愿服务有时也会同时有利于志愿者本身。

3. 志愿服务的动机

(1) 利他主义。长期以来，利他思想被认为是人们参与志愿服务工作的主要理由。所谓利他主义是指通过自己付出的服务，使他人获得满足的理念、行为。利他主义也是人性"善"的发扬，通过这种帮助他人的行为使"善"能够相互感染并逐步扩大其影响。如慈济在全球开展的救灾活动，就是在这种理念的感召下，远赴非洲、亚洲、美洲等国家和地区，为这些遭受灾难的民众提供无私的帮助。他们在救助的同时又播下了"善"的种子，使这些曾经的受助者在有机会和能力时又会变成救助者。

(2) 社会参与。公民参与社会活动的方式有许多种，而志愿服务工作则是最普遍的方法。由于经济、社会以及文化等因素的影响，人们参与社会活动的范围受到一定程度的影响，尤其是现代化的发展一方面使人们的生活节奏加快，使人们没有闲暇或没有途径参与到除工作之外的社会生活中去，另一方面现代生活使人与人之间的疏离感增强，人与人之间的不信任感增强，这些都使得社会资本在下降。因此，人们参与志愿服务工作的过程，一方面可以满足公民参与社会生活的愿望，同时，也有利于公民实现社会责任。

(3) 需求满足。根据马斯洛的需求层次理论，人类的需求包括生理需求、安全需求、归属需求、爱与尊重的需求、自我实现的需求。实际上马斯洛还提出了超出五个需求的第六个需求，即超越自我实现的需求即"灵性的需求"，这种需求远远超出了个人的需要，而是以满足他人的幸福作为个人的最高需求，也就是把个人的"善"发挥出来。参与志愿服务的人员通常在志愿服务的过程中由于受到他人的尊重，从而感悟到生活的价值，在与他人的互动过程中得到承认与满足。哈罗德·库什纳在他的《当所有你想要的都不够时》一书中形容志愿者为他人服务获得满足的心情时说："世界上最快乐的人或许不是那些最有钱有势的人，也不是那些为追逐潮流、趋之若鹜于众多书籍信息才能安心的人，我相信真正快乐的人，慈悲为怀而且诚实可信，在他们从事这些志愿者服务的同时，喜悦自然注入、充满他们的生命。”①

（4）自我提升。许多参与志愿服务的人员通过志愿服务工作以及在工作中所受到的训练和知识经验的积累，从而使自身的素质、能力得到了提升，这也是很多年轻的志愿者参与志愿活动的原因之一。

15.6.2 志愿服务的作用

志愿服务以其不同于政府组织和企业组织的方式，为社会提供着一种特殊的服务。它对政府、市场以及社会所产生的深远影响和作用主要表现为：

1. 提供公共服务

在目前政府再造的趋势中，已有越来越多的政府和民间组织或企业结成伙伴关系，来提供公共服务。志愿服务来自民间，具有灵活、快速、亲切的特色，因此政府通过志愿服务者的协助，不仅可节省人力，也能为民众提供优质的服务。同时通过不同地区或不同类别的志愿服务，可协助政府延伸公共服务，普及至更多的社会弱势群体或更偏远的地区。

志愿服务可以依据不同的需求，提供多元的社会服务，满足不同的对象，其做法包括直接对受服务者服务，例如照顾老人、孤儿，或是间接地协助受服务者整理生活环境或整理资料等。志愿服务的多元角色，使它可以因应时代和环境的变化，不受时空的影响，发挥最适合的功能。同时，这又是付出成本最少的服务。

2. 促进社会组织的发展，尤其是非营利组织的发展

非营利组织的蓬勃发展，与志愿服务有密切关系。由于大量志愿者的出现，使非营利组织能够获得充沛的免费人力资源，减少非营利组织的人事费用，提高服务的范围和效率，尤其是通过具有专门知识和技能的志愿人员的努力，使非营利组织中的专门服务能够得以提供，从而扩展了组织的功能，这是非营利组织发展的动力。

3. 增进社会团结，提升社会资本

志愿服务是人类一种“爱”与“关怀”的行为，它可以拉近人与人之间的距离，降低社会存在的“疏离感”，强化人际关系的“归属感”。通过志愿者无私的奉献行为，使社会成员间的疏离感减弱，使人们从服务的接受者成为服务的提供者，从而带来整个社会成员之间的团结。

15.6.3 志愿服务的内容与方式

1. 参加组织内的志愿活动

这种志愿活动内容广泛，如在政府组织、非营利组织、慈善组织等机构中从事志愿活动，不领取专职人员薪水。又如到社区大学辅导学生、参加教学管理活动，到青少年基金会参加活动，到社区居民委员会参加为社区老年人服务的活动等。作为志愿人员，他的工作要纳入这些组织的日常工作当中，并要接受与其承担工作相适应的培训。

2. 直接的慈善服务

直接的慈善服务即面对面地提供服务，以个人认为方便的方式提供服务。这是志愿者

---

① Harold Kushner (1986), *When All You have Ever Wanted Is Not Enough*: *The Search for a Life That Matters*, New York, Simon schuster.

最常采取的助人行为，如对独居老人的定期探访并提供物质和精神上的帮助，清理社区环境，对放学后的儿童提供临时照顾等。

3. 参与“自助团体”活动

这是由相同情形的人所组成的团体，在这个团体中彼此互相帮助、互相鼓励，一起克服困难。如智障儿童家长联谊会、癌症患者联谊会等，在这个团体中大家共同“出钱出力”来为组织成员提供帮助，同时，自己也是受益者。

15.6.4　志愿者的人力资源管理

人力资源管理是把人力当做组织中最重要的资源，通过人力获得、培训、激励及维持等活动发挥其潜能，并有效达成组织目标的活动。志愿者是重要的人力资源，有效利用这一资源，是社区公共服务的重要内容。

1. 人力资源规划

要做好工作分析和人员需求规划，并制定出志愿人员需求的具体计划，包括人员需求的数量、素质要求以及特殊技能的要求等。

2. 志愿人员的获得（招募与挑选）

招募是通过一定的途径来寻找和吸引合格的应征者。志愿组织不同于企业组织，它对人员的招募不是以优厚的待遇为吸引条件，而是以“使命感”和“奉献精神”作为选拔的前提。因此，是否能够为志愿者提供适合其知识、特长以及服务精神的合适的工作是吸引志愿者和招募志愿人员的关键。志愿者招募有以下途径：

（1）建立志愿人员档案。通过平时就建立志愿人员资料库的方式，把志愿人员的个人情况、知识特长、服务的愿望等记载下来，一旦需要，便可从中调出，并进行选拔，这就像“爱心银行”或“爱心库”一样，是社区和志愿组织固定挑选人员的方式。日本就建立了“志愿者人力银行”，不仅记录志愿者个人的能力、特长，同时还记录其服务的时间，当志愿者年老时可以向银行申请服务的需求。这不仅是人力资源库，更重要的是它是一种爱心激励机制。

（2）通过媒体宣传途径招募。广播、电视、报刊等新闻媒体是公开招募的重要方式，也是非常有效的方式。

（3）通过开展志愿活动宣传志愿工作的意义的同时，招募合适的人员，如通过救助、教育、文化、环保等一系列的活动，来挑选合适的人员。

3. 志愿者的培训与教育

（1）进行志愿者权利与义务教育。志愿者的权利：接受担任所从事志愿服务工作内容的培训；尊重志愿者的自由、隐私与信仰；获得从事服务的完整信息；参与志愿服务计划的制定、执行与评估；确保在安全与卫生的条件下从事工作等。志愿者的义务：遵守志愿服务部门关于志愿服务的规定；尊重受服务对象的权利；拒绝向受服务者收取报酬；尽心尽力提供服务。

（2）进行志愿服务伦理教育。志愿服务的伦理就是志愿人员在提供志愿服务过程中的行为规范。志愿者对服务对象的伦理责任：诚心服务、尊重他人、避免侵犯隐私。志愿者对志愿机构的伦理责任：虚心接受指导、履行交办事项、避免擅做主张。志愿者之间的伦理责任：彼此相互尊重、凡事沟通协调、避免私事介入、避免争功诿过。

（3）进行服务知识培训。主要包括相关知识、信息的掌握，环境的熟悉，职能与任务的了解等内容。通过培训，使志愿者能够顺利地进入服务的环境、熟悉服务的内容以及掌握服务的技能。同时，训练还可以使志愿者服务标准化，提高志愿服务的效率。

4. 志愿者激励与绩效评估

对志愿者的激励与对企业人员的激励不同，它主要不是体现在物质奖励上。许多人进入志愿者的行列，都是拥有利他的意愿，如何使他这种意愿得以实现，并能够持久地维持下去，才是激励的重点，如采取表扬、记录爱心表现、给予更多的表现机会等方式进行激励。

对志愿者的服务也要进行评估。绩效评估的目的是为了让志愿者了解自己的工作和表现是否符合组织的要求，知道自己工作的优点和不足，以便弄清问题，改进工作。因此，要让志愿者了解绩效评估的目的，从而减少抵触情绪。因为有些志愿者认为自身本就是不拿一分报酬，无私奉献，却受到别人的指指点点，这让他们无法接受，所以对绩效的评估往往持排斥的态度。因此，绩效评估要注意方式和方法，重点在于引导志愿者修正不足，达成工作目标，而不是判断其工作成绩。

15.6.5 我国志愿服务与社区发展

中华民族很早以来就有民间邻里互助的传统，“老吾老以及人之老，幼吾幼以及人之幼”早已成为人们关心他人、相互照顾的伦理基础。农村社群是以血缘、地缘关系为基础建立起来的，人们守望相助、互帮互济的关系是志愿服务的一种体现，虽然这种志愿服务的范围、影响还比较小，但是它是人们“公善心”的重要体现。随着城市化的发展、人员流动的加快，现代都市间人际关系日益疏离和冷漠，从而使人们更加渴望人与人之间的沟通和互助。从“大公无私”精神指导下的义务劳动、救助弱小到雷锋精神的发扬光大，都是我国志愿服务的重要体现。我国的志愿服务活动有以下特点：

第一，志愿活动的组织性比较强。各级政府组织以及政府的社团对志愿活动的发动与组织的能力较强。如在上海市，民政系统是最先组织开展社区志愿服务的政府组织，提出在社区提供以老年人、残疾人、优抚对象为服务对象的志愿服务。同时，工会、妇联和共青团等社会团体也成为志愿服务的组织者和动员者。

第二，志愿服务纳入社会服务的系统内，并与政府有关服务组织挂钩，形成政府与志愿服务相结合的局面。如社会救助、环境保护、医疗服务、青少年教育、文化宣传等。

第三，民间自发的志愿服务逐步增多，并日益发挥重要的作用。民间志愿服务主要是指由除政府之外的社会组织来进行的志愿活动。目前有两类：一类是民间非营利组织所进行的社区志愿服务，如上海青年会、天津社区服务志愿者协会、社区老人协会等，它们通过吸引社区居民和社区志愿者的方式开展面向社区的义务服务；另一类是民间团体中互助形式的志愿服务，如妈妈联谊会、癌症病友之家等。

第四，志愿人员的构成以青年为主，并形成有组织的青年志愿服务网络。这对于教育和培养青年具有社会的公益精神以及培养他们为他人和社会做贡献的意识都是非常重要的。如中国青年志愿者协会就是全国性的志愿服务管理组织。但是，青年志愿者在经验、知识等方面还是有一定的局限性，把大量的中年人和老年人吸引到志愿服务中来，对于社区发展是非常重要的。尤其是随着退休人员数量的增多和平均寿命的增加，不少身体健康、具有文化素养并热心社区工作的中老年人，是社区志愿服务中非常宝贵的人力资源。

我国在志愿服务发展中需要注意和加以改进的有以下几个方面：

第一，政府组织的动员要以自愿为前提，切忌把志愿活动变成政治活动和教育运动。

第二，要使非营利组织成为吸纳志愿人员的重要组织力量，把志愿服务纳入组织的理念和使命中去，使志愿服务更持久。

第三，要重视对志愿者进行教育和培训。既要进行志愿服务伦理的教育，如尊重他人、平等服务、遵守规范、团结协作等，同时，还要对他们进行专业知识的培训，如为老年人进行医疗服务要懂得简单的医疗常识和基本的服务规范等，从而提高志愿服务的水平，而不是仅停留在简单服务和做表面工作上。

第四，建立志愿服务的激励机制。这方面国外有许多经验值得我们借鉴。如“爱心银行”“时间储蓄”等。志愿服务时间储蓄制度主要针对社区服务，它模仿银行的储蓄制度，为每一位志愿者建立志愿服务的储蓄记录，等到他（她）自身需要服务时，社区会根据他（她）的需要由他人提供一定的志愿服务。当然这种储蓄不会像银行储蓄那样对等，也没有利息，它只是建立在“助人利己”理念上的一种志愿服务激励机制。目前这项制度已经在深圳、上海、江苏等地实施，并收到了很好的效果。

第五，提倡志愿服务社区化。社区志愿服务以社会志愿者和本社区志愿者相结合，尤其是重视和培养社区志愿者的服务精神，提倡社区居民参与社区服务，并以自助为主，社区服务建立在社区居民的主动参与的基础上，只有这样才能从根本上使志愿服务深入人心。在社区志愿服务的组织上，居民委员会应当发挥它的组织作用。因为民众通常是首先关心身边的人，人们对发生在身边的求助会给予很大的关心，最容易提供力所能及的帮助；对社区的环境改善、文化教育以及其他公益事业做出一些贡献的同时，自己也受益。这种在一定范围内的志愿服务更容易被社区居民所认同，同时也有利于进行组织和协调。

本章小结

1. 非营利组织的基本特征是正规性、民间性、非营利性、自治性、志愿性和公益性。非营利性和公益性使之区别于营利组织。

2. 非营利组织的理论基础是志愿服务理论、社群主义理论、市场失灵与政府失灵理论以及第三者政府理论。

3. 我国非营利组织对社区发展的重要作用：非营利组织是推动社区发展的重要组织形式；非营利组织提供着直接、具体和富有人性化的公共服务；非营利组织对志愿者的吸引和动员能力，是充分利用人力资源和激励民众参与社区发展的重要手段。

4. 政府对非营利组织的监督：第一，确保非营利组织从事的活动符合其所受到的特殊待遇；第二，确保非营利组织能够正确地使用其资源；第三，确保非营利组织的活动能够与政府机构保持协调一致；第四，政府必须监督非营利组织的活动不会威胁到国家与民众的安全。

5. 非营利组织管理的基本要素——CORPS：C（clients）指服务的对象是民众（顾客）；O（organization）指组织运作与组织结构；R（resource）指财力资源的来源与运用；P（participants）指参与者，包括专职人员与志愿者；S（services）指公共服务的提供。由此，非营利组织的管理是“充分利用人力（P）、财力与物力资源（R），通过有组织的活动（O），为民众（C）提供有价值的公共服务（S）”。

6. 志愿服务的本质特征是：志愿非强迫的行为、非经济性报酬的付出、非本职工作以及个人内在价值与社会伦理的结合。

关键术语

非营利组织　　志愿服务　　志愿者　　第三部门

复习思考题

1. 什么是非营利组织？非营利组织有哪些基本特征？
2. 非营利组织的理论基础是什么？
3. 我国非营利组织在社区发展中的作用是什么？
4. 政府对非营利组织的监督管理表现在哪些方面？
5. 非营利组织管理有哪些因素？
6. 什么是志愿服务？志愿服务的基本特征是什么？

阅读材料

广州市文昌地区慈善会[①]

1. 成立的背景与原因

文昌地区慈善会正式成立于1996年7月，是由街道主要干部发起并领导的以社区服务为导向的社区非营利组织。这个慈善会虽然是政府组织的干部倡导并发起的，但并不是政府的附属机构，它是社团登记的社会独立法人，其宗旨是募集社会资金，组织社区互助，为辖区内的贫困人口和全体居民的需要服务。

逢源街道位于广州市荔湾区中部，是广州市的老城区，居住人口密度高，而且中低收入者居多。60岁以上老人占到总人口的17%左右，孤老、残疾、特困等民政服务对象的比例也较高。在经济快速发展中，依赖固定的救济金补助或微薄退休金收入生活的群体生活非常艰苦。保障社区弱势群体的生活成了社区的迫切需求。但是靠政府改善孤寡老人生活，当时政府拿不出更多的资金；靠发动街居干部捐助，贫困人口太多，用街道干部的全部工资帮助他们也不够；只有依靠社会力量，广泛发动辖区内社会各界人士共同捐助。文

① 参见杨团：《社区公共服务》，297页，北京，华夏出版社，2002。

昌地区慈善会除成立时街道办事处投入启动资金3万元外，所有资金均源于社会捐赠，至2000年6月已累计获得受赠款物150余万元。

2. 成立以来的主要工作

(1) 募集所需资金。从1996年7月成立至2000年6月，4年间文昌地区慈善会共募集用于慈善事业的现金、实物折合人民币150多万元。

(2) 提供社区福利服务和公共服务。慈善会成立的初衷是服务社区的困难人群，尤其是孤寡老人。几年来，慈善会以结对、发慈善卡、发粮油实物补助、建立社区敬老院和志愿服务队为居家老人服务等多种形式，向全社区1 300多名孤老、残疾、特困、孤儿提供援助和服务。1998年，慈善会提出了明确的助养老人计划，当年助养老人150名，第二年助养老人200名。1999年慈善会又进一步推出了认养老人活动，发动社会各界认养老人92名。慈善会实际上承担了援助并保障孤寡老人生活的义务。

(3) 资助社区居民组织的活动。慈善会发动社区居民自行组建了十几个社区小社团，如社区志愿服务队、松柏之声、雀之友、松柏艺苑、太极辅导站等。这些组织由社区群众自行管理并开展活动，慈善会给予资金支持。以资助社区各种兴趣协会、兴办社区互帮互助的大型活动、管理社区服务中心、招募社区志愿者以及邀请香港社会福利团体来穗兴办社会公共服务等方式，开展了为社区老人、儿童、残疾人的服务，社区文化娱乐，教育科普，体育健身，法律援助，卫生保健，居民再就业，计划生育，小区环境卫生等各项服务。还通过招募志愿服务队员入户与老人谈心的服务，逐渐改变了慈善活动重物质资助、轻精神安慰的状况。

(4) 修建社区公共设施。慈善会和街道办事处共同出资修缮了70多条麻石街，包括铺就麻石路面和架设头顶的遮阳绿化，既保存了西关麻石街老屋的古城风貌，又解决了雨天路面积水、晴天骄阳晒顶的环境难题，方便了居民的社区活动。1998年至1999年，慈善会出资兴建了社区卫生站、慈善门诊、康复设施；1999—2000年，慈善会出资建成了残疾人康复中心、生殖健康保健服务中心等。

(5) 组织邻里互助，弘扬慈善意识。逢源街道地处荔湾老城区，居民多住麻石小街、西关老屋，习惯社区交往，一家有难八方支援，民风淳朴。文昌地区慈善会和街道办事处充分利用街道居民邻里交往的特点，建立了较为完善的邻里互助的志愿者组织制度。调查发现，2 700多人的社区志愿服务队来自社区内的各行各业，也包括民营企业主在内。其中，超过60%的人是直接由居委会和街道发动的，76.3%的志愿者的志愿行动是经常性的。志愿活动的范围很广，包括清洁卫生、协助社区干部工作、调解纠纷、帮助购物、探视老人、收集废品、家具/设备维修、送餐、医院陪护、补习文化、理发等。

3. 成功的经验

文昌地区慈善会是在我国的土壤上建立和发展起来的非营利组织，它的成功经验值得进行总结。

(1) 组织创新。建立社区非营利组织，重整社区功能。文昌地区慈善会成立以前，街道社区组织结构的核心是街道党委和街道办事处。这是一种中国社区司空见惯的单一、封闭的政治组织模式，只能配置有限的行政资源，例如街道民政科只能给为数不多的民政对象提供十分有限的政府救济，而不能有效地吸引和配置社会资源，所以社区的社会福利事业一直处于社会资源闲置、政府救济捉襟见肘的相互错位的尴尬境地。

文昌地区慈善会成立后，建立了社会资源自愿流入社区的组织渠道，形成了社区行政组织与社区福利服务组织即街道办事处与慈善会之间平等合作的伙伴关系，原来单一、封闭的社区组织结构逐渐被开放、多元化的组织结构所替代，一种新的行政资源和社会资源合理配置的体制和机制正在形成。街道通过慈善会获得社会资源，并通过慈善会将这些资源用于社区。慈善会通过街道办事处和社区服务中心开展助老、养老等慈善事业，实现自己的组织目标。组织体制和资源配置方式的变革带动了社区功能的整合，社区形成了新的分工模式：街道办事处主要管理公共事务，慈善会主要提供社区公共服务。社区组织、资源功能的全方位整合，真正促进了社区的协调发展，这也正是组织创新的意义所在。

（2）制度创新。依托社区非营利组织，建立社区公共服务供给制度体系。文昌地区慈善会与众多的社区小社团共同提供社区公共服务，形成了适应社区需求的组织体系。若社区中只有一个组织在提供服务，那只能导致服务提供的萎缩和资源的无效率配置；而建立起一种服务供给组织的多中心秩序，即允许多个服务的生产者以及可替代的服务提供者同时存在，近似地造就类似市场竞争的效益，那么就有可能通过引进准市场操作机制，提高公共服务的供给效果和效率。

（3）机制创新。构建了政府组织与社区非营利组织的合作机制。这个合作首先是组织上的，街道党委书记兼任慈善会会长，街道办事处办公室主任兼任总干事，在慈善会工作人员中街道干部占1/3；其次是管理上的，街道办事处把慈善会的工作内容纳入年度工作计划，街道民政科加强对慈善会的业务指导，街道财政科加强财务监督；最后是业务工作上的，例如慈善会通过社区志愿服务队负责全社区的老人上门服务，街道办事处要求各居委会做好志愿服务的宣传发动工作。

文昌地区慈善会既是街道办事处领导下的社会资源募集机构，又与街道办事处一起承担规划和实现社区公共服务的责任，在确定社区公共服务需求、筹募公共资金、制定公共支出计划、决定服务安排、为特别服务融资（和香港社会福利团体合作即是一种融资形式）、维护公共秩序、监督服务生产单位绩效（慈善会资助社区群众组织要有成效检查）等多方面都发挥了主要作用。

文昌地区慈善会替代街道办事处成为社区服务的提供者；街道办事处和慈善会之间建立了一种新型的合作伙伴关系；逢源街道成为当地居民具有共同追求、互敬互助、关系密切的社会生活共同体。这是一种建立在合作基础上的政府与社会组织互动的有益尝试。

（4）管理创新。自主管理和规范管理。慈善会的组织决策是独立自主的：决策权属于理事会，理事会由街道干部和社会人士、居民组成，39名理事成员中，街道干部只有11名，其他28位则由辖区内单位工作人员、热心人士等担任。慈善会相继建立了民主管理制度、对捐赠款物的管理条例、财务管理制度等组织及管理制度。年度工作计划由总干事提出，理事会决定。总干事由街道办事处办公室主任兼任，街道办事处对其工作有建议权和监督权，没有干预权和决策权，由此保证了慈善会工作的独立性。慈善会设立专项账号、账目和财经监督小组，财经监督小组定期向理事会报告经费收支情况。社会各界捐款捐物的名单、数目也定期张榜公布。

第16章

社区参与与社区管理

社区管理是政府基层组织、社区自治组织以及社区居民共同参与下的管理，社区居民是社区管理的主体之一。因此，社区居民的参与意识、参与方式以及参与的有效性等是影响社区管理的重要因素。社区居民参与社区管理主要包括参与社区管理的章程、规划的制定，参与对社区管理主体的监督，参与社区自治组织的互动等内容。

◆ 预习案例 ◆

民主评议政府部门与工作人员的有益尝试

2001年3月，在湖北省武汉市的江汉区开展了一场“民评官”的活动，即由居民代表和社区委员们对街道政府部门与工作人员的工作进行民主评议。评议的过程主要分为以下几个阶段：

1. 现场评议之前的调查与收集意见活动

在“民评官”活动中，社区工作者宣传走访、上门收集意见达4万多户；参加直接评议和问卷调查的达5 250多人；419名政府工作人员和环卫工作者接受了直接测评；13条街道和9个职能部门接受了问卷测评；发放和回收各类测评表17 320份、问卷调查表778份。

参加现场评议的，除了社区居民委员会成员，还有社区协商议事会成员和驻社区单位代表，但人数最多的是居民小组推荐产生的社区成员大会的代表。一些大伯大妈们，对评议工作非常重视，有人说：“我活了几十岁还是第一次给民警打分呀！”

2. 述职

公安分局、环卫局、计生委、市容办、文化局、卫生局、民政局、司法局、体委9个政府部门的局长们庄重地依次上台述职，来自112个社区和13条街道的代表们人手一份各部门的述职报告，代表们认真地聆听述职。卫生局局长下一步要在全区建立社区卫生服务求助热线、公布各医院的社区求助热线电话和社区医生传呼机号码的设想引起了大家的注意。民政局局长关于投入 150 万～200 万元改造社区服务设施的情况介绍使代表们激动不已。

3. 评议

由社区居民委员会主持，现场发放 9 张一套的调查表，每张调查表根据不同职能部门工作的特点分别设置了 4～9 个问题，有 A、B、C 三个分别为满意、基本满意、不满意的选项供评议者填写，同时另辟一栏征求评议者的具体意见和建议。最后，工作人员告诉我们，现场发出了 203 套问卷，收回了 203 套问卷。

据统计，参加测评的部门工作人员，获满意评价的占 78.76%，基本满意的占 20.29%，不满意的占 0.95%。

社区对街道的评议使用的是统一的问卷，共十大类问题。从统计结果来看，居民对八个街道的工作打了“满意”分，对五个街道工作打了“基本满意”分。

分析：

武汉市江汉区开展的“民评官”活动，是基层民主建设的有益尝试。通过民主评议活动，强化了政府公务人员来自人民，应当为人民服务，并接受人民群众监督的意识；基层群众直接参与民主评议活动也增强了他们的主人翁意识，增强了其参与社区民主建设的责任感；社区居民委员会成员通过组织评议活动，提高了民主实践的能力。

16.1 社区参与及其意义

16.1.1 社区意识与社区参与

社区参与是“为社区所有成员创造机会，让更广泛的社会民众能够积极贡献与影响发展过程，平等地分享发展成果”①。

从这个定义可以看出，观察社区参与必须与国家的发展情况结合，它包含两个层次：第一，就社区民众而言，希望为他们创造一种能够追求自主的平等机会；第二，就整个社会民众而言，希望能对国家的发展过程有所帮助，并且能够平等分享发展成果。

联合国经济及社会理事会（United Nations Economic and Social Council）的决议案认为，社区参与包含三个条件：第一，需要在民众民主自愿的基础上使其融入社会发展过程；第二，必须平等地分享参与所带来的利益；第三，必须参与决策制定程序，包括目标设定，政策方案的形成、执行与评估。

1992 年联合国“环境与发展大会”地球峰会上提出的“21 世纪议程”，将建立社区的自发性力量或授权机制，协助解决社区发展面对的问题，发展“由下而上”的决策模

① United Nations (1981), *Popular Participation as A Strategy for Promoting Community Level Action and National Development*, New York.

式，创造社区的特色与需求，作为社区民众参与的重要方式。

社区意识是指居住于某一社区的人，对于本社区及其邻里有一种心理上的认同与融合，此即所谓的归属。“此社区属于我，我亦属于此社区”的意识，即为社区情感。有了社区情感及归属感，社区居民便会对社区的公共事务，由关心进而发展到参与，由参与而萌生一种荣誉感与责任心，从而进一步增强其社区意识，而这种意识的提高又进一步促进公民的参与。可见社区意识与公民参与概念有着很强的关联度。

因此，社区参与就是社区民众平等地参与社区发展与社区决策的过程。社区参与是公民参与的重要内容，也是构建公民社会的基础。

16.1.2　社区参与的意义

1. 社区参与是改造社区、建设社区的主要动力

社区居民基于共同的利益、责任以及对社区的认同，主动参与到社区生活环境、社会福利、社会教育、卫生健康、地方产业、文化艺术、犯罪防治等活动中来，通过共同的努力，提高社区生活品质。

2. 社区参与是促进政府民主管理和社区自主管理的重要途径

社区参与一方面可以促进社区生活事务管理自主程度的提高，更重要的一方面是可以影响公共政策的制定过程，并监督公共政策的执行。

3. 社区参与有利于社区意识的提高、社区认同感的增强

通过社区居民共同参与社区活动，使彼此之间建立在互动基础上的认同感增强，而认同感又是一种发自于社区居民内心深处休戚与共的集体意识，更是一种生命共同体的感觉。这就是社区意识增强的体现。

4. 社区参与有助于社区问题的解决和社区公共服务水平的提高

社区民众往往比政府专业部门更了解他们的需要，由他们参与社区问题的解决会更有效率。正如奥斯本与盖布勒在《改革政府——企业精神如何改革着公营部门》一书中所言：公民是那些自己明白自己问题所在的人，好的公民组成强有力的社区；社区对成员的承诺，比一般服务机构对顾客而言，更要全力以赴；社区居民比专业人员更了解自己的问题；专家和官员只是提供服务，社区才能真正解决问题；社区比大型服务机构更具弹性、创意，更经济和更有效。[①]

16.2　社区参与的理论基础

16.2.1　公民资格理论

许多学者把“citizen”翻译为“公民”，认为它比“市民”的概念更具道德性与主体性；“公民”又相对于“私民”，“私民”是指个别的自然人，而“公民”是指一个政治人

① 参见［美］戴维·奥斯本、特德·盖布勒：《改革政府——企业精神如何改革着公营部门》，上海，上海译文出版社，1996。

或社会人。正如库珀（Cooper）认为的："公民作为特定社群中的成员，其权利与义务受该社群之法律与规范所限定，并由此衍生出公民资格的概念，意指行使公民权利与义务的地位和角色。"①

马舍尔（Marshall）在《公民资格与社会阶级》一文中，将公民资格的组成要素分为公民权利（如各项言论、结社、信仰等自由权，以及财产权、司法正义权等个人自由所需的权利）、政治权利（参政权、选举权等）与社会权利（福利权、继承权、社会安全权等社会保障权利）。② 公民资格不仅是一种身份地位，更是一种实际的行动；是一种权利，更是一种义务。因此，社区公民参与是公民运用权利、履行义务的一种形式，是建立在公民资格理论基础上的公民实践。

16.2.2 社区主义理论

社区主义（communitarianism）在西方文化中具有悠久的历史传统。如亚里士多德、托马斯·阿奎那、培根以及近代英国牛津大学的格林与霍豪斯、法国社会学家涂尔干、美国的杜威等认为，以自由主义为导向的市场机制有许多弊端，认为个人的权利不能与公善相互冲突，脱离公善的个人权利亦不可能存在。社区主义认为普遍的"善"就是公共利益，或简称为公益。公共利益优先于个人权利。社区主义倡导集体权利，这个集体当然就是社区。社区具有共同的文化和传统，以及共同的愿望和要求，社区的功能是对其成员分配各种利益和资源，满足社区成员的物质与精神的需求，也就是实现公民的基本权利。根据社区主义的观点，社区成员除了承担国家法定的义务以外，还要承担所在社区（社群）的道德义务，每一个社群都有自己的高级的善，不同社群的成员的道德义务具有一定的差异性。社区主义强调的高级的"善"有两种形式：一种是物化的利益，另一种是非物化行为；前者就是公共利益，后者通常指各种美德。

科莱狄提出建立"包容性社区"（inclusive communities）③，包容性社区的公善来自民众间彼此的尊重与照顾。社区主义者主张建立的包容性社区，乃是指公民能够充分参与、充分知悉、共同分担责任与义务的社区。即社区主义的理想就在于建立一个民众能够完全参与，且具有高度公民责任感的强势民主（strong democracy），在这种强势民主体制下的公民具有充分的自主权来决定公共事务；只有把权力下放到社区，让公民充分而自主地参与，且在义务和责任的感召下，才能完成社区内由社区成员所设定的公共目标。

贝拉（Bellah）等人在《心灵的习惯》一书中即以社区主义为立论基础，强调社区对个人的自主性及其生命与快乐的重要性，即是人际交往中培养关心他人、利他精神、忠诚等态度并加深团体成员感情的先决条件。④ 洛曼（Lohman）也以社区主义为基础，提出了"公民行动理论"，用以说明公民参与中社群成员建立归属感与社区意识的先决条件：（1）参与者必须具有选择的自由，而非强迫性参与；（2）参与者必须分享共同的目标；

---

① Cooper，Terry L.（1991），*An Ethics of Citizenship for Public Administration*，Englewood Cliffs，New Jersey，Prentice-Hall.

② Tuner，B. A.（1989），*Organizational Symbolism*，New York，Walter de Gruyter.

③ Cladis，M. S.（1992），*A Communitarianism Defense of Llberalism*，Stanford University Press.

④ Bellah，R. N. et al.（1985），*Habit of the Heart*，Berkeley and Los Angeles，University of California Press.

(3) 参与者必须拥有共同处理事务的条件与经验；(4) 参与者之间须存在友谊关系；(5) 彼此间的社会关系必须合乎公平的原则。在参与行动上则须具备公民的自主与社群内在价值的塑造，以及具有持续性与理性化的认知，来提高参与行动的可行性。①

16.3　社区参与的主体、内容与方式

政治学意义上的参与一般包括三个基本要素：(1) 谁来参与——参与的主体问题；(2) 参与什么——参与的客体即参与的内容是什么；(3) 怎样参与——参与的方式与方法。要准确把握社区参与的概念，就需要以这三个要素为基础，分析探讨社区参与的内在结构。

16.3.1　社区参与的主体

“谁来参与”也即参与的主体是谁。社区参与的主体是指具体参与社区活动的组织与个人，即有哪些人与组织在社区参与中扮演积极的角色。

目前社区参与的主体大体可分为四类：社区民众、非营利组织、专业人士与专业机构、其他社会组织和企事业单位。在这四类主体中，社区居民参与的地位最为重要，毕竟人是社区建设中的决定性因素，没有社区居民的广泛参与，再丰富的物质资源也不可能得到利用，更谈不上社区与人的和谐发展。

1. 社区民众

社区居民是社区参与的主体，是具有社区认同感和归属感并具有社区公共责任的民众。社区参与的民众可分为三种类型：　是积极热情的参与者，他们对社区的公共利益非常关心，同时也具有参与的热情，愿意投入时间与精力；二是参与的热情程度与利益和要求的实现相联系，当与个人利益实现结合紧密时参与的热情高，也非常积极，反之，则积极性不是很高；三是对社区参与的积极性普遍不高，往往随社区其他成员的行动而定。当然社区民众参与的程度还与很多因素有关。

2. 非营利组织

社区建设中的非营利组织有别于政府组织和营利组织，既包括社区内的群众自治组织、娱乐组织、健身团体等，也包括在本社区开展活动的社会上的非政府组织。

非营利组织是社区参与的重要组织力量。非营利组织以公共利益的实现为目的，参与社区公共服务的提供。影响和监督政府组织的活动是非营利组织的重要活动内容。

3. 专业人士与专业机构

社区参与内容非常广泛，社区公共政策的制定以及社区公共服务的提供都离不开专业人士，如社区教育政策的制定与实施就需要教育工作者以及教育机构的参与，社区福利政策的制定与执行需要社会福利专家和社区社会工作者的参与。

---

① Lohman, Roger A. (1992), *The Commons: New Perspectivee on Nonprofit Organizations and Voluntary Action*, San Francisco, California, Jossey-Bass Publishers.

4. 其他社会组织和企事业单位

这些组织参与社区公共服务的提供以及社区福利、社区经济等活动。

16.3.2　社区参与的内容

“参与什么”，即参与的客体或参与的内容有哪些。从总体上说，社区参与的客体可分为政治性参与和非政治性参与两大类。政治性参与是指与国家政治事务或本社区权力运作有关的公共性参与，比如选举各级人大代表和社区居委会成员、讨论决定本社区的重大事项等。非政治性参与是指与居民日常生活有关且与社区权力运作不相干的事务性参与，比如组织老年娱乐活动、举办社区体育竞赛、青年志愿者在社区内开展活动等。当前非政治性参与是社区参与的主要内容，但随着“单位”体制改革的不断深入，政治性参与的内容也在不断增多。针对不同的参与内容，社区参与的主体也不同。比如，只有本社区居民才有资格参与社区居委会选举；只有提供场地的驻社区单位和部分社区居民，才能参与本社区开展的老年活动等。

总之，社区参与的内容是围绕着社区民众共同关心的社区公共事务及涉及社区公共利益的事务。社区民众参与的热情程度、持久性以及广泛性是与社区公共利益的实现程度成正比的。

16.3.3　社区参与的方式

“怎样参与”，即参与的途径或参与的形式是什么。一般而言，社区参与的形式可分为制度性参与和非制度性参与两大类。制度性参与是指社区成员在既定制度规范内的参与活动，常见的形式有选举、表态、执行、管理、决策、监督、观察等。非制度性参与是指社区成员超越既定制度规范的参与活动，常见的形式有议论、投诉、抗议等。世界上许多国家中，社区公民参与公共决策的制定和社区公共事务处理的方式是很多的，从参与的层面上划分主要有：

1. 立法与司法层次的参与

出席听证会是一项最有影响力的公民参与策略之一。听证会可以分为两种方式：一种是立法型的听证，即依据行政程序法的规定，立法机关就某项问题的处理方式举行听证会，公民依照法律的规定或行政机关的决定参与听证；另外一种为司法型的听证，通常是由法官主持，为了解待审案件中原告和被告的不同意见，双方是允许辩论的，亦可盘问证人，而公民可参与听证，了解案件的审理情况。

2. 咨询层次的参与

参加公听会，对公共事务的处理发表意见。政府计划机关和有关部门在制定地方发展计划和做出行政决定之前，要听取社区民众的意见，如政府对某项公共事务采取管制型的政策，政府对某项公共服务收费的价格进行调整，设置垃圾焚化厂（或掩埋场）、变电所，以及更换人行街道等市民关注的重大议题，都要事先征求民众的意见。这种参与方式也是美国等国家制定公共政策最常使用的方式。

3. 实质层次的参与

这种参与是指公共政策的制定和公共事务的处理直接由非官方的组织以及社区民众组

织来实施。有三种形式：一是合作式参与，由政府官员与社区居民代表共同组成决策委员会，来决定社区事务的处理；二是授权参与，如授予非营利组织、民间组织决定某种公共议题的权力；三是直接控制，公民组织和民众直接决定社区公共事务的处理，如采取自治的形式，自我决定公共议题及公共事务处理的方式。

西方国家城市居民社区参与的范围主要有：都市发展目标的确定；都市计划的研究、审议与检查；都市的开发；都市环境改造与发展计划（含公共空间环境改造）；社区规划；行政业务的咨询与服务意见反馈；社区文化、教育以及其他公共事务的参与。

社区参与的方式可见表16—1。

表16—1　　罗维与弗利尔归纳的社区参与方式

参与方式	参与本质	持续时间	特性与机制	案例
公民投票	全国或特定地区所有民众皆可参与；可明确知道支持或反对者的比例	单一时间点的投票	针对不同方案进行投票；所有投票者皆有同等的投票权	瑞士生物科技发展；瑞典垃圾掩埋场设置议题
公听会/咨询	只限于有兴趣的市民，参与的人数有限，真正参与并且有决策权的是专业者、政治精英	可能持续数周、数月或数年	在公开场合让相关市民或代表发表意见，但对于决议不一定有影响	美国都市计划过程的一般性机制
民意调查	依不同的利益团体、地理区域、族群等进行抽样调查	针对单一事件，持续数周或数月，但调查时间较短	经常通过问卷访谈或电话调查，主要作用是资料收集	美国辐射废弃物储存场的设置；英国基因改造食品的生产
协商机制	少数利益团体的协商	不确定，依案例而定	各利益团体组成委员会，针对单一议题进行协商	美国环保署的运作模式
议题会议	通常由相关团体中选出具有代表性的10～16位成员组成	由代表人通过发表议题、演讲的方式表达，通常持续2～3天	由相关的利益团体独立选择代表人与议题，通过公开会议让一般民众参与，对于特定议题可通过报告与议程记录得出部分结论	英、美、德对争议性议题常采用此方式
市民咨议委员会	由不同支持者、团体或社区选出一个小团体组成	持续时间不定	对特定议题进行检验与咨询并与政府或相关职能部门进行沟通	美国垃圾处理场的清除
焦点团体	由公众选出5～12人组成的团体，亦可同时由数个次团体组成	持续数小时	自由讨论，通过录音、录影等方式记录，通常用于对公众观念或态度的观察与咨询	英国对食品风险的评估

资料来源：Rowe，G. and Frewer，L. J.（2000），“Public Participation Methods：A Framework For Evaluation，” *Science*，*Technology*，*and Human Values*，25：3-29.

16.4 我国社区居民的参与意识与参与行为

社区居民的参与主要有两个方面的含义：一是社区居民参与对本社区内政府组织的公共服务的监督和评价；二是以社区居民的身份关心社区建设、参与社区活动，并在此基础上培养社区认同感和社区归属感。

为了更实际地了解目前我国社区居民的参与愿望、参与动机和参与的方式，我们以北京和上海的两项调查来进行说明。

16.4.1 上海南京东路街道的调查①

1. 基本情况

该调查是在590个被访者中进行的，所调查的社区不属于新开发的商品房小区。其中，46岁以上的被调查者占调查总人数的53.6%；文化程度初中以下占42%，高中、职高、中专程度的占43.7%；职业分布比较广泛；就业情况方面离退休人员占被调查者的30.7%，下岗失业人员占被调查者的14.1%。

2. 居民对社区的认同程度

调查居民之间的往来程度分别是：往来频繁占14.4%；70.2%的人往来一般；13.1%较少往来；仅有2.3%的人表示不往来。

居民对所在地居民委员会干部的熟悉程度：熟悉的占36.1%；较熟悉的占33.7%；不太熟悉的占24.2%；不熟悉和不认识的占6%左右。

对所在居民委员会认识程度：知道的占94.7%；不知道的占5.3%。

3. 社区参与情况

参加社区活动的意愿程度：26.2%的人认为社区活动有收益，愿意参加；44.9%的人愿意参加，但没有时间；19.3%的人认为社区活动与自己的事情不冲突，愿意参加；另外还有9.6%左右的人表现出不情愿、不主动的态度。

已参加过社区活动的状况：自1998年至2000年期间，参加过的比例占34.8%；听说过，但没有参加的占32.7%；既没听说又没有参加的占32.5%；参加过1～3次的占20.5%；2～6次的占7.1%；7～10次的占4.1%；10次以上的占3.1%。

参与社区活动的类型：知识教育类占17.7%；科普类占15.4%；文化娱乐类占24.9%；保健健身类占42%。

4. 对社区建设的整体认识

有28.5%的居民认为有很大进步；53%认为进步比较大；15.6%认为一般；2.9%的人认为没有进步。

5. 对社区的整体认同程度

29.5%的居民对居住在该小区有自豪感；60.6%的人有认同感；5.6%的人无所谓；

① 根据《上海社区发展报告》（1996—2000）提供的数据整理。

4.3%的人不认同。

16.4.2　北京市居民社区参与的调查[①]

1. 基本情况

被调查者的年龄分布，16～22 岁的占 4.3%；23～50 岁的占 80%；50 岁以上占 12.7%。职业情况，教师科研人员占 16.5%；政府部门人员占 30.4%；公司职员占 28.5%；个体经营人员占 4.5%；离退休人员占 10%；其他人员占 10.1%。受教育程度，小学中学占 25.5%；大学占 56.8%；大学以上占 15.9%；其他占 1.8%。

2. 居民对社区组织的认同程度

3.4%的人认为与日常生活最密切相关的管理组织是市政府；5.4%的人认为是区政府；11.2%的人认为是街道；37.5%的人认为是居民委员会；42.5%的人认为是单位。

26.5%的人认为由政府组织管理居民的生活事务会更好；34.7%的人认为是社会公益组织；38.8%的人认为是居民委员会组织。

7.7%的人非常了解居民委员会在做什么；72.7%的人了解一些；19.6%的人不知道居民委员会在做什么。

36.9%的人认为居委会与居民的沟通很密切；33.0%的人认为较密切；30.1%的人认为根本不密切。

3. 居民之间的认同感

与邻居的熟悉程度：32.7%的人回答很熟悉；51.7%的人回答不太熟悉；15.6%的人回答不熟悉。

当您与邻居见面时，是否互相打招呼：49.8%的人经常打招呼；44.8%的人偶尔打招呼；5.4%的人从不打招呼。

是否有必要与邻居相互了解和沟通感情：58.9%的人认为很有必要；24.8%的人认为不太有必要；2.3%的人认为完全没有必要；14%的人表示无所谓。

是否同意“满堂儿女不如有个好邻居”这个说法：18.6%的人非常同意；50%的人同意；26.7%的人不太同意；4.7%的人不同意。

4. 居民参与社区活动的意愿

如果被选为居民代表或居委会主任，17.7%的人表示愿意当；46.1%的人表示愿意当但态度比较勉强；36.2%的人表示不愿意当。

就社区的公共事务向居民委员会或有关部门提出建议：17.9%的人表示很愿意；47.1%的人比较愿意；30.7%表示无所谓；4.3%表示不太愿意。

是否愿意向生活中有困难的邻居伸出援助之手：63.7%的人表示非常愿意；5.8%的人不太愿意；1.2%的人不愿意；29.3%的人视情况而定。

当居民比较忙时，居委会组织某项公益活动：17.6%的人表示会拒绝参加；18%的人表示会先考虑一下是否对自己有益处，然后再决定是否参加；64.4%的人表示尽量克服困难积极参加。

---

① 参见魏娜：《社区组织与社区发展》，北京，红旗出版社，2003。

社区组织某项体育活动（比如台球、象棋、篮球等体育比赛）：29%的人表示一定报名参加；15.5%的人认为报名的人多就参加；53.5%的人想参加但没有时间；2%的人认为若有重奖就参加。

是否愿意每月抽出半天时间，义务为本社区做点公益贡献（比如绿化、修路、打扫卫生、为老年人服务等）：66.9%的人表示愿意；26.7%的人认为别人参加，我就参加；7.4%的人表示不愿意参加。

对居住区的公共事务，有一种“各人自扫门前雪，莫管他人瓦上霜”的说法：53.3%的人认为不可取；25.1%的人认为有一定的可取性；21.6%的人认为说出来不好听，但符合实际情况。

如果社区的一项公益活动需要居民出一份钱：49%的人愿意毫不犹豫地拿出来；45.1%的人认为别人拿我也拿；5.9%的人不愿意拿。

5. 对社区政府组织、居民委员会决定社区事务的看法

居委会是否邀请居民参加与居民直接有关的事务的讨论：2.7%的人表示经常邀请；19.6%的人表示曾经邀请过；77.7%的人表示一次也没有邀请过。

社区的行政组织在做出与居民利益有关的决定时，15%的人认为根本就不告诉居民；36.5%的人认为是通知结果，但不解释原因；36.6%的人表示通知结果，并解释原因；11.9%的人表示做出决定前通过某种方式征求意见。

当政府或某个单位做出有损所在社区的环境或日常生活的某项决策时，31.8%的人认为事关自身利益，一定要争取阻止；20.5%的人表示会随大流，看别人的态度；27.6%的人认为政府做出的决策，争也没用；20.1%的人认为没有精力，也没有途径去争。

6. 对社区建设与管理的看法

社区建设的经费应如何取得：49.5%的人表示“别人出钱我也出钱”；28.4%的人认为应由社区所在单位摊派；9.9%的人认为应由本居住区企业赞助；6.3%的人认为应通过募捐；5.9%的人认为应由其他途径获得。

是否认为物业管理部门与社区居委会是一回事：5%的人认为是；79.2%的人认为不是；15.8%的人表示不清楚。

是否希望居民委员会与物业管理部门合在一起对小区进行管理：63.5%的人希望；32.2%的人不希望；4.3%的人反对。

本社区的暂住人员是否有权参与本居住区的建设与管理：62.9%的人认为有权；13.5%的人认为无权；23.6%的人认为无所谓。

通过以上调查数据可以看出，目前社区居民的参与意识还不是很强，参与的主动性还比较弱，其原因有以下几方面：（1）长期形成的由政府控制单位、单位管理社会成员的体制以及观念，影响了居民对所居住社区建设的参与。（2）社区提供居民参与的渠道和机制不健全。社区居民对所居住区的社区环境、社区治安以及其他社区公共事务的处理有参与的愿望，但没有参与的渠道。居民委员会和街道办事处是反映居民意见和要求的组织，但是它们这方面的作用还远远没有发挥出来。（3）居民参与社区建设，缺乏利益保障和实际诉求的动力。居民的参与是建立在对社区共同利益的追求上，而社区居民利益的维护需要组织和制度上的保障。随着住房制度的改革和市场化的发展，许多新建小区成为居民共同的家园，他们对社区的关心程度远远高于单位社区，同时由于共同利益的需要，他们往往在自主管理方面有更强烈的要求，如成立业主委员会并自主选择物业公司，但是，居民的利益要求往往与开发公司所属的物业公司发生矛盾，甚至是直接的冲突，最后的结果往往是居民的利益得不到保障。

尽管如此，随着我国公民民主意识的增强和社区建设的推进，建构在以政府组织和社区组织合作基础上的居民参与机制会逐渐增强。

16.4.3　加强社区参与、提高社区管理水平

随着我国社区建设的逐步深入和公民参与意识的增强，我国社区参与还是有了很大的发展，这主要表现在以下方面：

1. 社区参与的广泛性越来越明显

广泛性是社区参与的基本要求。在这里，广泛性具有双重含义，一是指参与主体的广泛性，二是指参与内容的广泛性。从参与主体来说，过去参与社区公共事务和活动的主要是社区少数居民，驻社区的机关、团体、部队和企事业单位基本不与当地街道、居委会发生关系。需要发生关系时，也多是由上级政府或各自的主管单位出面协调。近年来，三类主体都呈现出良好的参与态势。驻社区单位参与社区建设的积极性越来越高，对社区建设的影响也越来越大。除因经济社会体制改革步伐加快，单位与社区之间的关系更为紧密外，以社区成员代表大会和社区协商议事会为主的社区议事决策机构的普遍建立，完善了社区单位的制度化参与渠道，调动了社区单位参与社区建设的积极性。从参与的内容来说，不再仅限于一些简单的健身娱乐活动，而是逐步向社区政治（如选举）、社区文化、社区服务、社区治安、社区环境等多样化发展。

2. 不同主体参与社区事务的情况差异较大

对社区居民来说，社区事务与其关联度较强，在许多情况下是不得不参与，没有选择的余地。驻社区的单位尽管也关心环境、治安等社区事务，但毕竟在空间上是相对封闭的，员工多数时间都是在单位内活动，下班就离开了这个社区，对社区大环境的要求并不迫切，由此单位参与社区建设的愿望并不十分强烈。驻社区单位更乐意参与那些事关其切身利益或者影响其形象的社区事务。非政府组织参与社区事务有两种情况：其一，居委会、居民代表会议、健身队、体操武术队等社区内组织，因都是由本社区居民组成，一定意义上可划入社区居民的参与范畴；其二，社区外组织，由于普及性不足，参与的范围较窄。总的说来，驻社区单位和社区外非政府组织的社区参与率和参与层次都较低，很少会涉及社区公共权力的运作。社区居民依然在参与社区事务和社区活动中扮演主要角色。

3. 被动制度性参与是当前社区参与的主要形式

在社区建设中，参与本身受到鼓励而非受到限制，各地根据当地实际先后出台了一系列规章制度，引导和规范社区成员积极参与社区建设。换句话说，社区成员参与社区建设的制度渠道是畅通的。因此，在对社区事务的参与上，一般情况下，社区成员都会选择制度性参与。只有当社区成员之间的利益冲突比较强烈时，才会出现主动性参与的情况。一

般情况下多数参与事项都是由社区管理机构来组织，社区成员主动要求参与的则很少。常常是社区管理机构感到有必要了，就召集全体或部分社区成员开会、布置、传达，或者是政府有关部门提了要求，街道和居委会又赶快组织社区成员落实。即便是在成立了社区成员代表大会、社区协商议事会的社区，开会时间、讨论的主题也都是由社区管理机构决定。被动制度性参与造成的直接后果是社区成员参与率低、参与的层次不高。因此，社区参与的机制还有待完善。

提高社区民众参与的主动性与积极性，提高社区管理水平，主要有以下途径：

1. 以社区自治组织为基础，发挥有组织的参与活动的作用

社区自治组织包括社区居民委员会、业主委员会以及各种社会团体、社会组织，它们组织社区民众参与社区事务，也是社区民众力量凝聚的基础。因为，从目前来看，我国社区民众的参与行为主要以集体性的行为为主，因此，必须通过加强组织建设，使现在的居民自治组织真正成为代表居民利益、整合居民力量、促进居民参与的基层群众的自治组织，减少社区组织的“行政化倾向”。

2. 社区参与制度化和规范化

要把社区参与纳入制度化的渠道，使基层民众真正实现当家作主。如果把社区民众对基层政府工作人员的服务态度、工作质量以及服务效果的监督，纳入对基层政府工作人员的考核体系中去，使这种监督成为必经的程序，同时规定社区民众评议结果在对政府工作人员考核中所占的分量，这样，民众监督政府工作人员就有了积极性。另外，国外某些城市的政府在城市法律中详细规定了必须经基层民众参与管理的内容，如城市规划、城市公共物品价格的调整、城市公共服务项目的设立等。这些法律的规定使民众参与得以制度化与规范化，有关部门如果未按规定程序保证公民的参与权，就将被视为违法。

本章小结

1. 社区意识是指居住于某一社区的人，对社区及其邻里有一种心理上的认同与融合。社区参与就是社区民众平等地参与社区发展与社区决策的过程。可见社区意识与社区参与概念有着很强的关联度。

2. 目前社区参与的主体大体可分为四类：社区民众、非营利组织、专业人士以及专业机构、其他社会组织和企事业单位。

3. 从总体上说，社区参与的客体可分为政治性参与和非政治性参与两大类。政治性参与是指与国家政治事务或本社区权力运作有关的公共性参与，非政治性参与是指与居民日常生活有关且与社区权力运作不相干的事务性参与。当前非政治性参与是社区参与的主要内容，但随着“单位”体制改革的不断深入，政治性参与的内容也在不断增多。

4. 一般而言，社区参与的形式可分为制度性参与和非制度性参与两大类。制度性参与是指社区成员在既定制度规范内的参与活动，常见的形式有选举、表态、执行、管理、决策、监督、观察等。非制度性参与是指社区成员超越既定制度规范的参与活动，常见的形式有议论、投诉、抗议等。

关键术语

社区意识　社区参与　公民资格　社区听政　民主评议

复习思考题

1. 什么是社区意识与社区参与？
2. 社区参与的意义是什么？
3. 社区参与的主体有哪些？
4. 社区参与的内容与主要方式有哪些？
5. 提高社区参与程度的途径有哪些？

阅读材料

社区选举新突破——区委宣传部长参与竞选居委会委员

据《南方周末》2003 年 3 月 27 日报道，浙江省宁波市海曙区区委宣传部副部长、区文化局局长沈某某的名字出现在浙江省宁波市联南社区居民委员会候选人的名单上，使在浙江省首次进行的城市居民社区直接选举有了新的突破。

这首先是因为沈某某的身份。他不是普通的居民委员会的干部，也不是退休在家的人，而是任现职的宁波市海曙区区委宣传部副部长、区文化局局长。沈某某出现在居民委员会候选人的名单上绝不是组织的意思，也不是一场"政治秀"，而是他作为党员和居民参加的一次直接民主选举。沈某某谈到他参加直选的理由：一是热爱自己所居住的社区，想为社区做点事情；二是不竞选居委会的领导工作，只是作为委员出谋划策；三是通过参与可以直接了解社区居民对文化建设的要求与意见。

沈某某参加的直接选举是浙江省第一次城市社区直接选举，宁波市海曙区准备在沈某某所居住的联南社区试点后，在全区 63 个社区全面推广。

联南社区居委会的候选人不是组织推荐或者内定的，完全靠自己报名并需要获得 10 个选民的联合推荐。成为候选人以后，还要进行公开的竞选，最后通过秘密投票的方式进行差额选举。沈某某在竞选中言辞恳切地讲道："我从十几岁开始搞文艺工作，做过编导、演员，现在在区委宣传部工作，我有点担心有多少精力能投入到社区建设，但内心又十分热爱社区。更重要的是我的身份不是宣传部副部长，而是社区普通居民，要为社区做贡献。社区是我们共同的家园，如果我当选，一定不辜负居民们的期望，身体力行地做好工作。"

投票结果是在应当参加投票的3 497人中，实际发放选票2 855张，有效票2 840张。沈某某以2 554票当选社区居民委员会委员。

当选后，沈某某面对居民的选票和信任有另一种责任，他说："以前是对上负责，是组织考查评议我这样的干部；现在做居民委员会的委员是对下负责。我对群众是有承诺的，为群众服务得好不好，群众是会经常议论的，这样的压力也很大。同时，工作方式也要转变，作为局长可以用行政命令的方式来解决问题，但在社区不行，和群众不是领导与被领导的关系，要用说服教育和协商的方式解决问题。"

参考文献

一、著作类

1. 侯钧生编著.发达国家与地区社区发展经验.北京：机械工业出版社，2004
2. 张玉枝.转型中的社区发展：政府与社会分析视角.上海：上海社会科学院出版社，2003
3. 高鉴国编著.中国社区工作者手册.北京：民族出版社，2002
4. 陈启能主编.中国和加拿大的社区发展.北京：民族出版社，2002
5. 郑也夫.城市社会学.北京：中国城市出版社，2002
6. 黄序主编.城市发展中的社区建设.北京：中国城市出版社，2002
7. 多吉才让主编.城市社区建设读本.北京：中国社会出版社，2001
8. 胡忠明主编.现代城市街道管理.广州：广东人民出版社，2001
9. 贾征.社区服务与社会保障.北京：中国劳动社会保障出版社，2001
10. 雷洁琼主编.转型中的城市基层社区组织.北京：北京大学出版社，2001
11. 李森主编.城市社区建设概论.济南：山东大学出版社，2001
12. 王冶英等.社区治安与社会稳定.北京：中国劳动社会保障出版社，2001
13. 王青山主编.社区建设与发展读本.北京：中共中央党校出版社，2001
14. 于燕燕.社区建设基础知识.北京：中国劳动社会保障出版社，2001
15. 张磊主编.中国城市社区建设与运作模式实施手册.北京：中国城市出版社，2001
16. 白志刚.社区文化与教育.北京：中国劳动社会保障出版社，2001
17. 赵志强.社区卫生与医疗.北京：中国劳动社会保障出版社，2001
18. 陈宪等.社区经济与社区服务.上海：上海大学出版社，2000
19. 范克危等编著.物业管理公司实务.南京：东南大学出版社，2000
20. 郭清主编.社区卫生服务理论与实践.广州：暨南大学出版社，2000

21. 徐永祥. 社区发展论. 上海：华东理工大学出版社，2000
22. 朱步楼主编. 社区服务与社区发展. 北京：学习出版社，2000
23. 张连生等编著. 物业管理案例分析. 南京：东南大学出版社，2000
24. 鲍勇等主编. 社区卫生服务与管理手册. 上海：上海医科大学出版社，2000
25. ［英］吉登斯. 第三条道路——社会民主主义的复兴. 上海：上海三联书店，2000
26. 张堃，何云峰编著. 社区管理概论. 上海：上海三联书店，2000
27. 高志罡，朱奚红编著. 城市化与城市社区发展. 苏州：苏州大学出版社，2000
28. 郭清主编. 社区卫生服务理论与实践. 广州：暨南大学出版社，2000
29. 贺学良等编著. 中国物业管理. 上海：文汇出版社，2000
30. 唐晓阳. 城市社区管理导论. 广州：广东经济出版社，2000
31. 徐永祥. 社区发展论. 上海：华东理工大学出版社，2000
32. 唐忠新. 中国城市社区建设概论. 天津：天津人民出版社，2000
33. 侯玉兰主编. 城市社区发展国际比较. 北京：北京出版社，2000
34. 陈德豪，杨振标主编. 物业管理实务. 广州：中山大学出版社，1999
35. 王思斌主编. 社会工作概论. 北京：高等教育出版社，1999
36. 王毅平. 城市社区服务发展研究. 北京：学苑出版社，1999
37. 侯玉兰主编. 国外社区发展的理论与实践. 北京：中国经济出版社，1998
38. 孟临，韩狄明主编. 中国城市社区建设和管理概论. 上海：上海教育出版社，1998
39. 叶金生. 社区经济论. 北京：企业管理出版社，1997
40. 高占祥主编. 论社区文化. 北京：文化艺术出版社，1997
41. 奚从清. 社区研究——社区建设与社区发展. 北京：华夏出版社，1996
42. 夏学銮主编. 社区照顾的理论、政策与实践. 北京：北京大学出版社，1996
43. 丁元竹. 社区研究的理论与方法. 北京：北京大学出版社，1995
44. 郑杭生主编. 社会学概论新修. 北京：中国人民大学出版社，1994
45. 徐震. 社区与社区发展. 台北：正中书局，1994
46. 郭崇德编著. 中国城市社区服务发展道路. 北京：中国社会出版社，1993
47. 贾德彰主编. 社区服务研究. 天津：天津社会科学院出版社，1991
48. 何肇发主编. 社区概论. 广州：中山大学出版社，1991
49. 社会学教程编写组. 社会学教程. 北京：北京大学出版社，1987
50. 费孝通. 江村经济. 南京：江苏人民出版社，1986
51. 蔡宏进. 社区原理. 台北：三民书局，1985
52. ［美］桑德斯. 社区论. 台北：黎明文化事业公司，1982
53. 周文建，宁丰主编. 城市社区建设概论. 北京：中国社会出版社，2001

二、期刊类

54. 丁元竹. 费孝通社区研究方法的特色. 北京大学学报，1992（4）
55. 谢守红. 国外城市社区管理模式的比较与借鉴. 社会科学家，2004（1）
56. 岳光辉. 日本的交番制度对我国社区警务建设的启示. 湖南公安高等专科学校学报，2003（10）

57. 陈涛. 社区发展：历史、理论和模式. 中国人口·资源与环境，1997 (3)

58. 王世军. 新加坡的社区组织与社区管理. 社区，2001 (5)

59. 于海. 公共机构与社区发展——渥太华报告之三. 社会，2003 (9)

60. 韦克难. 论社区自治. 四川大学学报（哲学社会科学版），2003 (5)

61. 方俊. 关于社区管理研究的综合评述. 北京行政学院学报，2002 (5)

62. 杨蓓蕾. 英国的社区照顾——一种新型的养老模式. 探索与争鸣，2000 (12)

63. 桑玉成等. 从五里桥经验看城市社区管理的体制建设. 政治学研究，1999 (2)

64. 杨钢. 建设可持续发展的“绿色社区”. 四川行政学院学报，2003 (1)

65. 安群等. 构建齐抓共管的社区治安综合治理体系——合肥市西市区社区治安综合治理的成功探索与启示. 江汉论坛，2001 (6)

三、其他类

66. WTO 与法制论坛. 社区发展：历史、理论和模式. 见 http://www.wtolaw.gov.cn

67. United States. The United Nations Social Progress Through Community Development，1955

人大版公共管理类教材

公共管理类专业教材——学科基础课教材

书名	作者
现代管理学原理（第三版）（“十一五”国家级规划教材）	娄成武　魏淑艳
一般管理学原理（第四版）	张康之　周　军
管理学基础（第三版）	方振邦
政治学原理（第三版）	景跃进　张小劲
现代政治学原理（第四版）	石永义　刘玉萼　张　璋
公共管理学（第二版）	陈振明
公共管理学——一种不同于传统行政学的研究途径（第二版）	陈振明
公共管理学（第三版）（数字教材版）（“十二五”国家级规划教材）	蔡立辉　王乐夫
公共管理学（精编版）	王乐夫　蔡立辉
公共管理学（第二版）	张康之　郑家昊
公共管理概论（第二版）	朱立言　谢　明
公共政策导论（第五版）（数字教材版）（全国优秀教材二等奖）	谢　明
公共政策概论（第二版）	谢　明
公共政策学——政策分析的理论、方法和技术（“十一五”国家级规划教材）	陈振明
公共政策学	杨宏山
政策科学——公共政策分析导论（第二版）	陈振明
公共经济学（第三版）（“十二五”国家级规划教材）	高培勇
公共经济学教程	秦立建
政府经济学（第四版）（“十一五”国家级规划教材）	郭小聪
政府经济学（第四版）	潘明星　韩丽华

公共管理类专业教材——方法课教材

书名	作者
公共管理研究方法	何兰萍　张俊艳
行政学研究方法与应用案例	萧鸣政　等
管理定量分析：方法与技术（第三版）	刘兰剑

公共管理类专业教材——行政管理、公共事业管理专业教材

书名	作者
行政法学导论	姜晓萍
公共部门人力资源管理（第四版）	孙柏瑛　祁凡骅
公共部门人力资源开发与管理（第五版）（“十二五”国家级规划教材）	孙柏瑛　祁凡骅
公共部门人力资源管理（第三版）	滕玉成　于　萍
公共部门人力资源管理概论	方振邦
公共部门人力资源管理案例	周均旭
行政管理学（第五版）（数字教材版）	郭小聪
公共行政学（第五版）	彭和平
公共行政学（第二版）	张康之　张乾友
行政学导论（第三版）	齐明山

书名	作者
行政管理学导引与案例	陈季修
管理心理学（第二版）	范逢春
公共组织行为学（第三版）（“十一五”国家级规划教材）	孙　萍　张　平
公共组织学（第三版）	李传军
行政组织学（第二版）	张　昕　李　泉
公共组织理论	陆明远　冯　楠
公共事业管理概论（第三版）	朱仁显
公共组织财务管理（第三版）（“十一五”国家级规划教材）	王为民
国家公务员制度（第五版）（数字教材版）（“十二五”国家级规划教材）	舒　放　贾自欣
国家公务员制度概论（第二版）	刘碧强　郗永勤
公务员制度概论	李如海
当代国家公务员制度：理论与实践	胡春艳
行政领导学（第三版）	朱立言　李国梁
领导学（第五版）	邱霈恩
领导学	孙　健
现代市政学（第五版）（数字教材版）	王佃利
市政管理学（第五版）（“十一五”国家级规划教材）	杨宏山
社区管理（第四版）	汪大海　魏　娜　郇建立
社区管理原理与案例	魏　娜
电子政务教程（第三版）（“十一五”国家级规划教材）	赵国俊
电子政府与电子政务（第二版）（“十一五”国家级规划教材）	张锐昕
行政伦理学教程（第四版）（“十二五”国家级规划教材）	张康之　李传军
公共危机管理概论（第二版）	王宏伟
公共危机管理	唐　钧
当代中国政府与政治	景跃进　陈明明　肖　滨
当代中国政府与行政（第三版）	魏　娜　吴爱明
地方政府学概论（第二版）	方　雷
地方政府管理（第二版）	陈瑞莲　张紧跟
管理秘书实务（第三版）	赵锁龙
行政秘书学	唐　钧
公文写作与处理	赵国俊
机关管理的原理与方法（第三版）	赵国俊　陈幽泓
公共部门绩效管理	方振邦
政府绩效管理（第二版）	方振邦　唐　健
政府绩效评估	蔡立辉
政府公共关系（第二版）（“十一五”国家级规划教材）	廖为建　张　宁
西方行政学理论概要（第二版）（“十一五”国家级规划教材）	丁　煌
公共行政学史（第二版）	何艳玲
西方公共管理名著导读	汪大海
文化管理学（第三版）（“十二五”国家级规划教材）	孙　萍
文化创意产业导论	魏鹏举
卫生事业管理（第二版）（“十一五”国家级规划教材）	李　鲁
现代公用事业管理	崔运武

公共管理类专业教材——劳动与社会保障专业教材

书名	作者
社会保障概论（第七版）	孙光德　董克用
劳动经济学（“十一五”国家级规划教材）	董克用　刘　昕
劳动法与社会保障法	黎建飞
社会保险学（第三版）	孙树菡　朱丽敏
社会保障基金管理	李春根
社会保障国际比较	仇雨临

公共管理类专业教材——土地资源管理专业教材

书名	作者
土地经济学（第八版）（“十一五”国家级规划教材）	毕宝德
土地法学（中国人民大学“十三五”规划教材）	严金明
土地资源学	张正峰　赵文武
土地资源管理学（第二版）	张正峰
国土空间规划学	张占录　张正峰
不动产估价（第二版）（“十一五”国家级规划教材）	叶剑平　曲卫东
土地信息系统	曲卫东　韩　琼
地籍管理（第五版）（“十一五”国家级规划教材）	谭　峻　林增杰

公共管理类专业教材——城市管理专业教材

书名	作者
城市管理学（第三版）	杨宏山
城市管理学：公共视角	陆　军　等
城市管理法	王丛虎
城市总体规划原理	郐艳丽　田　莉

公共管理硕士（MPA）教材——核心课教材

书名	作者
全国公共管理硕士（MPA）核心课程教学指导纲要	全国公共管理专业学位研究生教育指导委员会
社会主义建设理论与实践（第三版）	李景治　蒲国良
公共管理英语（修订版）	顾建光
学术规范和论文写作	胡宏伟
公共管理学（第三版）（全国优秀教材二等奖）	张成福　党秀云
公共管理学原理（修订版）	陈振明
公共管理导论	竺乾威　朱春奎　李瑞昌
公共政策分析	陈振明
公共政策分析导论	陈振明
公共政策分析概论（修订版）	谢　明

书名	作者
公共部门经济学（第三版）	高培勇　崔　军
公共经济学	唐任伍
行政法学（修订版）	皮纯协　张成福
行政法学概论（第三版）	胡锦光
非营利组织管理概论（修订版）	王　名
非营利组织管理	王　名　王　超
公共管理伦理学（修订版）	张康之
社会研究方法	陈振明
电子政务理论与方法（第五版）	金江军
公文写作概论	高永贵

公共管理硕士（MPA）教材——专业方向必修课、选修课教材

书名	作者
公务员制度教程（第六版）	舒　放　王克良
比较政府与政治（修订版）	卓　越
当代中国政府与政治（第三版）	吴爱明　朱国斌　林　震
公共部门人力资源管理及案例教程（第三版）	陈天祥
公共部门绩效评估（修订版）	卓　越
公共部门危机管理（第三版）	张小明
公共部门战略管理（修订版）	陈振明
MPA 学位论文写作指南	汪大海

图书在版编目（CIP）数据

社区管理/汪大海，魏娜，郇建立主编. —3版. —北京：中国人民大学出版社，2012.7
21世纪公共管理系列教材
ISBN 978-7-300-16060-3

Ⅰ.①社… Ⅱ.①汪…②魏…③郇… Ⅲ.①社区管理-中国-高等学校-教材 Ⅳ.①D669.3

中国版本图书馆CIP数据核字（2012）第139579号

21世纪公共管理系列教材
社区管理（第三版）
汪大海　魏　娜　郇建立　主编
Shequ Guanli

出版发行	中国人民大学出版社		
社　　址	北京中关村大街31号	邮政编码	100080
电　　话	010－62511242（总编室）		010－62511770（质管部）
	010－82501766（邮购部）		010－62514148（门市部）
	010－62515195（发行公司）		010－62515275（盗版举报）
网　　址	http://www.crup.com.cn		
经　　销	新华书店		
印　　刷	天津鑫丰华印务有限公司	版　　次	2005年6月第1版
开　　本	787 mm×1092 mm　1/16		2012年7月第3版
印　　张	21.75 插页1	印　　次	2023年7月第21次印刷
字　　数	485 000	定　　价	52.00元

中国人民大学出版社　管理分社

教师教学服务说明

中国人民大学出版社管理分社以出版工商管理和公共管理类精品图书为宗旨。为更好地服务一线教师，我们着力建设了一批数字化、立体化的网络教学资源。教师可以通过以下方式获得免费下载教学资源的权限：

★ 在中国人民大学出版社网站 www.crup.com.cn 进行注册，注册后进入“会员中心”，在左侧点击“我的教师认证”，填写相关信息，提交后等待审核。我们将在一个工作日内为您开通相关资源的下载权限。

★ 如您急需教学资源或需要其他帮助，请加入教师 QQ 群或在工作时间与我们联络。

中国人民大学出版社　管理分社

教师 QQ 群：648333426（工商管理）　114970332（财会）　648117133（公共管理）
教师群仅限教师加入，入群请备注（学校＋姓名）

联系电话：010-62515735，62515987，62515782，82501048，62514760

电子邮箱：glcbfs@crup.com.cn

通讯地址：北京市海淀区中关村大街甲 59 号文化大厦 1501 室（100872）

管理书社　　人大社财会　　公共管理与政治学悦读坊